CARNET AIDE-MÉMOIRE

DE

MANŒUVRES ET DE CAMPAGNE

DE TOUTES ARMES

PARIS

IMPRIMERIE ET LIBRAIRIE MILITAIRES

DE

J. DUMAINE, ÉDITEUR

CARNET AIDE-MÉMOIRE

MANŒUVRES ET DE CAMPAGNE

DE TOUTES ARMES

Paris. — Imprimerie J. Dumaine, rue Christine, 2.

CARNET AIDE-MÉMOIRE

DE

MANŒUVRES ET DE CAMPAGNE

A L'USAGE

DE TOUTES ARMES

PAR

Le Commandant E. COSTA DE SERDA

ET

Le Capitaine LITSCHFOUSSE

Du Service d'état-major.

PARIS

LIBRAIRIE MILITAIRE DE J. DUMAINE

LIBRAIRE-ÉDITEUR

Rue et Passage Dauphine, 30

1880

AVANT-PROPOS

Le *Carnet aide-mémoire* devait paraître pour les manœuvres d'automne de 1878; des circonstances supérieures à notre volonté en ont retardé la publication jusqu'à ce moment. De là, pour lui, un avantage, — celui d'être à jour jusqu'au 1ᵉʳ avril 1880, — et un inconvénient, — celui de venir postérieurement à l'*Aide-mémoire de l'officier d'état-major en campagne* (1ᵉʳ mars 1879).

La communauté de but et de moyens de ces deux aide-mémoire devait nécessairement avoir pour résultat de leur donner une grande similitude; mais, tandis que le caractère privé de la publication ministérielle lui laissait toute latitude, dans le *Carnet aide-mémoire*, au contraire, nous nous sommes scrupuleusement astreints, afin de mettre notre responsabilité entièrement à couvert, *à ne faire figurer que des renseignements déjà livrés à la publicité* et dont les sources sont toujours relatées à la fin de chaque chapitre. Quelques lacunes en résultent; toutefois, par suite de la forme donnée au volume, les intéressés seront aisément à même de les combler, au moyen des documents dont ils disposent.

Nous avons fait d'assez fréquents emprunts au nouveau *Projet de Règlement sur le Service en campagne*. Bien que ce projet paraisse devoir être remanié en partie, il est à supposer qu'il ne sera rien changé à ses dispositions essentielles, qui découlent de la nouvelle organisation militaire.

Nous ne terminerons pas sans demander l'indul-
gence pour ce long travail de recherches et d'études
de toutes sortes; il n'a pas la prétention d'être parfait,
et nous serons toujours heureux de tenir compte des
communications qui nous seraient faites, pour le compléter dans les limites permises par la nature du sujet.

1er mai 1880.

TABLE DES MATIÈRES

Pages.

Avant-propos... v

CHAPITRE PREMIER.

Recrutement 1
Partage du territoire au point de vue militaire. 5

CHAPITRE II.

QUARTIERS GÉNÉRAUX ET SERVICES Y RESSORTISSANT.

Composition du corps d'armée mobile 11
Composition de la division d'infanterie mobile 12
    —   de la brigade d'infanterie 13
    —   de la division de cavalerie indépendante. ... 13
    —   de la brigade de cavalerie de corps........... 14

Etats-majors 14
Composition des divers états-majors.................... 14
Service d'état-major 16
  Objet du service 16
  Composition et dénominations........................ 16
  Précis des fonctions du chef d'état-major............ 17
  Officiers du service d'état-major 19
  Droits au commandement 19
  Organisation intérieure et administration des quartiers
    généraux... 20
  Matériel nécessaire au service........................ 23
  Notes diverses et indications des principaux documents
    à fournir et à recevoir 24
  Rapports journaliers des troupes et du commandement. 31
Etat-major de l'artillerie (Voir Artillerie) 88
Etat-major du génie (Voir Génie).................... 88

Services... 32
Service médical (direction du) 32
Service de l'intendance.................................. 35
  Composition du personnel.............................. 36
  Attributions spéciales 36
  Rapports 37

Service vétérinaire et ferrage 37
  Personnel.. 37
  Matériel 38
  Taux de l'abonnement de ferrure 38
  Renseignements divers.................................. 39

Trésorerie et postes...................................... 40
  Personnel et matériel.................................. 40
  Fonctionnement du service.............................. 41
  Dispositions spéciales au service des postes.......... 42
  Franchises à l'intérieur et en campagne.............. 44

		Pages.
Service de la gendarmerie		52
Organisation du service		52
Juridiction		53
Rapports avec l'autorité militaire		54
Devoirs généraux		55
Marches		58
Justice militaire		59
Service télégraphique		61
Organisation du service		64
Dispositions générales		65
Alphabet Morse		66
Aumônerie		67
Escortes		68
Fanions et lanternes		70

CHAPITRE III.

TROUPES.

Infanterie.		72
Composition des éléments constitutifs.		72
État-major de division		72
— de brigade		72
Régiment d'infanterie		72
Bataillon de chasseurs		73
Notes tactiques.		74
Formation normale de combat du bataillon		74
Renseignements généraux		74
Fonctionnement théorique des divers échelons		75
Formation de combat de la division		77
Rôle de la première ligne		80
Rôle de la deuxième ligne		81
Marche de l'action dans le combat de la division		81
Organisation défensive du terrain.		84
Des feux.		86
Renseignements divers.		88
Emploi du sifflet et du clairon		88
Intervalles et distances		89
Couleurs distinctives		89
Cavalerie.		90
Composition des éléments constitutifs.		90
État-major de division		90
— de brigade		90
Régiment de cavalerie		90
Notes tactiques.		91
Service d'exploration		91
Service de sûreté		94
Rôle sur le champ de bataille		96
Renseignements divers.		99
Vitesse réglementaire des allures		99
Emploi du sifflet		99
Couleurs distinctives		100
Instruction sur l'emploi de la cavalerie en liaison avec les autres armes		100
Artillerie.		103
Organisation du temps de paix.		103
Organisation du temps de guerre.		103
Composition de l'artillerie d'un corps d'armée		104
États-majors		106

	Pages.
Artillerie divisionnaire	106
Artillerie de corps	107
Parc d'artillerie de corps	108
a). Sections de munitions	108
b). Sections de parc	109
Relations des officiers d'artillerie avec les commandants des troupes	111
Renseignements sur les projectiles, les attelages, le matériel de campagne	112
Notes tactiques	117
Combats offensifs	117
Combats défensifs	119
Engagements particuliers	120
Résumé	120
Équipages de pont	122
Personnel et matériel	124
Renseignements sur les cours d'eau	125
Génie	126
Personnel et matériel	126
Train des équipages	132
Personnel et matériel	132
Matériel de voitures	133
Renseignements sur les voitures	135
Sections (secrétaires d'état-major, ouvriers d'administration, infirmiers militaires)	138

CHAPITRE IV.

MATÉRIEL ET APPROVISIONNEMENTS.

	Pages.
Armement en campagne	139
Armement des différents corps	139
Graduations extrêmes des hausses	141
Tableau des vitesses initiales et des portées de but en blanc	142
Tableau des dimensions et poids des armes en service	142
Tableau des zones dangereuses	143
Bagages	144
Bases des allocations	144
Transport des bagages	145
Munitions	148
Munitions pour armes portatives	148
Allocations	148
Demandes de munitions	150
Nomenclature des poudres réglementaires	150
Ravitaillement	150
Munitions d'artillerie	151
Approvisionnement de la batterie	151
— des sections de munitions	151
— des sections de parc	151
Tableau récapitulatif	152
Ravitaillement	153
Dynamite	154
Décret du 30 décembre 1868 (projectiles explosibles)	154
Allocations annuelles de cartouches pour le tir et les manœuvres	156

Pages.

Outils.. 157

   Outils portés par l'infanterie................................ 157
   —   — *par le génie*.. 158
   Tableaux récapitulatifs des ressources...................... 160
   Destination des outils...................................... 162

Subsistances... 163

   Vivres et fourrages... 163
      Composition des rations.............................. 163
      Approvisionnement des troupes mobiles................ 164
      Vivres du sac ou du bissac........................... 164
      Train régimentaire................................... 168
      Convoi administratif divisionnaire................... 169
      —   du quartier général............................ 170
      —   de la division de cavalerie indépendante........ 170
      Récapitulation des ressources........................ 171
      Du ravitaillement.................................... 173
      Des bons... 175
      Substitutions.. 176
      Notes sur les diverses denrées et leur rendement..... 176
      Barême des rations de vivres......................... 178

Effets à emporter en campagne.................................... 179

Réserves d'effets d'habillement et de petit équipement........... 184

Service hospitalier (personnel et matériel....................... 185

      Corps de troupe...................................... 185
      Ambulances... 186
      Fonctionnement pendant l'action...................... 191
      Hôpitaux temporaires................................. 192
      Ambulances d'évacuation.............................. 192
      Ambulances provisoires de gares...................... 192
      Société française de secours aux blessés............. 193
      Convention de Genève................................. 193

CHAPITRE V.

MARCHES ET TRANSPORTS

Des marches.. 195

   I. Principes généraux....................................... 195
      Vitesse.. 196
      Allongement.. 197
      Formations de marche................................. 198
      Formation des colonnes............................... 197
      Dispositions pour le départ.......................... 198
      —   à l'arrivée..................................... 199
      —   en cas d'alerte................................. 199
      Alimentation pendant la marche....................... 199
      Longueur de l'étape et durée du mouvement............ 200
      Débouchés des colonnes............................... 201
      Rencontres de colonnes............................... 201
      Grandes haltes....................................... 201
      Longues étapes....................................... 202
      Marches accélérées................................... 202
      Marches forcées...................................... 202

   II. Division d'infanterie................................... 203
      Moyens d'assurer la sécurité de la colonne........... 203
      Ordre de marche normal............................... 204

	Pages.
III. Corps d'armée	205
Moyens d'assurer la sécurité de la colonne	205
Ordre de marche normal	206
Tableau de la composition des avant-gardes	212
— — des arrière-gardes	214
Renseignements pour servir à l'établissement des calculs de marche et de formation des colonnes	215
Conditions de mouvement des grandes unités	217
Exemple de formation et de mise en route d'une colonne de corps d'armée	219
Chemins de fer	223
Transports stratégiques	223
1° En deçà de la base d'opération	223
2° Au delà de la base d'opérations	225
Contenance du matériel	227
Composition des trains	227
Tableau des trains nécessaires pour un corps d'armée	229
Embarquement, vitesse des trains, arrêts	230
Alimentation pendant les transports	230
Trains d'évacuation	231
Pièces à établir pour les demandes de trains	231
Dispositions à prendre pour faciliter l'embarquement	232
Destruction des voies ferrées	233
Ordre de service pour les signaux et la circulation des trains	234
Troupes spéciales	234
1° Sections techniques d'ouvriers de chemins de fer de campagne	234
2° Compagnies d'ouvriers de chemins de fer du génie	235
Stations frontières des chemins de fer français	236
Principaux ports de mer desservis	238

CHAPITRE VI.

ÉTABLISSEMENT EN STATION.

Service de sûreté en station	239
Avant-postes	239
Leur but. — Partie fixe, partie mobile	239
Composition et formation	240
Sentinelles	240
Petits postes	240
Grand'gardes	240
Réserve	240
Eloignement	240
Distance entre les échelons	241
Intervalles entre les échelons	241
Cavalerie	241
Artillerie	243
Comment sont fournis les avant-postes	243
Comment est établi le service	244
Surveillance du service	244
Du commandement des avant-postes	245
Partie fixe	245
Réserve	245
Grand'gardes	246
Petits postes	247
Postes d'examen	247
Postes en vigie	247
Avant-postes irréguliers	247
Postes de 4 hommes	247

Pages.

Partie mobile 248
   Rondes 248
   Patrouilles de découverte 248

Cantonnements 249
Définitions 249
Cantonnement en largeur 250
     —   *en profondeur* 250
     —   *périmétrique* 250
Répartition dans le cantonnement 251
Bases de l'assiette 252
Assiette des cantonnements 253
Mesures d'ordre et de sécurité à l'arrivée 254

Bivouacs. 256
Définitions 256
Choix d'un bivouac 257
Forme et étendue du bivouac 258
Assiette du bivouac 259
*Paille de couchage à allouer aux troupes dans toutes
   les positions* 260

Des contributions et des réquisitions 262

CHAPITRE VII.

RECONNAISSANCES.

Reconnaissances offensives 271
     —   *journalières* 271
     —   *spéciales* 271
Reconnaissances spéciales topographiques 271
     —   —   *tactiques terrain* 272
     —   —   *tactiques troupes* 272
Renseignements relatifs aux reconnaissances 272
   Cours d'eau 272
   Routes et chaussées 273
   Chemins de fer 274
   Lieux habités 275
   Bois 275
   Positions de combat 277
Principes généraux relatifs aux reconnaissances 278
Modèles 279

CHAPITRE VIII.

FORTIFICATION.

Notes sur les ouvrages de campagne 286
Retranchements rapides 286
Retranchements improvisés 286
   Retranchement expéditif 286
   Tranchées-abris 287
   Abris de tirailleurs 287
Retranchements passagers 288
   1° Principaux ouvrages ouverts 288
   2° Ouvrages fermés 290
Temps nécessaire au travail 290
Effectif des défenseurs 290
Choix d'un profil 290
Pénétration des projectiles 291
Installation de l'artillerie 291
   1° Dans les retranchements improvisés 291
   2° En dehors des retranchements 291

	Pages.
Utilisation des obstacles naturels	292
Utilisation du terrain pour l'organisation d'un champ de bataille	294

CHAPITRE IX.

RENSEIGNEMENTS DIVERS.

PREMIÈRE PARTIE.

	Pages.
Assimilations	298
Avancement	305
Etat civil aux armées	308
Punitions	311
Rang des troupes	315
Soldats ordonnances	317
Tarifs d'entrée en campagne	318
— des indemnités pour perte de chevaux et d'effets	316
— de l'indemnité de route	317
— de l'indemnité de déplacement	318
Tableau des assimilations de grade pour le droit à l'indemnité de route	318
Etat du personnel admis en tout temps au bénéfice du transport à prix réduit	319
Etat du personnel admis, en certaines circonstances, au même bénéfice	321

DEUXIÈME PARTIE.

	Pages.
Appréciation des distances	326
Par le son	326
Par la vue	326
Au pas	327
Thermomètres	328
Tableaux comparatifs des monnaies, poids, volumes, etc.	328
Topographie	330
Renseignements sur les échelles et les signes conventionnels	330
Valeur réduite du kilomètre aux différentes échelles	330
Tableau pour la construction des échelles	331
Tableau de projection à l'horizon	331
Tableau graphique des échelles principales	332
Equidistance, diapason	334
De quelques signes conventionnels	334
Tableau des principales cartes topographiques	336
Carte de France à prix réduit	341
Mesures des surfaces et des volumes	342
Système défensif de la France (forts des frontières)	343

CARNET AIDE-MÉMOIRE

DE MANŒUVRES ET DE CAMPAGNE

CHAPITRE PREMIER
RECRUTEMENT.

Aux termes de l'art. 36 de la loi du 27 juillet 1872, les forces militaires de la France se recrutent dans vingt classes. Tout citoyen est en conséquence assujetti à vingt années de service réparties ainsi qu'il suit :

Les contingents des cinq dernières classes appelées constituent, avec les hommes qui ne se recrutent pas par voie d'appel (officiers, rengagés, gendarmes, etc.), *l'armée active* proprement dite ; ceux des quatre classes antérieures appartiennent à la *réserve de l'armée active*.

Tous les hommes qui ont accompli le temps de service prescrit pour l'armée active et la réserve de cette armée, c'est-à-dire neuf ans, appartiennent à l'armée territoriale. *L'armée territoriale* proprement dite comprend les cinq classes les moins anciennes parmi celles qui doivent encore le service militaire ; *la réserve de l'armée territoriale*, les six dernières classes.

Recensement et classes.

L'obligation du service militaire commence dans l'année qui suit celle où l'on atteint l'âge de 20 ans. Il est dès lors nécessaire de soumettre tous les ans à un recensement général les jeunes gens qui ont atteint ou atteindront cet âge pendant l'année courante.

L'ensemble de ces jeunes gens représente une *classe de recrutement*, qui est désignée par le millésime de l'année dans laquelle les hommes accomplissent leur vingtième année.

Ainsi, un jeune homme né en 1855 appartient à la classe de recrutement de 1875 et tire au sort en 1876. Le temps de service se compte du 1ᵉʳ juillet de l'année du tirage. Pour obtenir l'époque du passage d'une classe dans *l'armée territoriale*, ajouter 10 à son millésime.

Les hommes de la 1ʳᵉ portion du contingent sont répartis suivant les ordres du ministre dans tous les corps et services de l'armée, sans qu'il soit tenu compte de l'éloignement des garnisons. Ces jeunes soldats se rendent, à la réception de leur ordre de départ, au bureau de recrutement de la subdivision de leur domicile; ils y sont formés en détachements et dirigés, sous la surveillance de cadres de conduite, sur les dépôts des corps auxquels ils sont affectés.

Les hommes de la 2e portion du contingent devant passer un an ou exceptionnellement six mois sous les drapeaux reçoivent, en principe, leur instruction dans les corps de troupe de la région à laquelle ils appartiennent. A la réception de leur ordre de départ, ces jeunes soldats se rendent au dépôt de leur corps, si ce dépôt est dans la subdivision de région de leur domicile, ou, dans le cas contraire, au bureau de recrutement de la subdivision d'où ils sont dirigés sur leur corps.

En raison du peu de durée de la période d'instruction, les hommes de la 2e portion sont placés dans les armes autres que la cavalerie, et principalement dans l'infanterie. Les hommes de la 1re portion renvoyés dans leurs foyers après leur temps de service ou avant l'expiration du temps de service, les engagés conditionnels d'un an après leur année terminée, sont rayés des contrôles du corps et immatriculés dans un corps de même arme de la région de leur domicile.

Ceux de la 2e portion restent immatriculés, en principe, dans le corps de la région où ils ont reçu leur instruction militaire.

Règle générale. — Les disponibles et les réservistes appartenant à l'infanterie de ligne sont affectés au régiment d'infanterie dont le dépôt est stationné en permanence au chef-lieu de la subdivision; ceux qui ont servi dans les chasseurs à pied sont immatriculés dans l'un des bataillons de chasseurs voisins de leur domicile; ceux, enfin, qui appartiennent à la cavalerie, à l'artillerie, au génie ou aux services particuliers de l'armée sont affectés aux corps de même arme ou aux services du corps d'armée.

Il est fait exception à cette règle : 1° pour les hommes des corps permanents d'Afrique, qui demeurent immatriculés dans le corps où ils ont servi; 2° pour un petit nombre d'hommes des différentes armes qui, se trouvant en excédent dans la région, peuvent être affectés, soit à des corps d'autres armes dans le corps d'armée, soit à des corps de troupes d'autres régions dans lesquelles le nombre de réservistes serait inférieur aux besoins. —

Il est établi tous les ans, par les soins des maires,

des tableaux de recensement ; ces tableaux sont affichés dans chaque chaque commune dans la première quinzaine de janvier.

Le tirage au sort se fait dans chaque chef-lieu de canton en février ou mars.

Le conseil de révision opère par département ; il se transporte dans chaque chef-lieu de canton, du mois d'avril au mois de juin, et comprend cinq membres. —

Le recrutement en Algérie est déterminé par la *loi du 6 novembre 1873*.

Le recensement s'y fait par commune et non par canton ; il n'y a pas de tirage au sort, attendu que tout le contingent est appelé à l'activité pendant un an.

La durée du service compte du 1er avril et non du 1er juillet. —

Le *domicile* est la demeure qu'une personne est sensée avoir aux yeux de la loi pour l'exercice et l'application de ses droits civils et politiques.

Le domicile de toute personne mineure est chez son père, sa mère ou son tuteur.

La *résidence* est la demeure que l'on occupe momentanément en dehors de son domicile légal.

La *classe de mobilisation* correspond à la période de 12 mois (du 1er janvier au 31 décembre), pendant laquelle une classe a tiré au sort et a été appelée.

NOTA. — On consultera utilement l'*Instruction du 29 décembre 1879* sur l'administration des hommes de la disponibilité, de la réserve et de l'armée territoriale dans leurs foyers.

COMPOSITION NORMALE DE L'ARMÉE FRANÇAISE

COMPRENANT 20 CLASSES DE RECRUTEMENT DU 1er JUILLET D'UNE ANNÉE AU 30 JUIN SUIVANT.

ANNÉES DE RECRUTEMENT.	ARMÉE ACTIVE ET DISPONIBILITÉ (5 classes).	RÉSERVE DE L'ARMÉE ACTIVE (4 classes).	ARMÉE TERRITORIALE (5 classes).	RÉSERVE DE L'ARMÉE TERRITORIALE (6 classes).
	Classes de	Classes de	Classes de	Classes de
Du 1er juillet 1877 au 30 juin 1878..........	1876 à 1872	1871 à 1868	1867 à 1863	1862 à 1857
— 1878 — 1879..........	1877 à 1873	1872 à 1869	1868 à 1864	1863 à 1858
— 1879 — 1880..........	1878 à 1874	1873 à 1870	1869 à 1865	1864 à 1859
— 1880 — 1881..........	1879 à 1875	1874 à 1871	1870 à 1866	1865 à 1860
— 1881 — 1882..........	1880 à 1876	1875 à 1872	1871 à 1867	1866 à 1861
— 1882 — 1883..........	1881 à 1877	1876 à 1873	1872 à 1868	1867 à 1862
— 1883 — 1884..........	1882 à 1878	1877 à 1874	1873 à 1869	1868 à 1863
— 1884 — 1885..........	1883 à 1879	1878 à 1875	1874 à 1870	1869 à 1864
— 1885 — 1886..........	1884 à 1880	1879 à 1876	1875 à 1871	1870 à 1865
— 1886 — 1887..........	1885 à 1881	1880 à 1877	1876 à 1872	1871 à 1866
— 1887 — 1888..........	1886 à 1882	1881 à 1878	1877 à 1873	1872 à 1867
— 1888 — 1889..........	1887 à 1883	1882 à 1879	1878 à 1874	1873 à 1868
— 1889 — 1890..........	1888 à 1884	1883 à 1880	1879 à 1875	1874 à 1869

Partage du territoire au point de vue militaire.

Le territoire de la France est divisé, pour l'organisation de l'armée active, de la réserve de l'armée active, de l'armée territoriale et de sa réserve, en dix-huit régions.

Chacune de ces régions est occupée par un corps d'armée qui y tient garnison.

Un corps d'armée, le 19e, est organisé spécialement et occupe l'Algérie.

Chacun des corps d'armée des dix-huit régions comprend : deux divisions d'infanterie, un bataillon de chasseurs à pied, une brigade de cavalerie, une brigade d'artillerie, un bataillon du génie, un escadron du train des équipages et les états-majors et services auxiliaires qui lui sont nécessaires.

Il est affecté au 19e corps, dont la composition et l'organisation ne sont pas identiques aux autres, la 19e brigade d'artillerie.

Chaque région est partagée en huit subdivisions de région, dont chacune fournit le complément de guerre du régiment d'infanterie correspondant, et concourt à fournir le complément de guerre des corps d'autres armes.

Le tableau suivant donne le détail de cette organisation.

CORPS D'ARMÉE.	CHEFS-LIEUX.	DIVISIONS d'infanterie et chefs-lieux.	BRIGADES et chefs-lieux.	SUBDIVISIONS de région.	BRIGADES de cavalerie.	BRIGADES d'artillerie.	BATAILLONS du génie.	ESCADRONS du train.	SECTIONS de secrétaires d'état-major H.	SECTIONS de commis et ouvriers.	SECTIONS d'infirmiers.
1er	Lille	1re Lille 2e Arras	1re Lille 2e Cambrai 3e Arras 4e St-Omer	Lille, Valenciennes. Cambrai, Avesnes. Arras, Béthune. St-Omer, Dunkerque.	1re Lille, St-Omer.	C. Douai. D. Douai.	1er Arras.	1er Lille.	1er Lille.	1er Lille.	1er Lille.
2e	Amiens	3e Amiens 4e Compiègne	5e Sedan 6e Beauvais 7e Soissons 8e St-Quentin	Péronne, Abbeville. Beauvais, Amiens. Compiègne, Soissons. Laon, Saint-Quentin.	2e Compiègne, Abbeville.	C. La Fère. D. Laon.	2e Arras.	2e Amiens.	2e Amiens.	2e Amiens.	2e Amiens.
3e	Rouen	5e Rouen 6e Paris	9e Rouen 10e Caen 11e Paris 12e Paris	Rouen N., Rouen S. Caen, Le Havre. Bernay, Evreux. Falaise, Lisieux.	3e Evreux, Rouen.	C. Versailles. D. Versailles.	3e Arras.	3e Vernon.	3e Rouen.	3e Rouen.	3e Versailles.
4e	Le Mans	7e Le Mans 8e Paris	13e Laval 14e Le Mans 15e Paris 16e Paris	Laval, Mayenne. Mamers, Le Mans. Dreux, Chartres. Alençon, Argentan.	4e Chartres, Châteaudun.	C. Le Mans. D. Le Mans.	4e Versailles.	4e Chartres.	4e Le Mans.	4e Le Mans.	4e Le Mans.
5e	Orléans	9e Paris 10e Orléans	17e Paris 18e Paris 19e Auxerre 20e Orléans	Sens, Fontainebleau. Melun, Coulommiers. Auxerre, Montargis. Blois, Orléans.	5e Vendôme, Joigny.	C. Orléans. D. Orléans.	5e Versailles.	5e Fontaineb.	5e Orléans.	5e Orléans.	5e Versailles.
6e	Châlons-sur-Marne	11e Nancy 12e Reims	21e Nancy 22e Troyes 23e Mézières 24e Verdun	Nancy, Toul. Neufchâteau, Troyes. Mézières, Reims. Verdun, Châl.-s.-Marne	6e Verdun, Sedan.	C. Châlons. D. Châlons.	6e Arras.	6e Camp de Châlons	6e Châlons.	6e Châlons.	6e Camp de Châlons

7e Besançon	13e Chaumont	25e Bourg...	Bourg, Belley.		C. Besançon.					
		26e Langres.	Langres, Chaumont.	7e Gray. Belfort.		7e Grenoble.	7e Dôle.	7e Besançon.	7e Gray.	7e Dôle.
	14e Besançon	27e L.-le-Saul.	L.-le-Sauln.., Besançon		D. Besançon.					
		28e Belfort..	Belfort, Vesoul.							
8e Bourges	15e Dijon....	29e Mâcon..	Châl.-s.-Saône, Mâcon.		C. Bourges.					
		30e Dijon ...	Auxonne, Dijon.	8e Dijon. Auxonne.		8e Grenoble.	8e Camp d'Avor	8e Bourges	8e Camp d'Avor	8e Camp d'Avor
	16e Bourges.	31e Bourges.	Cosnes, Bourges.		D. Bourges.					
		32e Nevers..	Nevers, Autun.							
9e Tours	17e Château-roux....	33e Château-roux....	Le Blanc, Châteauroux		C. Poitiers.					
		34e Poitiers.	Parthenay, Poitiers.	9e Tours.		9e Versailles.	9e Château-roux.	9e Tours.	9e Tours.	9e Tours.
	18e Tours...	35e Tours...	Châtellerault, Tours.		D. Poitiers.					
		36e Angers..	Angers, Cholet.							
10e Rennes	19e Rennes..	37e St-Brieuc	Guingamp, St-Brieuc.		C. Rennes.					
		38e Rennes.	Rennes, Vitré.	10e Dinan.		10e Versailles.	10e Fougères.	10e Rennes.	10e Rennes.	10e Rennes.
	20e Saint-Servan..	39e Cherbourg	Cherbourg, Saint-Lô.		D. Rennes.					
		40e St-Malo.	Grandville, Saint-Malô.							
11e Nantes	21e Nantes..	41e Nantes..	Nantes, Ancenis.		C. Vannes.					
		42e La Roche-sur-Yon.	Roche-s.-Yon, Fontenay	11e Pontivy. Nantes.		11e Versailles.	11e Nantes.	11e Nantes.	11e Nantes.	11e Nantes.
	22e Vannes..	43e Vannes..	Lorient, Vannes.		D. Vannes.					
		44e Quimper.	Brest, Quimper.							
12e Limoges	23e Limoges.	45e Limoges.	Limoges, Guéret.		C. Angoulême					
		46e Angoulême	Angoulême, Magnac, Laval.	12e Limoges.		12e Montpellier.	12e Limoges.	12e Limoges.	12e Limoges.	12e Limoges.
	24e Périgueux	47e Périgueux	Périgueux, Bergerac.		D. Angoulême					
		48e Tulle.	Brives, Tulle.							
13e Clermont	25e Lyon..	49e Lyon ...	Riom, Montluçon.		C. Clermont.					
		50e Lyon ...	Clermont, Aurillac.	13e Moulins. St-Etienne.		13e Grenoble.	13e Moulins.	13e Clermont.	13e Clermont.	13e Vichy.
	26e Saint-Etienne.	51e Saint-Etienne.	Le Puy, Saint-Etienne.		D. Clermont.					
		52e Roanne..	Montbrison, Roanne.							

CORPS D'ARMÉE	CHEFS-LIEUX.	DIVISIONS d'infanterie et chefs-lieux.	BRIGADES et chefs-lieux.	SUBDIVISIONS DE RÉGION.	BRIGADES de cavalerie.	BRIGADES d'artillerie.	BATAILLONS du génie.	ESCADRONS du train.	SECTIONS de secrétaires d'état-major R.	SECTIONS de commis et ouvriers.	SECTIONS d'infirmiers.
14e	Grenoble, q.g. Lyon.....	27e Grenoble 28e Lyon....	53e Grenoble. 54e Chambéry.... 55e Gap.... 56e Lyon...	Grenoble, Bourgoin. Annecy, Chambéry. Gap, Montélimar. Romans, Vienne.	14e Valence.	C. Valence. D. Grenoble.	14e Grenoble.	14e Lyon.	14e Lyon.	14e Grenoble.	14e Lyon.
15e	Marseille....	29e Nice.... 30e Avignon.	57e Toulon.. 58e Marseille 59e Nîmes... 60e Privas.	Toulon, Antibes. Ajaccio, Aix. Nîmes, Avignon. Privas, Pont-St-Esprit.	15e Marseille. Tarascon	C. Nîmes. D. Nîmes.	15e Grenoble.	15e Orange.	15e Aix.	15e Marseille.	15e Marseille.
16e	Montpellier..	31e Montpellier.... 32e Perpignan...	61e Montpellier.... 62e Rodez... 63e Perpignan 64e Albi....	Béziers, Montpellier. Mende, Rodez. Narbonne, Perpignan. Carcassonne, Albi.	16e Carcassonne, Béziers.	C. Castres. D. Castres.	16e Montpellier.	16e Lunel.	16e Montpellier.	16e Montpellier.	16e Perpignan.
17e	Toulouse....	33e Montauban.... 34e Toulouse	65e Agen... 66e Cahors. 67e Toulouse. 68e Auch....	Agen, Marmande. Cahors, Montauban. Toulouse, Foix. Mirande, St-Gaudens.	17e Montauban, Auch.	C. Toulouse. D. Toulouse.	17e Montpellier.	17e Montauban	17e Toulouse.	17e Toulouse.	17e Toulouse.
18e	Bordeaux ...	35e Bordeaux 36e Bayonne.	69e La Rochelle... 70e Bordeaux 71e Bayonne. 72e Pau....	Saintes, La Rochelle. Libourne, Bordeaux. Mt-de-Marsan, Bayonne Pau, Tarbes.	18e Libourne, Bordeaux.	C. Tarbes. D. Tarbes.	18e Montpellier.	18e Bordeaux.	18e Bordeaux.	18e Bordeaux.	18e Bayonne.

Indépendamment des 144 bureaux de recrutement subdivisionnaires, il en existe 8 autres en France :

1 à Digne, annexe de celui de la subdivision d'Aix.

1 à Lyon.

1 à Versailles.

5 dans le département de la Seine, dont 1 bureau central et 4 annexes correspondant aux 4 corps touchant Paris.

Il y en a, en outre :

1 à Alger.

1 à Oran.

1 à Constantine.

L'Algérie forme le 19e corps d'armée.

Elle compte 3 divisions et comprend : la 19e brigade d'artillerie, à Vincennes ; la cavalerie d'Algérie ; le 19e escadron du train des équipages, à Paris ; le 19e bataillon du génie, à Montpellier ; la 19e section des secrétaires d'état-major et du recrutement, à Alger.

Les trois divisions sont :

Alger. — Subdivisions : Alger, Dellys, Constantine, Médéah, Aumale ; 19e section de commis et ouvriers d'administration, 19e section d'infirmiers militaires.

Oran. — Subdivisions : Oran, Mascara, Tlemcen ; 20e section de commis et ouvriers d'administration, 20e section d'infirmiers militaires.

Constantine. — Subdivisions : Constantine, Bone, Sétif ; 21e section de commis et ouvriers d'administration, 21e section d'infirmiers militaires.

———

Le gouvernement de Paris a sous ses attributions directes :

20e escadron du train des équipages militaires, à Versailles.

20e section de secrétaires d'état-major et du recrutement, à Paris.

22e section de commis et ouvriers d'administration, à Paris.

23e section de commis et ouvriers d'administration, à Vincennes.

24e section de commis et ouvriers d'administration, à Versailles.

22e section d'infirmiers, à Paris.

23e   —   à Vincennes.

24e   —   à Versailles.

1.

Le gouvernement de Lyon a sous ses attributions directes :

25e section de commis et ouvriers d'administration, à Lyon.

25e section d'infirmiers, à Lyon.

Régiments et corps de l'armée active et territoriale.

a. 144 régiments d'infanterie de ligne.
  30 bataillons de chasseurs.
  4 régiments de zouaves.
  3 régiments de tirailleurs.
  1 régiment de la légion étrangère.
  3 bataillons d'infanterie légère d'Afrique.
  4 compagnies de fusiliers de discipline.
  1 compagnie de pionniers de discipline.
b. 12 régiments de cuirassiers.
  26 régiments de dragons.
  20 régiments de chasseurs.
  12 régiments de hussards.
  4 régiments de chasseurs d'Afrique.
  3 régiments de spahis.
  8 compagnies de cavaliers de remonte.
c. 38 régiments d'artillerie.
  57 compagnies du train d'artillerie (à raison de 3 par brigade).
  2 régiments de pontonniers.
  10 compagnies d'ouvriers d'artillerie.
  5 compagnies de canonniers artificiers. — La 4e reste à créer.
d. 4 régiments du génie.
e. 20 escadrons du train des équipages.
  4 compagnies d'ouvriers constructeurs.
  20 sections de secrétaires d'état-major et du recrutement.
  25 sections de commis et ouvriers d'administration.
  25 sections d'infirmiers.
f. 20 légions de gendarmerie.
  1 régiment de la garde républicaine.
  1 bataillon de gendarmerie mobile.
  1 régiment de sapeurs-pompiers.
g. 30 bataillons de douanes, dont chacune des compagnies est partagée en parties actives et parties territoriales.
  35 compagnies actives et 35 compagnies territoriales de chasseurs forestiers.
  3 escadrons territoriaux de chasseurs forestiers (Algérie).

f. 145 régiments d'infanterie territoriale.

1 compagnie territoriale de chasseurs à pied (division d'Alger).

1 bataillon territorial de chasseurs à pied (division de Constantine).

8 bataillons de zouaves territoriaux (Algérie).

i. 18 régiments territoriaux de cavalerie.

4 escadrons territoriaux de chasseurs d'Afrique (Algérie).

j. 18 régiments territoriaux d'artillerie avec des compagnies du train.

13 batteries territoriales d'Algérie.

2 bataillons de canonniers sédentaires du Nord.

k. 18 bataillons territoriaux du génie.

l. 18 escadrons territoriaux du train des équipages.

25 sections territoriales de commis et ouvriers militaires d'administration.

18 sections territoriales d'infirmiers militaires.

Ouvrages consultés. — Loi du recrutement et décrets s'y rapportant. — Loi d'organisation de l'Armée et décrets s'y rapportant. — Le Recrutement de l'Armée, par M. Vexiau. — Journal militaire officiel — Livret d'emplacement des troupes. — Nouvelle organisation militaire de la France et son fonctionnement.

CHAPITRE II

QUARTIERS GÉNÉRAUX
ET SERVICES Y RESSORTISSANT.

Composition du Nᵉ corps d'armée mobile.

Quartier général.
- Général commandant le corps d'armée.
- État-major du Nᵉ corps d'armée (11 officiers).
- État-major de l'artillerie (6 officiers).
- État-major du génie (4 officiers, 2 adjoints).
- Direction des services de l'intendance (12 fonctionnaires et officiers d'administration).
- Sous-intendance du quartier général (1 sous-intendant, 1 officier d'administration).
- Direction du service de santé (2 médecins, 1 pharmacien).
- Service vétérinaire (2 vétérinaires).
- Service de la prévôté et de la force publique (2 officiers, 55 hommes).
- Un ou deux conseils de guerre (éventuellement).

Quartier général (*Suite*).
- Service de la trésorerie et des postes (1 payeur général, agents et sous-agents).
- Service de la télégraphie militaire (1 directeur, agents et personnel).
- Aumônerie militaire (1 aumônier).
- Escorte (1/2 escadron de dragons avec 1 forge).
- Vivres régimentaires du quartier général (2 jours).

Troupes endivis^{es}
- 2 N. — 1re division d'infanterie.
- 2 N^e division d'infanterie.

Éléments spéciaux du corps d'armée

Troupes
- Bataillon de chasseurs à pied (1 bataillon à 4 compagnies).
- N^e Brigade de cavalerie (2 régiments à 4 escadrons).
- Artillerie de corps de la N^e brigade d'artillerie (8 batteries du régiment de corps).
- Parc d'artillerie du N^e corps d'armée (1er échelon : sections de munitions ; 2e échelon : sections de parc.)
- Équipage de pont dit de corps d'armée
- Réserve du génie (1 compagnie et son parc et parc du génie du corps d'armée).

Services administratifs.
- Ambulance du quartier général (pour les troupes non endivisionnées).
- Convoi administratif des subsistances du quartier général (pour les troupes non endivisionnées).
- Dépôt de remonte mobile.
- Réserve d'effets d'habillement et de petit équipement (pour toutes armes).

Composition de la division d'infanterie mobile.

Quartier général.
- Général commandant.
- État-major de la division (6 officiers).
- État-major de l'artillerie (2 officiers, 1 médecin, 1 vétérinaire).
- État-major du génie (1 officier).
- Services administratifs (2 sous-intendants, 2 officiers d'administration).
- Force publique (1 officier, 24 hommes).
- Justice militaire (2 agents).

Quartier général (*Suite*).	Service de la trésorerie et des postes (1 payeur particulier, agents et sous-agents). Escorte (1 peloton de cavalerie légère). Vivres régimentaires du quartier général (2 jours).
Troupes	1re brigade d'infanterie (1) (2 régiments à 3 bataillons de 4 compagnies). 2e brigade d'infanterie (2 régiments à 3 bataillons de 4 compagnies). Artillerie divisionnaire (4 batteries montées du régiment divisionnaire). Génie divisionnaire (1/2 compagnie et son parc).
Services administratifs.	Ambulance divisionnaire (dont 1 aumônier) pour les troupes de toutes armes de la division. Convoi administratif des subsistances (4 sections portant chacune 1 jour de vivres pour la division).

Composition de la division de cavalerie indépendante.

Quartier général.	Général commandant. État-major de la division (7 officiers). Sous-intendance (2 fonctionnaires, 2 officiers d'administration). Trésorerie et postes (1 payeur particulier, 2 agents, 6 sous-agents). Force publique (1 officier, 22 hommes). Justice militaire (2 agents). Vivres régimentaires du quartier général (2 jours). Pas d'escorte spéciale.
Troupes	Brigade de cuirassiers (2 régiments à 4 escadrons) (2). Brigade de dragons (2 régiments à 4 escadrons). Brigade de cavalerie légère (2 régiments à 4 escadrons). Artillerie (3 batteries à cheval).

---

(1) A l'inverse du corps d'armée et de la division, qui sont des éléments doués d'organes spéciaux, la brigade d'infanterie n'est que la réunion de deux régiments sous les ordres d'un état-major de brigade.

(2) Les états-majors ont la même composition que dans la brigade de cavalerie de corps.

Services administrat⁸. | Ambulance divisionnaire (dont 1 aumônier).
Convoi de vivres de réserve (éventuellement).
Section télégraphique légère (éventuellement).

Composition de la brigade de cavalerie de corps.

État-major. | Général commandant (et 2 officiers d'ordonnance).
Services administratifs (1 sous-intendant, 2 officiers d'administration).
Force publique (10 hommes).
Service de la trésorerie et des postes (éventuellement).
Pas d'escorte spéciale.

Troupes | 2 régiments à 4 escadrons (1 ou 2 batteries à cheval détachées de l'artillerie de corps).

Services admin⁽ᶠˢ⁾ | Ambulance de la brigade (dont 1 aumônier).
Convoi de subsistances (éventuellement).

ÉTATS-MAJORS.

COMPOSITION DES DIVERS ÉTATS-MAJORS.

Etat-major de corps d'armée.

	Voitures pour bagages et archives (1).
Le général commandant	2 fourgons.
2 officiers d'ordonnance	
1 chef d'état-major général.	2 fourgons.
1 sous-chef d'état-major général.	1 fourgon
2 chefs d'escadron d'état-major.	servant à tout
3 capitaines d'état-major	le personnel
2 officiers inférieurs de réserve.	de l'état-major
7 secrétaires (dont 4 sergents et 3 caporaux) et 1 cantinière	1 voiture.
23 soldats ordonnances	
5 conducteurs	
38 chevaux de selle	
11 chevaux de trait.	
1/2 escadron d'escorte avec.	1 forge.

(1) Les bagages comprennent les cantines à vivres et les caisses à bagages. — Pour les caisses d'archives, voir décision ministérielle du 5 janvier 1880, *J. M.*, p. 180.

Etat-major de division d'infanterie.

Voitures pour bagages
et archives.

Le général commandant la division . . . 1 fourgon.
1 officier d'ordonnance. . . . . »
1 officier supérieur chef d'état-major. . .⎫
3 capitaines d'état-major? . . . .⎬ 1 fourgon.
1 officier inférieur de réserve. . . . . .⎭
5 secrétaires (dont 1 sergent et 1 caporal) . . . . »
14 soldats ordonnances. . . . . »
2 conducteurs. . . . . »
23 chevaux de selle. . . . . »
4   —   de trait. . . . . »
1 peloton d'escorte . . . . »

Etat-major de brigade d'infanterie.

Voitures pour bagages
et archives.

Le général commandant la brigade. . . .⎫
2 officiers d'ordonnance (dont 1 de ré-⎬ 1 voiture
   serve. . . . .⎭ régimentaire.
3 secrétaires (dont 1 caporal). . . . . . . »
Pas d'escorte spéciale.

Etat-major de division de cavalerie indépendante.

Voitures pour bagages
et archives.

Le général commandant la division . . . 1 fourgon.
2 officiers d'ordonnance (dont 1 de ré-⎫
   serve. . . . .⎪
1 lieutenant-colonel chef d'état-major. .⎪
1 chef d'escadron d'état-major . . . . . .⎬ 1 fourgon.
2 capitaines d'état-major . . . .⎪
1 capitaine en 2ᵉ de cavalerie, auxiliaire⎪
   d'état-major . . . .⎭
4 secrétaires (dont 1 sergent monté et
   1 caporal) . . . . »
Pas d'escorte spéciale.

Etat-major de brigade de cavalerie.

Le général commandant la brigade. . .⎫
2 officiers d'ordonnance (dont 1 réserve).⎬ 1 fourgon.
2 secrétaires (dont 1 caporal monté). .⎭
Pas d'escorte spéciale.

Etat-major de l'Artillerie.

(Voir *Artillerie*).

Etat-major du Génie.

(Voir *Génie*).

SERVICE D'ÉTAT-MAJOR.

Objet du service des état-majors.

Il est constitué, auprès de chaque commandant d'armée, de corps d'armée, de division, de l'artillerie et du génie d'un corps d'armée, un état-major chargé de diriger et d'assurer, sous l'autorité du général dont il est l'auxiliaire, l'ensemble des divers services, de transmettre les ordres, d'en surveiller l'exécution, d'en constater les conséquences et d'en rendre compte (*Service en campagne. — Projet*).

Composition et dénomination.

a. Pour plusieurs armées réunies :

Grand état-major général :

Chef d'état-major général : maréchal de France ou général de division, qui prend la dénomination de major-général, secondé par des aides-majors généraux ;

Personnel indéterminé.

b. Pour une armée :

Etat-major général :

Chef d'état-major général : général de division ;

Sous-chef d'état-major général : général de brigade ou colonel ;

Personnel indéterminé.

c. Pour un corps d'armée :

Etat-major du N° corps d'armée :

Chef d'état-major : général de brigade ou colonel ;

Personnel (Voir page 14).

d. Pour une division :

Etat-major de la N° division (d'infanterie ou de cavalerie) :

Chef d'état-major : lieutenant-colonel ou chef d'escadron ;

Personnel (Voir page 15) (*Service en campagne. Projet*).

Précis des fonctions des chefs d'état-major.

Ces fonctions consistent notamment :

A transmettre les ordres du général et à exécuter ceux qu'il en reçoit personnellement pour les mouvements des troupes, la surveillance de la marche des colonnes, le service de sûreté en marche et en station, l'établissement des cantonnements, des bivouacs et des camps, les travaux extérieurs, le service d'exploration et les reconnaissances, les renseignements de toute nature à recueillir sur l'ennemi et toutes les autres parties du service;

A donner au chef du service de la télégraphie, ainsi qu'au chef de la trésorerie et des postes, les instructions nécessaires;

A correspondre avec les commandants de l'artillerie et du génie, avec les intendants et avec tous les chefs de service, afin de tenir le général informé de tout ce qui intéresse l'armée;

A entretenir avec les corps des relations suivies, pour en connaître la situation dans tous ses détails;

A tenir le journal des marches et opérations, à fournir au commandant en chef et au ministre de la guerre les tableaux de la force et de l'emplacement des corps et des postes, les rapports détaillés sur les opérations successives, en un mot, tous les renseignements nécessaires (*Serv. en camp.*, art. 8);

Le chef d'état-major adresse chaque jour le *mot* cacheté aux commandants des unités immédiatement inférieures, ainsi qu'aux chefs de service (Voir *Mot*) [art. 32 (1)]; — reçoit en dépôt l'épée ou le sabre d'un officier sans troupe aux arrêts de rigueur (division) [art. 71]; — commande le service des avant-postes et celui des avant-gardes ou des arrière-gardes (par le chef d'état-major du corps d'armée, s'il doit être fait par une brigade; par le chef d'état-major de la division, s'il doit être fait par un régiment (art. 120); — surveille le service des avant-postes et prescrit les modifications nécessaires (art. 121); — a la faculté de déplacer et d'employer les avant-postes des troupes auprès desquelles il fonctionne (art. 144); — donne aux vaguemestres du corps d'armée ou de la division les instructions pour la réunion et le départ des équipages sous

---

(1) Les articles cités sont empruntés au Règlement sur le Service des armées en campagne. — Projet.

leurs ordres (art. 194); — règle la force de l'escorte qui peut être attribuée aux équipages des quartiers généraux (art. 195); — fait remettre au commandant de la gendarmerie un état indiquant la composition du train régimentaire (art. 196); — met des sous-officiers de gendarmerie et des gendarmes à la disposition du vaguemestre pour la police et le bon ordre des équipages (art. 196); — réunit ou fait réunir les détachements pour un service de longue durée (art. 206); — fait estimer et vendre, par les soins de l'intendance, les prises faites par les corps isolés (art. 216); — vise les patentes accordées par les prévôts et les fait inscrire sur un registre *ad hoc*; approuve et vise les patentes données par les commandants de la force publique des divisions (art. 221); — fixe le prix des liquides et comestibles dont les marchands et vivandiers doivent être pourvus, et veille à ce qu'ils soient de bonne qualité (art. 222); — fait remettre au service de la remonte les chevaux trouvés sans maître (art. 233); — donne des ordres au commandant de la force publique pour son service journalier (art. 234); — contresigne et fait enregistrer les sauvegardes écrites (art. 235); — reçoit, dans les sièges, les demandes de travailleurs formées par les commandants de l'artillerie et du génie, et prend les ordres du *général en chef* (art. 268); — cote et paraphe les registres de l'état civil destinés aux officiers sans troupes et aux employés militaires ou auxiliaires (art. 293); — renvoie lesdits registres au ministre quand ils sont remplis ou quand l'armée rentre sur le territoire français (art. 294).

Les chefs d'état-major peuvent signer *par délégation* des généraux. Ils peuvent déléguer à leur tour les aides-majors généraux et les sous-chefs d'état-major, mais ils demeurent seuls responsables (art. 8). La faculté de signer par ordre ne s'étend pas aux pièces de la justice militaire et aux ordres d'urgence. En cas d'absence du général de division, ces derniers doivent être signés par le général de brigade (Dép. min. du 2 oct. 1845). Cette faculté ne s'étend pas non plus aux officiers d'ordonnance des généraux de brigade (Circ. min. du 31 déc. 1835).

Il ressort de cet énoncé : « qu'il y a lieu d'établir une distinction profonde entre les deux natures d'attributions, de portée fort différente, qui incombent à l'état-major. Sans doute, lorsque le commandement a donné un ordre, la mission de l'état-major chargé de le transmettre se borne à en préparer et à en suivre l'exécution. Il ne saurait, dans ce cas, encourir aucune responsabilité propre relativement à la teneur et aux conséquences de cet ordre dont le commandement reste seul responsable.

Mais à côté de ces attributions passives, l'état-major en a d'autres qui lui sont particulières, personnelles, lui appartenant en propre. C'est ainsi qu'il doit se tenir constamment renseigné sur la position et l'emplacement des troupes, sur leur composition, leurs effectifs, les approvisionnements, les ambulances, le matériel des divers services, etc. Pour cette partie de ses fonctions, son action est directe, elle émane de son initiative, et, par suite, doit engager sa responsabilité professionnelle. »

(*Rapport du général Poncet au Sénat*, 15 novembre 1877.)

Officiers du service d'état-major.

Les chefs d'état-major ont pour auxiliaires, suivant l'importance de leur service, un certain nombre d'officiers de divers grades. Ils les organisent en bureaux, en réunissant sous une même direction les affaires qui dépendent d'une même branche de service. Dans une division, un officier d'état-major peut être plus spécialement chargé de diriger le service courant. Les autres le secondent au besoin, mais sont plus habituellement employés aux objets généraux du service, tels que : les reconnaissances et les levés topographiques, les missions, l'établissement des camps et cantonnements, les magasins, les subsistances, les distributions, les parcs, etc. (*Voir avant-postes, bivouacs, cantonnements, distributions, marches, réquisitions, etc.*).

Dans les états-majors qui le comportent, le chef d'état-major demeure chargé de la direction générale du service et de la rédaction des ordres concernant les opérations ; le sous-chef d'état-major est le chef des bureaux (1). (*Ord. du 9 déc.* 1840 et *Régl. sur le Serv. en camp. — Projet.*)

Droits au commandement.

Dans les missions spéciales qui leur sont confiées, les officiers d'état-major ont, à grade égal, le commandement sur tous les autres officiers employés dans la même mission.

Lorsqu'un officier du service d'état-major est chargé de diriger une expédition ou une reconnaissance, sans avoir le commandement de la troupe, le chef de cette troupe et les officiers des autres armes doivent se concerter avec lui pour toutes les dispositions qui peuvent assurer le succès de l'opération.

---

(1) Un règlement en voie d'élaboration viendra bientôt préciser et régulariser les détails du service intérieur des états-majors, régis aujourd'hui encore par la coutume.

L'officier du service d'état-major chargé de la direction ou même du commandement d'une troupe, dans un poste ou dans une opération, ne peut étendre son autorité au personnel, à l'administration, ni à la discipline intérieure de cette troupe.

Les prescriptions des paragraphes précédents s'appliquent à l'officier, quelle que soit son arme, qui est chargé d'une mission spéciale pour laquelle des troupes sont mises temporairement à sa disposition (1) (*Projet de règlement sur le Service en campagne* et *Ord. du 9 déc. 1840.*)

Organisation intérieure et administration des quartiers généraux.

Organisation. — Le commandant d'une armée, d'un corps d'armée ou d'une division désigne, parmi les officiers du service d'état-major, le commandant de son quartier général ; cet officier est un colonel ou un lieutenant-colonel pour une armée, un chef d'escadron pour un corps d'armée, un capitaine pour une division.

Le *commandant du quartier général* est placé sous les ordres directs du chef d'état-major et en reçoit les instructions ; il peut être secondé par un officier de réserve d'état-major :

1° En marche, il est spécialement chargé de tout le logement dans les lieux où le quartier général est établi ; il signe, par délégation, les réquisitions nécessaires pour faire face aux besoins relatifs au logement du personnel dont se compose le quartier général et arrête la répartition des locaux disponibles entre les différents services ;

A cet effet, les états-majors de l'artillerie et du génie, la direction des services de l'intendance, le service de la trésorerie et des postes, celui de la télégraphie, la prévôté détachent auprès du commandant du quartier général un officier, sous-officier ou agent, chargé, sous sa direction, des détails du logement en ce qui concerne les services auxquels ils appartiennent respectivement. Il s'occupe personnellement de l'installation des bureaux de l'état-major général ;

2° Le commandant du quartier général reconnaît les emplacements à occuper par les postes et gardes, qui reçoivent par ses soins les consignes qu'ils doivent faire

---

(1) A grade égal, les officiers, fonctionnaires et agents de l'armée active auront toujours le commandement sur les officiers *de réserve*. (*Loi du 13 mars 1875*).

observer. Il remplit, dans les localités occupées par le quartier général, les fonctions de major de garnison. Il est chargé de la sécurité dudit quartier général et a, à cet effet, le commandement de toutes les gardes ;

3° Il fixe les heures et les lieux de rassemblement des voitures de bagages et les fait connaître au commandant de la gendarmerie ;

4° Il établit une liste complète par service des adresses de chacun des officiers appartenant au quartier général ; cette liste est affichée dans une des pièces appartenant aux bureaux de l'état-major général. Il en garde un double dans ses bureaux ;

5° En station, le commandant du quartier général tient un état nominatif pour les officiers et numérique pour la troupe, de tout le personnel attaché au quartier général, ainsi qu'une situation des chevaux, voitures et matériel qui en dépendent. Il doit être informé sans délai de toutes les mutations qui se produisent et les porter sur ces états ;

6° Il règle le service de l'escorte et des estafettes ;

7° Il surveille le service des prisons, dont l'installation concerne les prévôts et les commandants de gendarmerie (art. 537 du décret du 24 juillet 1875) ;

8° Il règle, par délégation du commandement, la mise en subsistance de tous les hommes qui, pour une cause quelconque, doivent séjourner au quartier général. Il règle la mise en route des isolés et des détachements de passage ;

9° Le service vétérinaire spécial des chevaux du quartier général est placé sous les ordres directs du commandant du quartier général ;

10° Le commandant du quartier général surveille et assure, d'après les ordres du chef d'état-major, la ferrure des chevaux du quartier général ;

11° Il se concerte avec le commandant de la gendarmerie pour maintenir au quartier général la police et le bon ordre (*Projet de règlement sur le service en campagne*). —

Dans chaque état-major de corps d'armée, un capitaine de gendarmerie remplit spécialement les fonctions de *vaguemestre*, telles qu'elles sont définies par l'art. 162 de l'ordonnance du 3 mai 1832. Il a le commandement de la colonne des trains régimentaires. Dans chaque état-major de division, le capitaine de gendarmerie remplit de même les fonctions de *vaguemestre* et commande le train régimentaire de la division (*Instruction sur les marches*, art. 42 et 60, et *Service en campagne*, art. 192).

Les vaguemestres du quartier général et des divisions sont chargés de maintenir l'ordre des voitures dont ils ont la surveillance, en marche comme en station. Ils ont le droit, conjointement avec tous les officiers et sous-officiers de gendarmerie, de vérifier si l'on se conforme au règlement, quant au nombre et à la nature des transports. Dans les cas urgents, ils arrêtent les voitures non autorisées, font saisir les chevaux en cas de récidive, et les remettent au train sur reçu ; ils rendent compte au chef d'état-major (*Projet de règlement sur le service en campagne*).

Administration. — *Le commandant du quartier général* est chargé de la tenue du contrôle spécial des militaires faisant partie de ce groupe. Il établit pour les parties prenantes isolées de son groupe, un bon collectif, au moyen du bon nominatif établi et signé par les parties prenantes isolées, et il le présente au visa du sous-intendant accompagné des bons partiels (1).

Il est institué, pour chaque quartier général, un *officier d'approvisionnement* (art. 96), chargé de percevoir au convoi divisionnaire, contre récépissé visé par le sous-intendant (art. 100), et de procéder ensuite à la distribution aux parties prenantes isolées de la même façon que les capitaines dans les corps.

Quand des officiers généraux, des officiers du service d'état-major ou autres se trouvent temporairement éloignés, par suite de leurs fonctions, du groupe ou du corps dont ils font partie, ils perçoivent leurs vivres et leurs fourrages dans le convoi du groupe ou du corps auprès duquel ils se trouvent momentanément. Ils remettent leurs bons à l'officier d'approvisionnement, qui, lors du plus prochain ravitaillement, les échange contre des denrées et laisse les bons entre les mains du comptable du convoi divisionnaire. (*Idem.*)

Ferrage (Voir *Service vétérinaire et ferrage*).

Fourrages. — A partir de l'ordre de mobilisation, les officiers ont, à moins d'ordres contraires, l'obligation de se pourvoir du nombre de chevaux affecté à leur grade sur le pied de guerre. Ils reçoivent la même quantité de rations de fourrages que s'ils étaient en campagne, au fur et à mesure qu'ils justifient de la possession de

____

(1) Le commandant du quartier général aura intérêt à se munir pour l'établissement de ses bons collectifs, d'un *registre à souche* qui lui permettra de contrôler ses opérations.

ros chevaux. Cette justification a lieu, pour les officiers des corps, au moyen d'un certificat signé par le conseil d'administration ; pour les officiers sans troupes, par une déclaration signée de l'officier lui-même, indiquant la date de l'entrée en possession du cheval.

Les certificats et les déclarations sont visés par le sous-intendant militaire de chaque quartier général, qui tient un contrôle spécial des chevaux des officiers sans troupes et y inscrit les mutations. (*Idem.*)

Service vétérinaire et médicaments (Voir *Service vétérinaire*).

Secrétaires d'état-major. — Ils s'administrent d'après le Règlement du 23 septembre 1874 et perçoivent la *solde et les accessoires* sur états collectifs indiquant le nom et le grade de chacun d'eux ; le prêt est perçu par quinzaine, à terme échu. Les *effets de petit équipement* sont touchés sur bons établis de même. Inscrire les effets sur les livrets. Les bons sont établis par le plus élevé en grade du détachement. Les états de solde et les divers bons sont visés par un officier de l'état-major, désigné par le général, et responsable des trop perçus (*Note ministérielle du 1er mars 1878*).

Soldats ordonnances. — Ils sont tous rattachés à la 3e compagnie de l'escadron du train des équipages.

Conducteurs de voitures. — Ils comptent à leur corps et sont placés en subsistance au détachement du quartier général.

Force publique. — Elle forme un détachement s'administrant pour son propre compte (*Décret du 24 juillet 1875*).

Matériel nécessaire au service.

1° *Fournitures de bureau.* — Pierres lithographiques, presses à copier, cachet humide et timbre sec, portefeuilles à serrure, sacoches à courroie, papier calque, épingles de couleur, encre noire et de couleur, papier à lettres et à notes, enveloppes préparées à l'avance (Voir le modèle, page   ), registres.

2° *Imprimés.* — Pour nominations, décorations, etc..., non-activité, réforme, retraite, justice militaire; carnets de correspondance pour relais de cavalerie; livrets pour les conducteurs auxiliaires; situations journalières; rapports des dix jours; situation mensuelle.

3° *Livres et documents.* — Approvisionnement de plans

et de cartes. — Uniformes de l'armée ennemie. — Annuaire du bureau des longitudes. — Convention de Genève. — Dictionnaire des communes. — Livret-Chaix continental. — Dictionnaire de correspondance chiffrée. — Dictionnaire des signaux de la marine. — Notice sur l'organisation civile du pays ennemi. — Liste des agents diplomatiques à l'étranger. — Annuaire militaire, etc...

4° *Règlements.* — Service des armées en campagne. — Ordonnance sur les manœuvres (infant., caval., artill.). — Instruction pratique sur le service en campagne (inf. et caval.). — Instruction sur les marches en campagne. — État des officiers. — Avancement. — Service de la solde. — Service intérieur. — Service des places en temps de guerre. — Honneurs et préséances. — Actes de l'état civil aux armées. — État de siège. — Code de justice militaire. — Prévôté et prisons militaires. — Service des étapes. — Transports en chemin de fer. — Télégraphie militaire, etc.

5° *Matériel.* — Tables. — Pliants. — Tables articulées. — Fanions. — Lanternes de couleur. — Brassards.

Notes diverses et indication des principaux documents à fournir et à recevoir

Correspondance journalière et ordres. — La correspondance journalière des états-majors peut se faire en forme de lettre, mais il est préférable de lui donner la forme d'ordres purement militaires. Les ordres se distinguent en *ordres particuliers* pour mouvements, postes, détachements, personnel, détails de l'artillerie, du génie, des subsistances, etc... (ils peuvent être rédigés en forme de lettres ou de notes de service), et en *ordres généraux* ou *ordres du jour* d'armée, de corps d'armée, etc..., comprenant tout ce dont il importe que l'armée soit instruite, comme : 1° l'heure et le lieu des distributions; 2° les heures des appels et des différents services; 3° les règles de police et les défenses qu'exigent les circonstances et les localités; 4° les états à fournir et leurs modèles; 5° les lois, décrets et décisions relatifs à l'armée; 6° les éloges ou reproches à faire aux corps ou aux individus. Tous les ordres sont numérotés suivant deux séries distinctes; les chefs d'état-major, les chefs de corps et de service tiennent des registres pour leur inscription. Un relevé des ordres généraux de l'armée est adressé mensuellement au ministre de la guerre par le chef d'état-major général (*Service en campagne*, art. 51-52).

La rédaction d'un ordre quel qu'il soit doit être : *claire* (classement méthodique des faits, phrases courtes, répéter les heures en lettres) ; *précise* (distinguer nettement ce qui est de prescription formelle ou facultative) ; *complète* (la rédaction uniforme de l'ordre adressé aux différents chefs de corps ou de service est une garantie relative contre les oublis) ; *concise* (éviter toute formule inutile).

Les ordres généraux sont signés P. O. par le chef d'état-major, après que le général en a approuvé la minute, et ils sont adressés pour une division :

> Aux généraux de brigade,
> Commandant de l'artillerie,
> Commandant du génie,
> Commandant de la force publique,
> Commandant du quartier général (chargé de le communiquer aux chefs des divers services du quartier général),
> Sous-intendant militaire,
> Chefs de corps ou de détachements isolés.

Les ordres doivent toujours être transmis par la voie hiérarchique, sauf le cas d'urgence. — Prévenir alors l'autorité intermédiaire (*Projet de Règlement sur le service en campagne*).

Mot d'ordre. — Arrêté par série ou chaque jour. — Transmis, cacheté, par le chef d'état-major aux mêmes personnes que ci-dessus.

Le mot est ensuite donné par les généraux de brigade aux colonels ; — par l'officier supérieur de jour, lors de la garde montante, aux officiers de service et aux chefs des différents postes intérieurs ; — l'adjudant-major de jour l'envoie, cacheté, aux postes extérieurs, par un officier de service ou un adjudant, s'il n'a pu être donné à la garde montante (*Idem*).

Tours de service. — Il y en a 3 :

Le premier tour (*service extérieur*) comprend : avant-postes et avant-gardes ou arrière-gardes, travaux à exécuter par des fractions armées et, en général, tous les services dans lesquels les troupes commandées peuvent être appelées à combattre.

Le deuxième tour (*service intérieur*) comprend : gardes de police, gardes des magasins, hôpitaux, plantons, ordonnances, service habituel fourni par la fraction de jour, travaux à exécuter par des fractions sans armes, etc.

Le troisième tour (*service individuel*) comprend : les gardes d'écurie, les distributions, les corvées intérieures de toute nature (*Idem*). (Voir prov. *Ord. du 3 mai 1832*, art. 58).

SITUATION JOURNALIÈRE.— Remise, chaque matin, par les généraux de brigade au général de division et de même, par celui-ci, au commandant du corps d'armée (*Idem et Ord. du 3 mai 1832*, art. 126) (1).

(1) MODÈLE EN USAGE A L'ARMÉE DU RHIN

(Recto).

* ARMÉE.

* DIVISION DE

SITUATION sommaire des présents à la date du 18 .

DÉSIGNATION DES CORPS ou fractions de corps.	HOMMES				CHEVAUX		MUTATIONS modifiant les effectifs survenues pendant les 24 heures.	EMPLACEMENTS des corps ou fractions de corps.
	disponibles.		indisponibles.		disponibles.	indisponibles.		
	Officiers.	Troupe.	Officiers.	Troupe.				

(Verso).

Punitions. — Événements. — Mutations d'officiers. — Demandes, — Approvisionnements. — Mouvements de troupes. — État sanitaire.

COMPTE RENDU JOURNALIER DE L'INTENDANT OU DU SOUS-INTENDANT. — Sur la situation des magasins, les ressources de toute nature (*Idem et Ord. du 3 mai 1832*, art. 14).

RAPPORT JOURNALIER DU COMMANDANT DE LA FORCE PUBLIQUE. — Au général commandant le corps de troupes auquel il est attaché (*Idem et Ord. du 3 mai 1832*, art. 186).

JOURNAL DES MARCHES ET OPÉRATIONS PENDANT LA CAMPAGNE DE ......, DU ..... AU ..... (Instruction du 5 décembre 1874) (1).

Effectif au jour du départ. — Nominatif pour les officiers, — numérique pour la troupe.

Mise en route. — Date. — Point de concentration.— Moyen de locomotion. — Date de l'arrivée.

Rédaction de l'historique. — S'abstenir d'apprécier — Récit simple et fidèle au jour le jour.

Date. Historique des faits. (En tête de chaque page).

Camps ou cantonnements. — Emplacements. — Corps voisins. 1re ou 2e ligne. — Emplacement des grand'gardes.

Reconnaissances. — Force et composition. — But. — Résultat.

Combats. — Position avant. — *Heure* du commencement et de tout fait important. — Organisation défensive. — Position après.

Pertes. — Être très exact. — Pour les tués, modèle A, tous nominativement. — Morts par suite, modèle B.

MODÈLE A. — *État nominatif des officiers, sous-officiers et soldats tués, blessés, faits prisonniers ou disparus, au combat de   , le   18   .*

NOMS.	GRADES.	TUÉS.	BLESSÉS.	PRISONNIERS.	DISPARUS.	RENTRÉS.	OBSERVATIONS.

(1) Dans les rapports d'opérations militaires, les corps d'armée, les divisions et les brigades sont toujours désignés par leur numéro, suivi du nom du général qui les a personnellement commandés. (*Projet de régl. sur le Serv. en camp.*).

Modèle B. — *État nominatif des officiers, sous-officiers et soldats morts des suites de leurs blessures ou de maladies dans les hôpitaux.*

NOMS.	GRADES.	DATES.	LIEUX.	MORTS.		OBSERVATIONS.
				Bles- sés.	Mala- des.	

Le travail se termine par un état C de totalisation :

Modèle C. — *État général des pertes pendant la campagne.*

NOMS des ENGAGEMENTS.	DATES.	OFFICIERS.						SOUS-OFFICIERS ET SOLDATS.						CHEVAUX tués ou perdus.
		Tués.	Blessés.	Morts de blessures.	Morts de maladie.	Prisonniers.	Disparus.	Tués.	Blessés.	Morts de blessures.	Morts de maladie.	Prisonniers.	Disparus.	
Total.....														
Total.....														
Total général.....														

Récompenses. — Promotions, décorations, citations. N'indiquer que les citations à l'ordre de l'armée, qui sont seules des récompenses et figurent sur les états des services. Les mutations par avancement, remplacement, etc., sont relevées sur un état modèle D.

MODÈLE D. — *Relevé des mutations survenues pendant la campagne parmi les officiers.*

NOMS ET PRÉNOMS.	GRADES.	MUTATIONS.

Actions d'éclat. — Mentionnées dans tous leurs détails.

Situations. — Après une affaire sérieuse, nouveau tableau de la composition en officiers. Il mentionne, en outre, l'effectif restant en sous-officiers et soldats.

Observations générales. — Éviter toute appréciation de personne. — Ne pas commenter les ordres reçus.

Prisonniers ennemis. — Nombre. — Pour officiers, nom et grade.

Ce journal est tenu dans chaque corps. Il est tenu, dans *une forme analogue*, par les généraux. On y mentionne jour par jour, sans interruption ni grattage, tous les événements, sans passer aucun incident sous silence. — On y porte le résumé des ordres donnés ou reçus, les renseignements recueillis, les détails relatifs aux marches, cantonnements, bivouacs, service de sûreté, reconnaissances, combats. — On y joint un *dossier de pièces complémentaires*, telles que : situations sommaires, copies des ordres généraux et particuliers, rapports complémentaires, tableaux des marches, des cantonnements, ordres de mouvement, etc.

RAPPORTS DE RECONNAISSANCE. — (*Mod. A*). — (*Inst. prat.*, art. 72). Papier quadrillé au recto et verso, à 1 centimètre = 200 mètres à 1/20,000ᵉ. Feuille pliée en deux dans l'enveloppe.

< · · · · · · · · · · · · 135 millimètres · · · · · · · · · · · · >

Expédié le	à h. m. {	Matin ou soir.	
Arrivé le	à h. m. {		
Lieu de départ :			

Indiquer *grade*, *nom* et *fonctions* de l'expéditeur ; *grade* et *fonctions* du destinataire.

Indiquer *date*, *heure*, *minutes*, en distinguant *matin* et *soir*.

Mentionner, s'il y a lieu, la carte employée.

ENVELOPPE.

< · · · · · · · · · · · · 110 millimètres · · · · · · · · · · · · >

Départ : h. m. {	Matin ou soir.		Vitesse {	ordinaire, accélérée, rapide.
Arrivée : h. m. {				
Signature du destinataire.				
	A M			
à				
L'enveloppe est rendue au porteur.				

A la désignation *vitesse*, rayer les deux mots non employés. — Enveloppe *gommée*.

Ces rapports sont transmis par des postes de correspondance ; il y aura donc toujours quelques cavaliers avec les reconnaissances d'infanterie pour fournir les postes qui seront placés en des points bien déterminés (carrefours, ponts) et reconnaissables par un signal. — Espacés de 4-5 kilomètres. — Ordinairement 3 cavaliers, plus sous-officier ou brigadier. — Leur indiquer le nom des postes voisins, la distance, la route à suivre, la route pour rallier la colonne.

Vitesse ordinaire : 1/2 pas, 1/2 trot == 10 kilomètres à l'heure.

Vitesse accélérée : trot constant == 15 kilomètres à l'heure.

Vitesse rapide : galop constant == 20 kilomètres à l'heure au moins.

Pour ménager les chevaux, on peut employer des *voitures de réquisition*. Les cavaliers conservent toujours leurs armes.

SITUATION DU PERSONNEL DU CORPS D'ARMÉE A LA DATE DU ..... — Établie mensuellement par les conseils d'administration des corps et adressée au ministre et aux commandants de corps d'armée. (*Circulaire du 29 décembre* 1831 *et note ministérielle du 25 mars* 1875).

Un modèle spécial est déterminé par le ministre de la guerre pour la situation d'effectif qu'auront à fournir les corps d'armée mobilisés.

RAPPORTS JOURNALIERS DES TROUPES ET DU COMMANDEMENT. — Indépendamment des documents ci-dessus et à défaut d'indications contraires données par les généraux, ces rapports pourront être réglés d'après les bases suivantes :

A. Les troupes doivent au commandement trois comptes rendus par 24 heures.

1. Une heure après l'arrivée en station *le rapport journalier* (envoyé successivement).

2. Trois ou quatre heures plus tard, *situation des corps*, indisponibles, manquants, sacs à transporter, remplacements, etc.

3. Au départ, *situation des présents* (*Ord. du* 3 *mai* 1832, art. 126).

B. Le commandement fait connaître les décisions aux troupes trois fois par 24 heures.

1. A l'entrée en station, *l'ordre*, que l'on pourrait appeler *ordre d'installation* (*Ord. du* 3 *mai* 1832, art. 38, et *Instruction pratique*, art. 78); il concerne exclusivement les besoins du stationnement : dispositif, défense, retranchements, communications, mesures de sûreté et de police, inspections, distributions, disposi-

tions en cas d'alerte ou de départ inopiné, indication sommaire du dispositif de marche pour le prochain mouvement, mot d'ordre et de ralliement, consignes particulières.

2. *Réponse au rapport*, donnant la solution aux questions posées par les corps.

3. *Ordre de mouvement*, expédié ordinairement fort tard et qui n'a plus qu'à indiquer la direction et l'heure du départ, avec quelques recommandations spéciales selon l'occurrence (voir *Marches*).

Nous reproduisons ci-dessous, à titre d'indication, la *Liste des états à fournir au Ministre de la guerre par le grand état-major général de l'armée du Rhin*, conformément à l'arrêté ministériel du 27 juillet 1870 :

5, 10, 15, 20 25 et 30 de chaque mois.	Situation de présence indiquant les disponibles et les indisponibles.
Les 1er et 16 de chaque mois.	Etats nominatifs des militaires tombés ou supposés tombés au pouvoir de l'ennemi. (Modèles 7 et 8 indiqués par l'art. 50 du Règlement du 3 juillet 1854 sur les prisonniers de guerre). Etats nominatifs des tués et blessés dans la quinzaine précédente. (A envoyer également après tout engagement sérieux).
Le 1er de chaque mois.	Situation générale du corps d'armée. (Modèle ministériel). Etats nominatifs des officiers généraux, d'état-major, d'ordonnance, des aumôniers, indiquant les mutations de chacun d'eux, le nombre de chevaux et mulets qu'ils possèdent, et, pour les officiers subalternes, le nombre de chevaux de l'Etat dont ils sont détenteurs. Etats numériques et par corps des déserteurs. Etats nominatifs des déserteurs en faveur desquels il y a eu refus d'informer. Etats nominatifs des légionnaires et médaillés qui ont cessé de faire partie de l'ordre par décès ou par toute autre cause. Une expédition des ordres de l'armée. Une expédition du journal des marches de l'armée.

Documents consultés. — Journal militaire. — Petites Études de guerre. — Projet de règlement sur le Service en campagne. — Service d'état-major, de Mariotti. — Etudes de guerre, du colonel Pierron. — Service des états-majors, par Thiébault et par Bronsart de Schellendorff.

SERVICE MÉDICAL (Direction du).

La direction du service de santé, dans un corps d'armée, est placée entre les mains d'un médecin principal, assisté d'un médecin de réserve et d'un pharmacien-major.

Officiers de santé en chef d'armée.

Il y a, dans chaque armée, un médecin en chef et un pharmacien en chef du grade d'inspecteur ou de principal. Ils forment, auprès de l'intendant de l'armée, un conseil dont les attributions sont analogues à celles que remplit le Conseil de santé auprès du ministre de la guerre. Il est rendu compte des délibérations au général en chef, qui statue quand il y a lieu. — En ce qui concerne la science et l'art de guérir, ils sont, chacun dans sa spécialité, les chefs de tous les officiers de santé appartenant au service hospitalier de l'armée. Le médecin en chef a également autorité sur les médecins des corps de troupes. Il inflige aux médecins du service hospitalier les mêmes punitions que le médecin inspecteur à l'intérieur, et il demande au commandement les punitions à infliger aux médecins des corps. Le droit du pharmacien en chef est le même à l'égard de tous les pharmaciens de l'armée.

Les officiers de santé en chef remplissent toutes les missions dont les charge l'intendant de l'armée, et sont consultés par lui sur tout ce qui peut intéresser le service. Ils lui signalent les mesures à prendre en ce qui concerne l'hygiène de l'armée. L'intendant en rend compte au général en chef. — Ils assistent au rapport chez le commandant en chef et l'accompagnent toutes les fois qu'il en donne l'ordre. — Tous les ordres de service qu'ils donnent au personnel des officiers de santé du service hospitalier sont soumis à l'approbation de l'intendant. — Toutes les communications qu'ils font au Conseil de santé, en dehors des observations cliniques ou scientifiques, doivent passer par la voie hiérarchique, c'est-à-dire par l'intendant en chef et par le général en chef.

Le médecin en chef inspecte les infirmeries régimentaires et les hôpitaux temporaires, les ambulances et le service médical du champ de bataille; il propose les améliorations que lui suggère l'intérêt du service. — Le pharmacien en chef visite les pharmacies des ambulances et des hôpitaux, ainsi que les magasins de réserve des médicaments.

Officiers de santé en chef de corps d'armée.

Ils exercent des fonctions analogues à celles des officiers de santé en chef au grand quartier général. Ils sont, envers l'intendant du corps d'armée, dans le

même rapport de subordination que les officiers de
santé en chef envers l'intendant de l'armée; ils correspondent avec ces derniers, reçoivent leur direction et
leur adressent les rapports et travaux de leurs subordonnés. Leur autorité vis-à-vis des officiers de santé du
corps d'armée est la même que celle des officiers de
santé en chef vis-à-vis de tous les officiers de santé de
l'armée.

Le médecin en chef d'un corps d'armée peut infliger
aux médecins du service hospitalier de ce corps les
mêmes punitions que le médecin en chef dans un hôpital. Le pharmacien en chef a les mêmes pouvoirs sur
les pharmaciens. Le pharmacien en chef d'un corps
d'armée est chargé du service pharmaceutique de l'ambulance du quartier général.

Officiers de santé en chef d'ambulance ou d'hôpital.

Il y a, dans chaque ambulance ou hôpital temporaire,
un médecin en chef du grade de principal ou de major,
et un pharmacien en chef du grade de major ou d'aide-
major. Ils accomplissent leur mission dans les mêmes
conditions qu'à l'intérieur. — Quand il y a lieu, ils
adressent au sous-intendant, qui les transmet au général commandant, leurs observations sur les conditions
hygiéniques du campement. — Ils provoquent les mesures à prendre contre les falsifications ou altérations
des denrées mises en vente chez les débitants et notamment chez les cantiniers des corps. Ils sont appelés à
examiner si les denrées, médicaments et autres objets
de consommation provenant, soit des réquisitions, soit
des prises sur l'ennemi, sont propres au service de
l'armée.

Le médecin en chef d'ambulance ou d'hôpital propose
au sous-intendant l'évacuation des militaires pour lesquels cette mesure est possible ou nécessaire. Il désigne,
d'après les ressources dont il dispose, le mode de transport qu'il convient d'adopter pour chacun des malades.
— Il avise le médecin en chef de son corps d'armée ou
de l'armée dès qu'une épidémie se déclare ou qu'il se
produit une augmentation rapide dans le nombre des
malades. En cas de besoin, il s'adresse au sous-intendant pour obtenir le concours des médecins des corps
de troupes ou du pays occupé. S'il s'agit de médecins
de corps, le sous-intendant provoque, de la part du
commandement, les ordres nécessaires.

En cas d'insuffisance du nombre des officiers de santé militaires, des médecins et des pharmaciens du pays occupé peuvent être appelés à faire le service dans les hôpitaux temporaires. Ils sont *requis* par les intendants en chef d'armée ou de corps d'armée et, en cas d'urgence, par le fonctionnaire de l'intendance chef du service.

(Extrait du Titre II, chap. 1er du Règlement du 4 avril 1867 sur le Service des hôpitaux en campagne).

SERVICE DE L'INTENDANCE.

Les services administratifs dans les armées en campagne sont dirigés :

Dans une armée par un intendant général (1),
Dans un corps d'armée par un intendant militaire,
Dans une division,
Dans un quartier général de corps d'armée,
Dans une brigade de cavalerie.
} par un sous-intendant militaire.

Des officiers et des troupes d'administration sont mis à la disposition des fonctionnaires de l'intendance pour assurer, sous leurs ordres immédiats, l'exécution des divers services administratifs.

L'ordre de pourvoir et de distribuer, et l'indication des lieux de distribution constituent, avec les opérations militaires, la *responsabilité des généraux*. Les moyens de pourvoir et de distribuer, la justification du paiement et de la distribution constituent la *responsabilité des intendants*.

______

(1) La correspondance des grades est réglée de la manière suivante :

Adjoint de 2e classe............	Capitaine.
Adjoint de 1re classe	Chef de bataillon.
Sous-intendant de 2e classe	Lieutenant-colonel.
Sous-intendant de 1re classe....	Colonel.
Intendant	Général de brigade.
Intendant général	Général de division.

Composition du personnel.

Corps d'armée.

Direction du service de l'intendance :

    1 Intendant. . . . .   4 chevaux.
    3 Sous-intendants ou adjoints. . . .   7
    8 Officiers d'administration. . . .   2
   10 Commis aux écritures.

Administration du quartier général :

    1 Sous-intendant. . . . .   3 chevaux.
    1 Officier d'administration.
    2 Commis aux écritures.

Division d'infanterie et division de cavalerie indépendante.

    1 Sous-intendant. . . . .   3 chevaux.
    1 Fonctionnaire adjoint (de réserve).   2
    2 Officiers d'administration.
    1 Élève d'administration (division d'infanterie).
    4 Commis aux écritures (division d'infanterie).
    2 Commis aux écritures (division de cavalerie).

Brigade de cavalerie.

    1 Sous-intendant ou adjoint . . . .   3 chevaux.
    2 Officiers d'administration.
    2 Commis aux écritures.

Pour les moyens de transport, voir *Trains* et *Vivres*.

Les *soldats ordonnances* sont fournis : aux fonctionnaires de l'intendance, par le train des équipages ; aux officiers d'administration, par la section de commis et ouvriers d'administration (officiers d'administration des bureaux de l'intendance, de l'habillement et du campement), ou par la section d'infirmiers (officiers d'administration des hôpitaux).

Attributions spéciales. — Organisation, direction et exécution des divers services administratifs. — Surveillance et contrôle habituel de l'administration et de la comptabilité des corps et détachements. — Ordonnancement et arrêté de compte des distributions et consommations de tout genre ; enfin tous détails relatifs à l'administration de l'armée, sauf pour le matériel de l'artillerie et du génie.

Les fonctionnaires de l'intendance aux armées remplissent les fonctions de *notaire*, pour les officiers sans troupe et les employés du corps auquel ils sont attachés. — Ils visent les procurations et les certificats de vie délivrés par les conseils d'administration. — Ils remplissent les fonctions de *juge de paix* en ce qui concerne l'apposition des scellés, et celles d'*officier de l'état civil* (naissances, mariages, décès ou disparition), pour les officiers sans troupe et les employés. Ils ont le caractère d'*officier public* et peuvent, à ce titre, constater par procès-verbaux tous les faits qui intéressent le département de la guerre.

Rapports. — Les fonctionnaires de l'intendance n'ont à faire de rapports pour le service qu'au commandant ou au chef d'état-major du corps (armée, corps d'armée, division, brigade, etc.), auquel ils sont attachés. Ils soumettent aux officiers généraux leurs propositions pour la formation et l'emplacement des magasins, hôpitaux, ambulances, pour les distributions, pour les modifications dans la quotité ou l'espèce des distributions. Ils leur rendent compte journellement de la situation des magasins et des ressources de toute nature ; ils leur communiquent les ordres qu'ils reçoivent directement de leurs supérieurs.

Documents consultés. — Projet de règlement sur le Service en campagne. — Petites études de guerre. — Service des états-majors, de Mariotti.

SERVICE VÉTÉRINAIRE ET FERRAGE.

Organisation du service dans les états-majors.

Personnel.

Par armée :

1 Vétérinaire principal attaché au quartier général comme vétérinaire en chef.

1 Vétérinaire en 2ᵉ ou de réserve chargé du service spécial du quartier général, concurremment avec le vétérinaire de réserve de la compagnie du train affectée au quartier général.

Par corps d'armée :

1 Vétérinaire en 1ᵉʳ attaché au quartier général comme chef de service.

1 Vétérinaire de réserve pour le service spécial des chevaux du quartier général, ou, à défaut, 1 aide-vétérinaire d'une des compagnies du train.

Par division d'infanterie :

Les vétérinaires des batteries divisionnaires doivent leurs soins aux chevaux des quartiers généraux de division et de brigade, des demi-compagnies du génie et des corps d'infanterie. — Les médicaments et objets de pansement sont pris sur l'approvisionnement des batteries.

Matériel.

Régiment de cavalerie.

2 Cantines vétérinaires.

Division d'infanterie.

3 Cantines vétérinaires portées : 2 par les fourgons à bagages des batteries divisionnaires, et 1 par un des fourgons à vivres des sections.

Corps d'armée.

7 Cantines vétérinaires dont 4 portées par les fourgons à bagages des batteries de corps, 2 par un des fourgons du parc, 1 par l'équipage de pont.

Taux de l'abonnement pour l'entretien de la ferrure par cheval et par mois.

Reconnaissances de brigade, grandes manœuvres et pied de guerre :

Chevaux d'officiers de toutes armes		4 fr.	00
Cavalerie.	Réserve	3	30
	Ligne	3	20
	Légère (française ou arabe)	3	10
Artillerie.	Chevaux de selle		
	— de trait	3	40
	Mulets de trait		
	— de bât		
Génie et train des équipages.	Chevaux de selle		
	— de trait	3	30
	Mulets de trait		
	— de bât		

(*Déc. minist. du 2 mai* 1878).

Infanterie. — Animaux de trait ou de bât : 2 fr. 40.

Cavalerie. — Animaux de trait ou de bât. Taux de l'arme (*Déc. minist. du* 14 *nov.* 1870).

Les dépenses de médicaments et de ferrage des chevaux fournis *à titre gratuit* aux officiers d'état-major et autres officiers n'appartenant pas à des corps de troupes, sont mises à la charge de la masse d'entretien de harnachement et de ferrage du corps de troupes à cheval ou de l'établissement le plus à proximité de leur résidence. Pour les chevaux des officiers des corps d'infanterie, les dépenses sont supportées par la masse générale d'entretien de ces corps (*Règlement du 3 juill. 1855, art. 7*).

Les dispositions de l'article 7, en ce qui concerne le prix de la ferrure, sont également applicables à l'officier qui se remonte *à titre onéreux*, c'est-à-dire qu'il doit le payer au taux fixé et directement (*Art. 18 et Déc. minist. du 18 oct. 1877*).

Les chevaux du quartier général d'un corps d'armée (y compris l'escorte) sont ferrés par les batteries montées de l'artillerie de corps, entre lesquelles le chef d'état-major général les répartit, ou par la forge du demi-escadron d'escorte.

Les chevaux du quartier général d'une division d'infanterie (y compris l'escorte) *et ceux des corps d'infanterie* sont ferrés par les batteries divisionnaires, entre lesquelles le chef d'état-major les répartit.

Aux grandes manœuvres ou en cas de mobilisation, les maréchaux qui auront reçu l'ordre de ferrer les chevaux des officiers attachés à l'état-major de leur corps d'armée, ainsi que les chevaux ou mulets des divisions d'infanterie (que ces derniers soient immatriculés ou simplement requis) seront tenus d'exiger ou de présenter, à titre de *pièce justificative*, un bon signé, dans le premier cas, par les officiers possesseurs des animaux ferrés et visé par le chef d'état-major, et dans le second cas, par le capitaine faisant fonctions de major ou par l'officier payeur. — Ces bons, pour le remboursement, seront envoyés par le trésorier du corps dont le maréchal fait partie aux conseils d'administration des régiments auxquels appartiennent les chevaux ferrés (*Déc. minist. du 18 oct. 1877, art. 14*).

Dans chaque corps de troupe d'infanterie, il est créé un *aide-maréchal ferrant*; il fait partie de la section hors rang et doit être capable de remettre des clous, de remplacer, au besoin, un fer perdu en route, de faire, en un mot, les réparations de ferrure qui ont un caractère d'urgence. Il est pourvu d'une sacoche simple de maréchal ferrant (*J. M.*, tome V, page 728) portée, pendant les marches, à l'extérieur de la voiture qui, dans les convois de vivres, doit recevoir l'avoine des chevaux de l'équipage. Cette même voiture porte le havre-sac de l'aide-maréchal ferrant (*Déc. minist. du 20 déc. 1878*).

Documents consultés. — Extraits du Journal militaire. — Règlement du 26 déc. 1876 sur le Service vétérinaire.

TRÉSORERIE ET POSTES.

Composition en personnel et matériel.

Pour un corps d'armée :

Payeur principal et agents 3
Sous-agents 3
Conducteurs et ordonnances du train des
  équipages 10
Chevaux (selle et trait) 12

Voitures {
à deux roues 2
  (levées de boîtes).
à 4 roues (Pers. et fonds) . . 1
  (voit. du mod. du minist. des financ.)

Pour une division :

Payeur particulier et agents 1
Sous-agent 1
Conducteurs et ordonnances du train des
  équipages 3
Chevaux (selle et trait) 6

Voitures {
à 2 roues 1
  (levées de boîtes).
à 4 roues (Pers. et fonds) . . 2
  (voit. du mod. du minist. des financ.)

Quand une *brigade de cavalerie* opère isolément, il lui est constitué un service composé de : 1 payeur-adjoint (monté), 1 gardien de bureau, 1 soldat ordonnance.

Le personnel de la trésorerie et des postes aux armées se compose d'agents supérieurs, d'agents et de sous-agents recrutés dans les divers services ressortissant du ministère des finances, sans aucune assimilation de grade avec l'armée, mais traités sous le rapport des prestations à la charge du ministère de la guerre d'après les bases suivantes :

Agents
supérieurs {
Payeurs généraux comme généraux de
  brigade,
Payeurs principaux comme colonels,
Payeurs particuliers comme chefs de bataillon.

Agents. { Payeurs adjoints comme capitaines,
Commis de trésorerie comme sous-lieutenants.

Sous-agents : Gardiens de caisse ou de bureau comme sous-officiers.

L'administration de la trésorerie et des postes aux armées relève du ministre des finances pour le personnel, l'alimentation des caisses, la comptabilité et la partie professionnelle ou technique du service (1). Pour toutes les autres mesures, telles que la marche générale du service, les ordres de route, de campement et d'expédition des courriers, elle est placée sous les ordres du commandement militaire.

Les notes sur le personnel et les propositions relatives soit à l'avancement, soit aux récompenses, sont remises par les payeurs généraux aux officiers généraux près desquels ils sont placés, et transmises par ces derniers au ministre des finances.

L'uniforme du personnel de la trésorerie et des postes aux armées est réglé par le décret du 28 février 1878 (*Journal militaire*, 1er semestre 1878, partie supplémentaire). Il est expressément interdit au personnel de ce service de porter aux armées des effets bourgeois, ainsi que tous uniformes ou insignes autres que ceux spécifiés audit décret (2).

Le *matériel roulant* est établi et entretenu par le département de la guerre ; les attelages et leurs conducteurs sont fournis par le train des équipages.

Le *matériel de campement* nécessaire aux bureaux est fourni par le ministre de la guerre, à charge de remboursement par le département des finances.

Tous les payeurs suivent les mouvements des quartiers généraux auxquels ils sont respectivement attachés. Ils règlent la marche générale de leur service d'après les ordres qu'ils reçoivent du général ou commandant militaire près duquel ils sont placés.

L'autorité militaire fournit aux payeurs, sur leur demande, une garde suffisante pour assurer la sécurité de leur caisse. Des détachements de troupes sont égale-

---

(1) Voir *Instruction du 1er octobre 1877* sur le service et la comptabilité des payeurs d'armée. (Ministère des finances).

(2) Une *Note ministérielle du 23 août 1878* (*Journal mil.*, 2e sem. 1878, partie suppl.) donne la description du harnachement des chevaux ainsi que la nomenclature des effets de toute nature nécessaires aux agents et sous-agents employés aux armées.

ment chargés, à la requête des payeurs, d'escorter les transports de fonds.

Le commandement militaire peut faire opérer, par les fonctionnaires de l'intendance, toutes les vérifications de caisse qu'il juge nécessaires.

Dans chaque armée, corps d'armée, division, brigade, etc., le chef du service de la trésorerie et celui du service de l'intendance échangent, tous les dix jours au moins, une double situation indiquant, de la part de l'intendance, les dépenses présumées pendant la dizaine suivante, et de la part du payeur, les ressources attendues ou espérées pendant la même période.

Le tarif des monnaies étrangères qu'il peut y avoir lieu d'employer est établi par le ministre des finances et mis à l'ordre du jour de l'armée, après avoir été accepté par le ministre de la guerre. En cas d'urgence, ce tarif peut être établi ou modifié à titre provisoire par le commandant en chef, sur la proposition du payeur général.

Dispositions spéciales au service des postes.

Ce service est assuré par la direction générale des postes jusqu'aux stations têtes d'étapes de guerre. Un bureau est établi dans chacune de ces stations et remet les correspondances aux bureaux du service de la trésorerie et des postes aux armées.

Toutes les dispositions relatives à la marche générale du service, aux conditions de transport des dépêches, aux jours et heures de départ des courriers, sont arrêtées par le général en chef, sur la proposition du chef de service (1).

Le *matériel roulant* dont les bureaux doivent être pourvus est fourni par la direction générale des postes, qui est tenue de l'entretenir au complet et en bon état.

Documents consultés. — Journal militaire officiel. — Petites études de guerre. — Décret du 24 mars 1877 sur le Service de la trésorerie et des postes aux armées.

Franchises en campagne.

Art. 1er. — Tous militaires, fonctionnaires militaires ou personnes assimilées, chargés d'un commandement ou de la direction d'un service, à titre définitif ou provisoire, et faisant partie des armées en campagne, sont autorisés, en quelque lieu que se trouvent ces armées, à

---

(1) Mettre à l'ordre les heures d'arrivée et de départ des courriers, ainsi que l'emplacement des bureaux.

se transmettre en franchise les dépêches de service d'un poids supérieur à 15 grammes, sous bandes, avec faculté de fermer en cas de nécessité.

Art. 2. — Les commandants en chef et les commandants des corps d'armée en campagne, ainsi que les chefs d'état-major des armées et des corps d'armée, sont autorisés à recevoir en franchise les correspondances de service qui leur sont adressées de l'intérieur de la République par toutes personnes indistinctement.

Art. 3. — Les fonctionnaires militaires de tous ordres ou personnes assimilées, dénommés au *Manuel des franchises*, faisant partie des armées en campagne, sont autorisés à exercer, en quelque lieu que se trouvent ces armées, les droits de franchise et de contre-seing attribués en temps ordinaire à leurs fonctions respectives.

Art. 4. — Toute correspondance de service, même au-dessous du poids de 15 grammes, provenant ou à l'adresse d'un fonctionnaire militaire ou d'une personne assimilée faisant partie d'une armée en campagne, devra porter, sur sa suscription, le contre-seing du fonctionnaire expéditeur (*Note min. du 30 nov.* 1877).

Nota. — L'article 4 de cette décision soumet à la formalité du contre-seing de l'expéditeur toutes les dépêches *de service*, même celles d'un poids inférieur à 15 grammes, qui ont droit à la franchise en vertu de la loi du 13 mai 1871. Cette disposition, qui permettra de distinguer immédiatement ces dépêches des autres correspondances, leur assurera l'avantage, dans le cas possible d'encombrement, d'être expédiées et distribuées de préférence, ainsi que le veut l'intérêt du service. L'absence de contre-seing n'entraînerait pas d'ailleurs la taxation de la dépêche, dans le cas spécial où le poids ne dépasserait pas 15 grammes.

Voir l'*Ordonnance royale du* 17 *novembre* 1844 (*J. M., t. IV*) pour les dispositions de détail qui règlent les franchises (contre-seing, mode de fermeture, dépôt dans les bureaux de poste, documents chargés ou recommandés, transport et distribution de la correspondance, ouverture et vérification des dépêches refusées, etc.). Consulter également le *Manuel général des franchises postales* (20 décembre 1878).

Documents consultés. — Journal militaire et Note ministérielle du 30 novembre 1877.

Extrait du Manuel général des franchises postales (20 décembre 1878).

On n'a reproduit, dans cet extrait partiel, que la franchise avec les fonctionnaires et agents du département de la guerre.

L. F. signifie lettres fermées, c'est-à-dire sous enveloppe ou sous pli. — S. B. signifie sous bandes. — S. B*. signifie sous bandes avec faculté de fermer, c'est-à-dire de mettre sous enveloppe ou sous pli, *mais seulement* en cas de nécessité. — L'astérisque * placé à la suite de la désignation du fonctionnaire indique que le contre-saing est réciproque.

AUTORISÉS à contre-signer leur correspondance de service.	DÉSIGNATION DES FONCTIONNAIRES ET DES PERSONNES AUXQUELS LA CORRESPONDANCE DE SERVICE des fonctionnaires et des personnes désignés dans la colonne ci-contre doit être remise en franchise.	FORME sous laquelle la correspondance circulent en franchise doit être présentée.	ARRONDISSEMENT, circonscription ou ressort dans l'étendue duquel la correspondance, valablement contre-signée, circule en franchise.
	Chef d'état-major de l'artillerie dans les corps d'armée et les régions militaires*	S. B*.	Région militaire.
	Chefs d'état-major généraux des corps d'armée ou des régions militaires*	S. B*.	Idem.
	Chefs du génie*	S. B*.	Idem.
	d'armes dans les villes de garnison*	S. B*.	Idem.
	de brigade*	S. B*.	Toute la Républiq.
	de division*	S. B*.	Idem.
	de la légion de la garde républicaine de Paris*	S. B*.	»
	de l'artillerie dans les corps d'armée et dans les régions militaires*	S. B*.	Région militaire.
	de l'artillerie de la place et des forts de Paris*	S. B*	Dép. de la Seine et de Seine-et-Oise.
Commandants	des brigades de gendarmerie*	S. B*.	Toute la Républiq.
	des bureaux de recrutement et de mobilisation*	S. B*.	Idem.
	des circonscriptions de remonte*	S. B*.	Circ. de remonte.

Commandants des corps d'armée et des régions militaires (1).				
		des corps d'armées et des régions militaires*	L. F.	Toute la Républiq.
		des corps militaires*	S. B*.	Idem.
		des détachements militaires*	S. B*.	Région militaire.
		des places, forts, postes ou d'armes*	S. B*.	Idem.
		des subdivisions de région*	S. B*.	Toute la Républiq.
		supérieur du génie en Algérie*	S. B*.	Idem.
	Commissaires	du gouvernement près le conseil de guerre*	S. B*.	Région militaire.
		du gouvernement près le conseil de révision*	S. B*.	Idem.
		d'artillerie*	S. B*.	Toute la Républiq.
		de l'établissement de la marine à Indret*	S. B*.	»
		du génie*	S. B*.	Région militaire.
	Directeurs	du dépôt central des poudres et salpêtres à Paris*	S. B*.	»
		du matériel au dépôt central de l'artillerie à Paris*	S. B*.	»
		ingénieurs de région des lignes télégraphiques*	S. B*.	Toute la Républiq.
		supérieurs du génie*	S. B*.	Idem.
	Fonctionnaires de l'intendance militaire*		S. B*.	Région militaire.
	Gouverneurs militaires de Paris et de Lyon*		S. B*.	»
		des forges au dépôt central de l'artillerie à Paris*	S. B*.	»
		des manufactures d'armes au dépôt central de l'artillerie à Paris*	S. B*.	»
		des poudreries au dépôt central de l'artillerie à Paris*	S. B*.	»
	Inspecteurs	généraux d'armes*	S. B*.	Toute la Républiq.
		généraux du service des poudres et salpêtres*	S. B*.	Idem.
		généraux permanents des travaux d'armement de côtes*	S. B*.	Idem.
		généraux médicaux*	S. B*.	Idem.
	Maréchaux de France*		S. B*.	Idem.
	Officiers	d'administration des hôpitaux militaires*	S. B*.	Idem.
		de gendarmerie*	S. B*.	Idem.

(1) Ils peuvent, à leur gré, contre-signer en l'une ou l'autre qualité. Le contre-seing des maréchaux de France ou des officiers généraux commandants de corps d'armée ou des régions militaires est opéré au moyen de griffes fournies par l'administration des postes et conçues en ces termes : « Maréchal de France, commandant d'armée » ou « Commandant du   ᵉ corps d'armée », selon la qualité du contre-signataire. Ces officiers généraux reçoivent en franchise, sans condition de contre-seing, les lettres et dépêches qui leur sont adressées des lieux situés dans le ressort de leur commandement, et, en outre, 1° dans toute résidence appartenant à ce ressort; 2° à Paris; 3° à Versailles.

AUTORISÉS à contre-signer leur correspondance de service.	AUXQUELS LA CORRESPONDANCE DE SERVICE des fonctionnaires et des personnes désignés dans la colonne ci-contre doit être remise en franchise.	FORME sous laquelle la correspondance circulant en franchise doit être présentée.	ARRONDISSEMENT, circonscription ou ressort dans l'étendue duquel la correspondance, valablement contre-signée, circule en franchise.
Commandants des corps d'armée et des régions militaires (1). (Suite.)	Officiers { de santé militaire, chefs de service dans les hôpitaux militaires*	S. B.	Région militaire.
	{ du génie*	S. B'.	Idem.
	Présidents des conseils d'administration { des corps de troupe de la marine*	L. F.	Toute la Républiq.
	{ des corps militaires*	L. F.	Idem.
	{ des établissements militaires (2)*	L. F.	Idem.
	Présidents des conseils de guerre*	S. B.	Région militaire.
	Rapporteurs près les conseils de guerre*	S. B.	Idem.
	Vétérinaires principaux inspecteurs*	S. B.	Ressort d'inspect. vétérinaire.
	Chefs d'état-major généraux des divisions*	S. B.	Région militaire.
	Chefs du génie*	S. B.	Direction du génie.
	Commandants { d'armes dans les villes de garnisons*	S. B.	Région militaire.
	{ de brigade*	S. B'.	Toute la Républiq.
	{ de division*	S. B'.	Idem.
	{ de l'artillerie de la place et des forts de Paris.*	S. B'.	Seine et S.-et-Oise.
	{ des brigades de gendarmerie*	S. B'.	Toute la Républiq.
	{ des brigades faisant partie de la division du contre-signataire*	S. B'.	Toute la Républiq.
	{ des bureaux de recrutement et de mobilisation*	S. B'.	Toute la Républiq.

			Lieu.
Commandants de division (3).	des corps d'armée et des régions militaires*	S. B^e.	Idem.
	des corps militaires faisant partie de la division du contre-signataire*	S. B^e.	»
	des détachements des corps militaires faisant partie de la division du contre-signataire*	S. B^e.	»
	des subdivisions de régions*	S. B.	Toute la Républiq.
Conservateurs des forêts*		S. B^e.	Région militaire.
Directeurs...	d'artillerie*	S. B^e.	Toute la Républiq.
	du génie*	S. B.	Région militaire.
	du matériel au dépôt central de l'artillerie à Paris*	S. B.	»
	Ingénieurs de région des lignes télégraphiques*	S. B^e.	Toute la Républiq.
	supérieurs du génie*	S. B^e.	Idem.
Fonctionnaires de l'intendance militaire*		S. B^e.	Région militaire.
Géomètres en chef des brigades auxiliaires de la topographie*		S. B.	Algérie.
Gouverneurs militaires de Paris et de Lyon*			»
Inspecteurs...	des manufactures d'armes au dépôt central de l'artillerie à Paris*	S. B.	»
	des poudreries au dépôt central de l'artillerie à Paris*	S. B.	»
	généraux d'armes*	S. B.	Toute la Républiq.
	généraux du service des poudres et salpêtres à Paris*	S. B.	»
	d'administration des hôpitaux militaires*	S. B^e.	Région militaire.
Officiers...	de gendarmerie*	S. B^e.	Idem.
	de santé militaire, chefs de service dans les hôpitaux militaires*	S. B.	Idem.
Présidents des conseils d'administration	des corps militaires*	S. B^e.	Toute la Républiq.
	des établissements militaires (2)*	S. B^e.	Idem.

(1) Ils peuvent, à leur gré, contre-signer en l'une ou l'autre qualité. Le contre-seing des maréchaux de France ou des officiers généraux commandants de corps d'armée ou des régions militaires est opéré au moyen de griffes fournies par l'administration des postes et conçues en ces termes : « Maréchal de France, commandant d'armée » ou « Commandant du   e corps d'armée » selon la qualité du contre-signataire. Ces officiers généraux reçoivent en franchise, sans condition de contre-seing, les lettres et dépêches qui leur sont adressées des lieux situés dans le ressort de leur commandement, et, en outre, 1° dans toute résidence appartenant à ce ressort; 2° à Paris; 3° à Versailles.

(2) Sont compris sous ce titre les commandants ou directeurs des ateliers de construction, des dépôts d'étalons et de remonte, des docks, écoles, fonderies, hôpitaux, magasins, manufactures d'armes, pénitenciers, ateliers de travaux publics, prisons militaires de Paris et de Lyon, pharmacies, poudreries, raffineries.

(3) Généraux pourvus de cet emploi.

DÉSIGNATION DES FONCTIONNAIRES ET DES PERSONNES		FORME sous laquelle la correspondance circulant en franchise doit être présentée.	ARRONDISSEMENT, circonscription ou ressort dans l'étendue duquel la correspondance, valablement contre-signée, circule en franchise.
AUTORISÉS à contre-signer leur correspondance de service.	AUXQUELS LA CORRESPONDANCE DE SERVICE des fonctionnaires et des personnes désignés dans la colonne ci-contre doit être remise en franchise.		
Commandants de brigade (1).	Chefs du génie*	S. B.	Direction du génie.
	Commandants { de brigade*	S. B*.	Toute la Républiq.
	de division*	S. B*.	Idem.
	des brigades de gendarmerie	S. B.	Idem.
	des bureaux de recrutement et de mobilisation*	S. B*.	Idem.
	des corps d'armée et des régions militaires*	S. B*.	Idem.
	des corps militaires faisant partie de la brigade du contre-signataire*	S. B*.	Idem.
	des détachements des corps militaires faisant partie de la brigade du contre-signataire*	S. B*.	Idem.
	des divisions dont font partie les contre-signataires*	S. B*.	»
	des écoles régimentaires*	S. B.	Toute la Républiq.
	des subdivisions de région*	S. B*.	Idem.
	Directeurs { d'artillerie*	S. B*.	Idem.
	du génie*	S. B*.	Région militaire.
	du matériel au dépôt central de l'artillerie de Paris*	S. B*.	»
	ingénieurs de région des lignes télégraphiques*	S. B*.	Toute la Républiq.
	supérieurs du génie*	S. B*.	Idem.
	Fonctionnaires de l'intendance militaire*	S. B*.	Région militaire.
	Gouverneurs militaires de Paris et de Lyon*	S. B*.	»
	Inspecteurs { des poudreries au dépôt central de l'artillerie de Paris*	S. B*.	»
	des manufactures d'armes au dépôt central de l'artillerie de Paris*	S. B.	»
	généraux du service des poudres et salpêtres*	S. B.	Toute la Républiq

	Officiers .... { d'administration des hôpitaux militaires *	S. B*.	Idem.
	{ de gendarmerie*	S. B*.	Idem.
	{ de santé militaire, chefs de service dans les hôpitaux militaires *	S. B*.	Région militaire.
	Présidents des conseils d'administration des corps militaires *	S. B*.	Toute la Républiq.
	Présidents des conseils d'administration des établissements militaires (2) *	S. B*.	Idem.
	Chefs d'état-major de l'artillerie dans les régions militaires et les corps d'armée *	S. B*.	Région militaire.
	Chefs d'état-major généraux des corps d'armée, des régions militaires et des d visions *	S. B*.	Toute la Républiq.
	Chefs du génie *	S. B*.	Idem.
Chefs d'état-major généraux des régions militaires et des corps d'armée (1) (quel que soit leur grade).	Com- mandants { de l'artillerie dans les régions militaires et les corps d'armée en Algérie *	S. B*.	Idem.
	{ de l'artillerie des arrondissements dans les directions d'artillerie *	S. B*.	Idem.
	{ des brigades de gendarmerie *	S. B*.	Idem.
	{ des bureaux de recrutement et de mobilisation *	S. B*.	Idem.
	{ des circonscriptions de remonte de la guerre *	S. B*.	Idem.
	{ des corps militaires *	S. B*.	Idem.
	{ des dépôts de remonte *	S. B*.	Idem.
	{ des détachements militaires *	S. B*.	Idem.
	{ des écoles militaires *	S. B*.	Idem.
	{ des places, forts, postes et d'armes *	S. B*.	Région militaire.
	{ des régions militaires et des corps d'armée *	S. B*.	Toute la Républiq.
	{ des subdivisions de région *	S. B*.	Région militaire.
	{ supérieur du génie en Algérie *	S. B*.	»
	Com- missaires { du gouvernement près le conseil de guerre *	S. B*.	Région militaire.
	{ du gouvernement près le conseil de révision *	S. B*.	Idem.

(1) Généraux de brigade ou officiers supérieurs pourvus de cet emploi.

(2) Sont compris sous ce titre les commandants ou directeurs des ateliers de construction, des dépôts d'étalons ou de remonte, des docks, écoles, fonderies, hôpitaux, magasins, manufactures d'armes, pénitenciers, ateliers de travaux publics, prisons militaires de Paris et de Lyon, pharmacies, poudreries, raffineries.

(3) Les chefs d'état-major généraux des régions militaires et des corps d'armée peuvent aussi, au besoin, écrire par lettres fermées aux fonctionnaires et agents désignés dans la colonne 2, mais seulement en l'absence du commandant de la région ou du corps d'armée, et sous la condition de déclarer sur l'adresse qu'il y a nécessité de fermer.

AUTORISÉS à contre-signer leur correspondance de service,		AUXQUELS LA CORRESPONDANCE DE SERVICE des fonctionnaires et des personnes désignés dans la colonne ci-contre doit être remise en franchise.	FORME sous laquelle la correspondance circulant en franchise doit être présentée.	ARRONDISSEMENT, circonscription ou ressort dans l'étendue duquel la correspondance, valablement contre-signée, circule en franchise.
Chefs d'état-major généraux des régions militaires et des corps d'armée (1) (quel que soit leur grade). (Suite.)	Directeurs	d'artillerie*.	S. B°.	Région militaire.
		de la fabrique de coton-poudre du Moulin-Blanc*.	S. B°.	»
		de la fonderie de Bourges*.	S. B°.	»
		de l'école centrale de pyrotechnie militaire à Bourges*.	S. B°.	»
		des ateliers de construction*.	S. B°.	Toute la Républiq.
		des poudreries et raffineries de soufre et de salpêtre*.	S. B°.	»
		ingénieurs de région des lignes télégraphiques*.	S. B°.	Toute la Républiq.
		du dépôt central des poudres et salpêtres, à Paris*.	S. B°.	»
		du génie*.	S. B°.	Toute la Républiq.
		du génie en Algérie*.	S. B°.	Algérie.
		supérieur du génie*.	S. B°.	Toute la Républiq.
	Fonctionnaires de l'intendance militaire*.		S. B°.	Région militaire.
	Inspecteurs	des manufactures d'armes au dépôt central de l'artillerie à Paris*.	S. B°.	»
		des poudreries au dépôt central de l'artillerie à Paris*.	S. B°.	»
		généraux d'armes*.	S. B°.	Toute la Républiq.
		généraux du service des poudres et salpêtres à Paris*.	S. B°.	»
	Maréchaux de France*.		S. B°.	Toute la Républiq.
	Officiers	d'administration militaire*.	S. B°.	Région militaire.
		de gendarmerie*.	S. B°.	Toute la Républiq.
		de santé militaire, chefs de service dans les hôpitaux militaires*.	S. B°.	Région militaire.
		du génie*.	S. B°.	Item.

Présidents	des conseils d'administration des ateliers de condamnés militaires aux travaux publics, des prisons militaires de Paris et de Lyon et des pénitenciers militaires*	S. F*.	Idem.
	des conseils d'administration des corps de troupes de la marine*	S. F*.	Idem.
	des conseils d'administration des corps militaires*	S. F*.	Idem.
	des conseils de guerre*	S. F*.	Idem.
Rapporteurs près les conseils de guerre*		S. F*.	Idem.
Chef d'état-major général du corps d'armée*		S. B.	Idem.
Commandants	des brigades de gendarmerie*	S. B.	Idem.
	des bureaux de recrutement et de mobilisation*	S. B.	Idem.
	des divisions auxquelles appartiennent les contre-signataires*	S. B.	Idem.
Fonctionnaires de l'intendance militaire*		S. B.	Idem.
Officiers de santé militaires, chefs de service dans les hôpitaux militaires*		S. B.	Idem.
Présidents des conseils d'administration des corps militaires*		S. B.	Toute la Républiq

Chefs d'état-major des divisions,

(1) Les chefs d'état-major généraux des régions militaires et des corps d'armée peuvent aussi, au besoin, écrire par lettres fermées aux fonctionnaires et agents désignés dans la colonne 5, mais seulement en l'absence du commandant de la région ou du corps d'armée, et sous la condition de déclarer sur l'adresse qu'il y a nécessité de fermer.

SERVICE DE LA GENDARMERIE
AUX ARMÉES.

Le service de la gendarmerie aux armées comprend : le service prévôtal proprement dit, le service des convois, la garde des prisonniers.

Ce service est assuré de la façon suivante :

	Commandement.	Moyens d'exécution.
Armée...	Le commandant supérieur de la gendarmerie ou *grand prévôt*.	Un détachement attaché au service du grand quartier général et à l'escorte du grand prévôt.
Corps d'armée.	Le commandant de la gendarmerie de chaque corps d'armée ou *prévôt*.	Un détachement placé près de chaque prévôt (Voir la composition au tableau ci-après).
Division d'infanterie.	Un capitaine de gendarmerie vaguemestre, *commandant de la force publique*.	Un détachement, dont la composition est donnée au tableau ci-après.
Division de cavalerie 4 ou 6 régiments.	Un lieutenant ou sous-lieutenant commandant le détachement.	Un détachement, dont la composition est donnée ci-après.
Brigade de cavalerie.	Un maréchal des logis commandant le détachement.	Un détachement, dont la composition est donnée ci-après.

Tableau de l'organisation du service prévôtal dans les armées en campagne.

Le service prévôtal dans un corps d'armée est décomposé comme il suit :

Près du quartier général du corps d'armée :

Le chef d'escadron, prévôt,

1 maréchal des logis adjoint au trésorier, greffier,

1 maréchal des logis. . . . . ⎫
1 brigadier.. . . . . ⎬ à cheval.
8 gendarmes. . . . . ⎭

Pour la surveillance des convois :

  1 capitaine vaguemestre,
  1 maréchal des logis greffier,
  2 maréchaux des logis. . . .⎫
  2 brigadiers. . . . .⎬ à cheval.
25 gendarmes. . . . .⎭

Pour la surveillance des prisonniers .

  1 maréchal des logis. . . . .⎫
  1 brigadier. . . . .⎬ à pied.
  8 gendarmes. . . . .⎭

Il y a en outre :

Auprès de chaque division d'infanterie, une force publique composée de :

  1 capitaine commandant le détachement,
  1 maréchal des logis greffier,
  1 maréchal des logis. . . . .⎫
  1 brigadier. . . . .⎬ à cheval.
13 gendarmes. . . . .⎭
  1 brigadier. . . . .⎫ à pied.
  5 gendarmes. . . . .⎭

Dans chaque brigade de cavalerie de corps d'armée :

  1 maréchal des logis. . . . .⎫ à cheval.
  9 gendarmes. . . . .⎭

Dans une division de cavalerie à 4 régiments :

  1 lieutenant ou sous-lieutenant commandant le détachement,
  1 maréchal des logis. . . . .⎫
  1 brigadier. . . . .⎬ à cheval.
12 gendarmes. . . . .⎭

Dans une division de cavalerie à 6 régiments :

  1 lieutenant ou sous-lieutenant commandant le détachement,
  1 maréchal des logis. . . . .⎫
  2 brigadiers . . . .⎬ à cheval.
18 gendarmes. . . . .⎭

Si la division se sépare en 2 brigades, la force publique se scinde; l'officier et 1 brigadier restent avec le général de division, et le maréchal des logis va avec la brigade détachée (1).

---

(1) Voir *Bagages*.

Juridiction

Le grand prévôt exerce sa *juridiction* sur toute l'armée et les prévôts sur les corps d'armée auxquels ils sont attachés. Les officiers de gendarmerie commandant la force publique près les divisions ont les mêmes attributions que le prévôt, chacun dans l'arrondissement de la division à laquelle il est attaché.

Le grand prévôt, les prévôts, les officiers commandant la force publique jugent seuls, assistés d'un greffier.

Les prévôtés ont juridiction :

1° Sur les vivandiers, vivandières, cantiniers, cantinières, blanchisseuses, marchands, etc., et toutes personnes à la suite de l'armée en vertu d'une permission ;

2° Sur les vagabonds et gens sans aveu ;

3° Sur les prisonniers de guerre non officiers.

Elles connaissent à l'égard des individus ci-dessus désignés dans l'étendue de leur ressort :

1° Des infractions prévues par l'article 271 du Code (contraventions de police commises par des militaires, — infractions aux règlements relatifs à la discipline);

2° De toute infraction dont la peine ne peut excéder six mois d'emprisonnement et deux cents francs d'amende ou l'une de ces deux peines;

3° Des demandes en dommages-intérêts qui n'excèdent pas cent cinquante francs, lorsqu'elles se rattachent à une infraction de leur compétence.

Les décisions des prévôtés ne sont susceptibles d'aucun recours (Code de justice militaire).

Administration.

Au point de vue administratif, toute la gendarmerie d'un corps d'armée est considérée comme faisant corps pour toute la durée de la campagne. La solde est touchée par corps d'armée chez le payeur du corps.

Quand une division se trouve détachée, sa force publique s'administre séparément et touche sa solde chez le payeur de la division.

Rapports avec l'autorité militaire.

La gendarmerie ne relève que de ses chefs directs, ainsi que des généraux et chefs d'état-major près desquels elle est placée.

Les grands prévôts, prévôts, commandants de détachements de force publique doivent au chef des troupes près desquelles ils sont placés, un rapport journalier dans lequel ils font connaître les ordres reçus de leurs supérieurs de la gendarmerie.

Les militaires de la gendarmerie ne peuvent être *punis* que par leurs chefs directs et par les généraux et chefs d'état-major des corps auxquels ils appartiennent. Les autres supérieurs militaires demandent des punitions qui sont maintenues, augmentées ou diminuées.

Devoirs généraux.

La gendarmerie remplit à l'armée des fonctions analogues à celles qu'elle exerce dans l'intérieur (1).

Elle ne sert jamais comme escorte spéciale et ne peut être employée dans le service d'estafette que dans des cas très graves.

La gendarmerie est informée tous les jours, par les soins des prévôts et commandants de détachement, des emplacements occupés par les différents corps et services. Son campement ou cantonnement est assigné à proximité des quartiers généraux.

Elle reçoit le mot et a le droit de pénétrer à toute heure dans les camps. Tout militaire doit informer la gendarmerie des crimes et délits dont il a connaissance et lui prêter main-forte s'il en est requis.

Les militaires de la gendarmerie, faisant fonctions d'*officiers de police judiciaire*, recherchent et arrêtent les prévenus, les font remettre entre les mains de qui de droit et fournissent aux commissaires du gouvernement les documents nécessaires.

Le grand prévôt a une garde à son logement et marche accompagné de deux brigades; les prévôts et officiers commandant les détachements de gendarmerie et le capitaine vaguemestre marchent accompagnés d'une brigade.

-----

(1) *Attributions générales de la gendarmerie aux armées.* — Recherche et constatation des crimes, délits et contraventions, rédaction des procès-verbaux, poursuite et arrestation des coupables, police et maintien de l'ordre. — Direction et surveillance des équipages. — Police relative aux individus non militaires, aux secrétaires, interprètes, vivandiers, domestiques, etc. — La gendarmerie n'est employée au service d'escorte d'honneur et d'estafette que dans le cas de la plus absolue nécessité.

Attributions spéciales des grands prévôts, prévôts et commandants de la force publique. — Protéger, dans l'étendue de leur arrondissement, les habitants du pays contre le pillage ou toute autre violence. — Commencer l'information des crimes et délits conformément aux articles 83 et suivants du Code de justice militaire. — Faire rechercher et arrêter les prévenus et les faire conduire auprès des généraux dont ils relèvent (*Projet de règlement sur le Service en campagne*).

La gendarmerie a, dans ses attributions spéciales, la police relative aux individus non-militaires qui suivent l'armée.

Dans chaque armée, corps d'armée, etc., le grand prévôt, prévôt, etc., reçoit la liste des secrétaires, interprètes et tous individus non-militaires, à la suite des généraux ou fonctionnaires.

Patentes. — Sont délivrées aux personnes qui veulent exercer une profession à la suite de l'armée, savoir :

Pour un quartier général d'armée, par le grand prévôt, — visées par le chef d'état-major ;

Pour un quartier général de corps d'armée, par le prévôt, — visées par le chef d'état-major ;

Pour une division, une brigade ou un détachement, par le commandant de la force publique, — approuvées et visées par le chef d'état-major, puis visées par le prévôt ;

Pour un corps de troupe, par le conseil d'administration, — visées par le commandant de la force publique.

Visites inopinées d'un médecin et d'un pharmacien, chargés d'apprécier la qualité des liquides et comestibles débités. — Exécutées dans chaque corps d'armée avec le concours d'un maréchal des logis ou brigadier et de deux gendarmes. Les denrées de mauvaise qualité sont répandues ou enfouies.

Prix des boissons et denrées. — Fixé par le grand prévôt et les prévôts.

Poids et mesures. — Fréquemment vérifiés et confisqués, s'il y a lieu, avec privation temporaire de la patente, renvoi de l'armée en cas de récidive, sans préjudice des restitutions et de la peine encourue pour la fraude.

Amendes. — Peuvent être infligées, dans la limite de 200 francs, par les chefs de la gendarmerie, pour contraventions aux règlements de police de l'armée. Le montant est versé au Trésor.

Dommages-intérêts. — Fixés par les grands prévôts, prévôts, etc., quand la demande n'excède pas 150 francs.

Domestiques civils. — Doivent être pourvus d'une attestation de leur maître, visée, dans les corps, par le colonel, dans les états-majors et les administrations par les prévôts.

Prisons. — Sont établies dans les quartiers généraux par les soins des grands prévôts, prévôts, etc., et sous la surveillance du commandant du quartier général pour militaires de tous grades, vagabonds, suspects, etc. Il est pourvu à la nourriture des prisonniers au moyen de rations perçues en même temps que celles de la prévôté sur des bons établis au titre de la justice militaire.

Militaires arrêtés ou en désertion. — Sont reconduits à leur corps, à moins qu'ils ne tombent sous la compétence des conseils de guerre. Les pièces de conviction sont alors adressées au chef d'état-major, qui prend les ordres du général pour faire informer.

Déserteurs ennemis. — Sont dirigés sur le quartier général du corps d'armée. Armes à l'artillerie; buffleteries à l'intendance; chevaux à la remonte qui les paie d'après le tarif arrêté par le commandant en chef. Le prix est distribué aux capteurs.

Chasse et jeux de hasard interdits. — La gendarmerie y tient spécialement la main et signale les officiers qui, dans les cantonnements, chassent sans la permission du propriétaire et l'autorisation du général commandant sur les lieux.

Filles de mauvaise vie. — Doivent être écartées de l'armée.

Chevaux d'inconnus. — Sont conduits au prévôt et remis, d'après l'ordre du chef d'état-major, au service de la remonte. Transitoirement, ils sont mis en subsistance dans un régiment désigné par la voie de l'ordre.

Propreté des abords des camps. — La gendarmerie requiert les corps de faire enfouir les débris des abatages qu'ils font pour leur compte.

Patrouilles. — Faites à toute heure de jour et de nuit. Quand la troupe est logée chez l'habitant, il peut être formé des patrouilles mixtes de quelques soldats dirigés par un ou deux gendarmes.

Engagements. — La gendarmerie est échelonnée en arrière des combattants et ramène au feu les soldats qui se débandent et ceux qui accompagnent les blessés. Elle désigne les ambulances à ces derniers, et aux officiers l'emplacement des munitions. En cas de panique, toute la prévôté est réunie pour opposer une digue aux fuyards.

Sauvegardes. — Le grand prévôt en a la police et la surveillance générale. Elles lui obéissent ainsi qu'aux officiers et sous-officiers de gendarmerie.

Rapports. — Les prévôts, etc., reçoivent des ordres, pour leur service journalier, des généraux et des chefs d'état-major; ils leur rendent compte et les informent des ordres qu'ils reçoivent du grand prévôt.

Rapports journaliers du prévôt ou commandant de la force publique au général dont il relève; du grand prévôt au général en chef.

Rapport général hebdomadaire du grand prévôt au chef d'état-major général sur l'ensemble de son service. (*Extrait du projet de règlement sur le service en campagne. Titre XIII*).

Marches (1).

Dans les marches, la gendarmerie suit les colonnes, arrête les pillards, fait rejoindre les traînards et surveille la police des équipages.

Dans chaque quartier général d'armée, de corps d'armée ou de division, un officier de gendarmerie *vaguemestre*, ayant pour adjoints deux maréchaux des logis de gendarmerie, dits vaguemestres-adjoints, est chargé de réunir et de former les convois et équipages d'après les ordres directs du chef d'état-major, d'en diriger la marche et d'en assurer la police. Il reçoit, à cet effet, du chef d'état-major, un état indiquant la composition du train régimentaire.

Si le détachement de la force publique est insuffisant pour la police du convoi, le vaguemestre demande, par l'intermédiaire du prévôt, au chef d'état-major, le nombre nécessaire de cavaliers.

Quand il est donné une escorte aux équipages pour leur défense, sa force est réglée par le chef d'état-major, et le vaguemestre est sous les ordres de l'officier qui la commande. La gendarmerie n'est employée aux équipages que pour la police et jamais comme escorte.

Le capitaine de gendarmerie, vaguemestre d'une division, a sous ses ordres, pendant la marche, le train régimentaire de la division. Il est secondé au point de vue de la police, de la surveillance de la marche, de la formation et de la dislocation de cette colonne, par les vaguemestres des corps et par les gendarmes à cheval mis à sa disposition par le chef d'état-major.

Il veille à ce que chaque vaguemestre de corps fasse déboîter ses équipages à propos.

Les vaguemestres et tous officiers et sous-officiers de

---

(1) Voir au chapitre *Marches.*

gendarmerie (à l'égard des équipages dont ils ont la police et la surveillance) ont le droit de vérifier si l'on se conforme au règlement quant au nombre et à la nature des transports. Ils font sortir de la route les voitures non autorisées. En cas de récidive, les attelages sont saisis et remis au train contre reçu; il est rendu compte au chef d'état-major (*Extrait du projet de règlement sur le service en camp. et du déc. du 24 juillet* 1875).

Ouvrages consultés. — Journal militaire. — Projet de service en campagne. — Petites études de guerre. — Notes sur le service des états-majors, de Mariotti. — Décret du 24 juillet 1875.

JUSTICE MILITAIRE.

La justice militaire aux armées comprend, indépendamment des prévôtés :

Au quartier général de chaque armée : 1 conseil de guerre, 1 conseil de révision ;

Au quartier général de chaque division (infanterie et cavalerie) : 1 conseil de guerre.

Il n'est établi de conseil de guerre au quartier général de corps d'armée que s'il y a lieu.

Composition des conseils de guerre aux armées.

GRADE de l'accusé.	GRADE du président.	GRADE DES JUGES.
Sous-officier, caporal ou brigadier, soldat.	Colonel ou lieutenant-colonel.	1 chef de bataillon, chef d'escadron ou major 1 capitaine. 1 lieutenant ou sous-lieutenant. 1 sous-officier.
Sous-lieutenant.	Colonel ou lieutenant-colonel.	1 chef de bataillon, chef d'escadron ou major. 1 capitaine. 1 lieutenant. 1 sous-lieutenant.
Lieutenant.	Colonel ou lieutenant-colonel.	1 chef de bataillon, chef d'escadron ou major. 1 capitaine. 2 lieutenants.
Capitaine.	Colonel.	1 lieutenant colonel. 1 chef de bataillon, chef d'escadron ou major. 2 capitaines.
Chef de bataillon, chef d'escadron, major.	Général de brigade.	1 colonel. 1 lieutenant-colonel. 2 chefs de bataillon, chefs d'escadron ou majors.
Lieutenant-colonel.	Général de brigade.	2 colonels. 2 lieutenants-colonels.

A partir du grade de colonel, même composition qu'en temps de paix (7 membres).

Il y a de plus, auprès de chaque conseil : 1 commissaire du gouvernement rapporteur (à la fois magistrat instructeur et ministère public), 1 greffier et 1 greffier adjoint.

Les membres du conseil et le commissaire du gouvernement sont pris dans l'unité auprès de laquelle le conseil est établi ; ils sont nommés par le commandant de cette unité.

S'il ne se trouve pas, dans l'unité, un nombre suffisant d'officiers du grade requis, on peut descendre jusqu'au grade inférieur à celui de l'accusé, mais sans que plus de deux juges puissent être pris dans cette catégorie. S'il y a encore insuffisance, le général en chef pourvoit.

Les fonctions de greffier sont remplies par des greffiers ou commis greffiers détachés du conseil de guerre du territoire et secondés par un commis-greffier adjoint, pris dans la réserve et pourvu du diplôme de licencié en droit. Les commis greffiers emportent les Codes, formules, etc., nécessaires au fonctionnement de la justice. Ces archives sont placées dans une cantine transportée sur la voiture du commandant de la force publique.

Juridiction.

Indépendamment des militaires et des assimilés aux militaires, les conseils de guerre, aux armées et dans les lieux en état de siège, ainsi que dans les places de guerre investies, ont pour justiciables :

1° Tous les individus employés, à quelque titre que ce soit, dans les états-majors, administrations et les services qui dépendent de l'armée ;

2° Les cantiniers et les cantinières, les blanchisseuses, les marchands, les domestiques et tous autres individus à la suite de l'armée en vertu de permission ;

3° Lorsque l'armée est sur le territoire ennemi, tous les individus prévenus des crimes et délits prévus par le titre 2 du livre IV du Code de justice militaire ;

4° Les complices des militaires prévenus de crimes ou de délits commis aux armées, soit en pays étrangers, soit à l'intérieur en présence de l'ennemi ;

5° Lorsque l'armée se trouve sur le territoire français, en présence de l'ennemi, les étrangers prévenus des crimes et délits énumérés dans le titre 2 du livre IV du Code militaire et commis dans l'arrondissement de cette armée, et tous les individus prévenus comme auteurs ou complices de crimes prévus par les articles 204 à 208 (trahison, espionnage et embauchage), et 249 à 254 (blessures à un blessé pour le dépouiller, pillage, destruction, dévastation d'édifices) dudit Code.

Jusqu'au grade de capitaine inclusivement, les prévenus sont traduits devant le conseil de leur détachement ou de la division dont ils font partie; jusqu'au grade de colonel ils sont traduits devant le conseil du quartier général d'armée.

Les non-militaires sont traduits devant l'un des conseils les plus voisins du lieu dans lequel le crime ou le délit a été commis, ou du lieu dans lequel le prévenu a été arrêté.

La compétence des conseils de révision aux armées et dans les lieux en état de siège est la même qu'à l'intérieur.

Ouvrages consultés. — Code de justice militaire modifié par la loi du 18 mai 1875. — Loi du 18 novembre 1875.

TÉLÉGRAPHIE.

Le service télégraphique est organisé en temps de paix et de guerre.

Temps de paix.

But. — 1° Établir et desservir les lignes et bureaux affectés spécialement à l'armée ou reliant des établissements militaires au réseau général. — *Par qui préparé.* — A l'aide de conférences mixtes au ministère de la guerre ;

2° Préparer l'exécution des mesures destinées à concourir à la transmission des ordres relatifs à la mobilisation et à la concentration des troupes. — *Par qui préparé.* — Par le directeur régional de chaque corps d'armée, sous la direction du chef d'état-major général.

Le directeur régional, dans chaque corps d'armée, veille à l'instruction, à l'habillement, à l'équipement et à la répartition du personnel.

Les armes et ustensiles de campement sont fournis par les corps de troupes désignés à l'avance à cet effet.

Le directeur est responsable de la tenue exacte de ses registres de mobilisation et de l'inventaire de son matériel.

Temps de guerre.

Le service télégraphique comprend, pour chaque armée ou corps d'armée opérant seul :

1° La direction de la télégraphie militaire.

Le directeur réside au grand quartier général. Il a la direction de tout le personnel et matériel télégraphiques du corps d'armée, de façon à subvenir à tous les besoins ; il est assisté par deux chefs de service. Il règle les questions de matériel avec l'officier commandant le parc. Il est en relations avec le directeur du service télégraphique à l'intérieur. Il ordonnance les traitements et autorise les dépenses ne dépassant pas 4,000 francs ; il soumet sa comptabilité à l'intendant. En un mot, le directeur a la direction et le contrôle du personnel et du matériel.

Composition de la direction télégraphique d'une armée.

1 Directeur, 2 chefs de service des 1ʳᵉ et 2ᵉ lignes, 2 chefs de section ou de postes adjoints, 3 télégraphistes, 2 chefs d'équipe, 6 ouvriers (y compris les ordonnances des fonctionnaires montés), soit un total de 16 hommes et de 9 chevaux.

2° Le service de 1ʳᵉ ligne ou de marche.

But. — 1° Relier le grand quartier général avec les quartiers généraux de corps d'armée et assurer ses communications avec le réseau d'opérations ;

2° Relier à l'un des quartiers généraux de corps d'armée le chef d'une troupe temporairement chargée d'une mission spéciale ;

3° Détruire les télégraphes existants, si cela est nécessaire.

Par qui exécutée. — Par le nombre de sections nécessaires, à la tête desquelles se trouve le chef du service de 1ʳᵉ ligne, qui est responsable du personnel et du matériel vis-à-vis du directeur. — Chaque section a un parc et 2 demi-attelages haut-le-pied.

Composition d'une section de 1ʳᵉ ligne ou de marche.

Elle comprend 2 ateliers composés chacun de : 1 chef de poste, 4 télégraphistes, 10 ouvriers, 1 voiture-poste et 1 chariot télégraphique, plus une réserve formée du reste du personnel et de deux chariots. — Les lignes télégraphiques de 1re ligne sont généralement établies avec le câble ordinaire (46 kilomètres par section) et pour les postes volants avec le petit câble (8 kilomètres par section).

3° *Le service de 2e ligne ou d'étape.*

But. — 1° Relier le réseau du service de 1re ligne avec celui du service de 3e ligne;

2° Desservir, dans les territoires occupés, les lignes d'étapes et tous les points situés en arrière de l'armée ;

3° Détruire les lignes qui pourraient être utilisées par l'ennemi.

Par qui exécuté. — Par un certain nombre de sections à la tête desquelles se trouve le chef du service de 2e ligne, qui est responsable du personnel et du matériel vis-à-vis du directeur.

Chaque section a un parc et 2 demi-attelages haut-le-pied.

Composition d'une section de 2e ligne ou d'étape.

Chaque section se partage en 3 ateliers distincts dits *de construction* ayant chacun une voiture régimentaire pour le transport des bagages, vivres, sacs, etc. — Cette section fournit les hommes qui viendraient à manquer à celle de 1re ligne. Chaque section a avec cela un groupe de réserve.

4° *Le service de 3e ligne ou de l'intérieur.*

But. — 1° Desservir les lignes des places fortes et des établissements militaires à l'intérieur du territoire ;

2° Desservir les lignes faisant partie du réseau général qui rattachent au siège du gouvernement les réseaux de 1re et de 2e lignes des armées.

Par qui exécuté. — Dirigé, dans chaque région, par le directeur régional, et assuré par le personnel télégraphique ordinaire.

Les directeurs régionaux tiennent toujours prêtes à marcher les sections supplémentaires à fournir à la 2e ligne, et le matériel nécessaire pour remplacer celui qui peut être détérioré ou perdu aux armées.

5° *Le service des parcs télégraphiques.*

Destiné à assurer le transport du matériel des sections. — Commandé et administré dans une armée, par un lieutenant du train des équipages, relevant du chef d'état-major général, et se concertant avec le directeur de la télégraphie pour l'exécution du service.

Détachement du train attaché au parc de section de 1re ligne ou de marche : 24 hommes, commandés par un sous-officier et 38 chevaux.

Détachement du train attaché au parc de réserve d'armée (service de 2e ligne ou d'étapes) : 48 hommes, commandés par 1 officier et 64 chevaux.

Composition d'un parc de section de 1re ligne ou de marche.

2 Voitures-postes, 4 chariots télégraphiques, 3 voitures régimentaires ;

Les voitures-postes et les chariots portent ensemble 46 kilomètres de câble, 12 kilomètres de fil nu et 8 kilomètres de petit câble.

Composition d'un parc de réserve d'armée (service de 2e ligne ou d'étapes).

2 Voitures-postes, 8 chariots télégraphiques, 3 voitures régimentaires.

Les voitures-postes et les chariots portent ensemble 90 kilomètres de câble, 12 kilomètres de fil nu et 8 kilomètres de petit câble.

En temps de paix, il y a un parc de section par corps d'armée et un parc de réserve d'armée par 3 corps d'armée.

Organisation hiérarchique.

L'administration conserve son organisation hiérarchique sans assimilation avec l'armée. La hiérarchie est la suivante : directeur de la télégraphie de l'armée ; — chef de service ; — chef de section ; — chef de poste ; — télégraphistes ; — ouvrier.

Ce personnel est justiciable des conseils de guerre dont le général en chef détermine, dans ce cas particulier, la composition.

Les propositions d'avancement sont transmises par le directeur au chef d'état-major, et, de là, au général en chef et au ministre compétent.

Le général en chef pourvoit, sur la proposition du directeur, transmise par le chef d'état-major, à tous les emplois vacants dans ce service.

Les citations accordées aux agents télégraphiques sont mentionnées sur leurs états de service.

Les commandants militaires des localités ou des colonnes sont les seuls militaires ayant le droit de punir les fonctionnaires des télégraphes; ils en donnent avis au supérieur de l'employé puni.

Le général en chef a seul le droit de punir le directeur; il peut renvoyer dans un corps de troupe les employés liés au service, et au service de 3ᵉ ligne les volontaires.

Les agents du service télégraphique ont droit aux prestations en argent et en nature déterminées par le règlement du 19 novembre 1874.

Ceux qui reçoivent des chevaux de la remonte les font ferrer et soigner aux frais de la masse d'entretien du harnachement et ferrage du détachement des transports télégraphiques.

L'uniforme est réglé par la circulaire du 21 février 1876.

L'armement comprend : le revolver modèle 1873 et le sabre série Z.

Le personnel du service peut être appelé à participer aux grandes manœuvres.

Les voitures des parcs télégraphiques portent, comme *marque distinctive* : Voiture-poste ou chariot télégraphique ou voiture régimentaire; comme *marque complémentaire* : Service de la télégraphie, Nᵒ section, Nᵒ atelier.

Dispositions générales.

À chaque parc sont attachés des cavaliers plantons sachant lire et écrire. Ils portent les dépêches aux grandes distances et ne peuvent être employés comme ordonnances.

Les états-majors désignent chaque jour un certain nombre de soldats à pied ou à cheval pour le transport des dépêches, la garde des bureaux, les escortes et les patrouilles nécessaires.

Les lignes sont établies, soit sur les poteaux, soit sur le sol, soit souterrainement; la vitesse de construction des lignes pour le service de 1ʳᵉ ligne doit être au moins de 3 kilomètres à l'heure.

On doit toujours organiser un service de surveillance des lignes construites.

La réforme du matériel devenu mauvais est prononcée par le chef d'état-major sur la proposition du directeur de la télégraphie.

Le général en chef arrête, par un ordre, les points à relier télégraphiquement, la liste des officiers généraux ou autres ayant franchise et l'ordre dans lequel les correspondances sont transmises. Ces ordres sont affichés dans les bureaux, ainsi que l'emplacement des autres postes télégraphiques. Le général en chef peut, en outre, délivrer des cartes personnelles qui donnent franchise télégraphique. Le service de transmission est permanent.

Tous les originaux de dépêches, ainsi que les reçus et le papier ayant servi aux transmissions, sont remis tous les 8 jours, par le directeur, à l'état-major général qui les classe.

La circulaire du 14 juin 1877 règle les droits aux indemnités pour les fonctionnaires des télégraphes en cas de route, d'admission aux hôpitaux, de captivité et de logement en nature.

Ils sont alors traités de la façon suivante :

Officiers supérieurs : Directeur de télégraphie et chef de service. — *Capitaine* : Chef de section. — *Lieutenant* : Chef de poste. — *Adjudant* : Télégraphiste. — *Sergent* : Chef d'équipe. — *Soldat* : Ouvrier.

En principe, les lignes doivent être soigneusement surveillées, soit par des ouvriers, soit par des patrouilles.

Les voitures et les troupes ne doivent pas passer sur les câbles. Pour détruire des lignes, il faut couper les poteaux ou les fils, briser les isolateurs à de nombreux intervalles. Dès qu'on s'empare d'un télégraphe, on prend les archives et rouleaux de transmission et l'on envoie de fausses dépêches à l'ennemi si c'est possible.

Alphabet Morse.

Lettres.

a	· —	o	— — —
b	— · · ·	p	· — — ·
c	— · — ·	q	— — · —
ch	— — — —	r	· — ·
d	— · ·	s	· · ·
e	·	t	—
é	· · — · ·	u	· · —
f	· · — ·	v	· · · —
g	— — ·	w	· — —
h	· · · ·	x	— · · —
i	· ·	y	— · — —
j	· — — —	z	— — · ·
k	— · —	à (a adouci en all.)	· — · —
l	· — · ·	ö (o adouci en all.)	— — — ·
m	— —	ü (u adouci en all.)	· · — —
n	— ·		

Chiffres.

1
2
3
4
5
6
7
8
9
0 (1)
Barre de fraction

Ponctuation.

Point................................. (.)
Point et virgule.................. (;)
Virgule.............................. (,)
Deux points....................... (:)
Point d'interrogation ou de-
  mande de répétition d'une
  transmission non comprise. (?)
Point d'exclamation .... (!)
Apostrophe .... (')
Alinéa............................... ( )
Trait d'union .... (-)
Parenthèses (avant et après
  les mots)........................ (())
Guillemets (avant et après les
  mots)............................ («»)
Soulignés (avant et après les
  mots)............................
Signal séparant le préam-
  bule de l'adresse, l'adresse
  du texte et le texte de la si-
  gnature............................

Beaucoup d'anciens employés se servent, pour indiquer la signature, du signal ▬ ▬ ▬ ▬ ▬ ▬ ou simplement ▬ ▬ ▬

Indications de service.

Dépêche officielle................
Dépêche de service.............
Dépêche privée...................
Appel préliminaire de toute
  transmission ....
Accusé de réception ou com-
  pris................................
Erreur ....
Fin de transmission............
Invitation à transmettre......
Attente..............................

Les télégraphistes sont exercés à la télégraphie op-
tique, qui se fait à l'aide d'appareils optiques à lentilles

______

(1) La plupart des employés transmettent le zéro par le ▬,
beaucoup plus rapide, mais qu'il faut bien éviter de confondre
avec le T.

portant jusqu'à 50 kilomètres la nuit et la moitié le jour.

———

Documents consultés. — Décret du 19 novembre 1874. — Manuel du télégraphiste. — Règlement général et règlement d'exécution du 19 novembre 1874 ; modifications aux tableaux du règlement (20 avril 1876.)

———

AUMONERIE.

———

Toutes les fois que des troupes sont réunies, elles sont pourvues du personnel nécessaire au service des cultes reconnus par l'Etat.

Les ministres du culte aux armées prennent le titre d'*aumôniers*.

Il y a :		
1 aumônier titulaire par division d'infanterie, de cavalerie, et par brigade de cavalerie de corps.	Croix en argent, ruban noir à liséré jaune ; glands du chapeau et de la ceinture noirs.
1 aumônier supérieur par corps d'armée.. .	Croix émail blanc, glands du chapeau et de la ceinture noirs et argent.

Ils n'ont ni grade ni rang dans la hiérarchie militaire. Il leur est accordé un cheval de selle à titre gratuit.

Le culte est réglé par les articles 50, 51, 52, du service de santé en campagne (Règl. du 4 avril 1867), et 137 à 152 du service de santé à l'intérieur (Règl. du 31 août 1865).

Les aumôniers remplissent les mêmes devoirs aux ambulances qu'aux hôpitaux à l'intérieur. Les formes pour l'admission des ministres non catholiques aux ambulances sont les mêmes que pour l'admission dans les hôpitaux à l'intérieur. L'aumônier dit la messe tous les matins, autant que possible, entre la visite et la distribution. Il fait des visites dans les salles et récite aux enterrements les prières du rituel. Il prend soin des vases sacrés et veille à l'entretien des objets du culte.

Il est interdit aux aumôniers de provoquer ou d'accueillir de la part des malades des réclamations qui sont de la compétence exclusive de l'administration et de s'immiscer en aucune façon dans les détails du service, ni d'accepter aucun dépôt d'effets ou de valeurs à quelque titre ou pour quelque destination que ce puisse être.

Les aumôniers reçoivent les instructions des sous-intendants et s'entendent avec les officiers comptables pour l'exécution de leur service.

Les ministres des cultes non catholiques sont choisis parmi ceux qui ont obtenu une autorisation de leur consistoire.

Les ministres de tout culte ne doivent communiquer qu'avec leurs coréligionnaires.

Les frais alloués pour les pompes funèbres sont acquittés par l'officier d'administration comptable. Lorsque les familles le désirent, les aumôniers peuvent donner plus d'extension aux pompes funèbres. La dépense est alors réglée à l'amiable.

Ouvrage consulté. — Loi du 20 mai 1874 et décision présidentielle du 25 septembre 1874.

ESCORTES.

Quartier général de corps d'armée. — 1/2 escadron du régiment de dragons de la brigade de cavalerie de corps.

3 officiers.	4 chevaux.
3 sous-officiers.	3 —
7 brigadiers.	7 —
42 cavaliers (dont 3 trompettes).	42 —
55	56 chevaux.
1 forge.	

Dans ce chiffre n'est pas comprise l'escorte spéciale du général commandant l'artillerie, composé de :

    1 brigadier-trompette,
    5 servants à cheval,

fournis par le régiment de corps.

Quartier général de division d'infanterie. — 1 peloton du 5e escadron du régiment de cavalerie légère de la brigade de corps.

1 officier.	1 cheval.
2 sous-officiers.	2 —
4 brigadiers.	4 —
19 cavaliers (dont 2 trompettes)	19 —
26	26 chevaux.

Quartier général de division de cavalerie indépendante.
— Il n'est pas formé d'escorte spéciale. Le général prend, s'il le juge nécessaire, un peloton d'un de ses régiments.

Les escortes ne possèdent que des aides-maréchaux pour les réparations à froid. Les chevaux sont ferrés par les batteries montées de l'artillerie de corps ou par celles de l'artillerie divisionnaire, suivant l'affectation de l'escorte. La répartition entre les batteries est faite par le chef d'état-major (Voir page 39).

Les officiers d'escorte mettent leurs bagages au fourgon de l'état-major auquel ils sont rattachés.

Les trompettes sont munis d'une trompette et d'un clairon et doivent pouvoir exécuter les sonneries d'infanterie.

Le général commandant la division détermine le chiffre des cavaliers qu'il conviendrait de détacher auprès des généraux de brigade.

Ouvrages consultés. — Journal militaire. — Petites études de guerre. — Notes sur le service des états-majors, de Mariotti.

Fanions et lanternes de distinction des quartiers généraux et ambulances.

Les *fanions*, en forme de pavillon ou de flamme, sont confectionnés en serge, sur la dimension uniforme de 0ᵐ,65 largeur et 0ᵐ,50 hauteur.

Les *lanternes* sont du modèle de la marine.

	Fanions.	Lanterne avec verre.
Général commandant une armée.......	Pavillon tricolore avec cravate tricolore......	Blanc.
Général commandant un corps d'armée.	Pavillon tricolore...	Blanc.
Général commandant la 1ʳᵉ division d'infanterie........	Pavillon écarlate, coupé verticalement par une bande blanche..	Rouge.
Général commandant la 2ᵉ division d'infanterie........	Pavillon écarlate, coupé verticalement par deux bandes blanches.	Rouge.
Général commandant une division de cavalerie indépendante........	Pavillon coupé diagonalement bleu et blanc......	Rouge.

		Fanions.	Lanternes avec verre.
Général de division commandant l'artillerie.. ou Général de brigade commandant le génie.....	d'une armée	Pavillon coupé diagonalement écarlate et bleu...	Rouge.
Ambulances.....		Pavillon fond blanc bordé écarlate, avec croix écarlate au milieu..	1 rouge. 1 blanc.
Arbitres (dans les manœuvres)....		Pavillon fond blanc bordé écarlate..	
Général commandant la brigade d'artillerie d'un corps d'armée........		Flamme coupée horizontalement écarlate et bleu.	Vert foncé.
Général commandant la brigade de cavalerie d'un corps d'armée......		Flamme coupée horizontalement bleu et blanc..	Vert foncé.
Général commandant une brigade d'infanterie.......		Néant........	Néant.

Pour les généraux :

Prix de remboursement de la lanterne... 25 fr. 70
        —   du fanion...... 2 75

Les hampes sont fournies gratuitement par le service de l'artillerie.

Pour les ambulances :

Les fanions et les lanternes sont délivrés gratuitement par le service des hôpitaux.

———

Ouvrage consulté. — Décision ministérielle du 8 juillet 1876.

CHAPITRE III.

TROUPES.

—

INFANTERIE.

État-major de division.

Le général commandant la division (6 chevaux), 1 officier d'ordonnance (2 chevaux), 1 officier supérieur chef d'état-major (3 chevaux), 3 capitaines d'état-major (9 chevaux), 1 officier inférieur de réserve (2 chevaux), 5 secrétaires (dont 1 sergent et 1 caporal), 1 fourgon pour le général, 1 fourgon pour l'état-major (voitures à bagages).

État-major de brigade.

Le général commandant la brigade (4 chevaux), 2 officiers d'ordonnance (dont 1 de réserve) (4 chevaux) et 2 secrétaires (dont 1 caporal), 1 voiture régimentaire (voiture à bagage).

Régiment d'infanterie (partie mobile).

Un régiment d'infanterie se compose de l'état-major et de 3 bataillons.

Grand état-major : 1 colonel (2 chevaux), 1 lieutenant-colonel (2 chevaux), 3 capitaines adjudants-majors (1) (1 par bataillon) (3 chevaux), 1 médecin-major de 1re classe (2 chevaux), 1 lieutenant adjoint au trésorier (1 cheval), 1 lieutenant-officier d'armement délégué à l'habillement (2), 1 sous-lieutenant porte-drapeau, 1 médecin aide-major (1 cheval), 1 médecin aide-major de réserve (1 cheval), 1 chef de musique.

Petit état-major : 1 sous-chef de musique, 1 tambour-major, 1 caporal-sapeur, 12 sapeurs ouvriers d'art, 38 soldats musiciens.

Section hors rang : 1 adjudant vaguemestre, 1 chef armurier, 2 sergents (1 fourrier, 1 secrétaire de l'officier adjoint au trésorier), 2 caporaux (1 secrétaire de l'officier d'armement, 1 conducteur des équipages), 27 soldats (dont 1 secrétaire du colonel, 1 secrétaire de l'adjoint au trésorier, 3 ouvriers armuriers [1 par bataillon], 1 aide-maréchal ferrant, 20 conducteurs [1 par voiture régimentaire ou fourgon], 1 conducteur de chevaux haut-le-pied.)

---

(1) Dont 1 faisant fonctions de major.
(2) Commande, en outre, la section hors rang.

Le *bataillon* comprend 4 compagnies ; il est commandé par 1 chef de bataillon (2 chevaux), et il compte en dehors des compagnies, 1 adjudant-major, plus 1 adjudant de bataillon et 1 caporal-tambour ou clairon (formant le petit état-major) et 4 conducteurs (2 pour le caisson, 1 pour le fourgon à bagages, 1 pour le mulet d'ambulance).

La *compagnie* sur le pied de guerre compte comme cadres : 1 capitaine, 1 lieutenant, 1 sous-lieutenant et 1 sous-lieutenant de réserve, 1 adjudant, 1 sergent-major, 8 sergents (dont 4 de réserve), 1 sergent-fourrier, 16 caporaux (dont 8 de réserve), 1 caporal-fourrier, 4 tambours ou clairons (dont 2 de réserve), plus 250 soldats environ (dont 1 conducteur de mulet d'outils, 1 cordonnier et 1 tailleur).

Voitures, chevaux de trait et mulets.

Fourgons à 2 chevaux.	Bagages de l'état-major. .	1 voiture.
	Bagages des bataillons (1 par bataillon).	3 —
Voitures régimentaires à 1 cheval.	Outils de pionniers. . . .	1 —
	Vivres régimentaires . . .	17 —
	Réserve d'effets.	1 —
Caissons de munitions (1 par bataillon). .		3 —
Voitures de cantinières (1 par bataillon). .		3 —

29 voitures,
attelées de 42 chevaux.

Chevaux haut-le-pied		3 —
Mulets d'ambulance (1 par bataillon). . .		3 —
Mulets d'outils (1 par compagnie).		12 —

60 chevaux.

BATAILLON DE CHASSEURS A PIED

(Partie mobile).

La composition du bataillon de chasseurs à pied ne diffère pas sensiblement de celle du bataillon d'infanterie.

État-major : 5 officiers (dont 1 médecin) (6 chevaux).

Petit état-major : 3 sous-officiers et caporaux.

Section hors rang : 15 hommes.

La compagnie a la même formation que celle d'infanterie.

Voitures.

Voitres régimentres	Bagages de l'état-major.	1 voiture.	1 cheval.
	Bagages des officiers . .	1 —	1 —
	Vivres régimentaires . .	6 —	6 —

8 chevaux.

Report.		8 chevaux.
Caisson de munitions . . . . 1 voiture,	4	—
Voitures de cantinière. 1	—	1	—
Mulet d'ambulance.		1	—
Mulets d'outils (1 par compagnie)		1	—
Cheval haut-le-pied		1	—

19 chevaux.

Dans les colonnes, le bataillon de chasseurs n'a pas de place déterminée. Il est employé à éclairer le champ de bataille et spécialement à attaquer l'artillerie. On l'établira donc généralement en tête du gros.

(Pour les Munitions, Bagages, Vivres, etc., Voir aux titres afférents).

NOTES TACTIQUES.

Formation normale de combat du bataillon en 1re ligne.

Renseignements généraux.

Le régiment d'infanterie mobilisé comprend 3 bataillons ; le bataillon, 4 compagnies ; la compagnie, 4 sections, qui, réunies par 2, forment un peloton ; la section, 4 escouades.

Le bataillon est l'unité tactique.

La compagnie est l'unité de combat.

La formation normale de combat du bataillon en 1re ligne comporte 4 échelons :

1° La chaîne des tirailleurs. } 1/4 du bataillon ;
2° Les renforts. . . . . }
3° Les soutiens. . . . . 1/4 du bataillon ;
4° La réserve. . . . . 1/2 du bataillon.

Les trois premiers forment la *ligne de combat* ; ils sont fournis d'ordinaire par 2 compagnies accolées et sont placés, dans chaque compagnie, sous le commandement du capitaine. Cet officier doit apercevoir sa ligne de tirailleurs et celle de l'ennemi ; il se tiendra donc au début dans une position intermédiaire, à hauteur des renforts par exemple. Dans chaque unité de combat, c'est-à-dire dans chaque compagnie, *la chaîne et les renforts*, destinés à se doubler assez rapidement, sont intimement liés, et, par suite, doivent être placés sous un même commandement, celui d'un officier de la compagnie. Les renforts se tiennent normalement à 150 mètres des tirailleurs; ils se trouvent ainsi à bonne portée pour les appuyer, tout en profitant des accidents du terrain pour se masquer. Cette distance de 150 mètres peut être parcourue en 1 minute 1/2.

Le soutien, commandé par un autre officier de la compagnie, a pour mission d'appuyer, de développer, d'accentuer l'action de la ligne de feu et de relier cette dernière avec la réserve du bataillon.

Quoiqu'il appartienne aux mêmes unités que les deux premiers échelons, on doit éviter, le plus longtemps possible, de le laisser se fondre avec eux. Le soutien se place donc à demi-distance (soit 500 mètres) de la chaîne et de la réserve. Il peut arriver en 4 minutes sur la ligne de feu pour lui donner une action énergique et enlever l'attaque. Dès que le soutien s'engage, le rôle qu'il remplissait incombe à une des compagnies de :

La réserve (2 compagnies) qui prend position, en principe, à 1,000 mètres des tirailleurs, soit 2,000 mètres de l'artillerie ennemie (limite de l'emploi efficace des obus à balles) et qui règle ses mouvements sur ceux des échelons placés en avant.

Ces divers échelons se succèdent, les derniers se rapprochant des premiers et les remplaçant au fur et à mesure, jusqu'au moment décisif, où tous viennent prendre part au combat.

Les distances indiquées ci-dessus sont celles du début de l'action et n'ont rien d'absolu. En terrain coupé et couvert, elles peuvent être moindres dès le principe; mais la profondeur du bataillon ne saurait être inférieure à 500 mètres et supérieure à 1,000 mètres *maximum absolu*. Dans la défensive, la profondeur ne diminuant pas pendant l'action, devra être calculée de façon à satisfaire dès le début aux conditions de rapidité indiquées plus haut.

Le mode de communication entre les divers chefs (capitaines entre eux et avec le chef de bataillon) constitue une question importante et encore indécise ; on a proposé, dans ce but, d'échelonner des hommes couchés à terre, derrière un abri, mais se voyant les uns les autres.

Fonctionnement théorique des divers échelons dans le combat du bataillon.

A. *Offensive.* — Le combat (offensif ou défensif) comprend 4 phases ou moments :

1° *Reconnaissance de l'ennemi*, faite à l'avance et complétée au moment de l'action par les éclaireurs;

2° *Préparation*. — La chaîne, couverte par ses éclaireurs (2 bons tireurs par escouade) s'avance par escouades groupées et sans tirer jusqu'à 800 mètres environ de la chaîne ennemie. Les escouades se déploient alors et la ligne de combat s'avance d'abri en abri. Vers 600 mètres la chaîne rejoint les éclaireurs, et un feu lent s'ouvre sur toute la ligne. De 600 à 400 mètres, à mesure que l'on gagne du terrain, les renforts viennent renforcer la chaîne par fractions constituées. Les soutiens se rapprochent peu à peu, puis entrent successivement en ligne (de 400 à 300 mètres) pour donner au feu une plus grande intensité et décider une série de mouvements en avant; une compagnie de la réserve les remplace. On progresse ainsi par échelons et par bonds successifs de plus en plus raccourcis, en profitant de tous les abris, jusqu'à 300 mètres environ de l'ennemi; tout ce qui reste disponible de la ligne de combat se jette alors sur la chaîne de manière à avoir un fusil par mètre courant, et on cherche à ébranler la défense par un feu rapide qui vient appuyer l'action de l'artillerie contre le point d'attaque;

3° *Exécution de l'attaque*. — Après quelques instants de ce feu, le reste des soutiens et la compagnie de réserve qui les a remplacés dans leur position primitive se portent sur la ligne en ordre serré. Continuation de la marche par échelons et par bonds de plus en plus petits; feu rapide à chaque station, jusqu'à 50 mètres de l'ennemi. A 50 mètres, les troupes mettent la baïonnette au canon, les tambours battent la charge et la ligne s'élance aux cris « en avant » pour atteindre la position d'un seul bond. Il est essentiel que cette phase de l'engagement soit conduite avec la plus grande vigueur, sans hésitation ni temps d'arrêt sensible dans le mouvement général. On peut, en cas de besoin extrême, engager la dernière compagnie de réserve qui marche sur les talons de la ligne de combat; la 2ᵉ ligne la fait alors remplacer sur-le-champ;

4° *Poursuite ou retraite*. — La ligne de combat s'avance jusqu'à ce que la chaîne trouve à s'embusquer. La réserve, restée massée, occupe la position. — En cas de retraite, la 2ᵉ compagnie de réserve, ou à son défaut, la réserve fournie par la 2ᵉ ligne se porte en avant, recueille la ligne de combat et se déploie pour offrir une première résistance et permettre le ralliement.

B. *Défensive*. — Les règles précédentes y sont applicables. La chaîne doit être très dense dès le début; les échelons et les soutiens sont plus rapprochés.

1° *Reconnaissance de la position.*

2° *Occupation de la position.* — La ligne de défense est déterminée par la configuration du terrain. On y occupe de préférence les points abrités de l'artillerie et offrant un champ de tir libre et découvert. S'il se trouve en avant des points favorables à la défense, on les fait occuper par des fractions constituées.

Donner une attention spéciale : 1° aux points d'appui de la ligne. Ce sont les objectifs de l'attaque et rien n'est perdu tant qu'on s'y maintient. Par leur saillie, ils permettent souvent des feux de flanc ; 2° aux saillants. Ce sont les points faibles. En accroître la valeur par des travaux.

3° *Exécution de la défense.* — La chaîne augmente l'intensité de son feu, à mesure que l'ennemi se rapproche. Les renforts se portent aux points menacés pour y donner plus de vigueur au feu, en employant au besoin les salves contre les subdivisions massées. Les soutiens remplacent les renforts dans leurs abris, puis se jettent à leur tour sur la ligne, au moment où l'on prévoit que l'assaillant va passer à l'acte décisif. Une partie de la réserve remplace les soutiens ; le reste se rapproche en même temps.

Si l'ennemi continue à s'avancer, s'efforcer de faire une contre-attaque, combinée, autant que possible, avec un mouvement sur le flanc de l'assaillant. Préparer cet effort par un redoublement de feux.

4° *Poursuite ou retraite.* — Éviter en principe de se laisser entraîner à la poursuite ; couvrir de feux l'adversaire en retraite, et, en tout cas, ne jamais abandonner entièrement la position.

Si l'on n'a pu arrêter l'ennemi, les bataillons de 2° ligne recueillent la 1ʳᵉ et essaient de réparer l'insuccès par un énergique retour offensif.

Une troupe chargée de défendre une position ne doit l'abandonner qu'à la dernière extrémité. La retraite s'effectue par échelons et par fractions constituées. L'étendue des échelons ne saurait descendre au-dessous d'un demi-front de compagnie (75 mètres) de manière que, dans chaque compagnie, la chaîne se subdivise en deux échelons.

Formation de combat de la division.

Sans fixer d'une manière invariable le front d'une division, on admet qu'elle agit d'ordinaire avec 4 bataillons sur son front de combat, soit 1,200-1,500 mètres (300 mètres par bataillon, donnant un fusil par mètre sur la ligne de feu, maximum de densité admis, et 7-8 fantassins par mètre courant.

La formation se prend sur 2 lignes, de force égale, suivant 3 types qui permettent de combiner à divers degrés l'action en profondeur et l'action en largeur, et d'accentuer plus ou moins cette dernière.

1er Type. Chaque brigade formant une ligne (figure 1).

Avantages. — La 2e ligne est constituée avec une brigade entière agissant sous le commandement de son chef. Elle garantit plus sûrement au général de division la libre disposition de ses forces. C'est, du reste, la formation qui sera prise le plus souvent lorsque la division marchera sur une seule colonne.

L'action en largeur s'exerce sur tout le front; mais l'action en profondeur est garantie, même dans la 1re ligne, par les deux bataillons de réserve.

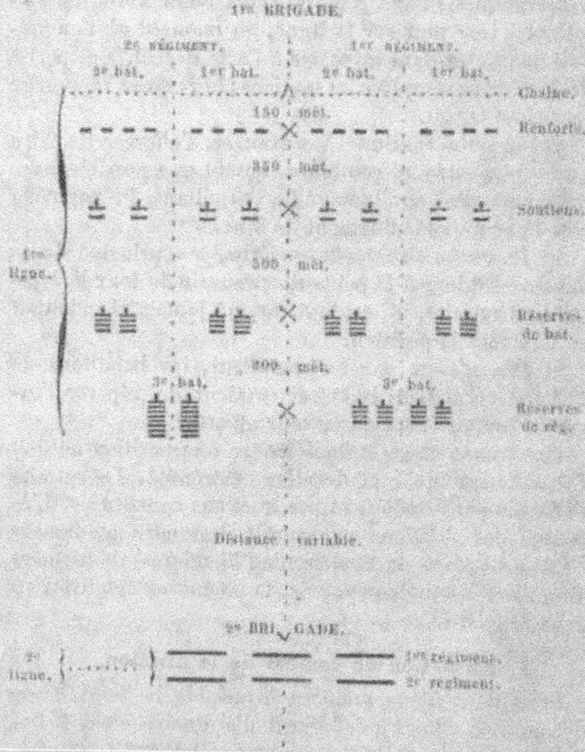

Figure 1.

2ᵉ *Type. Par brigades accolées.* (figure 2).

Avantages. — Déploiement plus rapide quand la division marche déjà sur 2 colonnes.

Inconvénients. — 2ᵉ ligne moins indépendante de la 1ʳᵉ et disposée à prendre prématurément part à l'action.

L'action en profondeur s'accentue au détriment de l'action en largeur.

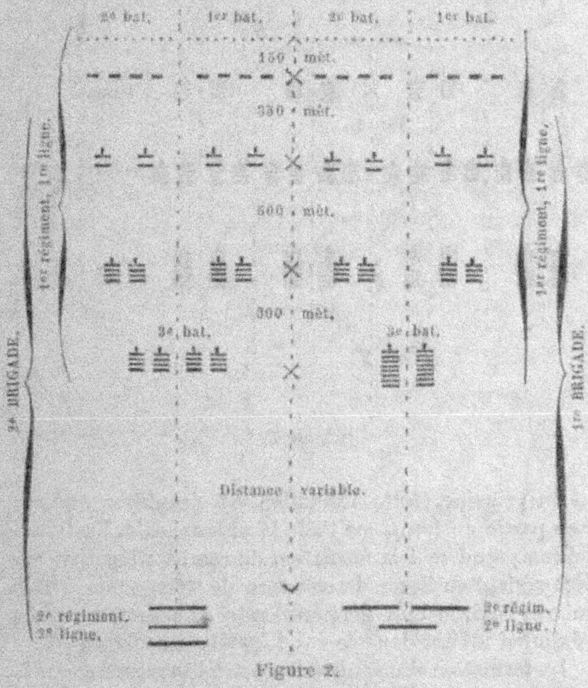

Figure 2.

3ᵉ *Type. Par régiments accolés ayant leurs bataillons l'un derrière l'autre* (figure 3).

Avantages. — Obtenir dans le sens de la profondeur une succession d'efforts plus facile à produire en temps opportun et, par suite, un action plus puissante.

Inconvénients. — Plus que toute autre, cette formation peut amener souvent l'emploi prématuré, en première ligne, des bataillons qui se trouvent en arrière.

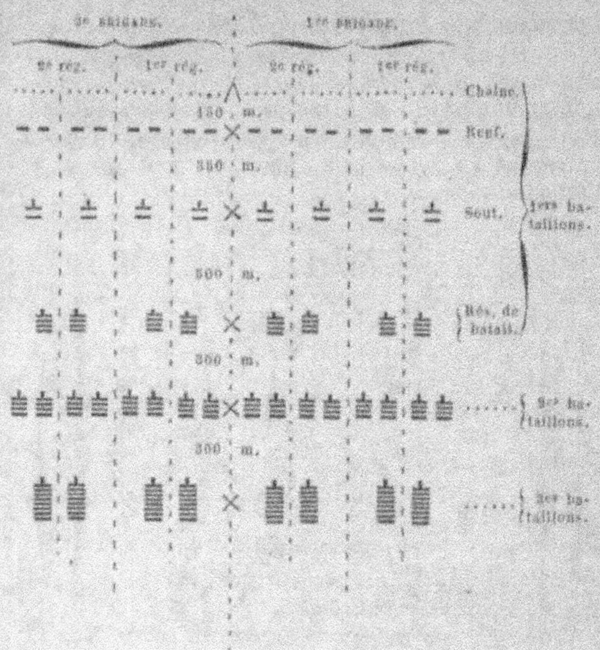

Figure 3.

En principe, cette formation ne s'applique que sur une partie du front, sur l'aile la plus exposée. Le 1er bataillon prend seul la formation de combat; les deux autres restent en ligne de colonnes de compagnie à 300 mètres environ l'un derrière l'autre. La profondeur du régiment atteint dans ce cas 1,500-1,600 mètres.

La formation d'une division est très rarement symétrique, et la variété des dispositions que le chef peut prendre en combinant ces trois types, la faculté d'échelonner latéralement les bataillons, lui permettent d'abriter plus facilement ses forces, de laisser l'ennemi dans l'incertitude sur le nombre de bataillons qui sont devant lui, et de pourvoir à la sécurité de ses flancs dont il doit constamment se préoccuper, surtout lorsque les ailes ne sont pas appuyées à un obstacle ou à des troupes.

Rôle de la 1re ligne.

Engager et conduire l'action avec ses ressources et le plus longtemps possible *sur son front*.

La mission des bataillons de réserve consiste à : remplacer les compagnies de réserve et renforcer au besoin

la ligne de combat; exécuter des contre-attaques énergiques; faire face aux contre-attaques de l'ennemi; occuper les positions conquises au cours de l'action, et en
commencer l'organisation défensive, tant que les bataillons engagés ne s'éloignent pas trop; attaquer l'adversaire en flanc au moment décisif.

Rôle de la 2ᵉ ligne.

N'est pas un échelon destiné à se fondre dans la ligne
de feu; exécute des attaques de flanc, pare aux mouvements tournants, en cas d'insuffisance de la 1ʳᵉ ligne;
occupe les points importants enlevés par la 1ʳᵉ ligne et
achève leur organisation défensive avec le concours de
la réserve du génie du corps d'armée; peut être appelée
à exécuter un mouvement offensif en avant du front,
pour percer sur un point la ligne ennemie; en cas de
retraite, occupe des points importants en arrière et y
offre une première résistance.

Maintenir la 2ᵉ ligne à une distance convenable de la
1ʳᵉ, à l'abri autant que possible; ne l'engager tout entière qu'à la dernière extrémité.

Si une division combat seule, le général de division
doit conserver toujours intacte une partie de la 2ᵉ ligne,
destinée à faire au dernier moment un effort décisif ou
à couvrir la retraite; 2 régiments sont habituellement
disposés en première ligne par régiments accolés, ayant
chacun 2 bataillons en formation normale de combat et
1 en réserve. La seconde ligne est formée par les deux
autres régiments; mais l'un de ces derniers doit être
maintenu intact comme réserve générale jusqu'au dernier moment; on le place en arrière du point où son
intervention paraît probable.

Si la division fait partie d'un corps d'armée, la réserve générale est habituellement constituée par une
brigade.

Marche de l'action dans le combat de la division.

Offensive. — L'avant-garde (Voir son dispositif aux
Marches), refoule les avant-postes ennemis; elle s'établit sur les points d'où elle peut protéger le déploiement
du corps principal et sur ceux qu'il importe d'occuper
en vue de l'action ultérieure. Le général commandant
la colonne rejoint l'avant-garde aussitôt qu'elle s'est
portée sur les positions qu'elle doit occuper; il cherche
à se rendre compte de la nature et de l'importance des
forces opposées et à étudier les points principaux du

terrain qui sera le théâtre de l'action (son chef d'état-major va reconnaître ceux qu'il ne peut voir lui-même). Mais, afin de disposer d'avance ses troupes de manière à pouvoir les engager simultanément, le général commandant prescrit au gros de la colonne d'abandonner l'ordre en colonne de route pour prendre, pendant la reconnaissance du terrain, la formation de rassemblement. Il importe, toutefois, pour éviter la perte de temps et la fatigue, de ne pas ordonner cette formation avant de s'être assuré que l'avant-garde n'a pas devant elle un simple rideau.

La division en formation de rassemblement doit être disposée de manière à pouvoir passer à l'ordre de combat avec rapidité, par l'extension seule des intervalles entre les colonnes et par le déboîtement à droite et à gauche des éléments de chacune d'elles, ce qui peut se faire très facilement pendant la marche en avant. Les dispositions générales de la formation de rassemblement sont donc liées à celles de l'ordre de combat, c'est-à-dire que les brigades et les régiments sont placés l'un derrière l'autre ou accolés, avec cette différence toutefois que, dans la formation de rassemblement, les éléments de la division sont ordinairement plus rapprochés les uns des autres.

Le lieu où la division prend la formation de rassemblement doit être, autant que possible, hors des vues de l'ennemi et de l'action efficace de son artillerie; il sera déterminé de telle sorte que les réserves n'aient pas à reculer lors du passage à l'ordre définitif.

Aussitôt que le général a prescrit au gros de prendre la formation de rassemblement (soit par brigades l'une derrière l'autre, soit par brigades accolées et régiments l'un derrière l'autre dans chaque brigade, soit enfin par brigades et régiments accolés), les batteries de la tête du gros se portent rapidement auprès de l'avant-garde pour l'appuyer au besoin.

La colonne continue de marcher, et dès que la tête arrive près du point désigné, le 1ᵉʳ régiment du gros quitte la route et gagne ce point. Selon les ordres reçus, le régiment de tête de la seconde brigade se porte à gauche ou à droite et à la même hauteur que le régiment déjà établi, si les brigades doivent être accolées; il se porte en arrière de ce dernier si les brigades doivent être placées l'une derrière l'autre; de même, le régiment de queue se place en arrière ou à côté du régiment de tête de sa brigade.

Suivant la disposition du terrain, les régiments se

forment en ligne ou en colonne de bataillons, et les bataillons en ligne de colonnes de compagnies à intervalles de six pas ou en colonne double. Dans tous les cas, les distances ou les intervalles sont de 30 pas entre les bataillons, de 40 entre les régiments et de 60 entre les brigades. Cette formation demande au minimum 1 h. 30 minutes.

L'ambulance et les colonnes de munitions restent en arrière, de manière à être complètement défilées.

L'ordre de combat n'est pris par le général de division que quand il est complètement renseigné sur les dispositions de l'ennemi et sur le terrain; c'est alors seulement qu'il peut déterminer l'étendue à donner au front de combat, et décider s'il combinera une attaque de flanc avec une attaque de front, si les régiments auront 1 ou 2 bataillons en 1re ligne, quelle sera la force des troupes qu'il gardera en réserve.

Il existe toutefois des circonstances dans lesquelles la nécessité du combat immédiat est telle que la moindre perte de temps peut compromettre la situation ou empêcher le succès. On n'hésitera pas, dans ce cas, à engager vivement l'avant-garde et à la faire soutenir par les premières troupes qui arriveront sur le théâtre de l'action; mais ce sont des circonstances exceptionnelles qui n'infirment en rien le principe de la concentration préalable des troupes (1).

Une troupe ne peut se porter à l'attaque d'une position sans que son artillerie ait pris une supériorité marquée sur celle de la défense.

Les attaques de flanc aident les attaques de front et deviennent souvent décisives; il faut cependant se garder des *mouvements enveloppants trop étendus.*

Défensive. — La défensive tire sa force de son feu et

---

(1) Il est à supposer que, dans la pratique, ce principe subira de fréquentes dérogations. L'Instruction provisoire sur les Marches et l'Instruction annuelle sur les manœuvres d'automne ont supprimé le rassemblement préalable pour la formation des colonnes; il est probable que le même mode de procéder s'appliquera à la dislocation, qui aura lieu par rupture progressive, depuis l'unité principale jusqu'à l'unité tactique. Cette méthode apparaît déjà dans l'*Instruction sur les manœuvres de brigade avec cadres* (Infant., art. 14). « A mesure que le général de division poursuit sa reconnaissance du terrain, l'avant-garde et l'artillerie rectifieront, s'il y a lieu, leurs positions; les autres troupes, qui ont continué leur mouvement en avant, se porteront sur les points qu'elles doivent occuper au fur et à mesure de leur arrivée. » Nous n'insisterons pas sur cette question, et nous renverrons le lecteur aux *Études de guerre,* du général Lewal (t. III, chap. LIV à LX).

de l'emploi judicieux du terrain. Les ailes sont généralement les points faibles de la ligne de défense; il est
donc indispensable, non seulement de les appuyer à des
obstacles du sol, mais encore de les renforcer par des
dispositifs de troupes placées en arrière (faire usage par
exemple du type n° 3).

Une défense entièrement passive amènerait infaillible-
ment la perte de la troupe qui emploie exclusivement
ce mode de combat; il faut donc se hâter, aussitôt que
les forces et les circonstances le permettent, de passer
à l'offensive.

Si l'on ne peut prendre complètement l'offensive, il
faut au moins exécuter des contre-attaques; l'instant le
plus favorable est celui où l'assaillant, déjà épuisé par
ses pertes antérieures, arrive à petite portée de la défense. A ce moment, une contre-attaque, rapidement et
vigoureusement menée, présente des chances de réus-
site.

Quand on a été rejeté hors de la position, on peut
employer les retours offensifs; il sera surtout avantageux de les tenter au moment où l'ennemi vient de pénétrer à l'intérieur de la position, et où il est forcément
en désordre à la suite du succès qu'il vient d'obtenir.

Organisation défensive du terrain.

(Extrait de l'*Instruction relative à l'exécution
des manœuvres d'automne*).

Lorsqu'on s'est emparé d'une position, il est prudent
de mettre en état de défense les parties qui s'y prêtent
le mieux, afin de se prémunir contre les retours offensifs et de limiter les mouvements de recul qui peuvent
se produire parmi les meilleures troupes (1).

Lorsqu'on attend l'ennemi sur une position, on doit
organiser défensivement le terrain qu'elle embrasse.

Alors, les ouvrages sont ordinairement disposés sur
deux lignes qui correspondent aux deux lignes de l'ordre
de combat; ceux de la première, destinés à rompre l'attaque et à servir ensuite de base à l'offensive, sont séparés par des intervalles qui facilitent le passage des
troupes d'infanterie et de cavalerie; ceux de la seconde,
dont le but est de recueillir les défenseurs de la première ligne, d'arrêter l'ennemi et de rétablir le combat,
ont des vues dominantes sur les ouvrages en avant; les

---

(1) Cette mission incombe à la 2ᵉ ligne, avec le concours de la
compagnie de réserve du génie.

uns et les autres doivent réserver à l'artillerie des emplacements avantageux et des appuis solides. Il importe de fortifier surtout les flancs et d'assurer entre les deux lignes des communications nombreuses et faciles.

Dans l'offensive non moins que dans la défensive, il faut toujours, en prévision d'un échec, se mettre en mesure d'opposer à l'ennemi, au moyen de travaux exécutés sur un ou plusieurs points en arrière du champ de bataille, une résistance qui ralentisse sa poursuite et permette aux troupes de se retirer en bon ordre (1).

Les travaux de campagne sont exécutés soit à l'avance, soit peu de temps avant le combat, soit pendant le combat même, par exemple, lorsqu'il s'agit de conserver une position conquise.

Les outils portés par les hommes, par les mulets de compagnie et par les voitures régimentaires peuvent, dans les cas pressants, suffire à l'exécution des ouvrages de première et de seconde ligne ; mais il arrivera souvent qu'on pourra mettre en outre, à la disposition des travailleurs, les outils des voitures de la demi-compagnie du génie divisionnaire, et, s'il est nécessaire, ceux du parc de réserve.

Pour un combat défensif sur un front étendu, il appartient au commandant des troupes de déterminer le tracé des lignes et l'espèce des ouvrages entrant dans leur composition, selon ses vues, selon les forces qui lui sont opposées, la configuration du terrain, la nature du sol, le temps dont il croit pouvoir disposer.

En dehors de cette fortification du champ de bataille qui se rattache au plan général des opérations, les troupes d'infanterie ont souvent l'occasion d'exécuter des travaux de campagne, nécessités par la mission particulière qui leur est confiée, telle que : la défense d'un lieu habité, d'un défilé, d'un point de passage sur un cours d'eau, d'un marais, d'une hauteur, d'un plateau.

A défaut de couverts sur la ligne de combat, et lorsque cette ligne doit être occupée pendant un certain temps, les tirailleurs creusent des abris ou des embuscades, les soutiens et les réserves se dérobent derrière des levées de terre au feu de l'ennemi.

Dans ces diverses circonstances, les officiers doivent être exercés à juger rapidement des travaux qui conviennent le mieux au terrain, ainsi qu'au but à at-

---

(1) Cette mission incombe à la réserve générale avec le concours de ses troupes du génie.

toindre, et les hommes à les exécuter dans le moins de temps possible (1).

Des feux.

En général, il n'est pas avantageux de tirer à plus de :

  250 mètres sur des tirailleurs isolés et abrités.

  300 à 400 mètres sur une chaîne de tirailleurs à découvert ou des cavaliers isolés.

  500 à 600 mètres sur des soutiens massés.

  800 mètres sur des réserves.

  1000 mètres sur des masses ou une batterie.

(École du soldat. Art. 406.)

Les officiers s'efforceront d'être constamment maîtres du feu.

Il y a 3 sortes de feux :

1° *Le feu lent à volonté* est celui qu'exécute normalement la chaîne à partir de 600 mètres.

2° *Le feu rapide* s'exécute avec une vitesse qui peut atteindre 6 coups par minute, soit par la chaîne, soit par des groupes compacts. Il est réservé pour les petites distances, se fait avec la hausse de 200 mètres, aussi vite que possible sans cesser d'ajuster. Ne pas le prolonger au delà d'une minute (6 coups) sans interruption. Ce feu s'emploie surtout à la dernière phase de l'attaque ou de la défense. Si l'assaillant s'échelonne pour marcher en avant, concentrer successivement les feux rapides sur les échelons de tête jusqu'à désorganisation.

3° *Le feu de salve ou à commandement* s'exécute sur un ou deux rangs, aux distances relativement grandes de 600 à 800 mètres. A employer contre des masses profondes, l'écart en portée aux grandes distances étant 12 fois plus grand que l'écart en largeur. Ne tirer au début qu'avec lenteur et par petites subdivisions, pour pouvoir rectifier les hausses. Éviter de faire tirer par subdivisions supérieures à la section, bien que le règlement admette jusqu'à la compagnie.

Le feu de salve peut s'employer encore : dans la poursuite, aux grandes distances, pour faire suite aux feux rapides — aux distances rapprochées, pour balayer un défilé quelconque avant de s'y engager — presque à

---

(1) Pour le détail de l'organisation d'un champ de bataille d'après les principes posés ci-dessus, voir : *Utilisation du terrain.*

bout portant, quand on est dissimulé à l'ennemi — à l'encontre d'une contre-attaque, par des soutiens qui se démasquent vivement et se portent sur la chaîne. (Guichard. *Cours d'art militaire.*)

L'importante question des *feux de masse* et du *tir aux grandes distances* est encore trop nouvelle pour qu'il soit possible de formuler des principes.

Nous nous bornerons à citer des conclusions dont la provenance peut faire autorité dans la matière.

Les distances auxquelles il convient d'ouvrir le feu diffèrent selon qu'il s'agit du tir d'un homme isolé ou du tir d'une troupe. Dans le premier cas, on ne tire pas habituellement au delà de 450 mètres; dans le second, on peut utiliser l'arme aux grandes distances de tir. Sans exclure absolument, pour les feux de masse, l'emploi éventuel des plus fortes hausses dans des circonstances particulières, le règlement pose en principe qu'on peut tirer jusqu'à 700 mètres contre un objectif quelconque, jusqu'à 1.200 mètres contre de grosses fractions à rangs serrés ou contre des batteries.

Sauf dans les circonstances, rares à la guerre, où le but est immobile et la distance exactement connue, le tir en troupe est réglé de manière à battre non un point déterminé, mais une *zone de terrain* d'autant plus profonde que l'éloignement du but est plus grand, et, par suite, l'évaluation de la distance plus incertaine. A cet effet, on ne tire avec une seule hausse que jusqu'à 400 mètres; de 400 à 700 mètres, on emploie simultanément deux hausses, et, au delà de 700 mètres, trois hausses différant entre elles de 100 en 100 mètres. Ce système permet de battre efficacement des zones de terrain ayant respectivement 100, 200 et 300 mètres de profondeur.

Dans les feux de masse, le tir doit être concentré sur un *seul et même objectif* indiqué à la troupe. Ces feux ne sont pas *soutenus*, comme le tir à courte distance; ils recherchent un effet *soudain et intermittent*. On fait pleuvoir sur l'objectif choisi un grand nombre de projectiles dans un temps très court, puis on fait une pause qui permet de constater les résultats obtenus, de rectifier les hausses s'il y a lieu, de ménager les cartouches et de reprendre la troupe en main. (*Extrait du règlement prussien du 15 novembre 1877 sur le tir de l'infanterie*).

Perfectionner l'ordre dispersé en prenant l'escouade comme la plus petite unité de combat indivisible; consolider le lien de la discipline dans la chaîne; combattre, autant que faire se pourra, le mélange des fractions constituées. — Augmenter la profondeur de l'ordre de combat. — Exiger que toute opération sous le feu soit soigneusement préparée et conduite sans précipitation. L'adaptation au terrain de toutes les formations devient plus nécessaire que jamais, aussi bien pour la chaîne que pour les fractions à rangs serrés, en raison de la puissance et de la portée actuelle du feu.

Aux grandes distances, faire des feux d'ensemble, salves ou feux de vitesse; aux petites distances, tir individuel et bien ajusté; apprécier les distances non par des coups isolés, mais par des salves de groupes. Adopter le tir indirect dirigé contre un adversaire invisible

et ayant pour objet de couvrir d'une masse de plomb
certaines régions déterminées que doit traverser l'ennemi.

Développer dans les corps de troupes les travaux de
pionniers.

(Extrait de « *Quelques conclusions pratiques de notre
dernière guerre* » par le général-major Zeddeler, de l'armée russe).

———

L'adoption de l'ordre mince pour le front de bataille
de l'infanterie consacre un progrès incontestable, dû aux
perfectionnements successifs introduits dans l'armement.
Les idées auxquelles elle doit son origine ont subi la loi
commune : leur importance ayant été surfaite, il en est
résulté des défauts graves dans la tactique contempo-
raine, défauts qui se révèlent aussi bien sur le terrain
de manœuvres que sur le champ de bataille, et dont les
principaux sont :

1° L'allongement disproportionné du front ;

2° L'abus des mouvements tournants que l'on fait
exécuter aux troupes de 1re ligne ;

3° L'exagération du principe d'initiative qui conduit
au désordre et à l'enchevétrement ;

4° La valeur trop considérable que l'on attribue au
terrain, aux localités, et qui exerce sur les chefs une
attraction funeste ;

5° La fréquence des opérations dans la zone du combat, opérations qui sont tardives et nuisent à l'ensemble
de l'action ;

6° Enfin, l'emploi immodéré des feux de masse aux
grandes distances, qui conduit fatalement au gaspillage
des munitions.

(*L'Infanterie au combat*, par le colonel von Schlichting,
chef d'état-major de la Garde prussienne.)

Renseignements divers.

Emploi du sifflet et du clairon.

Tout commandant d'une compagnie est pourvu d'un
sifflet, dont il se sert quand il y aurait des inconvénients
à faire usage du clairon en raison de la proximité de
l'adversaire. Sur le champ de bataille ou quand on est
très près de l'ennemi, les *officiers supérieurs* et commandants de bataillon peuvent *seuls* faire usage du clairon et uniquement dans les cas suivants : quand il est
impossible de communiquer les ordres de vive voix —

pour faire cesser le feu — pour donner une impulsion générale à l'attaque — pour rallier les troupes après une attaque.

Intervalles et distances.

Pour une revue, quelle que soit la formation, les *intervalles sur la ligne* sont de :

> 25 pas entre les bataillons ;
> 40 pas entre les régiments ;
> 50 pas entre les brigades ;
> 60 pas entre les divisions.

Distances pour le défilé.

Distance obtenue par la rupture entre les bataillons :

> 60 pas entre les régiments ;
> 80 pas entre les brigades ;
> 100 pas entre les divisions.

Dans une colonne de bataillons en colonne double :

> 50 pas entre les bataillons d'un même régiment.

Pour une troupe composée des trois armes :

> 45 mètres (60 pas) entre les régiments ;
> 60 mètres (80 pas) entre les brigades ;
> 75 mètres (100 pas) entre les divisions.

Si le défilé a lieu au pas pour toutes les armes, la distance d'une arme à l'autre est de 100 mètres. Elle est de 500 mètres entre l'infanterie et les troupes à cheval quand celles-ci défilent au trot ; de 800 mètres entre l'artillerie défilant au trot et la cavalerie au galop.

Formation de rassemblement (Ecole de bataillon. Art. 13, 18 et Ecole de brigade, art. 11).

> 24 pas d'intervalle entre les compagnies (ligne de col. de compagnie) ;
> 6 pas d'intervalle entre les compagnies (colonne double) ;
> 30 pas d'intervalle) entre les bataillons d'un régi-
> 30 pas de distance)   ment ;
> 40 pas d'intervalle)
> 40 pas de distance) entre les régiments ;
> 60 pas d'intervalle)
> 60 pas de distance) entre les brigades.

Couleurs distinctives.

1er bataillon, bleu foncé. 2e bataillon, rouge. 3e bataillon, jaune. 4e bataillon, vert. Chaque bataillon a un fanion de la couleur distinctive qui lui est affectée. Les bataillons de chasseurs ont un fanion mi-partie bleu foncé et jaune.

Documents consultés. — (Pour les effectifs : Petites études de guerre, par un officier de la 16e division. — Notes sur le service dans les états-majors, par A. Mariot). — Règlement du 12 juin 1875 sur les manœuvres d'infanterie. — Instruction sur les manœuvres de brigade avec cadres. — Instruction annuelle relative à l'exécution des manœuvres d'automne. — Ordonnance du 3 mai 1832 sur le Service des armées en campagne (titre XIII) — Observations sur l'instruction sommaire pour les combats, donnée au titre XIII de l'Ordonnance du 3 mai 1832 (1869). — Manuel de l'Instructeur de tir, du 12 février 1875. — Règlement du 15 mai 1872 pour l'instruction tactique de l'armée italienne, etc.

CAVALERIE

COMPOSITION DES ÉLÉMENTS CONSTITUTIFS.

Etat-major de la division de cavalerie indépendante.

Voitures pour bagages

Le général commandant la division
2 officiers d'ordonnance
1 lieut.-colonel chef d'état-major
1 chef d'escadron d'état-major   } 2 fourgons.
2 capitaines d'état-major
1 capitaine en second de cavalerie
    auxiliaire d'état-major

4 secrétaires (de la section de secrétaires d'état-major) dont 1 sous-officier monté.

Etat-major de la brigade de cavalerie de corps (1).

Voitures pour bagages

Le général commandant la brigade
2 officiers d'ordonnance (dont 1 de   } 1 fourgon.
    réserve.
2 secrétaires (dont 1 caporal).

Régiment de cavalerie (partie mobile).

Le *Régiment* mobile se compose de l'état-major et de 4 escadrons.

L'état-major comprend :

---

(1) Voir page 13, note 2.

a) *État-major* : 1 colonel, 1 lieutenant-colonel, 2 chefs d'escadrons, 1 capitaine instructeur, 1 officier adjoint au trésorier, 1 officier porte-étendard, 1 médecin, 2 vétérinaires.

b) *Petit état-major* : 4 sous-officiers dont 1 adjudant vaguemestre).

c) *Peloton hors rang* : 1 chef armurier, 3 brigadiers, 23 cavaliers (secrétaires, conducteurs, ordonnances non montées).

L'*escadron* comprend, comme cadres :

6 officiers (dont 1 de réserve), 8 sous-officiers (dont 4 dans le rang), 1 brigadier-fourrier (ne comptant pas dans le rang), 4 trompettes (ne comptant pas dans le rang), 12 brigadiers, 1 brigadier maréchal ferrant, 2 aides-maréchaux, plus 115 à 120 cavaliers montés et quelques cavaliers non montés dont 1 ouvrier sellier, 1 ouvrier bottier, 1 ouvrier tailleur.

Voitures.

Régiment de division de cavalerie indépendante.

1 forge à 4 chevaux, 4 fourgons à 2 chevaux pour bagages (1 pour l'état-major, 1 par 2 escadrons, 1 fourgon pour les effets des hommes à pied, les ferrures de rechange et l'outillage des ouvriers); 6 fourgons à 2 chevaux pour les vivres, 2 voitures de cantinières. Total 13 voitures attelées de 26 chevaux.

Régiment de cavalerie de corps d'armée.

1 forge à 4 chevaux, 4 fourgons pour bagages (comme ci-dessus), 12 fourgons pour vivres, 2 voitures de cantinières. Total 19 voitures attelées de 38 chevaux.

NOTES TACTIQUES.

Le rôle de la cavalerie peut se diviser en 3 parties : *Service d'exploration.* — *Service de sûreté.* — *Action sur le champ de bataille.*

1° SERVICE D'EXPLORATION (*Instr.* 27 *juill.* 1876) (1).

______

(1) Cette instruction n'est pas sans soulever, de la part d'autorités d'une haute compétence, des critiques assez vives. On lui reproche un éparpillement excessif, par suite, un front trop faible sur tous ses points, qu'un adversaire opérant massé pourrait aisément percer, entraînant ainsi une retraite générale. — Voir, à la fin du chapitre, l'analyse d'une *Instruction sur l'emploi de la cavalerie en liaison avec les autres armes*, instruction actuellement à l'essai.

Il a pour objet de couvrir le front, de protéger la concentration, de fournir des renseignements sur l'emplacement des réserves ennemies en déchirant le rideau de ses troupes avancées, d'arrêter le mouvement des têtes de colonnes.

Cette mission est confiée aux *divisions de cavalerie indépendantes*, dont le rôle peut se définir : une grande avant-garde permanente.

La division comprend 3 brigades : habituellement une brigade de cavalerie légère, 1 de dragons, 1 de cuirassiers, plus 3 batteries à cheval.

La zone d'exploration ne doit pas dépasser un maximum de 30 à 35 kilomètres.

La division opère généralement sur 3 lignes. *La* 1re *ligne* a pour mission de prendre le contact, de le conserver, de le reprendre s'il a été perdu, de voir et d'empêcher de voir, par conséquent d'attaquer et de s'opposer aux attaques. — *La* 2e *ligne* appuie les mouvements de la première ou lui sert de soutien en cas d'échec. Ces deux premières lignes sont formées de deux brigades accolées (cavalerie légère et dragons). Les régiments de ces deux brigades se relèvent de deux en deux jours pour le service de la première ligne. — *La* 3e *ligne* (cuirassiers) forme réserve à 4 ou 5 kilomètres en arrière. De l'infanterie transportée sur voitures peut être adjointe à la cavalerie pour occuper une position importante ou protéger une retraite.

Quand la division se concentre en vue d'un engagement, la brigade de cuirassiers forme alors la première ligne, c'est-à-dire la ligne d'attaque chargée de porter les premiers coups.

L'artillerie est le plus souvent fractionnée par batteries qui se placent en tête du gros. Elles sont toujours escortées et marchent souvent sans leurs caissons. Pour le rôle de ces batteries, voir au chapitre *Artillerie* (*Notes tactiques*).

Dispositif théorique du service d'exploration

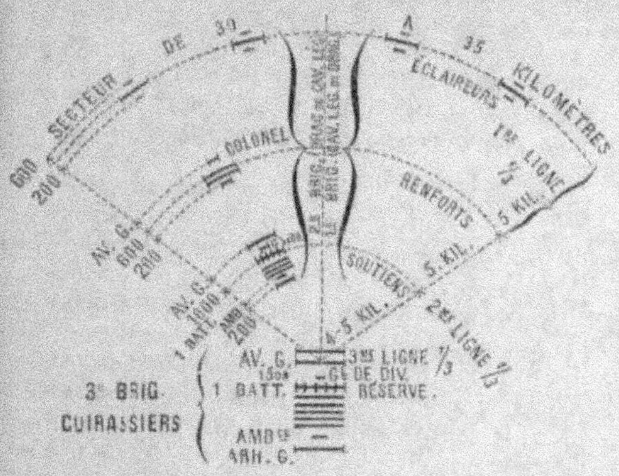

Les divers éléments du système d'exploration sont
reliés en station par des postes de correspondance dis-
tants de 4 ou 5 kilomètres et composés de 3 ou 4 cavaliers. Ces postes peuvent être employés également pendant la marche. S'il existe une ligne télégraphique, on
s'en servira de préférence. Le service de correspondance
entre deux lignes est assuré, autant que possible, par la
ligne la moins avancée.

Toutes les fois qu'un commandant de détachement
rencontre une *grande ligne transversale*, il en profite
pour faire halte et entrer en communication avec les escadrons voisins. Le mouvement en avant se reprend dès
que la relation est établie entre les troupes déployées de
la première ligne. Les lignes transversales ont une
grande importance pour le placement des postes de sûreté et de correspondance en station et pendant la nuit,
et elles forment la base naturelle sur laquelle on devra
toujours chercher à établir ce double service.

Les régiments de première ligne laissent avec le régiment de soutien de leur brigade *les forges, les voitures
régimentaires* et les hommes à pied. Chacune des 3 sections d'ambulance marche avec le gros de la brigade à
laquelle elle est affectée; le reste du convoi divisionnaire suit avec la brigade de réserve.

En principe, la cavalerie doit vivre sur le pays. Régler
les cantonnements en conséquence, en ayant surtout
égard aux fourrages et à l'eau. Si cependant la division
est accompagnée d'un *convoi de subsistances*, il marche à

6 ou 8 kilomètres en arrière de la brigade de réserve, sous la protection d'une escorte.

Tout mouvement fait l'objet d'un *compte rendu*. Ces divers documents, rapprochés des interrogatoires, rapports des espions, etc., forment un ensemble de renseignements aussi exacts que possible, que le général de division communique au général en chef.

Ces prescriptions s'appliquent principalement à la première période d'une campagne. Quand on a appris le point où l'ennemi a massé ses troupes, et à mesure que les armées se rapprochent, les essaims de cavalerie se condensent. Le terrain ne peut plus être disputé que par le rassemblement de toutes les forces disponibles; la division se concentre. Les conditions du service d'exploration se modifient; il suffira souvent de se faire éclairer par des patrouilles, de faibles reconnaissances; quelquefois aussi, il sera nécessaire de lancer à la découverte un régiment, une brigade entière, pour opérer isolément, par une énergique offensive, sur les ailes de l'ennemi.

Quand enfin les corps d'armée sont en présence, la cavalerie démasque et passe en seconde ligne; elle entre alors dans son rôle du champ de bataille.

Note. — Le service qui incombe aux officiers d'état-major pour le travail préparatoire de l'établissement dans les cantonnements (Voir *Cantonnements*), trouverait grand avantage à être reporté de l'avant-garde du corps d'armée aux divisions de cavalerie, aussi longtemps que les opérations de la campagne le comporteraient. Ces divisions ayant, en moyenne, une avance d'une marche, l'installation du lendemain pourrait toujours être préparée à loisir dès la veille. — (Question à étudier).

II° SERVICE DE SÛRETÉ. — (*Instruction sur le service de la cavalerie en campagne, du 17 février* 1875, *et Instruction provisoire sur les marches, du* 1ᵉʳ *juillet* 1877.)

Le service de sûreté remplit, à moindre distance, les mêmes objets que le service d'exploration; il couvre les colonnes, leur ménage le temps de se préparer au combat, leur fournit des renseignements sur l'ennemi, les ressources du pays, les communications, etc. :

a) *Service de sûreté en station* (Voir *Avant-postes*).

b) *Service de sûreté en marche*, confié à la brigade de corps d'armée (habituellement 1 régiment de dragons, 1 régiment de cavalerie légère), à laquelle on peut adjoindre une batterie à cheval. Cette brigade, précédant l'avant-garde, éclaire à une distance moyenne de 12 kilomètres, variable d'ailleurs suivant la distance de l'ennemi. Elle se répartit en 3 échelons embrassant un front de 25 à 30 kilomètres, sur une profondeur de 8 à 10 kilomètres.

Laisser 2,500 à 3,000 mètres entre les derniers éléments de la brigade et la tête d'avant-garde.

L'un des deux régiments opère en pointe. Deux de ses escadrons forment la 1re ligne, éclairent le front et détachent des pelotons sur les routes parallèles à celles que suit la colonne. Ils se tiennent à peu près à même hauteur, se partagent en fractions de plus en plus petites depuis le gros de l'escadron jusqu'à la pointe des éclaireurs, se reliant entre eux et à la cavalerie des corps voisins.

Le reste du régiment (2 escadrons) suit comme premier soutien sur la route principale, à demi-distance des éclaireurs et du 2e régiment.

Le 2e régiment (3 escadrons; le 4e fournit au service du gros de la colonne) *forme réserve*, suit à 8 kilomètres des éclaireurs, avec la batterie à cheval derrière le 1er escadron, l'ambulance derrière le 3e (1). Le service de 1re ligne est fait alternativement par les 2 régiments, qui se relèvent de 3 en 4 jours.

Si d'autres corps d'armée marchent parallèlement à peu de distance, il suffira d'un escadron en éclaireurs; les trois autres, réunis, forment alors le premier soutien; le rayon d'exploration augmente. — Si le corps d'armée est isolé, la nécessité de couvrir les flancs exige 3 escadrons en éclaireurs; rapprocher alors le 2e régiment; le rayon d'exploration diminue. Donc, avantage à employer pour le service de flanqueurs le moins possible de cavalerie.

Les 12 voitures de vivres du régiment de réserve (1 jour pour la brigade) suivent le détachement d'ambulance placé à la queue de l'avant-garde. Le reste du *train régimentaire* marche avec celui du quartier général et ne rejoint qu'aux séjours (Voir *Marches*). — Un *fonctionnaire de l'intendance* accompagne la brigade pour prendre possession des ressources, car en principe la cavalerie doit vivre sur le pays et le convoi régimentaire ne constitue qu'un en-cas.

---

(1) L'instruction pratique sur le Service en campagne (Cavalerie) porte que : « le 2e régiment marche habituellement en tête du corps d'armée. »

Dispositif théorique du service de sûreté.

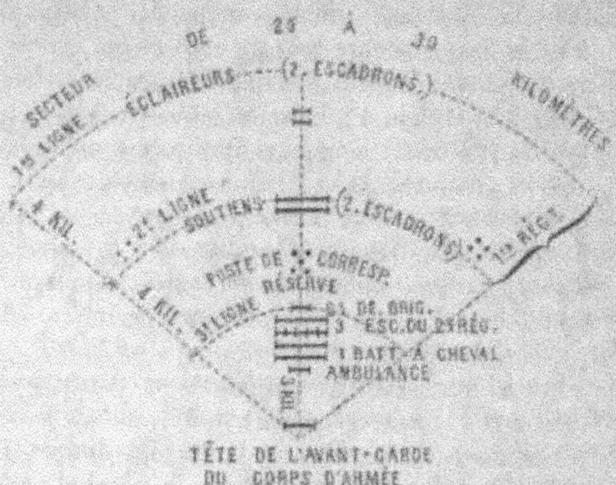

Dans les marches en retraite, la brigade de cavalerie est placée généralement à l'arrière-garde avec l'artillerie à cheval. Quand elle est appelée à détruire des chemins de fer (*Inst. prat., art.* 110), des ponts, des digues, etc..., elle est secondée par un détachement du génie, au besoin par des habitants requis (*Inst. prat., art.* 64).

En principe, *la division d'infanterie* n'a d'autre cavalerie propre que le peloton d'escorte. Quand elle marche à distance tactique de l'autre division du corps d'armée, elle est couverte par la brigade de corps et il ne lui est affecté alors qu'un escadron (*Voir* sa répartition aux *Marches*). *Quand elle est isolée* on lui attribue *un régiment*, dont les mouvements sont réglés par le général de division (Voir son dispositif aux *Marches*).

III° RÔLE SUR LE CHAMP DE BATAILLE. — (*Extrait du règlement du 27 juillet 1876 sur les exercices de la cavalerie et de l'instruction annuelle sur les manœuvres d'automne.*)

Principes généraux. — La cavalerie combat par le mouvement, tandis que l'infanterie et l'artillerie combattent sur place ; de même, l'état stationnaire de la cavalerie correspond à un temps d'arrêt dans son action offensive tandis que c'est, au contraire, la marche qui suspend les feux de l'infanterie et de l'artillerie.

La cavalerie manœuvre en colonne et déploie ses escadrons pour aborder l'ennemi. Elle emploie à cet effet quatre ordres fondamentaux :

1° *La masse de colonnes* qui a pour objet de disposer

les escadrons de telle sorte qu'ils occupent peu d'espace tout en conservant la possibilité de se mouvoir avec aisance et de se déployer avec célérité dans tous les sens. A employer sur le champ de bataille, lorsqu'on n'est pas exposé aux feux de l'artillerie. Quand la masse est employée comme formation de rendez-vous ou pour abriter la troupe, l'intervalle réglementaire entre les colonnes (12 mèt.) peut être diminué et même supprimé.

2° *La colonne par peloton ou colonne simple*. — C'est la plus habituelle dans les manœuvres, car elle permet de passer facilement à l'ordre en ligne dans tous les sens et de contourner les obstacles. A employer pour marcher en terrain varié, parcourir de longues distances, passer un défilé.

3° *La ligne de colonnes* (escadrons en colonnes avec intervalles d'un escadron et demi). Elle a pour objet de combiner les avantages de la colonne simple de marche avec ceux de la ligne déployée de combat. A employer dans toutes les situations qui exigent à la fois la mobilité et la promptitude à entrer en action. C'est la meilleure formation préparatoire avant une attaque de front.

4° *La ligne de bataille*. — C'est essentiellement l'ordre de combat; s'emploie aussi quand on est obligé de rester à découvert sous le feu de l'artillerie ennemie. Éviter de marcher longtemps dans cet ordre, à cause de ses fluctuations et parce qu'on rencontre rarement des terrains étendus dépourvus d'obstacles.

Rôle. — Sur le champ de bataille, la cavalerie passe en 2° ligne, à couvert, dans un ordre de masse quelconque avec intervalles suffisants pour se mouvoir avec flexibilité. Quand l'objectif de l'adversaire se dessine, *la division indépendante* s'ébranle et se jette par un grand mouvement en dehors et en avant du front pour menacer les flancs et les derrières, et prendre d'écharpe les secondes lignes. Si la division doit former réserve, elle reste en masse de colonnes en dehors du terrain présumé de la retraite, au repos et à l'abri, jusqu'au moment d'intervenir, soit pour harceler et poursuivre l'ennemi s'il fléchit, soit pour couvrir la retraite et rétablir le combat si l'adversaire a le dessus.

La brigade de corps a un rôle analogue sur une échelle moindre; elle reste davantage sous la main du commandant de corps, pour être employée plus directement au moment opportun. De même que la cavalerie indépendante, elle a, pendant l'action, un service d'exploration et de combat.

Au moyen d'éclaireurs et de patrouilles, elle tient le général en chef au courant de tout ce qui se passe en avant et sur ses flancs : « Ce sont d'abord de petites patrouilles qui se rapprochent le plus possible de la ligne des soutiens et même des tirailleurs; ce sont ensuite des pelotons, quelquefois des escadrons utilisant le terrain pour se maintenir à proximité des réserves de bataillons; ils glissent dans les intervalles de l'infanterie, se dissimulant derrière les plis de terrain, les bouquets d'arbres, etc., opèrent de continuels déplacements, paraissent et disparaissent tour à tour. Surtout à proximité de l'ennemi, la cavalerie est obligée de se fractionner beaucoup, car s'il y a des abris pour les petites troupes, il n'y en a pas pour les grandes. Les petites troupes peuvent d'ailleurs rendre des services signalés; un seul escadron vigoureusement lancé dans un moment opportun peut obtenir un succès local décisif (1). »

Toute troupe de cavalerie en position d'attente cherche à s'établir à couvert, à l'abri du feu. Elle met pied à terre, sauf les fractions appelées à agir en première ligne.

Quant aux dispositions de combat, elles sont variables suivant les circonstances et le terrain, mais leur ensemble reste toujours subordonné au principe de la formation en échelons. Toute troupe de cavalerie doit avoir au moins un échelon pour appuyer la première ligne, protéger ses flancs et menacer ceux de l'adversaire.

Dispositif théorique de la division de cavalerie sur le champ de bataille.

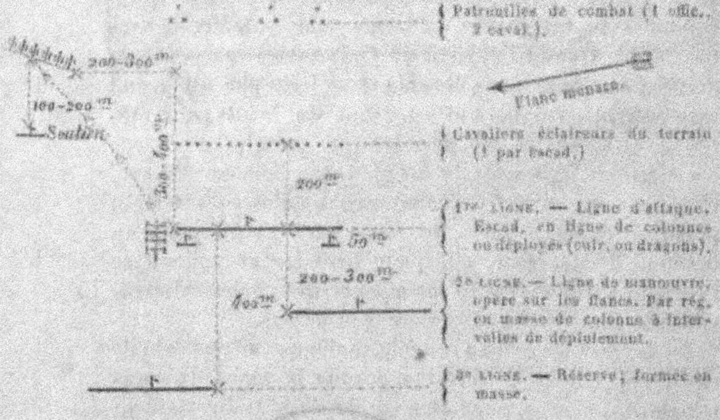

(1) Conférences faites à l'École militaire supérieure, en 1878, reproduites dans : *Notes sur le service dans les états-majors.*

PRINCIPES ESSENTIELS AU MOMENT DU COMBAT. — *Contre la cavalerie.* — Se réserver toujours l'initiative de l'attaque et prévenir l'adversaire dans la charge. Chercher à attaquer par surprise et à prendre l'ennemi de flanc ou même à revers. — Faire appuyer toute attaque de front par une attaque de flanc simultanée.

Contre l'infanterie. — En raison de l'efficacité du tir rapide, ne charger que contre une troupe déjà ébranlée. Profiter de tous les accidents du terrain pour surprendre l'ennemi; l'attaquer toujours résolument, en franchissant la zone meurtrière aussi rapidement que possible. Charger par échelons successifs et très rapprochés, pour ne pas laisser à l'infanterie le temps de se reformer.

Contre l'artillerie. — Exécuter deux attaques distinctes: l'une par une ligne de fourrageurs débordant l'artillerie sur les deux ailes, l'autre par un détachement qui cherche à gagner le flanc de la position pour la tourner et se jeter sur les soutiens.

Renseignements divers.

Vitesse réglementaire des allures.

DÉSIGNATION DES ARMES.	DISTANCES parcourues en une minute.			TEMPS NÉCESSAIRE pour parcourir un kilomètre.		
	au pas.	au trot.	au galop.	au pas.	au trot.	au galop.
	mèt.	mèt.	mèt.	′ ″	′ ″	′ ″
Cavalerie légère............	100	230	330	10 »	4 21	3 2
Cavalerie de ligne..........	110	240	340	9 5	4 10	2 56
Cavalerie de réserve........	120	250	350	8 2	4 »	2 51

(*Règl. du 1ᵉʳ juillet 1876*).

Emploi du sifflet. — Le sifflet n'est pas destiné à remplacer la trompette dans le service habituel; il est simplement un aide du commandement dans les circonstances où une troupe a intérêt à ne pas révéler sa présence ou ses mouvements. Les capitaines commandants et les chefs de peloton font usage du sifflet:

1° Dans les avant-gardes, pour appeler l'attention de la pointe et la diriger, soit du geste, soit au moyen des signaux de direction.

Les signaux employés sont: *Attention, allures* et *direction;*

2° Dans les marches ou découvertes, surtout pendant la nuit, pour indiquer la direction aux groupes dispersés.

Les signaux employés sont: *Appels de direction* et *allures;*

3° Dans les avant-postes, pour attirer l'attention des vedettes et les diriger au moyen de signes convenus d'avance ou pour les rallier. Les indications à faire aux vedettes étant presque toujours individuelles, les seuls signaux à employer sont : *Attention* et *ralliement ;*

4° Dans les actions de tirailleurs, pour attirer l'attention des hommes, afin de les diriger ensuite de la voix et du geste, ou si la disposition des tirailleurs l'exige, pour les diriger au moyen des signaux de direction.

Signaux. — Le nombre des signaux devant être aussi restreint que possible, afin d'éviter la confusion qui pourrait résulter de l'emploi de nombreuses sonneries dont le rhythme serait forcément peu varié, on se maintient dans la limite de ceux indiqués ci-après :

Allures.	1. Attention.
	2. Marche ou au pas (quand on est au trot ou au galop).
	3. Halte.
	4. Au trot.
	5. Au galop.
Direction.	6. A droite.
	7. A gauche.
	8. Demi-tour.
	9. Ralliement.
	10. Appels de direction.
	11. Retraite.

(Règl. du 1ᵉʳ juillet 1876).

Couleurs distinctives. — 1ᵉʳ escadron, bleu foncé ; 2ᵉ escadron, cramoisi ; 3ᵉ escadron, vert ; 4ᵉ escadron, bleu de ciel ; 5ᵉ escadron, jonquille.

Une instruction nouvelle est en voie d'expérimentation dans le but d'asseoir, sur de nouvelles bases, le service d'exploration et le service de sûreté. Nous croyons utile d'en donner l'analyse sommaire, en raison de la valeur qu'elle emprunte à la compétence hors ligne de la très haute personnalité militaire qui l'a conçue :

Instruction sur l'emploi de la cavalerie en liaison avec les autres armes.

En principe, il est attribué de la cavalerie à toute unité tactique opérant isolément, depuis l'armée jusqu'au régiment. — Le rôle de la cavalerie se présente sous un triple aspect : avant, pendant et après le combat.

Avant le combat. — Elle assure la sécurité de l'unité tactique à laquelle elle est attachée ; elle explore à son profit et prépare ses opérations.

Pendant le combat. — Elle manœuvre de façon à concourir pour le mieux au but poursuivi par le chef de cette unité.

Après le combat. — Elle en complète le succès, ou, en cas de défaite, elle s'efforce d'en retarder et d'en diminuer les conséquences.

Discerner et agir constituent les qualités maîtresses de la cavalerie. Les principes primordiaux de son action sont : cohésion et initiative.

Avant le combat, la cavalerie a toujours une double mission : service d'exploration — service de sûreté — qui se lient et se combinent à divers degrés, suivant l'importance des troupes à couvrir. Le service d'exploration a pour but d'éloigner la cavalerie adverse, de la percer pour pénétrer jusqu'aux points de concentration de l'ennemi, de découvrir ses projets. Une grande initiative doit donc être laissée au chef de la cavalerie, dans la limite des instructions générales. — Le service d'exploration s'effectue dans des limites d'autant plus restreintes, l'initiative du chef qui le dirige est d'autant moins grande, et la liaison avec le service de sûreté est d'autant plus directe, que l'unité tactique à couvrir est moins considérable.

Pour être efficace, l'exploration doit satisfaire aux conditions suivantes : facilité constante d'une concentration rapide. — Séparation aussi absolue que possible des deux services d'exploration et de sûreté.

Pour l'application de détail de ces principes, on se réglera sur les données suivantes :

1° Armée. — *Avant le combat.* — *Le service d'exploration est confié aux divisions de cavalerie indépendantes.* (Voir leur composition, page 13). La division indépendante pourvoit à sa propre sécurité par l'application des prescriptions du service en campagne. L'exploration a lieu au moyen d'un service de découverte comprenant :

> Des reconnaissances d'officiers (art. 74 de l'instruction pratique) pour un but nettement spécifié ;
> Des patrouilles de découverte, chargées de de l'exploration vague et permanente.

Ces dernières précèdent la division de 2—3 jours. C'est à l'abri de leur rideau que manœuvrent les reconnaissances d'officiers. Les patrouilles sont de 2, 4, 6 ou 8 hommes, commandées par un sous-officier ou un officier, et soutenues à une certaine distance par un peloton ou une division. Elles sont fournies à raison de 2 escadrons par division de cavalerie. Dans chacun de ces escadrons, 2 pelotons sont en patrouilles et 2 pelotons en soutien ; soit, pour 16 patrouilles de 6 hommes en moyenne avec un front de 3 kilomètres par patrouille, un front total d'exploration de 48 kilomètres. — 21 ou 22 escadrons restent groupés, avec les batteries divisionnaires, dans la main du général de division.

Au delà de 70—80 kilomètres de l'adversaire, marcher sur plusieurs routes (3 autant que possible) et conserver ce dispositif aussi longtemps que le front de marche ne dépasse pas 10 kilomètres. La brigade de cuirassiers marche au centre et un peu en arrière, avec les batteries divisionnaires.

Au-dessous de 70—80 kilomètres, faire usage de 2 routes ou même d'une seule.

Le service de découverte est fourni : sur 3 routes, par les brigades des ailes (1 escadron par brigade) ; sur 2 routes, par les brigades de dragons et la cavalerie légère ; sur une route, par la brigade de tête. La communication avec l'armée est assurée par les soins de la brigade de corps d'armée.

Pendant le combat. — Avant l'action, protéger les formations et les dissimuler. Pendant l'action, s'inspirer des circonstances pour inquiéter les flancs et les derrières de l'adversaire, s'opposer aux entreprises analogues de l'ennemi, ou tout au moins les retarder. Combler provisoirement les vides de la ligne de bataille. Se porter au devant des renforts ennemis.

Après le combat. — En cas de succès, harceler l'adversaire soit en lançant dans toutes les directions des groupes variant de la brigade à l'escadron, soit en opérant concentré. En cas de revers, retarder l'ennemi à tout prix.

Le service de sûreté incombe aux brigades de cavalerie de corps d'armée. (Voir leur composition, page 14).

Il s'exerce à une distance variable et d'autant moins grande que les divisions indépendantes seront plus rapprochées ou qu'elles se seront déplacées latéralement.

En règle générale, ce service ne comporte qu'une initiative restreinte. 1re ligne : éclaireurs; 2e ligne, à 2—3 kilomètres en arrière, groupe d'escadrons formant soutien; 3e ligne, à 2—3 kilomètres en arrière : réserve formée par le 2e régiment marchant au centre avec le général de brigade. Le but essentiel de ce dispositif est de constituer un réseau qui ne doit rien laisser passer. La formation sur 3 lignes, qui serait défectueuse pour le service d'exploration, est sans inconvénients dans le service de sûreté, car les échelons sont très rapprochés; ils peuvent, au besoin, se réfugier entre les corps d'armée; enfin l'offensive n'étant point dans le rôle du service de sûreté, il y a moins d'intérêt à une concentration rapide.

Cette cavalerie pourvoit à sa propre sécurité, de jour comme de nuit; elle établit un système d'avant-postes en avant de ceux de l'infanterie, sauf dans le cas d'un pays très accidenté et couvert. Son rôle pendant et après le combat est analogue à celui de la division indépendante.

2° Corps d'armée. — *Avant le combat.* — Les méthodes précédentes lui sont applicables s'il n'a pas à sa disposition une partie de la cavalerie indépendante. — Maintenir, cependant, très nettement la séparation des deux services d'exploration et de sûreté. Affecter le groupe le plus considérable (soit 6 escadrons par exemple) à l'exploration et à la conservation du contact, d'après les méthodes indiquées pour la division indépendante, mais dans une mesure plus restreinte. — Confier le service de sûreté aux deux escadrons restants, qui opèrent alors, bien que sur une échelle moindre, comme les brigades de corps d'armée quand elles sont couvertes par la division indépendante, c'est-à-dire éclaireurs, flanc-gardes ou flanqueurs de marche, à 4—6 kilomètres, soutenus par des groupes (escadrons ou pelotons) et appuyés s'il en est besoin, aux points dangereux, par de l'infanterie.

Pendant le combat. — Mêmes principes que pour les divisions indépendantes; rôle analogue, mais l'initiative est renfermée dans des limites plus étroites.

Après le combat. — Le rôle de la brigade ne diffère pas sensiblement de celui de la division indépendante.

3° Division d'infanterie. — *Avant le combat.* — Les mêmes règles lui sont applicables pour l'emploi du régiment de cavalerie qui lui est affecté quand elle opère isolément (*Instr. du 1er juill. 1877, sur les marches en campagne*) avec les restrictions suivantes :

Champ d'action plus restreint; objectif moins éloigné; force du groupe d'exploration moins considérable; réduction des distances entre les escadrons affectés aux deux services; liaison plus intime entre ces deux services, tout en maintenant leur séparation; soit, par exemple, 3 escadrons pour l'exploration, 1 escadron pour le service de sûreté.

Pendant et après le combat. — S'inspirer des principes posés plus haut. — Éviter, en toutes circonstances, le fractionnement de la cavalerie et sa participation au combat par groupes appelés à se mouvoir au milieu des lignes d'infanterie.

Documents consultés. — Règlement du 1er juillet 1876, sur les exercices de la cavalerie. — Instr. du 1er juillet 1877, sur les marches en campagne. — Instr. du 27 juin 1876, sur le service de la cavalerie éclairant une armée. — Instr. annuelle, sur les manœuvres d'automne. — Pour les effectifs : Notes sur le service dans les états-majors en campagne. — Loi sur les cadres et les effectifs (13 mars 1875). — Les Méthodes de guerre (lieutenant-colonel Pierron).

ARTILLERIE.

Organisation du temps de paix.

A chaque corps d'armée est attachée une brigade d'artillerie placée sous le commandement d'un général et composée de deux régiments appelés l'un régiment divisionnaire, l'autre régiment de corps. La réunion de ces deux régiments constitue une *Ecole d'artillerie*.

Le *régiment divisionnaire* comprend 3 batteries à pied (nos 1 à 3), 8 batteries montées (nos 4 à 11) et 2 batteries montées de dépôt et de sections de munitions (nos 12 et 13). Il fournit aux deux divisions d'infanterie leur artillerie divisionnaire. Il attelle également les sections de munitions 1 à 4, qui portent un premier approvisionnement de munitions d'infanterie et d'artillerie.

Le *régiment de corps* comprend 8 batteries montées (nos 1 à 8), 2 batteries montées de dépôt et de sections de munitions (nos 9 et 10) et 3 batteries à cheval (nos 11 à 13). Il fournit l'artillerie de corps d'armée dite artillerie de corps et les sections 5 et 6 de munitions d'artillerie.

Un *escadron du train d'artillerie* est rattaché à chaque brigade. Il se compose de 3 compagnies numérotées 1, 3, 5. La 1re est placée sous les ordres du colonel du régiment divisionnaire pour la police et la discipline ; elle est dite à la suite du régiment. La 3e et la 5e compagnie sont à la suite du régiment de corps. Ces compagnies, qui se dédoublent en cas de mobilisation, sont destinées à atteler les sections des parcs et les équipages de pont.

Organisation du temps de guerre.

Le corps de l'artillerie aux armées en campagne est chargé :

1° De l'établissement et de la construction de toutes les batteries et du service général des bouches à feu ;

2° De l'approvisionnement de l'armée en armes et munitions de guerre ;

3° Des passages en bateau et de l'établissement des ponts mobiles construits avec les matériaux trouvés dans le pays, et, en cas de nécessité de l'établissement des ponts en bois sur pilotis et sur chevalets (*Projet de régl. sur le service en camp.*).

A chaque corps d'armée est affecté une brigade d'artillerie (2 régiments et un escadron du train d'artillerie), chargée de lui fournir toutes ses batteries de campagne ainsi que les munitions d'infanterie et d'artillerie qui lui sont nécessaires.

L'artillerie d'un corps d'armée mobile se compose de :

1° L'état-major ;
2° L'artillerie divisionnaire ;
3° L'artillerie de corps ;
4° Le parc d'artillerie de corps, comprenant :

    a. Les sections de munitions (1er échelon) ;
    b. Les sections de parc (2e échelon).

Organisation de l'artillerie d'un corps d'armée mobile.

N° corps d'armée (partie mobile).
N° brigade d'artillerie (partie mobile).
1er régiment (dit divisionnaire fournit :

Colonel commandant l'artill. de la division. — Commandées par 1 chef d'escadron :

Batterie montée, n° 4 (de 90). . . . . .
Batterie montée, n° 5 (de 90). . . . . .
Batterie montée, n° 6 (de 90). . . . . .
Batterie montée, n° 7 (de 90). . . . . .

Formant l'artillerie divisionnaire de la 2 N — 1e division d'infanterie.

Lieutenant-colonel commandant l'artill. de la division. — Commandées par 1 chef d'escadron :

Batterie montée, n° 8 (de 90). . . . . .
Batterie montée, n° 9 (de 90). . . . . .
Batterie montée, n° 10 (de 90). . . .
Batterie montée, n° 11 (de 90). . . .

Formant l'artillerie divisionnaire de la 2 N° division d'infanterie.

Section de munitions d'infanterie, n° 1
—   —   n° 2
Section de munitions d'artillerie, n° 3
—   —   n° 4

2ᵉ Régiment (dit de corps) fournit :

Commandés par le colonel.

1ᵉʳ groupe, commandé par 1 chef d'escadron.
Batterie montée, n° 1 (de 90). . . . . .
Batterie montée, n° 2 (de 90). . . . . .
Batterie montée, n° 3 (de 90). . . . . .
Batterie montée, n° 4 (de 90). . . . .

2ᵉ groupe, commandé par 1 chef d'escadron.
Batterie montée, n° 5 (de 95). . . . .
Batterie montée, n° 6 (de 95). . . . .

3ᵉ groupe, commandé par 1 chef d'escadron.
Batterie à cheval, n° (de 80) (1). . .
Batterie à cheval, n° (de 80) (1). . .

Formant l'artillerie de corps du N° corps d'armée.

Section de munitions d'artillerie, n° 5
———   —   n° 6

N° escadron du train d'artillerie fournit (2) :

Commandé par le colonel (lieutenant-colonel), directeur de l'école d'artillerie, et, en sous-ordre, par un chef d'escadron d'artillerie et par l'officier supérieur, commandant l'escadron du train d'artillerie.

3ᵉ comp. attelle et conduit la 1ʳᵉ sect. du parc.
4ᵉ comp. attelle et conduit la 2ᵉ sect. du parc.
5ᵉ comp. attelle et conduit la 3ᵉ sect. du parc.
6ᵉ comp. attelle et conduit la 4ᵉ sect. du parc.
(Section à pied du régiment de corps commandée par 1 capitaine). .
(Détachement d'ouvriers d'artillerie, 100 hommes). . . . .
(Détachement d'artificiers, 15 hommes). . .

Formant le parc d'artillerie du N° corps d'armée.

---

(1) Ces batteries peuvent être affectées à la brigade de cavalerie. Une 3ᵉ batterie à cheval est attribuée à une division de cavalerie indépendante (3 batteries).

(2) L'escadron du train d'artillerie comprend en temps de paix, 3 compagnies principales numérotées 1, 3, 5 et rattachées : la compagnie n° 1 au régiment divisionnaire, les compagnies nᵒˢ 3 et 5 au régiment de corps. En temps de guerre, ces compagnies se dédoublent en compagnies *bis*, numérotées 2, 4, 6. Ces 6 compagnies sont employées, savoir :

Détail de l'organisation.

1° *État-major de l'artillerie du corps d'armée.*

Général de brigade commandant. . 1 . . . 4 chevaux.
Chef d'escadron, chef d'état-major . 1 . . . 2 —
3 capitaines adjoints (dont 1 aide
de camp). . . . . 3 . . 6 —
Garde d'artillerie. . . . . 1 . . . 1 cheval.
Secrétaires . . . . 2 (dont 1 caporal).
Escorte . . . . 5 . . . 5 chevaux.
(Fournie par le régiment de corps).
Un fourgon et une voiture de bagages sont affectés à cet état-major.

2° *Artillerie divisionnaire.*

(a.) État-major.

Colonel (lieutenant-colonel), com-
mandant l'artillerie de la division. 1 . . . 3 chevaux.
Capitaine adjoint. . . . . 1 . . . 2 —
Médecin aide-major. . . . . 1 . . . 1 cheval.
Vétérinaires (dont 1 de réserve). . . 2 . . . 2 chevaux.
Un fourgon à bagage est affecté à cet état-major.

(b.) Batteries.

Chef d'escadron, commandant les
batteries. . . . . 1 . . . 2 chevaux.
Officier adjoint (de réserve). . . . . 1 . . . 1 cheval.
4 batteries montées.

Composition de la batterie montée (personnel).

4 officiers.	1 capitaine commandant. . . . . 2 lieutenants ou sous-lieutenants. . . . . . . 1 officier de réserve. .	5 chevaux d'officiers.	
42 hommes des cadres.	1 adjudant sous-officier. 1 maréchal des logis chef. . . . . 8 maréchaux des logis. 1 sous-chef artificier. . 1 fourrier	28 chevaux des cadres.	33 chevaux de selle.

1re compagnie. — 2e compagnie.

Rattachées au régiment divisionnaire ; attellent les équipages de pont d'armée et de corps d'armée.

3e, 4e, 5e, 6e compagnies.

Rattachées au régiment de corps ; attellent les 4 sections
du parc d'artillerie du corps.

42 hommes des cadres.
{
11 brigadiers (dont 1 brigadier fourrier). . . .
6 artificiers . . . .
2 ouvriers en bois. . .
2 ouvriers en fer. . . .
1 brigadier maître maréchal ferrant. . . . .
3 aides-maréchaux ferrants. . . . .
2 bourreliers. . . . . .
3 trompettes. . . . . .
}
28 chevaux des cadres.
{
}
33 chevaux de selle.

(1 ouvrier tailleur et 1 ouvrier bottier dans le rang). 135 hommes environ et 130 chevaux.

(Le cadre de la *batterie à cheval* est le même que celui de la batterie montée, mais elle a 2 aides-maréchaux seulement. — Le *matériel* est le même également, avec cette différence que dans les batteries à cheval des divisions de cavalerie indépendante, un des caissons des munitions d'artillerie est remplacé par un caisson de munitions d'infanterie. Une des 3 batteries de la division de cavalerie emmène un chariot contenant de la dynamite et les accessoires nécessaires à son emploi. Cette batterie n'a que 6 caissons.)

Composition de la batterie montée (matériel).

6 pièces.
9 caissons.
1 forge (matériel et ferrage).
1 chariot de batterie (matériel et harnachement).
1 chariot fourragère (transports divers et fourrages).

TOTAL . . . . 18 voitures, toutes attelées à 6 chevaux.

Chaque groupe de batterie divisionnaire emmène en outre 2 fourgons à bagages, 11 fourgons de vivres, 1 voiture de cantinière.

3. *Artillerie de corps.*

a. État-major.

Colonel, commandant l'artillerie de corps. . . . . 1 . . . 3 chevaux.
Capitaine en 2e (adjoint) . . . . 1 . . . 3 —
Médecins (dont 1 de réserve) . . . . 2 . . . 3 —
Vétérinaires (dont 2 de réserve). . . 3 . . . 3 —

Un fourgon à bagages est affecté à cet état-major.

b. Batteries.

Chaque groupe de batteries est commandé par :

1 chef d'escadron (2 chevaux) auquel est adjoint 1 officier de réserve (1 cheval).

La composition des batteries de l'artillerie de corps, en personnel et matériel, est la même que celle des batteries divisionnaires. Les groupes 1 et 2 de l'artillerie de corps emmènent en outre 4 fourgons à bagages, 24 fourgons à vivres et 2 voitures de cantinières.

4° *Parc d'artillerie de corps.*

État-major.

Colonel (lieutenant-colonel), commandant le parc,
1 chef d'escadron d'artillerie, commandant les 6 sections,
1 lieutenant ou sous-lieutenant de réserve (adjoint),
1 officier supérieur du train d'artillerie, commandant le
    2° échelon du parc,
2 capitaines d'artillerie (dont 1 de la compagnie d'artillerie-pontonniers du corps d'armée),
4 gardes d'artillerie,
1 contrôleur d'armes, 2 ouvriers d'état, 1 chef artificier.

a. *Sections de munitions.*

PERSONNEL.	NOMBRE.
CADRES.	
Capitaine en second	1
Lieutenant ou sous-lieutenant (de réserve)	2
Sous-officiers. { 1 maréchal des logis chef 1 maréchal des logis fourrier 1 maréchal des logis sous-chef artificier 6 maréchaux des logis }	9
Brigadiers	6
Artificiers	6
Ouvriers de batterie	4
Maréchaux ferrants	3
Bourreliers	2
Trompettes	2
Canonniers	»

Le personnel nécessaire aux sections 1, 2, 3, 4 est fourni par le régiment d'artillerie divisionnaire au moyen du dédoublement d'un certain nombre de batteries; celui des sections 5 et 6, par le régiment d'artillerie du corps.

MATÉRIEL.	NOMBRE DE CHEVAUX attelés.	SECTIONS de munitions d'infanterie.		SECTIONS de munitions d'artillerie.			
		n° 1	n° 2	n° 3	n° 4	n° 5	n° 6
BOUCHES À FEU.							
Canons. de 95	»	»	»	»	1	»	1
Canons. de 90	»	»	»	1	1	1	1
Canons. de 80	»	»	»	1	»	1	»
VOITURES.							
Affûts. de 95	6	»	»	»	1	»	1
Affûts. de 90	6	»	»	3	3	3	3
Affûts. de 80	6	»	»	1	»	1	»
Caissons à munitions. d'artillerie. de 95	6	»	»	2	2	2	2
Caissons à munitions. d'artillerie. de 90	6	»	»	10	10	10	10
Caissons à munitions. d'artillerie. de 80	6	»	»	3	3	3	3
Caissons à munitions. d'infanterie, modèle 1858	4	32	32	»	»	»	»
Forges. de 90 ou modèle 1827 transformé	6	»	»	1	1	1	1
Forges. modèle 1858 transformé	4	1	1	»	»	»	»
Chariots de batterie. modèle 1833	6	»	»	1	1	1	1
Chariots de batterie. modèle 1858	4	1	1	»	»	»	»
Chariots fourragères	6	1	1	1	1	1	1
NOMBRE DE VOITURES.	»	35	35	22	22	22	22

Les sections emmènent, de plus, ensemble :

Sections du régiment divisionnaire : 7 fourgons de vivres, 1 voiture de cantinière.

Sections du régiment de corps : 9 fourgons à vivres, 1 voiture à cantinière.

b. *Sections du parc.*

4 sections attelées par les 3e, 4e, 5e et 6e compagnies de l'escadron du train d'artillerie de la brigade. Elles portent le deuxième approvisionnement en munitions d'infanterie et d'artillerie, un premier approvisionnement en munitions de revolvers et un approvisionnement de dynamite.

Composition d'une section de parc.

Personnel.

Le personnel nécessaire pour la conduite des quatre sections de parc est fourni par les 3e, 4e, 5e et 6e compagnies du train d'artillerie de la brigade ; les 4e et 6e compagnies provenant du dédoublement des 3e et 5e.

Chaque compagnie du train d'artillerie en campagne a la composition suivante :

3 officiers, 8 sous-officiers (dont 1 adjudant), 2 fourriers (maréchal des logis et brigadier), 8 brigadiers,

— 110 —

3 maréchaux ferrants, 2 bourreliers, 2 trompettes, 164 conducteurs environ.

Le service du 2ᵉ échelon de parc comprend en outre :

1° Une section à pied :

2 officiers, 5 sous-officiers (dont 1 chef artificier, 1 fourrier maréchal des logis ou brigadier), 3 brigadiers, 1 trompette, 91 hommes.

2° Un détachement d'ouvriers d'artillerie :

1 officier, 4 sous-officiers (2 ouvriers en fer, 2 en bois), 1 fourrier (maréchal des logis ou brigadier), 4 brigadiers (2 ouvriers en fer, 2 en bois), 6 maîtres (3 ouvriers en bois, 3 en fer), 85 ouvriers.

3° Un détachement d'artificiers :

1 maréchal des logis ou brigadier, 1 maître, 13 artificiers.

Matériel.

NATURE DES VOITURES.	SECTIONS DE PARC				TOTAL
	1	2	3	4	
Bouches à feu. { de 95	»	»	1	»	1
de 90	1	1	1	»	3
de 80	»	1	»	»	1
Affûts.... { de 95	»	1	1	»	2
de 90	2	2	2	»	6
de 80	1	1	1	»	3
Caissons de munitions { d'artillerie { de 95, à 6 chevaux	5	3	2	»	10
de 90, à 6 chevaux	15	15	15	15	60
de 80, à 4 chevaux	5	5	4	»	14
d'infanterie mod. 1858, à 4 chevaux	15	15	15	»	45
de revolver, à 4 chevaux	1	1	1	»	3
Forge de 90, modèle 1827, transformé. { Matériel, à 6 chevaux	»	»	»	7	7
Ferrage, à 6 chevaux	1	1	1	1	4
Chariots { de parc { de batterie, modèle 1858, pour le transport de la dynamite, à 4 chevaux	»	»	»	2	2
pour le harnachement, à 6 chevaux	1	1	1	1	5
pour le matériel, à 6 chevaux, sauf celui qui porte l'approvisionnement des armuriers	»	»	»	7	7
fourragères de batterie, à 6 chevaux	1	1	1	1	4
Chariots de parc des équipages militaires, à 4 chevaux	»	»	»	4	4
Forges des équipages militaires, à 4 chevaux	»	»	»	2	2
TOTAUX........	45	45	45	40	175

Le parc attelle, en outre, 2 fourgons à bagages, 19 fourgons de vivres, 1 voiture pour la cantinière, et comporte une paire de cantines médicales sur les fourgons à bagages, une cantine vétérinaire sur les fourgons de vivres.

Relations des officiers d'artillerie avec les commandants des troupes.

Le général commandant l'artillerie d'une armée étend son action sur tout le service de l'artillerie de cette armée. Il accompagne habituellement le général en chef pour recevoir ses ordres et lui soumettre toutes les observations qu'il juge utiles au bien du service. Il reçoit communication des plans de campagne, et prend toutes les dispositions nécessaires pour en assurer le succès. Il est responsable de l'approvisionnement de l'armée en matériel et munitions de guerre. Il donne seul des ordres aux troupes d'artillerie qui ne font pas partie des corps d'armée, pour l'exécution des dispositions arrêtées par le commandant en chef.

Les généraux commandant l'artillerie des corps d'armée remplissent dans leur sphère les mêmes fonctions près des commandants de corps.

Ils donnent seuls des ordres aux batteries de l'artillerie de corps et aux parcs de corps d'armée, pour l'exécution des dispositions arrêtées par les commandants de corps.

Les colonels ou lieutenants-colonels commandant l'artillerie des divisions marchent ordinairement avec le général sous les ordres duquel ils sont placés.

Il est essentiel qu'ils connaissent d'avance les dispositions d'attaque et de défense, les positions à occuper, le but qu'on se propose, etc. Après avoir reconnu le terrain, ils présentent au besoin leurs observations et soumettent à qui de droit les mesures qu'ils jugent propres à assurer à l'artillerie toute son efficacité.

Le colonel ou le lieutenant-colonel manquant est remplacé par le chef d'escadron commandant les batteries de la division, qui est lui-même remplacé dans son commandement par le plus ancien des capitaines commandant les batteries de cette division.

En principe, tout commandant de l'artillerie affecté à une troupe accompagne habituellement le commandant de cette troupe et remplit, auprès de lui, les mêmes fonctions que les colonels ou lieutenants-colonels des batteries divisionnaires auprès du général de division.

Les commandants de l'artillerie des deux divisions d'un même corps d'armée sont indépendants l'un de l'autre pour tout ce qui concerne le service, la police et la discipline. Ils ne relèvent à cet égard que du général sous les ordres duquel ils sont placés. Ils établissent en deux expéditions les propositions qu'ils croient devoir faire pour l'avancement aux différents grades d'officier ou pour les décorations. L'une de ces expéditions est remise au général commandant la division, l'autre au général commandant l'artillerie du corps d'armée.

C'est à ce dernier qu'ils s'adressent pour tout ce qui concerne le matériel et les approvisionnements.

Le commandant de l'artillerie de corps et le directeur du parc ne relèvent que du général commandant l'artillerie du corps d'armée. Ils lui soumettent les propositions et demandes de toute nature concernant, soit le personnel, soit le matériel.

Les généraux commandant l'artillerie des différents corps établissent les propositions et demandes relatives au personnel, en deux expéditions : l'une pour le général commandant le corps, l'autre pour le général commandant l'artillerie de l'armée. C'est à ce dernier qu'ils s'adressent pour tout ce qui concerne le matériel et les approvisionnements.

Les officiers d'artillerie ne doivent communiquer la situation de leurs munitions qu'aux officiers généraux ou supérieurs de leur arme, ainsi qu'à leur commandant supérieur ou à son chef d'état-major. (*Instruction provisoire du 20 avril 1876 sur le service de l'Artillerie en campagne.*)

Renseignements sur les projectiles.

Les batteries de campagne possèdent trois espèces de projectiles, tous à fusée percutante, plus des boîtes à mitraille.

Obus ordinaires (paroi antérieure noire); ce sont les plus nombreux.

25 à 27 fragments de toute grosseur selon le calibre.

Obus à double paroi (paroi antérieure blanche), pour agir contre les troupes.

67—72 éclats selon le calibre.

Obus à balles (paroi antérieure rouge) pour agir contre les troupes aux distances inférieures à 2,500 mètres; chargés de 55 à 65 balles; fournissent environ 60 à 80 projectiles (balles ou éclats), selon le calibre.

Les munitions sont toujours prises en principe dans les coffres des caissons; on ne recourt aux avant-trains que dans les circonstances exceptionnelles.

Renseignements sur les attelages.

Le cheval attelé à une voiture de campagne ne doit pas traîner un poids supérieur à 360 kilos, ce qui limite le poids de la voiture à $6 \times 360 = 2,160$ kilos. Pour l'artillerie de siège, la traction est admise à 750 kilos et le poids limite de la voiture atteint $8 \times 750 = 6,000$ kilos.

Renseignements sur le matériel de campagne (1).

Pièce de 7 (Système Reffye). — Les unes en acier, les autres en bronze. — Obus en fonte. L'obus à balles chargé pèse 7^k,670 ; — Obus ordinaire et à double paroi 7 kil.

Gargousse semblable pour les trois projectiles ; pèse 1,120 grammes poudre aux meules ; 1,130 poudre aux pilons.

Affûts en fer.

Avant-train est l'ancien avant-train de 12 rayé de campagne, modèle 1827.

Coffre modèle 1840 à 28 coups ou modèle 1840 allongé à 30 coups.

Le caisson de munitions est le 12 rayé de campagne, modèle 1827. — Même coffre.

Voie 1^m,525. — Servants 8. — Tournant de la voiture 7^m,40.

Poids de la voiture entière équipée et chargée : 2,030 kilos.

Poids moyen par cheval, la voiture attelée de 6 chevaux : Sans les servants : 335 kilos. — Avec les servants : 390 kilos.

Pièce de 5 (Système Reffye). — Pièces en bronze, — 14 rayures. — Poids de la pièce 475 kilos.

Obus en fonte. — Obus vide, 4^k,420 ; — chargé 4^k,800 ; — Obus à double paroi chargé et obus à balles chargé, 5^k,480 ; — Gargousse 1^k,320 ; Poudre 870 grammes.

Affût en fer. — Avant-train du 4 de campagne rayé, modèle 1858, ou avant-train de 5 en fer.

Coffre modèle 1858 (30 coups), ou modèle 58 allongé (32 coups), ou coffre plat (40 coups). — Les coffres de munitions semblables à ceux de l'avant-train.

Voie de la voiture 1^m,525. — Servants, 6. — Poids de la voiture équipé et chargée : 1560 kilos.

Poids moyen par cheval : Avec les servants, 293 kilos. — Sans les servants, 260 kilos.

---

(1) Les calibres sont exprimés par le diamètre de l'âme en millimètres. D'après ce système, les pièces de 7 et de 5, ainsi désignées d'après le poids de leurs projectiles en nombre rond de kilog., répondraient respectivement aux calibres de 85 millimètres et de 75 millimètres. — Les trains modèles de 7, de 5 et de canons à balles sont remplacés dans le nouveau matériel par les pièces de 95, 90 et 80 millimètres, mais ils continuent à être employés provisoirement pour l'armement des batteries de campagne ou la défense des places.

Canon à balles. — Il a 25 tubes en acier. — Portée extrême 3,400 mètres. Zone dangereuse entre 1,000 et 2,000 mètres.

Les munitions sont des boîtes de 25 cartouches réparties à raison de 418 par pièce. — Poids de la boîte, 2k,650. — Le canon est porté par l'affût de 4 de campagne. — Avant-train de 4 rayé de campagne. — Coffre à munitions, modèle 1858 allongé, recevant 84 boîtes, dont 9, peintes de couleur rouge, renferment des cartouches à 3 balles pour le tir aux petites distances. Caisson à munitions du 4 rayé de campagne, modèle 1858. — Mêmes coffres que l'avant-train. — Tournant de la voiture 7m,10. — Poids de la voiture entière, équipée et chargée, 1,485 kilos.

Poids moyen par cheval.
{ Avec les servants sur les coffres d'avant-train, 410 kilos.
{ Sans les servants, 371 kilos.

Pièces de 95 millim. (Système Lahitolle). — En acier fondu, fretté par 6 frettes en acier puddlé. — Grain de lumière en cuivre martelé, dont l'axe est perpendiculaire à l'axe de la culasse.

Longueur de la pièce, 2m,30. — Partie rayée, 1m,98 — 28 rayures progressives. — Poids 700 kilos.

Obus en fonte; — poids vide 10k,200, — chargé 10k,840; — à double paroi chargé 11 kilos; — à balles; il contient 90 ou 130 balles (1).

Poids de la charge 2k,100, poudre C. — Affût en tôle d'acier. — Avant-train est provisoirement celui de 12 rayé de campagne, modèle 1827. — Coffres chargés à 24 coups, sauf le coffre d'avant-train d'affût (18 coups).

Voie de la voiture 1m,30. — Poids de la voiture entière équipée et armée, 2,196 kilos. — Poids moyen par cheval, 366 kilos. — 8 servants.

Pièce de 90 millimètres. — Formée d'un tube ou corps de canon en acier fondu, martelé, foré et trempé à l'huile et de 6 frettes renforçant la partie postérieure. — Cinq de ces frettes sont en acier puddlé, fabriquées par enroulement et trempées à l'eau; — la frette arrière est du même métal que la pièce.

Pas de grain de lumière; le feu est mis au moyen d'une étoupille fixée dans le canal de la tige de la tête mobile, le cordon tire-feu passant dans une des échan-

(1) L'obus à double paroi est destiné à disparaître. Un obus à balles et une boîte à mitraille sont à l'étude.

rures pratiquées à la partie postérieure du canal pour éviter les ratés.

Canal de hausse à droite ; hausse en laiton, triangulaire ; — guidon Broca ; — pas d'anses ; deux gorges à la bouche et à la culasse facilitent le placement des cordages pour les manœuvres de force.

L'intérieur comprend le logement de la vis de culasse, de l'obturateur, la chambre à poudre, le cône de raccordement et l'âme ; — 28 rayures de gauche à droite, progressives ; — fermeture système Treuille (5 et 7) vis à filets entrecoupés ; — levier à poignée articulée dans le plan même de la vis de culasse ; — portière ouvrant à gauche. — Obturateur de Bange. — Charge poudre C, prismatique, $1^k,900$ dans un sachet de serge ; — Vitesse initiale 473 mètres ; — longueur de la gargousse 403 millimètres.

Projectile actuel, obus simple en fonte à grande longueur d'ogive, couronne en cuivre ; — fusée Budin (percutante).

Poids de l'obus vide, $7^k,500$, — obus chargé, 8 kilog. — Calibre 89 ± 1. — Poids du canon, mécanisme compris, 550 kilog. — En projectiles 69 — Longueur totale, $2^m,300$.

Affût en tôle de fer sur le modèle agrandi de celui de 5 ; — la pièce peut être pointée de $-8°$ à $+25°$. —2 sabots d'enrayage destinés à servir de frein pendant la marche et le tir. Pour protéger le mécanisme, couvre-culasse en cuivre fixé à l'affût ; — poids, 679 kilog.

Avant-train et caisson modèle 1827, c'est-à-dire le modèle actuel du matériel de 7, qui était, d'ailleurs, celui du 12 rayé de campagne.

Coffre modèle 1840 allongé, à 28 coups.

Poids de l'avant-train chargé, 780 kilog. — Poids total de la pièce attelée, 2,010 kilog. ; par cheval, 335 kilog. — 6 servants.

Pièce de 80 millimètres. — C'est une réduction de la pièce de 90 millimètres.

Calibre 79 ± 1. — Longueur totale, $2^m,300$. — Diamètre de la chambre, $82^{mm},5$; — 26 rayures progressives. — Charge poudre C $1^k,500$; — Obus vide, $5^k,100$ à $5^k,250$; obus chargé, $5^k,500$ à $5^k,650$. — Limites du tir, $-8°$ à $+26°$. — Poids du canon, 430 kilog. ; — en projectiles, 77.

Avant-train et caisson modèle 1858 (5 actuel, ancien 4). — Coffre modèle 1858 allongé, à 30 coups.

Poids de l'avant-train, 595 kilog. ; de l'affût, 530 kilog.

Poids total de la pièce attelée : 1,533 kilog. ; — par cheval, 259 ; — 6 servants. — Fusée percutante, système Budin, comme au 90 millimètres.

Chariot de batterie. — (2 trains réunis, comme la pièce, au moyen d'un crochet - cheville ouvrière porté par l'avant-train).

Le coffre d'avant-train contient : 1° les outils d'ouvriers en bois ; 2° différents objets, tels que : lanternes, bougies, flambeaux éclairants, rallonges de traits, cordages, ficelles, fil de fer, clous, etc. ; 3° des pièces de rechange pour le mécanisme de fermeture de la pièce.

L'arrière-train du chariot de batterie contient des sacs à charges, des sacs à étoupilles garnis de tire-feu, un cric, etc. ; des essieux de rechange sont fixés en dessous du chariot qui sert, en outre, pour le transport du harnachement des chevaux morts ou blessés.

Le cric sert à soulever des fardeaux, etc. ; à l'aide du cric un homme seul peut graisser les roues des voitures ; deux hommes peuvent changer une roue,

Forge. — (2 trains, comme ci-dessus). Elle sert pour les réparations du matériel et le ferrage des chevaux.

Le coffre d'avant-train de la forge est spécialement affecté au transport des outils et approvisionnements (1) pour le ferrage des chevaux ; il contient aussi quelques outils de forgeurs.

L'arrière-train de la forge porte deux coffres : le coffre de derrière, ou coffre d'outils de serrurier, contient les outils, rechanges et approvisionnements nécessaires aux ouvriers en fer pour les réparations légères, les seules qui doivent être exécutées dans les batteries.

L'autre coffre (caisse à charbon) sert au transport du combustible.

Chariot fourragère. — (2 trains réunis de telle façon que le timon n'a pas besoin d'être soutenu par les chevaux et n'a pas de branche de support). Il sert pour les transports divers de la batterie et plus spécialement pour le service des fourrages.

Instruments divers, outils, rechange.

Deux *traits de rechange* sont fixés au moyen de courroies sur le devant de chacune des dix-huit voitures de la batterie. Chaque batterie emporte avec elle 1 télémè-

---

(1) Le poids de cet approvisionnement ne doit pas dépasser 250 kilogrammes.

tre, 1 longue-vue de batterie, 1 boussole, 1 cric, 7 haches à tête et 6 hachettes, 41 pelles, 36 pioches, 20 faucilles, 6 scies articulées, 2 faulx, 4 flambeaux Lamarre, 4 timons et 3 roues de rechange.

NOTES TACTIQUES.

(Extrait de l'Instruction provisoire du 10 avril 1876 sur le service de l'artillerie en campagne).

RÔLE. — 1° Engager le combat. — 2° Couvrir le déploiement des troupes des autres armes. — 3° Contenir et occuper l'ennemi par son feu en entretenant l'action aux distances où n'atteignent pas les armes portatives. — 4° Contre-battre l'artillerie ennemie. — 5° Préparer l'attaque décisive par des feux rapprochés. — 6° Concourir d'une manière spéciale à certains détails du combat, tels que : attaque et défense de villages, de postes retranchés, etc., passage de défilés, de cours d'eau. — 7° Aider à la poursuite de l'ennemi battu ; opérer seule au besoin cette poursuite par ses feux, si les obstacles du terrain empêchent l'action des autres armes. — 8° Protéger la retraite.

1° Combats offensifs.

ARTILLERIE DIVISIONNAIRE. — Les quatre batteries divisionnaires doivent combattre en se tenant intimement liées aux troupes de leur division. Leur place dans les colonnes est commandée par cette considération qu'elle doivent être engagées avant les autres troupes du gros (Voy. *Marches*).

Le commandant de la batterie d'avant-garde se tient auprès du commandant de l'avant-garde. Quand l'ennemi est signalé, cette batterie se porte généralement en avant. Dans la plupart des cas elle est renforcée de suite par une, au moins, des batteries du gros. D'ordinaire, l'artillerie de l'avant-garde commence par tirer sur l'artillerie ennemie qui, seule, peut être distinguée avec quelque netteté. Pendant ce temps, l'infanterie, en formation de combat, gagne du terrain. L'artillerie en fait autant, à mesure, par des déplacements en échelons de 500 mètres au moins.

Si le général de division voit qu'il faut engager toutes ses troupes, il appelle à l'avant-garde les 3 batteries du gros. Le rôle général de ces batteries divisionnaires engagées en second lieu est à peu près le même que celui de l'artillerie attachée directement à l'avant-garde. En principe, grouper ces quatre batteries ensemble ou au moins par deux, de manière à faciliter la concentration de leurs feux sur les points principaux de la ligne ennemie. Cependant, dans certaines circonstances, détacher sur le flanc 1—2 batteries pour prendre l'adversaire en écharpe.

ARTILLERIE DE CORPS. — Elle ne diffère essentiellement de la précédente que en ce qu'elle reçoit directement, comme une division d'infanterie, les ordres du commandant de corps d'armée. Sa véritable mission consiste, avant tout, à préparer l'attaque qui sera exécutée ensuite par l'ensemble du corps d'armée. Elle devra donc être engagée dès que, d'après la marche du combat, le général en chef aura reconnu la nécessité de déployer toutes ses forces. Pendant le cours de la bataille, les batteries de corps auront à changer de position en cherchant toujours à se rapprocher du point décisif.

En principe, réunir sur le même terrain un grand nombre de batteries ou tout au moins deux batteries pour un même objet, c'est-à-dire *procéder par la concentration des feux* plutôt que par leur convergence. But à chercher : concentrer ses feux sur certains points définis de la ligne ennemie, et, pour y parvenir, engager toutes ses batteries sans conserver de réserve (1).

(Ces points sont définis ainsi dans l'école de bataillon (art. 135) : L'artillerie est d'abord employée à contre-battre l'artillerie ennemie ; plus tard, dans l'offensive, après avoir fait converger ses feux sur le point d'attaque pendant la période de préparation, elle dirige, au moment de l'assaut, son tir sur les réserves de la défense).

Dans le cas où l'attaque échoue, l'artillerie favorise le ralliement des premières lignes d'infanterie, soutient, s'il y a lieu, l'attaque reprise par les secondes lignes, et s'efforce d'arrêter les progrès de l'ennemi.

Les déplacements, qui sont de 500 mètres au moins, se font à intervalles ouverts (15—20 mètres), par échelons, aux allures vives en avant, au pas en arrière. On ne relève pas les batteries engagées ; on les renforce.

---

(1) Quand, faute d'espace, il faut conserver quelques batteries inactives, choisir de préférence les batteries à cheval de l'artillerie de corps en raison de leur mobilité.

En principe, le soin de défendre les batteries incombe aux troupes voisines; elles n'auront *pas de soutiens spéciaux*, sauf dans les mouvements de retraite, où des soutiens sont toujours attachés à l'artillerie et particulièrement aux batteries divisionnaires; si des batteries sont à opérer assez loin des divisions, leur affecter un soutien d'infanterie ou plutôt de cavalerie. Celui-ci se place, en général, en dehors du flanc le plus exposé, à 300 mètres environ en avant des pièces si c'est de l'infanterie, à 300 mètres en arrière si c'est de la cavalerie.

Les batteries à cheval affectées aux divisions de cavalerie sont souvent réparties entre les brigades, contrairement au principe énoncé pour l'infanterie. Elles marchent fréquemment sans leurs caissons; elles sont toujours accompagnées d'une escorte (1—2 pelotons pour 1 batterie; 1—2 escadrons pour 2—4 batteries).

En cas d'engagement, elles préparent l'attaque en se plaçant à bonne distance de l'adversaire, prennent pour objectif ses troupes plutôt que ses bouches à feu, à moins que celles-ci n'opposent des obstacles trop sérieux. Au moment de la mêlée, diriger le tir sur les batteries ou les réserves ennemies. Quand les divisions de cavalerie ont rallié l'armée pour un combat, leurs batteries à cheval peuvent être adjointes à celles de l'artillerie de corps.

2° Combats défensifs.

Les batteries ne font que peu de mouvements; s'établissent à l'avance sur des positions bien reconnues; profitent des couverts naturels ou en construisent d'artificiels.

Ouvrir le feu contre les batteries ennemies qui cherchent à préparer l'entrée en ligne des autres troupes; mais à mesure que l'assaillant montrera ses têtes de colonnes, c'est sur elles que le feu devra se concentrer.

A l'encontre de l'offensive, *conserver quelques batteries en réserve* pour parer aux éventualités; à cet effet, mettre d'abord en position les batteries divisionnaires et garder en réserve tout ou partie de l'artillerie de corps et de préférence les batteries les plus mobiles (batteries à cheval).

En cas de retraite, l'artillerie divisionnaire reste à proximité des troupes engagées et tient aussi longtemps qu'elle le peut, pendant que l'artillerie de corps va occuper en arrière des positions reconnues, d'où elle pourra protéger la retraite.

Les mouvements rétrogrades ont lieu par échelons.

Tenir le plus longtemps possible et, quoi qu'il arrive, ne se retirer qu'à la dernière extrémité.

3° Engagements particuliers.

Motivés, au cours du combat, pour la possession de points spéciaux, tels que :

Villages, chateaux, fermes, enclos, bois. — *Attaque :* Les batteries s'établissent latéralement à la direction contre-battent l'artillerie ennemie pour faciliter le mouvement de l'infanterie, se rapprochent avec elle en se maintenant en dehors de la bonne portée du fusil (1,200 mètres). Battre abords et lisière. Si l'attaque réussit, gagner les flancs.

Défense. — A quelques centaines de mètres en arrière des flancs ; tirer sur l'artillerie ennemie tant qu'elle est seule visible, puis sur l'infanterie.

Postes retranchés, c'est-à-dire ouvrages construits en avant du front d'une armée sur la défensive.

Attaquer ordinairement un saillant (le pied de la maçonnerie ou le milieu du talus). Employer les pièces de fort calibre ; se maintenir au delà de 1,000 mètres tant que le feu de mousqueterie est trop intense ; chercher à trouver ou à créer des couverts. Au moment de l'assaut cesser de tirer.

Défense. — Reconnaissance de l'enceinte ; défenses accessoires. Établir les pièces, les unes commandant le terrain d'attaque, les autres flanquant les abords de la position (1).

Défilés. — *Attaque.* Pas de règle générale. Faire passer derrière une colonne d'infanterie, des batteries qui ouvrent vivement le feu au débouché. Les pièces marchent seules, sans caissons.

Défense. — En principe, *l'organiser en arrière*, de manière à commander le débouché.

Passage de rivière. — Rechercher, sur la rive de départ, des positions d'où l'on commande les débouchés de l'ennemi et d'où l'on puisse contre-battre son artillerie.

Résumé.

L'artillerie devant couvrir les mouvements préparatoires et commencer les attaques, la place des batteries

---

(1) Pour le placement de l'artillerie dans ou près les ouvrages, voir *Notes sur les ouvrages de campagne.*

de campagne dans l'ordre de marche est à proximité des troupes qui, selon les prévisions, engageront le combat.

Les grands effets ne pouvant être obtenus que par la concentration des feux, on évitera de scinder les groupes naturels que forment l'artillerie divisionnaire et l'artillerie de corps. Toutefois, dans les divisions de cavalerie indépendante, on attribuera le plus souvent une batterie à chaque brigade.

Dans l'offensive, on ne gardera que rarement des batteries en réserve; si le tir est conduit avec sagesse et si les sections de munitions fonctionnent régulièrement, on pourra continuer le feu pendant un temps suffisamment long.

Le commandant de l'artillerie accompagne le commandant des troupes, auquel il appartient de déterminer le rôle des différentes batteries.

Toute mise en batterie est précédée de la reconnaissance du terrain par le commandant de l'artillerie qui donne, sur les lieux et avant l'arrivée des pièces, les instructions nécessaires aux capitaines commandants.

Chaque capitaine ne fait avancer sa batterie qu'après avoir apprécié la distance du but et reconnu l'emplacement des pièces, ainsi que la position des troupes voisines.

Le feu ne sera généralement pas ouvert à plus de 2,500 mètres.

Les premiers coups seront presque toujours dirigés contre l'artillerie; mais on tirera sur l'infanterie et la cavalerie dès qu'on pourra le faire avec chance de succès.

Les batteries, surtout celles qui sont attachées aux divisions, ne doivent pas rester trop éloignées des autres troupes; on évitera, toutefois, des déplacements de moins de 500 mètres. Tout changement de position est ordonné par le commandant de l'artillerie.

En principe, l'artillerie, dans un combat offensif, n'est pas accompagnée d'escortes permanentes; les pièces sont protégées par les troupes qui combattent dans leur voisinage.

Si, dans certaines circonstances particulières, les batteries avaient besoin d'être escortées, les détachements nécessaires seraient demandés par le commandant de l'artillerie.

Dans la défensive, on devra reconnaître avec soin les positions et leurs alentours, profiter de tous les abris naturels et construire des épaulements.

Quelques batteries seront tenues en réserve pour renforcer les points faibles; ce seront de préférence les batteries les plus mobiles de l'artillerie de corps.

Il sera généralement possible d'ouvrir le feu de plus loin que dans l'offensive. On contre-battra d'abord l'artillerie; mais dès que le mouvement d'attaque sera prononcé, on dirigera le tir sur les troupes. Si l'ennemi se rapproche, les batteries redoubleront d'énergie. Elles ne se retireront que par ordre et au pas, en formant des échelons successifs.

Documents consultés. — (Pour les effectifs et la composition du matériel : Petites études de guerre. — Notes sur le service dans les états-majors. — Petit cours spécial d'artillerie. — Méthodes de guerre modernes (col. Pierron). — Instruct. provisoire sur le service de l'artillerie en campagne. — Cours élémentaire d'artillerie (cap. Cébadou). — Régl. provisoire du 2 avril 1878, sur le service des canons de 80 et 90 millimètres, et du 20 mai 1878, sur le service du canon de 95 millimètres. — Régl. du 17 juillet 1876, sur les exercices de la cavalerie (Titre IV).

ÉQUIPAGES DE PONT.

Ils sont de deux sortes : 1° l'équipage de pont de corps d'armée; 2° l'équipage de pont d'armée.

1° *L'équipage de pont de corps d'armée se compose de* deux divisions et une réserve.

Chaque division comprend une section de culées (4 haquet et 1 chariot de parc); une section de chevalet (4 haquet et 1 chariot de parc); quatre sections de bateaux (chacune 2 haquets et 1 chariot de parc); une section de forge (4 forge et 1 chariot de parc). Total 18 voitures (10 haquets, 7 chariots de parc, 1 forge).

La réserve comprend 1 haquet, 1 chariot de parc et porte des rechanges.

L'équipage de pont de corps d'armée comprend par suite : 38 voitures (21 haquets, 15 chariots, 2 forges), toutes à 6 chevaux.

Cet équipage est servi par une compagnie de pontonniers et attelé par la compagnie n° 2 du train d'artillerie de la brigade (compagnie formée par le dédoublement de la compagnie n° 1).

On affecte à cette compagnie, pour le service du ferrage et pour le transport du harnachement et du fourrage : 1 forge, 1 chariot de parc à hautes ridelles et 1 chariot fourragère de batterie. Indépendamment de ces voitures, 6 fourgons à vivres et 1 fourgon à bagages sont attribués à l'équipage de pont de corps d'armée.

Chaque division d'équipage peut construire un pont de 64 mètres.

2° *L'équipage de pont d'armée* se compose de la réunion de deux équipages de pont de corps d'armée.

Il comprend, par conséquent, 4 divisions et 1 réserve; cette dernière, formée de 2 haquets et de 2 chariots de parc. Chacune des divisions est organisée comme celles des équipages de pont de corps d'armée; les voitures de la réserve ont aussi les mêmes chargements que celles qui leur correspondent dans la réserve de l'équipage de pont de corps d'armée.

L'équipage entier comprend, par suite, 76 voitures (42 haquets, 30 chariots de parc, 4 forges).

Deux compagnies de pontonniers le servent et deux compagnies n° 1 du train d'artillerie l'attellent. Elles conduisent en outre, pour leur service propre et pour le transport des vivres et bagages : 2 forges, 2 chariots de parc à hautes ridelles, 2 chariots fourragères de batterie, 12 fourgons à vivres, 2 à bagages.

Répartition des voitures, bateaux et nacelles dans un équipage de pont de corps d'armée.

DÉSIGNATION.	Poids de l'unité.	Composition détaillée de l'équipage.	la réserve.	RÉPARTITION ENTRE les divisions			
				Section des culées.	Section de chevalets.	Section de bateaux.	Section des forges.
Voitures.	Kilog	Nombre	Nombre	Nombre	Nombre	Nombre	Nombre
Chariot de parc à hautes ridelles.....	919	15	1	2	2	8	2
Forges.......	1102	2	»	»	»	»	2
Haquets.....	914	21	1	2	2	16	»
Totaux....	»	38	2	4	4	24	4
Bateaux modèle 1855......	660	18	»	»	»	16	»
Chevalets.....	170	4	»	»	4	»	»
Nacelles.....	650	2	»	2	»	»	»

Il suffit de doubler les chiffres pour avoir l'équipage de pont d'armée.

Les voitures sont à 6 chevaux.

La compagnie de pontonniers qui sert l'équipage de

pont de corps d'armée se compose de 2 capitaines, 3 lieutenants ou sous-lieutenants, 9 sous-officiers, 1 fourrier, 16 brigadiers et maîtres, 2 trompettes et environ 120 hommes.

Le cadre de la compagnie de train d'artillerie se compose de 1 capitaine, 2 lieutenants ou sous-lieutenants, 9 maréchaux des logis, 9 brigadiers, 3 maréchaux ferrants ou aides, 2 bourreliers, 2 trompettes.

Matériel.

Bateau. — En sapin, à l'exception des poupées et de leurs semelles qui sont en chêne; planches de 0^m,025 d'épaisseur. Longueur 9^m,43, largeur 1^m,76, poids 660 kilog., tirant d'eau 0^m,10. Cinq crochets de pontage à chaque bordage; 20 hommes renversent et portent le bateau sur l'épaule. Conduit par 5 pontonniers, il transporte 25 hommes avec armes et bagages. Il traverse en 1 minute 1/2 chargé, une rivière de 2^m,50 de vitesse et de 120^m de largeur. Enfoncé jusqu'à plat bord, il déplace 9^{mc},200, soit 9,200 kilog. Il faut donc 8,500 kilog. pour le submerger.

Nacelle. — En sapin; planches de 0^m,025 d'épaisseur. Longueur 9^m,080; largeur 1^m,57; poids 450 kilog.; tirant d'eau 0^m,08. La nacelle a les becs à peu près égaux; elle navigue bien, dérive peu, et peut passer librement sous le tablier du pont.

Chevalet à deux pieds. — En sapin, sauf les semelles qui sont en chêne; cinq crochets de pontage sur chaque face du chapeau. Le pontage du chevalet est plus long que celui du bateau.

Corps mort. — 4^m,10 de longueur, 0^m,160 d'équarrissage; — cinq crochets de pontage sur une face.

Poutrelles. — 3 sortes. Elles ont toutes 0^m,12 d'équarrissage; — longueurs: poutrelles ordinaires 8^m, poutrelles de culée 6^m,30, poutrelles à griffes 6^m.

Madriers. — 3^m,90 de longueur, 0^m,04 d'épaisseur, 0^m,333 de largeur.

Ancre. — Pèse 65 kil. Résistance moyenne : 580 kil.

Cordages. — Ils sont tous à 4 brins, sauf les cordages de sonnettes qui sont à 3; les fils varient de 4 à 140.

Haquet. — Est à brancards et se compose de 2 trains reliés par une cheville ouvrière; — la roue de l'avant-train peut passer sous les brancards; — voie 1^m,525; — la longueur du haquet chargé du bateau est de 11^m,60 jusqu'au bout du timon, et de 17^m,60 jusqu'à la tête des chevaux de devant;—hauteur 2^m,50. Avec une route non bordée d'obstacles, il faut 6^m de largeur pour faire demi-tour, ou 12^m avec obstacles. — Poids chargé 2,118 kilog., d'où chaque cheval traine 353 kilog. — Distance entre les trains: 4 mètres.

Chariot de parc. — Est celui de l'artillerie, dont le fond a été percé d'un trou en avant de la roue de derrière.— Écartement des trains 2^m,54. — Voie 1^m,325. — Il faut sensiblement le même tournant que pour le haquet.

Renseignements sur les cours d'eau.

Un cours d'eau est flottable lorsqu'il a une profondeur de 0^m,50 à 0^m,60. Il est navigable lorsqu'il a au moins 1 mètre de profondeur, quelques mètres de largeur et qu'il ne présente nulle part de chute, cascade ou barrage.

L'étiage est le niveau des plus basses eaux connues à l'époque où ce point de repère a été adopté.

Les courants sont faibles avec une vitesse de 0^m,50 à 0^m,80 par seconde; ordinaires, de 1^m,50 à 1^m,80; rapides, de 1^m,50 à 2 mètres; très rapides, de 2 à 3 mètres; impétueux, de 3 mètres et au delà.

Les diverses espèces de ponts militaires sont: les ponts de bateaux, de radeaux, de chevalets, de pilotis, de cordages, de voitures, de gabions, de corps d'arbre.

Un fantassin avec armes et bagages occupe dans le rang 1/3 de mètre carré, et pèse 80 kilog. — Sur 4 rangs, l'infanterie charge de 320 kilog. chaque mètre carré; il faut compter 680 kilog. par mètre carré pour le passage d'un pont à files serrées.

Le cheval de cavalerie pèse chargé 520 kilog. +80 kilog. du cavalier, soit 600 kilog. La cavalerie marchant par 2 produit un poids de 400 kilog. par mètre courant, le cheval occupant 3 mètres de longueur.

La voiture la plus lourde d'artillerie de campagne pèse 2,000 kilog., et avec les 6 chevaux et les 3 conducteurs, 5,600 kilog. pour 13 mètres de longueur; le poids par mètre est de 431 kilog. Pour l'artillerie de siège, le plus fort poids par mètre est de 518 kilog.

Dans chaque division d'équipage, les sections marchent dans l'ordre suivant: la section de culée, la section de chevalets, la section de bateaux, la section de forge; le chariot de parc en queue dans chaque section.

Lorsque l'équipage de pont est réuni, les divisions se

succèdent dans l'ordre de leur numéro et sont suivies de la réserve dont les haquets occupent la tête.

Les voitures auxiliaires marchent derrière la réserve.

Gués. — Leur profondeur doit être au maximum pour l'infanterie de 0m,80 à 1 mètre; pour la cavalerie 1m,20; pour les voitures : chargement non mouillé 0m,70; chargement mouillé 1m,10.

Les cavaliers traversent toujours en dernier lieu.

Passages sur la glace. — La glace doit avoir une épaisseur minimum de 0m,09 pour l'infanterie; 0m,12 pour la cavalerie; 0m,12 pour l'artillerie de campagne; 0m,27 pour l'artillerie de siège. — On augmente sa force de résistance en la couvrant de paille que l'on arrose.

Établissement des ponts.

Le décret du 31 octobre 1872 a décidé que le corps de l'artillerie est chargé des passages en bateaux et de l'établissement des ponts mobiles construits avec les matériaux trouvés dans le pays. (Voir pages 103-104).

Documents consultés. — Cours spécial sur les ponts militaires et les passages de rivières. — Note sur le service dans les états-majors, de Mariotti. — Cours élémentaire d'artillerie (capitaine Cobadou).

GÉNIE.

—

Le corps du génie aux armées est chargé :

1° Des travaux de fortification permanente;

2° Des travaux pour la défense ou l'attaque des places et des reconnaissances qui se rattachent à ces travaux;

3° Des travaux de fortification passagère que les généraux d'armée ou les généraux de division jugent à propos d'établir, tels qu'épaulements, tranchées, redoutes, fortins, têtes de pont, lignes et camps retranchés, etc., et des reconnaissances qui en dépendent;

4° Des travaux de marche et d'opérations, tels que l'ouverture de passages, la construction, le rétablissement ou la destruction des routes, des ponts en maçonnerie, des ponts en bois sur pilotis ou chevalets; il peut également être chargé, en cas de nécessité, de l'établissement des ponts mobiles construits avec les matériaux trouvés dans le pays.

En principe, le service qui construit un pont est également chargé de l'établissement de ses rampes d'accès.

Tout commandant du génie reçoit, directement ou par l'intermédiaire du chef d'état-major, les ordres de l'officier général près duquel il est employé. Il communique à ce général les ordres qui lui sont donnés par les généraux ou officiers supérieurs de son arme.

Il ne doit communication des états d'approvisionnements et des plans des places, des travaux exécutés ou à exécuter, qu'au général d'armée, au général auprès duquel il est employé ou à son chef d'état-major. (*Ord. du 3 mai 1832* et *Projet de règl. sur le Service en campagne*).

Un régiment du génie comprend cinq bataillons à quatre compagnies.

Un bataillon du génie est attribué à chaque corps d'armée :

Un bataillon fournit :
- 1 compagnie de réserve et son parc au corps d'armée.
- 1/2 compagnie et 1/2 parc à la 1re division d'infanterie.
- 1/2 compagnie et 1/2 parc à la 2e division d'infanterie.
- 2 compagnies à la disposition du Ministre.
- Le parc de réserve du génie de corps d'armée.

Le régiment du génie stationné à Versailles comprend, en outre, 4 compagnies d'ouvriers de chemins de fer, dont le règlement du 22 mars 1876 a fixé les attributions et la composition.

Composition et répartition du personnel du génie aux armées.

Etats-majors.

Il est affecté :

1° *Au quartier général d'une armée*, un officier général, qui prend le titre de commandant du génie de l'armée ; un général de brigade ou un colonel chef d'état-major ; un officier supérieur, directeur du parc ; un certain nombre d'officiers et d'adjoints d'après les besoins du service. Si plusieurs armées sont réunies sous un seul commandement, il est constitué un état-major, qui prend le nom de grand état-major du génie.

2° *Au quartier général d'un corps d'armée*, un colonel ou général de brigade commandant le génie du corps d'armée ; un chef de bataillon chef d'état-major ; deux

capitaines montés ; deux adjoints du génie montés ; deux
secrétaires d'état-major (un caporal et un soldat) ; une
voiture régimentaire (bagages) pour le colonel ou le
général ; un fourgon (bagages et archives) pour l'état-
major.

A la réserve du génie du corps d'armée, un chef de
bataillon ayant sous ses ordres la compagnie de réserve
du génie et remplissant les fonctions de directeur du
parc du corps d'armée ; un adjudant ; un caporal tam-
bour ou clairon.

3° *Au quartier général d'une division d'infanterie*, un
chef de bataillon commande le génie de la division.

Troupes et parcs.

Le génie du corps d'armée comprend : 1° une compagnie dite de réserve, suivie de son parc ; 2° un parc
de réserve conduit par un détachement de sapeurs-mineurs et de sapeurs-conducteurs.

La division d'infanterie dispose d'une demi-compagnie du génie avec un demi-parc de compagnie.

COMPAGNIE DE RÉSERVE DU GÉNIE DU CORPS D'ARMÉE.
— *Personnel.* 1 capitaine commandant et 1 capitaine en
second montés, 3 lieutenants ou sous-lieutenants montés
dont 1 de réserve, 12 sous-officiers, 16 caporaux, 2 tambours ou clairons, 6 maîtres ouvriers, environ 180 sapeurs mineurs.

Pour conduire le parc de cette compagnie, 1 brigadier, 7 sapeurs conducteurs.

Matériel. — 2 voitures de sapeurs mineurs, 2 mulets
de bât (poudres et artifices), 3 voitures régimentaires
(bagages et vivres).

Le chef de bataillon et l'adjudant du parc de corps
d'armée placent leurs bagages sur la voiture à bagages
de la compagnie de réserve.

PARC DU GÉNIE DU CORPS D'ARMÉE. — *Personnel.*
1° Un détachement de sapeurs mineurs (1 sous-officier, 1 caporal, 6 ouvriers en fer et en bois) ; 2° un
détachement de sapeurs conducteurs (1 sous-officier,
2 brigadiers, 1 maréchal ferrant, 1 bourrelier, 34 sapeurs
conducteurs environ).

Matériel. — 9 prolonges d'outils et agrès, 1 forge de
campagne, 1 caisson de dynamite et 1 fourragère.

DEMI-COMPAGNIE DIVISIONNAIRE. — *Personnel.* 1 capitaine monté, 2 lieutenants ou sous-lieutenants montés,
dont 1 de réserve, 6 sous-officiers, 8 caporaux, 1 tam-

bour ou clairon, 3 maîtres ouvriers, 90 sapeurs mineurs,
1 brigadier et 4 sapeurs conducteurs.

Matériel. — 1 voiture de sapeurs mineurs, 1 mulet de
bât (dynamite et outils), 1 voiture régimentaire (vivres et
avoine), 1 voiture régimentaire (bagages) (1).

La voiture de sapeurs mineurs pèse vide. 900^k. »
Le chargement est de. . . . . 889^k.390

Total. . . . . . 1,789^k.390

Elle porte des outils d'ouvriers en bois et en fer, des
agrès et des cordages.

Le corps de la voiture comprend trois coffres; coffre
d'avant, d'arrière et supérieur.

Chaque compagnie du génie porte avec elle ou dans
son parc : chargements d'outils de terrassiers et tran-
chants. 150
Chargements d'outils d'ouvriers en fer. 6
— — — en bois. 18

Total. 174

répartis également entre les deux sections de la demi-
compagnie.

Le harnachement des chevaux est en cuir jaune à
bricoles dit modèle 1859. Les chevaux de bât portent,
outre le bât, une caisse de dynamite, une caisse d'outils
de mineur et d'objets de mise du feu, soit : 99^k,065.

Détail du parc des compagnies de sapeurs-mineurs (1).

Composition.

Les compagnies de sapeurs mineurs en campagne ou
en détachement à l'intérieur sont suivies d'un parc dont
la composition est :

2 brigadiers de sapeurs conducteurs (1) (V. *nota*,
p. 130).

8 sapeurs conducteurs (2) (V. *nota*, p. 130) :
- 2 conducteurs des chevaux haut-le-pied.
- 4 conducteurs des 4 attelages de voitures.
- 2 conducteurs des chevaux de bât.

(4 conducteurs auxiliaires pris dans la compagnie
pour conduire les voitures régimentaires).

____

(1) Le parc de la demi-compagnie divisionnaire est formé d'un
demi-parc de compagnie.

6.

Chevaux.
- 2 chevaux de selle (pour les brigadiers).
- 8 chevaux de trait.
  - 2 porteurs de devant.
  - 2 — de derrière.
  - 2 sous-verges de devant.
  - 2 — de derrière.
- 2 chevaux de bât (dynamite et outils) (1).
- 2 chevaux haut-le-pied (3) pour remplacer un cheval manquant.

Matériel de transp.
- 2 voitures de sapeurs mineurs attelées à 4 chevaux (outils et instruments divers).
- 2 bâts d'attelage.
- 4 voitures régimentaires à 1 cheval.
  - 2 pour les bagages.
  - 2 pour les vivres et avoine (4).
- Les chevaux sont fournis par réquisition.

Nota. — Les compagnies disponibles ou de la réserve du corps d'armée n'ont que :
(1) 1 brigadier.
(2) 7 sapeurs conducteurs.
(3) 1 cheval haut-le-pied.
(4) 1 voiture à bagages, 3 à vivres et à avoine.

Détail du parc de corps d'armée.

Les parcs de corps d'armée sont destinés à alimenter les parcs de compagnies ou à fournir les outils nécessaires à l'exécution d'un travail d'ensemble.

Composition.

Troupes.
- 1 maréchal des logis.
- 2 brigadiers.
- 1 maréchal ferrant.
- 1 bourrelier (2).
- 34 sapeurs-conducteurs (dont 1 aide-maréchal), (2 pour la fourragère).
- 1 sergent, 1 caporal et 6 sapeurs-mineurs, ouvriers en fer et en bois, sont attachés au parc.

Chevaux.
- 4 chevaux de selle (plus 1 pour le bourrelier).
- 62 chevaux de trait (plus 4 pour la fourragère).
- 5 chevaux haut-le-pied.
  - 1 attelage de derrière harnaché.
  - 1 attelage de derrière harnaché.
  - 1 harnais de bât.

---

(1) 70 cartouches de 100 gr., 35 pétards de 100 gr., 18 pétards de 25 gr. par caisse.

(2) Actuellement, le bourrelier et la fourragère ne font pas encore partie du parc, mais ils y seront probablement ajoutés.

Voitures.
- 7 prolonges à couvercle, attelées à 6 chevaux.
- 2 prolonges ordinaires, attelées à 6 chevaux.
- 1 forge de campagne, attelée à 4 chevaux.
- 1 caisson à dynamite, attelé à 4 chevaux.
- 1 fourragère.

Les 7 prolonges à couvercle sont chargées d'outils de pionniers. — La 1re prolonge ordinaire est affectée au transport des cordages et agrès de pont. — La 2e prolonge transporte des outils portatifs du génie et de l'infanterie destinés uniquement comme rechanges.

La forge de campagne sert à la fois à l'entretien du matériel et au ferrage des chevaux.

Le caisson porte 300 kilog. de dynamite.

Détail du parc d'armée ou grand parc du génie.

En campagne, chaque armée est suivie d'un parc dit *grand parc*, chargé de remplacer le matériel des divers parcs du génie ou de pourvoir aux premières opérations des sièges. Il est attelé par le train des équipages militaires au moyen de deux compagnies (n° 6).

Composition.

Matériel de siège et remplacement du matériel des parcs (47 voitures).
- 11 prolonges à couvercle (outils et instruments).
- 29 prolonges ordinaires (outils).
- 4 caissons (1 à poudre, 3 à dynamite).
- 1 voiture de sapeurs mineurs (instruments de lever).
- 2 forges de campagne.

Équipages de pont (13 voitures).
- 4 prolonges (cordages et agrès de pont).
- 2 haquets (nacelles).
- 3 haquets (chevalets de pont).
- 3 prolonges (madriers de pont).
- 1 prolonge (sonnette).

Service des conducteurs (6 voitures).
- 2 forges de campagne.
- 2 prolonges ordinaires.
- 2 fourragères.

} 2 comp. du train des équip.

Total. 66 voitures.

Ouvrages consultés. — Journal militaire. — Matériel de campagne des troupes du génie de Thival. — Petites études de guerre. — Notes sur le service dans les états-majors, de Mariotti.

TRAIN DES ÉQUIPAGES MILITAIRES.

Le train des équipages est chargé d'atteler les équipages nécessaires aux divers services administratifs et ceux de la trésorerie, des postes, des télégraphes, etc.

Les 20 escadrons du train sont à 3 compagnies, numérotées 1, 3, 5, qui, lors d'une mobilisation, se dédoublent et donnent 6 compagnies actives dont une reste à l'intérieur comme dépôt et pour être employée suivant les besoins du service.

La compagnie nº 1 attelle l'ambulance, le convoi des subsistances, les voitures de la trésorerie et des postes de la 1re division d'infanterie.

La compagnie nº 2 (dédoublement de la compagnie nº 1), attelle la moitié du convoi des subsistances du quartier général et une partie des ambulances de ce quartier général.

La compagnie nº 3 attelle l'ambulance, le convoi des subsistances, les voitures de la trésorerie et des postes de la 2e division d'infanterie.

La compagnie nº 4 (dédoublement de la compagnie nº 3), attelle les voitures de la trésorerie et des postes du quartier général du corps d'armée et de la brigade de cavalerie, les voitures du service télégraphique de la section de la 1re ligne, l'ambulance de la brigade de cavalerie, la seconde moitié du convoi des subsistances du quartier général, la réserve d'habillement et d'équipement.

La compagnie nº 5 est affectée aux ambulances légères de tout le corps d'armée. — La compagnie nº 6 est attribuée au service des grands parcs de génie et des divisions de cavalerie indépendantes.

Personnel et matériel.

Compagnie nº 1. — 5 officiers, 11 sous-officiers, 18 brigadiers, plus des ouvriers et des conducteurs montés et non montés. Elle attelle 3 voitures pour la trésorerie, 139 voitures pour le service des subsistances, 37 voitures pour l'ambulance.

Compagnie nº 2. — 4 officiers, 13 sous-officiers, 22 brigadiers, plus des ouvriers et des conducteurs montés et non montés. Elle attelle 49 voitures d'ambulance, 92 voitures du convoi des subsistances.

Compagnie nº 3, comme la compagnie nº 1.

Compagnie n° 4. — 4 officiers, 14 sous-officiers, 17 brigadiers, plus des ouvriers et des conducteurs montés et non montés. Elle emmène, pour les besoins de son service propre, 2 forges, 1 chariot de parc, 1 chariot fourgon.

Compagnie n° 5. — 4 officiers, 12 sous-officiers, 18 brigadiers.

MATÉRIEL DE VOITURES.

Voitures. — Accessoires. — Rechanges.

VOITURES. — Les corps de troupes, à l'aide des ressources mises à leur disposition, doivent assurer le transport des approvisionnements de cartouches, de vivres, de bagages, d'outils de pionniers et de cantines d'ambulance.

Ces transports s'effectuent à l'aide de caissons de munitions, de fourgons, de voitures régimentaires, de bâts pour chevaux ou mulets. Les régiments de cavalerie ont, en outre, des forges.

Les caissons sont de 2 modèles : caisson modèle 1858, parties principales en bois ; caisson de 5 en fer, parties principales métalliques.

Les fourgons sont de 3 modèles, tous à 2 chevaux : modèle 1867 ; modèle 1870, différent du précédent par l'addition d'une fourragère et l'emploi d'un frein à levier et d'essieux transformés pour recevoir l'esse ; enfin le fourgon modèle 1874. Les deux premiers sont appelés à disparaître.

Les voitures régimentaires en service sont de 6 modèles, tous à 1 cheval : modèle 1860 (infanterie) ; modèle 1860 (cavalerie) ; modèle 1867, n° 1 ; modèle 1867, n° 2 ; modèle 1870 ; modèle 1874 (ce dernier seul doit être conservé).

Elles sont employées au transport des vivres, des réserves d'effets, des outils de pionniers, et, dans certains corps, des bagages.

Les forges sont du système Parott ou Whitworth, lorsqu'on n'a pas pu donner celui du nouveau modèle d'artillerie.

Accessoires, outils, rechanges et harnachement.

Boîtes à graisse. — De deux modèles, de forme et de capacité différentes. La boîte à graisse grande (4 —

5 kilog.) est affectée aux caissons, forges et fourgons ; la boîte à graisse petite (0^k,500) aux voitures régimentaires.

Cadenas. — Du modèle de l'artillerie pour les caissons de munitions ; du modèle de l'artillerie ou du train pour les fourgons.

Clefs à écrou n° 2. — Communes aux fourgons et aux voitures régimentaires, modèle 1867 et 1874.

Seau de forge, blocs, bigornes, seaux d'abreuvoir. — Du modèle en usage dans l'artillerie.

Porte-sacoches de maréchal ferrant. — Dans chaque régiment d'infanterie, une voiture de vivres et la voiture d'outils de pionniers sont seules munies de ce dispositif.

Leviers, sangles à cartouches, hisses. — Seulement aux caissons de munitions.

Pelles et pioches. — Du modèle ordinaire, à raison de 1 pelle et 1 pioche par voiture.

Écrous d'essieu n° 2. — Communs aux fourgons et aux voitures régimentaires.

Écrous d'essieu n° 2 bis et lumières. — Pour les caissons de munitions.

Timons de rechange. — Pour les caissons de munitions et les fourgons.

Traits. — Les voitures régimentaires sont pourvues chacune d'une paire de traits de harnais de circonstance ou de harnais de limonière modèle 1878 ; les caissons de munitions, les forges et les fourgons, d'une paire de traits modèle 1854, avec crochets et anneaux doubles modèle 1861.

Ferrures. — Les corps reçoivent des ferrures de rechange de l'artillerie. Ils emportent une ferrure complète de rechange par cheval ou mulet de trait ou de bât dans le coffret de la voiture ou la poche à fers du bât.

Moyens d'attache pour les chevaux. — Ils sont de deux modèles : l'un est transporté par les fourgons et les voitures régimentaires et sert pour les états-majors et les équipages régimentaires d'infanterie et de cavalerie. Il comprend une corde de 5^m,50, 4 piquets dont 1 de rechange, 4 entraves et 1 masse en fer. La cavalerie se sert, pour les chevaux de selle, des cordes à fourrages et des entraves et piquets portés par les hommes.

Le second modèle, dit d'artillerie, comprend une corde de 16 mètres, 2 grands piquets, 2 petits piquets et 1 masse. On peut y attacher 16 ou 30 chevaux. L'artillerie, les trains, les chevaux de caissons de munitions sont attachés avec ce système.

Harnachement. — *Harnais pour caissons de munitions et forges.* — Ils sont semblables à ceux en usage dans l'artillerie et se composent, pour chaque caisson, de deux paires de harnais de derrière, et pour chaque forge d'une paire de harnais de derrière et d'une paire de harnais de devant. Les harnais réglementaires sont en cuir fauve et à bricoles ; les harnais de modèle ancien sont en cuir noir à bricoles ou à collier.

Harnais pour fourgons. — Deux modèles composés chacun d'une paire de harnais de derrière. Le modèle réglementaire est en cuir fauve avec panneau pour le porteur ; chaque paire de harnais se compose d'un harnais de porteur et d'un harnais de sous-verge. Le modèle en cuir noir et à collier est appelé à disparaître par voie d'extinction.

Harnais pour voitures régimentaires. — La plupart sont du modèle dit de circonstance, en cuir fauve. Il en existe encore de 1867 et 1861 en cuir noir et à collier. Les harnais de limonière modèle 1878 sont en cuir fauve.

Bâts et harnais de bâts. — Dans l'infanterie ils sont de 2 modèles, l'un pour mulet, l'autre pour cheval. Le bât de mulet sert au transport des cantines d'ambulance ; s'il doit recevoir des outils, il est muni d'une garniture en tôle et de crochets de brêlage. Le bât de cheval est surtout affecté au transport des outils et doit être toujours pourvu de la garniture et des crochets.

À ces modèles de bât sont attribués deux modèles de harnais qui ne diffèrent, entre eux, que par les dimensions en longueur de quelques parties en cuir.

Renseignements sur les voitures.

(Extrait de la note ministérielle du 5 octobre 1870 et de l'*Aide-mémoire à l'usage des officiers d'infanterie et de cavalerie*).

Graissage d'une roue. — Pour une voiture à 4 roues: caler deux des roues de la voiture, celle qui est opposée à la roue que l'on veut graisser et celle qui est placée du même côté que cette dernière. Relever l'essieu de manière que la roue soit suffisamment éloignée du sol pour être retirée de la fusée ; cette opération se fait soit avec un cric, soit à bras d'homme en étayant l'essieu sur un support quelconque.

Dévisser l'écrou, retirer la roue, nettoyer la fusée en se servant d'un couteau si la graisse est dure, graisser la fusée principalement à l'extrémité, revisser l'écrou et mettre la roue à terre sans à-coup.

On opère de même pour une voiture à deux roues, en laissant reposer à terre les bouts des bras des limonières.

En marche, on graisse les voitures tous les cinq jours. Il faut environ 40 grammes de graisse pour une roue.

Réparation provisoire d'un timon, d'une limonière, d'un armon, d'une volée, d'un palonnier ou d'un rais.

Ajuster les parties brisées de manière qu'elles coincident le plus exactement possible; clouer dessus et dessous, au besoin sur les côtés, des planchettes assez longues pour se prolonger en avant et en arrière de la rupture; lier très fortement ces planchettes avec des courroies, en ayant soin que la ligature dépasse les extrémités des planchettes.

Réparation provisoire d'un brancard, d'une entretoise et d'un épars. — Placer au-dessous ou sur les côtés de la partie brisée une ou plusieurs pièces de bois suffisamment longues et résistantes et les fixer solidement à l'aide de vis ou de clous.

Dislocation des roues. — Lorsque les rais, les jantes ou les cercles ont trop de jeu et que la roue menace de se disloquer, l'arroser fréquemment pour faire gonfler le bois, enfoncer avec force des coins en bois dans les interstices, remplir tous les vides avec des chiffons ou de l'étoupe et continuer à mouiller la roue. Au besoin, lier solidement tous les rais entre eux au moyen d'une forte corde.

Entretien du harnachement. — On emploie pour le cuir fauve et les ferrures la graisse Dubbing (parties égales d'huile de pied-de-bœuf et de suif de mouton fondus ensemble).

A l'arrivée à l'étape, on enlève à l'intérieur des bricoles, des colliers et des sellettes les traces de sueur; on expose ensuite les diverses parties de ces harnais à l'air et on bat les panneaux avec une baguette. Si l'on doit bivouaquer, il convient d'abriter le harnachement dans les voitures, et, si cela est impossible, de les placer sous la voiture ou du côté opposé à la pluie.

Lorsqu'une partie d'un harnais vient à se rompre pendant la route, on perce des trous, en nombre suffisant, aux extrémités brisées et on les relie entre elles, en passant une ficelle dans les trous autant de fois qu'il est nécessaire. On arrête les bouts de cette ficelle par un nœud fait sur la face opposée au toucher du cheval.

Le chargement des voitures doit dépasser le moins possible la hauteur des planches de côté et de ses hayons.

Pour charger ou décharger les voitures régimentaires non attelées, il faut commencer par caler les roues, faute de quoi la voiture peut basculer et briser la limonière.

Les conducteurs marchent à pied à côté de leurs chevaux; dans les montées, ils peuvent se placer sur le devant de la voiture afin de faire équilibre au chargement, qui tendrait à soulever les chevaux. Ils ont le droit de mettre leur sac sur la voiture.

Capacité et poids des voitures, poids maximum du chargement.

DÉSIGNATION des VOITURES.	DIMENSIONS intérieures.			CAPACITÉ.	POIDS DES VOITURES.	CHARGEMENT MAXIMUM à placer sur les voitures.	OBSERVATIONS.
	Longueur.	Largeur.	Hauteur.				
	m mm	m mm	m mm	m d.	kil.	kil.	
Fourgons { modèle 1867	2 600	1 070	0 820	2 280	550	800	
— 1870	2 600	1 070	0 820	2 280	550	800	
— 1874	2 600	1 070	0 880	2 448	600	800	
Voitures régimentaires { modèle 1860 { infanterie	2 740	1 070	1 000	2 932	470	500	
modèle 1860 { cavalerie	2 000	1 070	1 800	1 712	380	500	
modèle 1867 { n° 1	2 000	1 070	2 110	1 375	345	500	
1867 { n° 2	2 000	1 070	2 110	1 375	785	500	
modèle 1870	2 000	1 070	1 770	1 647	368	500	
modèle 1874	2 000	1 070	1 770	1 647	374	500	

Lorsqu'il y a lieu de procéder à des réquisitions de voitures, les choisir de préférence dans l'ordre suivant :

Voitures à 4 roues et à 2 chevaux { de front. { de flèche.

Voitures à 2 roues et à 2 chevaux { de front. { de flèche.

Voitures à 4 roues et à 1 cheval.

Voitures à 2 roues et à 1 cheval.

La capacité d'une voiture de réquisition sera qualifiée petite lorsqu'elle se rapprochera de la capacité de la voiture régimentaire; moyenne lorsqu'elle se rapprochera de la capacité d'un fourgon; grande lorsqu'elle sera égale ou supérieure à la capacité d'un fourgon.

Documents consultés. — Aide-mémoire à l'usage des officiers d'infanterie et de cavalerie (équipages militaires). — Petites études de guerre. — Notes sur le service dans les états-majors, de Mariotti. — Journal militaire.

Groupes de secrétaires d'états-majors, de commis et ouvriers militaires de l'administration et d'infirmiers militaires employés aux armées.

Chacune de ces sections s'administre en temps de paix comme une compagnie. Les militaires de ces sections ne sont pas mis en subsistance dans les autres corps ou sections. Ils ont droit à la solde et aux indemnités fixées par le tarif annexé au règlement du 23 septembre 1874 et à une prime de travail.

Le règlement du 23 septembre 1874 est applicable à l'administration des groupes de ces militaires marchant avec les divers états-majors ou employés aux armées en cas de mobilisation.

Lorsque le chef du détachement n'est pas du grade d'officier, les fonctions en sont remplies par le chef du groupe, c'est-à-dire par le plus élevé en grade, ou, à grade égal, par le plus ancien, sous la réserve que les états de solde et les bons de toute nature sont visés, suivant le cas, soit par un officier désigné à cet effet par l'officier général à l'état-major duquel sont employés les militaires, soit par un officier d'administration désigné par le fonctionnaire de l'intendance militaire chargé de la direction du service auquel sont attachés les militaires.

SOLDE ET ACCESSOIRES. — La perception en a lieu sur états collectifs indiquant le nom et le grade de chacun des ayants droit; le prêt est payable tous les quinze jours et à terme échu.

VIVRES. — Les bons sont également collectifs; mais ils portent l'indication des noms et des grades des parties prenantes.

EFFETS DE PETIT ÉQUIPEMENT. — Les bons sont établis de la même manière, et les officiers désignés pour les viser sont chargés en outre de l'inscription sur le livret individuel. Ils sont responsables au même titre que les commandants de compagnie. La prime de travail peut être supprimée en tout ou partie par le chef de service. Elle est comprise sur les états de solde et payée à terme échu par quinzaine.

Les secrétaires de chaque état-major marchent avec la voiture portant les archives.

Documents consultés. — Règlement du 23 septembre 1874. — Note du 1er mars 1878 (J. M.).

CHAPITRE IV

MATÉRIEL ET APPROVISIONNEMENTS.

ARMEMENT EN CAMPAGNE.

INFANTERIE ET CHASSEURS A PIED. — L'infanterie de l'armée active est pourvue du fusil modèle 1874, à l'exception des sergents-majors, des adjudants et du sous-chef de musique, qui sont armés exclusivement du revolver modèle 1873 et du sabre d'adjudant modèle 1845. Les officiers emploient le revolver modèle 1874.

L'infanterie de l'armée territoriale est pourvue d'armes modèle 1866-74 ou modèle 1874.

CAVALERIE. — *Cuirassiers.* — Revolver modèle 1873. Sabre de cavalerie de réserve modèle 1854 et cuirasse modèle 1854.

Dragons. — Pour les cavaliers, carabine modèle 1866-1874 ou modèle 1874. Sabre de dragons modèle 1854. Pour les sous-officiers, brigadiers-fourriers, brigadier de l'infirmerie des hommes, maréchaux ferrants et aides-maréchaux, brigadiers-trompettes et trompettes, revolver modèle 1873 et sabre modèle 1854.

Chasseurs et hussards. — Pour les cavaliers, carabine modèle 1866-74 ou modèle 1874. Pour les sous-officiers, brigadiers-fourriers, maréchaux ferrants, aides-maréchaux, brigadiers-trompettes et trompettes, brigadier d'infirmerie des hommes, revolver modèle 1873. Pour tous, sabre de cavalerie légère modèle 1822.

ARTILLERIE. — *Train d'artillerie.* — *Pontonniers.* — *Ouvriers d'artillerie.* — *Artificiers.* — Tous les sous-officiers et fourriers, trompettes des batteries montées, à pied et du train d'artillerie, maréchaux ferrants et bourreliers des batteries montées et du train d'artillerie, brigadiers et conducteurs des batteries montées, tout le personnel des batteries à cheval, ont le sabre de cavalerie légère et le revolver.

Les servants de batteries à pied et montées, les pontonniers, les ouvriers et artificiers autres que ceux indiqués ci-dessus ont le mousqueton et le sabre-baïonnette.

Les brigadiers et les cavaliers du train d'artillerie

autres que ceux indiqués plus haut ont la carabine et le sabre de cavalerie légère.

GÉNIE. — *Sapeurs-mineurs et ouvriers de chemins de fer*. — Fusil modèle 1866-74 ou modèle 1874. Adjudants et sergents-majors, comme dans l'infanterie; l'épée remplace le sabre.

Sapeurs-conducteurs. — Comme le train d'artillerie, sauf les brigadiers, qui ont le revolver au lieu de la carabine.

GENDARMERIE. — *A pied*. — Carabine de gendarme à pied modèle 1866-74 ou modèle 1874 avec sabre-baïonnette et le revolver modèle 1874.

A cheval. — Carabine de gendarme à cheval avec baïonnette à douille quadrangulaire modèle 1866-74 ou modèle 1874, sabre de cavalerie légère modèle 1822. Les sous-officiers et brigadiers à cheval n'ont que le sabre de cavalerie légère et le revolver.

TRAIN DES ÉQUIPAGES. — Brigadiers et cavaliers montés, carabine et sabre de cavalerie légère. Cadre, revolver. Hommes non montés, carabine de gendarmerie à pied et sabre-baïonnette (y compris le personnel des ambulances).

COMMIS ET OUVRIERS D'ADMINISTRATION. — SECRÉTAIRES D'ÉTAT-MAJOR. — Carabine de gendarmerie modèle 1866-74 ou modèle 1874 (N. M. du 12 janvier 1879).

INFIRMIERS DE VISITE. — Sabre-baïonnette modèle 1866 (N. M. du 4 avril 1879).

INFIRMIERS D'EXPLOITATION ET COMMIS AUX ÉCRITURES. — Carabine de gendarmerie modèle 1866-74 ou modèle 1874 (N. M. du 4 avril 1879).

SOLDATS CONDUCTEURS DES MULETS PORTEURS DE CANTINES MÉDICALES. — SOLDATS PORTEURS DE SACS D'AMBULANCE. — Fusil modèle 1874 (N. M. du 4 avril 1879).

SOLDATS ORDONNANCES DES OFFICIERS SANS TROUPE. — SOLDATS CONDUCTEURS DE CHEVAUX DE MAIN DANS LES TROUPES A PIED. — SOLDATS ORDONNANCES DES OFFICIERS SUPÉRIEURS ET ASSIMILÉS DANS LES CORPS D'INFANTERIE. — Revolver modèle 1873. Pas de sabre (N. M. du 11 février 1878 et du 9 février 1880).

CONDUCTEURS DES MULETS D'OUTILS. — Fusil et épée-baïonnette (N. M. du 3 mars 1880).

CONDUCTEURS DE CHEVAUX HAUT-LE-PIED ET DE VOITURES RÉGIMENTAIRES DANS LES CORPS A PIED. — Fusil modèle 1874. Pas de sabre (N. M. du 11 février 1878).

CONDUCTEURS DE CAISSONS DE BATAILLON. — Revolver modèle 1873 (N. M. du 11 février 1878).

FONCTIONNAIRES DE L'INTENDANCE. — MÉDECINS MILITAIRES. — PHARMACIENS MILITAIRES. — OFFICIERS D'ADMINISTRATION ATTACHÉS AUX AMBULANCES — Les armes dont ils sont pourvus en temps de paix (N. M. du 4 avril 1879), et ils peuvent avoir le revolver.

BATAILLONS DE DOUANES. — Carabine de gendarmerie modèle 1866-74. Les adjudants et les sergents-majors : sabre d'adjudant et revolver modèle 1873 (N. M. du 8 mai 1878).

SECTIONS TECHNIQUES D'OUVRIERS DE CHEMINS DE FER DE CAMPAGNE. — Sergents-majors, un sabre d'adjudant et un revolver. Agents supérieurs, une épée de sous-officier et un revolver. Agents secondaires, un sabre-baïonnette série Z et un revolver.

COMPAGNIES DE CHASSEURS FORESTIERS. — Mousqueton modèle 1866-74 (N. M. du 8 mai 1878). Les sergents-majors : sabre d'adjudant et revolver.

Toutes les armes modèle 1874, ainsi que celles modèle 1866-74, font usage d'une même cartouche dite modèle 1874 et tirent une balle de 25 grammes avec une charge de poudre de 5^g,25.

Les revolvers, modèle 1873 et modèle 1864, emploient une cartouche identique et tirent une balle de 12^g,80 avec une charge de poudre de choix superfine de 0^g,65.

Graduations extrêmes des hausses.

Modèle 1874. — Fusil, 1,800 mètres. — Carabine, 1,100 mètres. — Mousqueton, 1,300 mètres.

Modèle 1866-74. — Fusil, 1,700 mètres. — Carabine, 1,100 mètres. — Mousqueton, 1,300 mètres.

Fusil Mauser (Prusse), 1,600 mètres. — Fusil Vetterli (Italie), 1,000 mètres. — Fusil Vetterli à répétition (Suisse), 1,000 mètres.

Le tir du revolver est bon jusqu'à 30 mètres. Au delà, il devient incertain, bien qu'efficace jusqu'à 200 mètres.

L'épée de sous-officier est du modèle 1816 ou 1857. La cuirasse est du modèle 1855. Elle pèse de 6^k,08 à 7^k,28.

Les caisses d'armes ne contiennent qu'une seule espèce d'armes, soit : 18 fusils ou carabines de gendarmerie ou mousquetons avec leurs baïonnettes, ou 24 carabines, ou 40 sabres, ou 10 cuirasses.

La caisse vide pèse ordinairement 35 kilogrammes, pleine, de 105 à 120 kilogrammes.

Tableau des vitesses et des portées du but en blanc des armes en usage dans les armées européennes.

	ARMES.		Vitesse restante à 50 mètres.	Portée du but en blanc pour une flèche de 50 centimètres.
FRANCE.	Fusil modèle 1874.	m.	[illegible]	[illegible]
	Carabine modèle 1866-1874.	m.	[illegible]	[illegible]
	Mousqueton modèle 1874.	m.	[illegible]	[illegible]
	Fusil modèle 1866.	m.	[illegible]	[illegible]
	Carabine modèle 1866.	m.	[illegible]	[illegible]
	Mousqueton modèle 1866.	m.	[illegible]	[illegible]
	Martini-Henry (Angleterre).	m.	[illegible]	[illegible]
	Mauser (Allemagne).	m.	[illegible]	[illegible]
	Werder (Allemagne).	m.	[illegible]	[illegible]
	Wetterli (Italie).	m.	[illegible]	[illegible]
	Wetterli (Suisse).	m.	[illegible]	[illegible]
	Werndl (Autriche-Hongrie).	m.	[illegible]	[illegible]
	Berdan nº 2 (Espagne, Russie).	m.	[illegible]	[illegible]
	De Beaumont (Hollande).	m.	[illegible]	[illegible]
	Remington (Espagne, Suède).	m.	[illegible]	[illegible]

Tableau des dimensions et poids des armes françaises en service.

DÉSIGNATION des ARMES.	CALIBRES.	LONGUEUR		POIDS	
		de l'arme sans baïon-nette.	de l'arme avec baïon-nette.	de l'arme sans baïon-nette.	de l'arme avec baïon-nette.
	mill.	mét. c.	mét. c.	kil. gr.	kil. gr.
Fusil..............	11	1.300	1.830	4.200	4.760
Carabine..........	11	1.175	1.695	3.600	3.935
Carabine de gendarmerie..........	11	1.175	1.755	3.600	4.354
Mousqueton........	11	0.990	1.560	3.300	3.955
Revolver..........	11	0.240	»	1.195	»

Tableau des zones dangereuses totales de 200 à 1000 mètres.

DONNÉES EN MÈTRES.	INFANTERIE. Hauteur : 1 mètre 80.									CAVALERIE. Hauteur : 2 mètres 80.								
	200	300	400	500	600	700	800	900	1000	200	300	400	500	600	700	800	900	1000
Fusil modèle 1874	273	145	83	57	44	34	28	23	19	303	375	139	90	70	55	44	35	27.75
Carabine modèle 1866-1874	269	135	80	56	42	33	27	22	18	298	370	132	87	67	52	42	34	27
Mousqueton modèle 1874	265	111	76	53	40	32	26	21	17	289	365	129	82	62	49	40	33	26
Fusil modèle 1866	265	113	78	56	43	34	27.50	21.50	18.50	289	365	125	87	67	53	42	34	27
Carabine modèle 1866	262	107	72	52	41	33	26.50	21.50	17.50	288	363	115	84	63	49	42	35	27
Mousqueton modèle 1866	261	102	68	49	38	30	24	19	16	285	360	109	76	58	46	37	30	24
Martini-Henry	296	129	81	58	46	37	30.50	25	20	294	369	129	91	73	57	46	37	30
Mauser	271	140	82	57	43	34	28	23	18.50	290	373	136	88	68	53	42	34	27.50
Werder	271	136	81	57	43	34	27	22	18	288	371	133	88	68	53	52	34	27
Wetterli (Italie)	266	121	78	51	40	32	26	21.50	17	294	366	125	84	63	49	40	33	26
Wetterli (Suisse)	265	110	74	53	39	31	25	20.50	17	289	364	118	80	61	48	39	31	25
Werdal (nouvelle cartouche)	273	115	81	61	40	37	30	24	20	304	375	140	94	72	57	46	36	31
Berdan n° 2 (Russie)	269	135	81	58	45	36	29	23	19	298	370	133	90	71	57	46	37	29
De Beaumont	266	114	76	53	39	31	25	20.50	17	292	366	122	82	62	49	40	33	26
Remington (Espagne)	268	129	78	54	40	32	26	21	17.50	296	368	128	83	63	51	40.50	33.50	26.50

OBSERVATIONS. — La zone dangereuse totale correspond à toute l'étendue de terrain pour laquelle la trajectoire ne s'élève pas au-dessus du sol d'une quantité supérieure au but visé (infanterie, 1m,80 ; cavalerie, 2m,80).

Documents consultés. — Journal militaire. — Manuel de l'Instructeur de tir du 12 février 1877.

BAGAGES.

Il est alloué à tous les officiers ou assimilés, adjudants, etc., des caisses à bagages et des cantines à vivres.

Les caisses à bagages (vertes) et les cantines à vivres (jaunes) sont fournies par l'État, contre remboursement au prix de 15 francs par cantine. Elles sont marquées : (X Infanterie, X Bataillon, X Compagnie).

Caisse à bagages (officiers inférieurs).

	Nomb.	Poids.
Pantalon.	1	1,000
Tunique.	1	2,000
Paire de bottes.	1	1,000
Paire de chaussettes.	4	0,728
Caleçons.	2	0,500
Chemises.	3	0,912
Mouchoirs.	4	0,200
Serviettes.	3	0,300
Couverture.	1	2,000
Casquette.	1	0,200
Ceinture de flanelle.	1	0,200
Objet de toilette.		0,100
Valise.	1	4,070
Poids.		13k,070

Cantine à vivres (1 pour 4 ou 5 officiers).

	Nomb.	Poids.
Lanterne.	1	0,250
Bougeoir.	1	0,038
Moulin.	1	0,110
Boîtes carrées.	3	1,160
Bidons carrés.	3	0,795
Marmites.	1	2,090
Gril.	1	0,247
Timbales.	4	0,320
Poivrière.	1	0,058
Salière.	1	0,063
Bouillotte.	1	0,300
Poêle à frire.	1	0,372
Écumoire.	1	0,110
Cuiller à pot.	1	0,155
Assiettes en fer-blanc.	6	1,002
Fourchettes.	6	0,202
Couteaux de table.	2	0,100
Grandes cuillers.	6	0,323
Couteaux de cuisine.	1	0,060
Tire-bouchon.	1	0,025
Caisse vide.	1	11,100
Poids total.		19k,381

Les allocations sont les suivantes :

Officiers inférieurs et assimilés, chef et sous-chef de musique, adjudant de bataillon	1 caisse à bagages (14 kil.) (1).
Chef de bataillon ou d'escadron.	2
Lieutenant-colonel.	3
Colonel, président d'un conseil d'administration.	4 (2)

La cantine à vivres pèse 20 kil., auxquels il faut ajouter 12 kil. de vivres pour 4 officiers, 15 kil. pour 5 offi-

---

(1) 20 kilog. pour les capitaines, 1/2 caisse seulement pour l'adjudant de compagnie, le chef armurier et le vaguemestre.
(2) Dont 1 de comptabilité et fonds, du poids de 25 kilog.

ciers (3 kilog. par officier), ce qui fait un poids total de 32 ou 35 kilog.

Les boîtes à livrets pèsent 7^k,50 pleines, et vides 3^k,035 ; le livret pèse 0^k,0165. En cas de mobilisation, la boîte affectée aux livrets des réservistes reste au dépôt. Il est fait exception à cette règle pour la compagnie du génie répartie entre les deux divisions.

La couverture se porte extérieurement à la cantine à bagages.

Les officiers de troupes à pied sont autorisés à faire usage, en route, pendant les manœuvres et en campagne, d'une sacoche destinée à contenir quelques objets de rechange ou de toilette et des vivres, et pouvant se porter indifféremment soit en bandoulière, soit seule sur le dos comme le havre-sac du soldat. Le modèle est facultatif, à la condition de ne pas présenter des dimensions exagérées et d'être d'une couleur noire ou très foncée (Déc. min. du 4 juillet 1877.)

Caisses à archives.

Etats-majors et services. — Voir, pour leur description, Déc. min. du 5 janv. 1880 (*J. M.*), et pour leur répartition, Circ. confid. du 22 mars 1880.

Cantines médicales.

Poids d'une paire de cantines médicales. ⎰ Cantine n° 1, 45^k ⎱ 87^k,500 ⎰ Cantine n° 2, 42^k,500 ⎱

Pour leur répartition, voir page 185.

Cantines vétérinaires.

Cavalerie et artillerie. — Poids : 32 kilog. — Pour leur répartition, voir page 38.

Récapitulation des moyens de transport pour bagages et archives.

Etats-majors et services du corps d'armée.

Etat-major de corps d'armée : 2 fourgons pour le général en chef ; 2 fourgons pour le chef d'état-major général ; 1 fourgon pour le sous-chef, les officiers d'état-major et l'escorte.

Etat-major de l'artillerie de corps d'armée : 1 voiture régimentaire pour le général ; 1 fourgon pour l'état-major et les archives.

Etat-major du génie de corps d'armée : 1 voiture régimentaire pour le général ou le colonel, et 1 fourgon pour l'état-major et les archives.

Intendance du corps d'armée : 1 voiture régimentaire pour l'intendant ; 1 fourgon pour les bagages et caisses d'archives, et 1 voiture régimentaire pour le service de la sous-intendance du quartier général.

Service médical du corps d'armée : place ses bagages avec le service de l'intendance.

Trésorerie et postes : dans leurs voitures spéciales.

Justice militaire : n'existe que dans les divisions d'infanterie et de cavalerie indépendante.

Prévôt : 1 voiture régimentaire.

Troupes non endivisionnées.

Bataillons de chasseurs : 2 voitures régimentaires. — *Artillerie de corps* (8 batteries et état-major) : 5 fourgons. — *Parc d'artillerie de corps* : 1er échelon, sur les voitures des sections ; 2e échelon, 2 fourgons. — *Réserve et parc du génie* : 1 voiture régimentaire. — *Ambulance du quartier général* : 2 voitures régimentaires. — *Equipage de pont de corps d'armée* : 1 fourgon.

Divisions et brigades.

Division d'infanterie. — Général de division : 1 fourgon. Etat-major, escorte et commandant du génie : 1 fourgon. Sous-intendant : 1 voiture régimentaire. Force publique et justice militaire : 1 voiture régimentaire. Ambulance divisionnaire : 2 voitures régimentaires.

Brigade d'infanterie. — Général : 1 voiture régimentaire. 1 régiment d'infanterie : 4 fourgons. 4 *batteries divisionnaires et état-major* : 3 fourgons. 1/2 *compagnie du génie* : 1 voiture régimentaire.

Division de cavalerie. — Général de division : 1 fourgon. Etat-major : 1 fourgon. Sous-intendant, force publique et justice militaire : 1 fourgon. Batterie à cheval : 1 fourgon. 1 régiment de cavalerie : 4 fourgons.

Brigade de cavalerie de corps. — Général : 1 fourgon. Sous-intendant : 1 fourgon. 1 régiment : 4 fourgons.

Chargement des fourgons et voitures régimentaires à bagages.

Infanterie. — Le fourgon de l'état-major porte : colonel, 3 caisses à bagages, 1 de comptabilité ; lieutenant-colonel, 3 ; médecin-major, 2 ; officier d'armement, 1 ; lieutenant adjoint au trésorier, 1 ; porte-drapeau, 1 ; chef de musique, 1 ; vaguemestre, 1/2 ; sous-chef de musique, 1 ; chef armurier, 1/2 ; — 2 cantines à vivres ; 1 caisse d'outils (armurier) ; 2 caisses de comptabilité ; 10 couvertures. Total : 14 caisses, 2 cantines, 3 caisses de comptabilité, 1 caisse d'outils, 10 couvertures. Poids : 590 kilog. — On ajoute les sacs des éclopés jusqu'à concurrence de 700 kilog.

Le fourgon de bataillon est chargé de : 23 caisses à bagages (adjudant de compagnie 1/2), 5 cantines à vivres, 4 boîtes de comptabilité, 21 couvertures. Poids : 640 kilog. — Les sacs des éclopés peuvent compléter jusqu'à concurrence de 700 kilog.

Chaque fourgon porte, en outre, une caisse blanche de munitions (Voir page 148).

Chasseurs à pied.—La voiture régimentaire de l'état-major porte : 7 caisses à bagages, 1 cantine à vivres, 1 caisse d'outils, 2 caisses de comptabilité, 7 couvertures. Poids : 407 kilog. — Peut être porté à 500 kilog. par les sacs des éclopés.

La voiture régimentaire est chargée de : 18 caisses, 4 cantines à vivres, 4 caisses de comptabilité, 20 couvertures. Poids : 480 kilog. — Peut être porté à 500 kilog. par les sacs des éclopés.

Cavalerie.— État-major : 1 fourgon chargé de 14 caisses à bagages, 2 cantines à vivres, 1 caisse d'outils et de pièces d'armes, 2 caisses de comptabilité, 10 couvertures. Poids : 465 kilog.

Pour 2 escadrons : 1 fourgon chargé de 16 caisses à bagages, 5 cantines à vivres, 2 boîtes à livrets, 15 couvertures, 1 paire de cantines médicales, 1 cantine vétérinaire. Poids : 548 kilog.

Même chargement pour les 2 autres escadrons, moins 2 caisses à bagages et 2 cantines. Poids : 516 kilog.

Artillerie. — Voir *Artillerie.*

Génie divisionnaire : 1 voiture régimentaire chargée de 2 caisses à bagages, 1 cantine à vivres, 3 couvertures, 1 boîte à livrets, 1 caisse de comptabilité. Poids : 112 kil.

Réserve et parc du génie : 1 voiture régimentaire chargée de 8 caisses à bagages, 2 cantines à vivres, 1 boîte à livrets, 7 couvertures, 1 caisse de comptabilité. Poids : 222 kilog.

Pour le mode de chargement se reporter à l'Aide-mémoire à l'usage des officiers d'infanterie et de cavalerie.

Le chargement maximum des voitures est de 5 quintaux, celui des fourgons est de 8 quintaux.

Les voitures à bagages portent comme :

Marque distinctive : voiture régimentaire ou fourgon.

Marque complémentaire : équipages régimentaires, X^e corps, — X^e division, — X^e brigade, — X^e régiment d'infanterie, — Officiers du N^e bataillon.

Transport des sacs.

Conducteur de mulet d'ambulance et de mulet d'outils : sur le mulet. — Conducteur de voiture : sur la voiture. — Conducteur de chevaux de main, musiciens portant la grosse caisse et la contre-basse : sur le caisson de munitions ou la voiture d'outils. — Conducteur de chevaux haut-le-pied : sur une voiture de vivres ou bagages.

Documents consultés. — Journal militaire. — Petites études de guerre. — Aide-mémoire des officiers d'infanterie et de cavalerie (équipages militaires). — Notes sur le service dans les états-majors.

MUNITIONS.

Munitions pour armes portatives.

A. *L'homme porte sur lui ou dans le chargement du cheval* (1) :

	NOMBRE DE PAQUETS (a).		
	Troupes à pied.	Troupes à cheval.	
		Hommes montés.	Hommes non-montés.
INFANTERIE de ligne, chasseurs à pied, zouaves, tirailleurs algériens, génie.	13 (1)	»	»
Idem (adjudants, sous-chefs de musique et sergents-majors, conducteurs de chevaux de main et de caissons de munitions)..	3 (2)	»	»
Secrétaires d'état-major, commis et ouvriers militaires d'administration, infirmiers militaires.....	6 (3)	»	»
Idem (sergents-majors)....	3 (4)	»	»
CAVALERIE (toute la cavalerie moins : les régiments de cuirassiers, les sous-officiers, les brigadiers-fourriers, le brigadier chargé de l'infirmerie des hommes, les maréchaux et aides-maréchaux, les brigadiers-trompettes et trompettes, ouvriers selliers des régiments de dragons et de cavalerie légère, qui sont armés du revolver).............	......	6 (5)	6
CAVALERIE (cuirassiers, sous-officiers et emplois divers ci-dessus pour dragons et cavalerie légère).	......	5 (6)	5
ARTILLERIE, secrétaires d'état-major montés........	......	3 (7)	2
Train d'artillerie et génie (sapeurs-conducteurs) train des équip. (troupe).	......	6	6
Train d'artillerie et génie (sapeurs-conducteurs) train des équipages (sous-officiers, brigadiers-fourriers, trompettes, maréchaux ferrants, bourreliers).............	......	5 (8)	»
Soldats-ordonnances des officiers sans troupe.....	......	3 (9)	»

(Déc. min. du 1er déc. 1879, J. M.).

(1) 7 dans le sac, 6 dans les cartouchières.

(2) Munitions de revolver.

(3) 3 dans le sac, 3 dans la cartouchière.

(4) Munitions de revolver.

(5) 3 dans le chargement, 3 sur l'homme.

(6) Munitions de revolver, 2 sur l'homme, 3 dans le chargement.

(7) Munitions de revolver, 2 sur l'homme, 1 dans le chargement.

(8) Munitions de revolver, 3 sur l'homme, 2 dans le chargement.

(9) Munitions de revolver.

(a) Les cartouches pour fusil, carabine et mousqueton modèle 1866-74 ou modèle 74, sont par paquets de 6. Il en est de même des cartouches de revolver modèle 1873.

(1) Le fourgon à bagages porte, de plus, une caisse blanche de munitions, chargée de 2 cartouches par homme.

B. *Le caisson de bataillon* contient dans chaque coffre :

1° En cartouches modèle 1866 : 711 paquets ; soit, pour 1 caisson (3 coffres) : 19,197 cartouches.

Chaque coffre contient en outre :

> 1 boîte à obturateurs ;
> 200 obturateurs ;
> 12 bissacs en toile pour le ravitaillement sur le champ de bataille.

2° En cartouches modèle 1874 :

> 18,144 cartouches en 108 trousses de 28 paquets à 6 cartouches (168 cartouches par trousse) et 36 bissacs (12 par coffre).

Marques distinctives. — Le caisson d'infanterie, du même modèle que celui de l'artillerie, porte l'inscription : *N° corps, 2 N-1° (ou 2 N°) Division, X° régiment, Z° bataillon, Modèle 1858, Infanterie, 6,048 cartouches modèle 1874.*

C. *Les sections de munitions d'infanterie* (nᵒˢ 1 et 2) ont leurs caissons chargés de la même façon. Un des 32 caissons de la section a un coffre d'avant-train chargé en cartouches de revolver. (Pour la composition des sections, voir *Artillerie*, page 109.)

Les coffres portent comme
{
marque distinctive : Mod. 1858. Infanterie ;
marque complémentaire : 6,048 cartouches mod. 1874 ;
et sur le brancard : X corps, 1ʳᵉ réserve divisionnaire.
}

D. *Le parc d'artillerie de corps* porte le 2ᵉ échelon d'approvisionnements, constitué par les sections nᵒˢ 1, 2 et 3 qui comportent, chacune, 15 caissons chargés également de 18,144 cartouches : soit, par section : 272,160 cartouches.

La section n° 4 compte 2 caissons portant un 2ᵉ approvisionnement de cartouches de revolver, à raison de 33,858 cartouches par caisson, soit, ensemble, 67,716 cartouches. (Pour la composition du parc, voir *Artillerie*, page 110.)

Le parc peut se ravitailler lui-même au moyen des ressources réunies dans les *stations-magasins* et sur les *en-cas mobiles* qui apportent les munitions jusqu'au point de communication ferrée le plus voisin du théâtre des opérations. (*Règlement du 1er juillet 1877, art. 124-131.*) (1)

Demandes de munitions. — Les munitions sont livrées aux corps par le commandant de l'artillerie, sur des états de demande approuvés par le général de brigade. En cas d'urgence, elles sont délivrées par le commandant de la section de munitions sur des bons provisoires, signés par le chef de bataillon ; pendant le combat, elles le sont sur un bon signé par le chef de toute troupe engagée.

Dans un siège, les soldats de service à la tranchée doivent toujours avoir dans leur giberne le nombre de cartouches fixé ; s'ils le consomment pendant le cours de leur service, il leur en est délivré d'autres, au dépôt de tranchée, sur des bons des chefs de bataillon de tranchée.

Les cartouches des hommes allant aux hôpitaux sont données à ceux qui en manquent ou réparties dans la compagnie.

Il est défendu aux officiers d'artillerie de communiquer les états d'approvisionnement à tout autre qu'aux officiers généraux sous les ordres desquels ils sont employés ou à leurs chefs d'état-major. (*Projet du règlement sur le service en campagne.*)

Nomenclature des poudres réglementaires. — 1° Poudre à fusil : poudre B, pour fusil modèle 1866 ; poudre F, pour le fusil modèle 1874. — 2° Poudre à canon : poudre M C 30 (provisoire) ; poudre C pour le 95. — Désormais les poudres seront désignées :

Poudre à fusil : poudre F ;
   — à canon de campagne : poudre C ;
   — à canon de siège et place : poudre S P.

Ravitaillement sur le champ de bataille.

Les troupes détachent aux caissons quelques hommes qui reçoivent des bissacs et les rapportent à cheval sur l'épaule.

Le bissac chargé pèse de 16 à 17 kilog. et peut porter dans ses deux poches 60 paquets en moyenne.

La section de munitions peut détacher quelques cais-

---

(1) En dehors de l'infanterie, il n'est pas constitué de réserves de cartouches modèle 1874. Lorsque les troupes d'autres armes ont épuisé leurs munitions, elles sont réapprovisionnées au moyen de prélèvements faits sur la réserve de l'infanterie.

sons auprès des corps de troupes pour réapprovisionner les caissons de bataillon. Le reste se tient dans le voisinage des sections de munitions d'artillerie, c'est-à-dire à 1,500 mètres environ des premières batteries. (*Instruction du 20 avril 1876 sur le service de l'artillerie en campagne.*)

Une instruction provisoire du 7 mai 1877, faisant suite au règlement des manœuvres de l'armée autrichienne, donne, au sujet du remplacement des munitions d'infanterie sur le champ de bataille, quelques règles que nous analysons à titre de renseignement.

Les caissons suivent leur bataillon le plus près possible. Leur emplacement est indiqué par un fanion ou une lanterne ; ces signaux sont placés latéralement au point de stationnement des caissons. Dans toute compagnie qui reçoit l'ordre de s'engager, on distribue au préalable un supplément d'un paquet de cartouches. On utilise chaque temps d'arrêt du combat pour remplacer les munitions consommées. Les munitions ne doivent être délivrées pendant le combat que par exception. Dès qu'un caisson est vide, il est dirigé sur la section et ses chevaux sont attelés à un caisson plein. Quand les caissons ont été partiellement vides, en compléter un ou plusieurs immédiatement après le combat, et diriger sur-le-champ les caissons vides sur la section de munitions.

Munitions d'artillerie.

La pièce et son caisson transportent :

	Obus ordinaires.	Obus à balles.	Obus à double paroi.	Boîtes à mitraille.	Total.
Calibre { avant-train	9	6	3	»	»
de 95mm. { caisson	36	24	12	»	»
Calibre { avant-train	19	7	»	»	»
de 90mm. { caisson	63	21	»	»	»
Calibre { avant-train	19	9	»	»	»
de 80mm. { caisson	63	27	»	»	»

1° *Approvisionnements portés par la batterie.*

	Obus ordinaires.	Obus à balles.	Obus à double paroi.	Boîtes à mitraille.	Total.
Calibre de 95mm.	378	252	126	»	756
— de 90mm.	681	231	»	12	924
— de 80mm.	681	297	»	12	990

2° *Sections de munitions d'artillerie (1er échelon du parc).*

	Obus ordinaires.	Obus à balles.	Obus à double paroi.	Boîtes à mitraille.	Total.
Calibre de 95mm.	315	210	105	»	630
— de 90mm.	2.824	952	»	32	3.808
— de 80mm.	813	351	»	6	1.151

3° *Sections de parc (2e échelon).*

	Obus ordinaires.	Obus à balles.	Obus à double paroi.	Boîtes à mitraille.	Total.
Calibre de 95mm.	387	258	129	»	774
— de 90mm.	3.951	1.323	»	18 (1)	5.292
— de 80mm.	832	360	»	8 (1)	4.290

(1) Un chariot du parc contient, en outre, 9 caisses blanches de boîtes à mitraille de 99 et 3 de 80.

Tableau récapitulatif faisant connaître l'approvisionnement total de chaque batterie.

TRANSPORT.	Obus ordinaires.	Obus à balles.	Obus à double paroi.	Boîtes à mitraille (1).	OBSERVATIONS.
Batterie de 95.. { La batterie	378	252	126	»	(1) Un chariot du 2ᵉ échelon du parc contient 8 caisses blanches de boîtes à mitraille de 90 et 3 de 80.
Section de munitions d'artillerie	157.5	105	52.5	»	
Section de parc	193.5	129	64.5	»	
Total par pièce	729	486	243	»	(2) Cet approvisionnement est calculé, le corps d'armée n'ayant que 2 batteries de 80, la 3ᵉ s'approvisionnant ailleurs. Dans le cas contraire, l'approvisionnement serait de :
Total général			1.458		
Batterie de 90.. { La batterie	681	231	»	12	
Section de munitions d'artillerie	235.33	79.33	»	2.66	
Section de parc	329.25	110.27	»	1.3	
Total par pièce	1.245.58	420.6	»	16.16	
Total général			1.682.4		
Batterie de 80, à 9 caissons.... { La batterie	681	297	»	12	
Section de munitions d'artillerie	406.5	175.5	»	3	(3) Les batteries de 80 à 8 caissons sont celles qui accompagnent les divisions de cavalerie indépendantes.
Section de parc	416	180	»	4	
Total par pièce	1.503.5	652.5	»	19	
Total général			2.475.0 (2)		
La batterie de 80, à 8 caissons	1.166	507	»	16.5	
Total général			1.689.5 (3)		

Tableau de l'observation (2) :

681	297	»	12
274	117	»	2
277	120	»	2.5
1,239	534	»	16.5

1,779.5

Ravitaillement sur le champ de bataille.

Les sections de munitions, prévenues dès le début de l'affaire, sont dirigées rapidement sur les emplacements désignés par le commandant de l'artillerie, à 1,500 mètres environ des premières pièces mises en batterie ; le capitaine commandant se met en relation avec les réserves des batteries qu'il a mission de ravitailler.

Le remplacement des munitions consommées s'opère par un simple échange de voitures. Les caissons vides sont laissés à la section et remplis par transbordement pour être rendus au plus tôt à leurs batteries.

Le parc du corps d'armée reçoit, du général commandant l'artillerie du corps, l'ordre de venir occuper sans retard une position centrale. Cette position est indiquée aux commandants de l'artillerie divisionnaire et de l'artillerie de corps, qui la font connaître aux commandants des batteries et des sections. Les commandants des sections cherchent à se mettre en relation le plus tôt possible avec le parc. (*Instruction du* 20 *avril* 1876, *sur le service de l'artillerie en campagne.*)

Le décret présidentiel du 22 août 1878 apporte à ces principes des modifications essentielles, en élevant à 9 le nombre des caissons et en attribuant aux sections de munitions d'artillerie une composition mixte. La batterie devra désormais se suffire à elle-même pour un jour de bataille, et les sections de munitions, rejetées à la gauche de la colonne où elles forment le 1er échelon du parc, ne paraîtront plus que par exception sur le théâtre de l'action.

A défaut de prescriptions précises relativement aux nouvelles conditions du ravitaillement, nous reproduisons les quelques indications données à ce sujet par le Règlement sur les manœuvres des batteries attelées.

La batterie se forme en trois échelons, dont les deux premiers groupes arrivent seuls sur le champ de bataille. 1er *groupe :* la batterie de combat (6 pièces et la moitié des caissons) prend position sur l'emplacement où elle doit ouvrir le feu, en laissant en arrière d'elle la moitié de ses caissons et le personnel qui n'est pas strictement nécessaire au service des pièces. 2e *groupe :* le reste des caissons (dits de 2e ligne), la forge et le chariot de batterie se placent en arrière, défilés le mieux possible et disposés cependant de telle sorte que les pourvoyeurs n'aient pas à parcourir des distances trop considérables (500—600 mètres). 3e *groupe :* ce groupe, dit réserve de batterie (chariot-fourragère, fourgons à vivres et à bagages), s'établit à proximité du 2e groupe (1).

---

(1) *Règlement du 17 mars 1879 sur les manœuvres et les évolutions des batteries attelées.* — Extrait de *Notes sur le service dans les états-majors.*

Dynamite.

Les chariots de parc qui sont destinés à marcher avec les batteries d'artillerie à cheval du corps d'armée, contiennent chacun :

Caisses de dynamite, 22. { Renfermant chacune 150 cartouches de 100 grammes chacune, 150 mètres de Bickford et 6 feuilles d'amadou.

Caisse d'amorces, 1. { Chargée de 4 boîtes de 2,160 amorces.

Caisse d'outils et engins, 1 { Renfermant des briquets, 1 boîte de clous et des paquets de ficelle.

Récapitulation des ressources du corps d'armée en dynamite.

	Dynam.
Caisses de bât des deux demi-compagnies divisionnaires du génie.	43ᵏ 800
Caisse de bât de la compagnie de réserve du génie.	43 800
Caisson de dynamite du parc de réserve du génie.	300 000
Chariots du parc d'artillerie du corps d'armée.	300 000
Total.	687ᵏ 600

Extrait du décret du 30 décembre 1868, promulguant la déclaration du 11 décembre 1868, à l'effet d'interdire l'usage de certains projectiles en temps de guerre.

(Adoptée par toutes les puissances européennes).

Considérant que les progrès de la civilisation doivent avoir pour effet d'atténuer, autant que possible, les calamités de la guerre ;

Que le seul but légitime que les États doivent se proposer, durant la guerre, est l'affaiblissement des forces militaires de l'ennemi ;

Qu'à cet effet, il suffit de mettre hors de combat le plus grand nombre d'hommes possible ;

Que ce but serait dépassé par l'emploi d'armes qui aggraveraient inutilement les souffrances des hommes mis hors de combat ou rendraient leur mort inévitable ;

Que l'emploi de pareilles armes serait dès lors contraire aux lois de l'humanité.

« Les parties contractantes s'engagent à renoncer mutuellement, en cas de guerre entre elles, à l'emploi, par leurs troupes de terre ou de mer, de tout projectile d'un poids *inférieur à quatre cents grammes* qui serait ou explosible ou chargé de matières fulminantes ou inflammables.

Elles inviteront tous les États qui n'ont pas participé, par l'envoi de délégués, aux délibérations de la commission militaire internationale réunie à Saint-Pétersbourg, à accéder au présent engagement.

Cet engagement n'est obligatoire que pour les parties contractantes ou accédantes, en cas de guerre entre deux ou plusieurs d'entre elles ; il n'est pas applicable vis-à-vis de parties non contractantes ou qui n'auraient pas accédé.

Il cesserait également d'être obligatoire du moment où, dans une guerre entre parties contractantes ou accédantes, une partie non contractante ou qui n'aurait pas accédé se joindrait à l'un des belligérants.

Les parties contractantes ou accédantes se réservent de s'entendre ultérieurement toutes les fois qu'une proposition précise serait formulée en vue des perfectionnements à venir que la science pourrait apporter dans l'armement des troupes, afin de maintenir les principes qu'elles ont posés et de concilier les nécessités de la guerre avec les lois de l'humanité.

Documents consultés. — Petites études de guerre. — Notes sur le service dans les états-majors. — Aide-mémoire à l'usage des officiers d'infanterie et de cavalerie. — Cours élémentaire d'artillerie, par Cobadon. — Journal militaire. — Instruction provisoire du 29 avril 1876, sur le service de l'artillerie en campagne. — Les tableaux sont empruntés aux Notes sur le service dans les états-majors, de Mariotti.

Allocations annuelles de cartouches pour le tir et les manœuvres (Déc. min. du 6 nov. 1879).

PARTIES PRENANTES.	CARTOUCHES À BALLE		CARTOUCHES SANS BALLE	
	pour armes modèle 1866, modèle 1874 ou modèle 1866-74.	pour revolver.	pour armes modèle 1866, modèle 1874 ou modèle 1866-74.	pour revolver.
Infanterie	100	36 (6)	20 (2)	10 (1)
Génie (suivant l'armement)	80	36	20	12
Cavalerie (suivant l'armement)	36 (3)	36	30	20
Gendarmerie	36	36	10 (4)	»
Artillerie, train d'artillerie et des équipages militaires (suivant l'armement)	36	36 (6)	10 (5)	12 (5)
Infirmiers militaires, commis aux écritures, secrétaires d'état-major et du recrutement, ouvriers militaires d'administration	30	»	10	»
Officiers de toutes armes et de tout grade (armée active, réserve, armée territoriale) pourvus d'un revolver réglementaire	»	36 (7)	»	»
Adjudants et sergents-majors d'infanterie, du génie, des bataillons de douaniers et de chasseurs forestiers, des sections d'infirmiers militaires, de secrétaires d'état-major et du recrutement, de commis et ouvriers militaires d'administration	»	36	»	»
Douaniers et chasseurs forestiers	36	»	»	»
Escadrons de chasseurs forestiers en Algérie	30	24	»	»
Réservistes... — Armés de fusils, mousquetons et carabines	27	»	»	»
Réservistes... — Armés du revolver	»	12	»	»
Réservistes ne participant pas aux grandes manœuvres... — Infanterie	»	»	20	»
Réservistes ne participant pas aux grandes manœuvres... — Cavalerie (suivant l'armement)	»	»	10	10
Grandes man. (armée active et réservistes.) — Infanterie	»	»	60	»
Grandes man. (armée active et réservistes.) — Autres armes (suivant l'armement)	»	»	20	20
Armée territoriale... — Adjudants, serg.-majors ou maréchaux des logis chefs de toutes armes	20	12	3	»
Armée territoriale... — Infanterie	20	»	6	»
Armée territoriale... — Artillerie, train d'artillerie et des équipages militaires, génie, cavalerie et gendarmerie (suivant l'armement)	12	12	3	3
Armée territoriale... — Sections de commis et ouvriers militaires d'administration	5	»	3	»

(1) Allouées aux conducteurs de caissons de bataillon et aux conducteurs de chevaux de main.

(2) Il n'est pas alloué de cartouches sans balle au régiment de sapeurs-pompiers de Paris.

(3) Il est alloué aux régiments de cuirassiers 18 cartouches à balle, modèle 1874, par homme.

(4) Aux hommes montés seuls.

(5) Aux hommes montés seuls.

(6) Allouées aussi aux ordonnances des officiers sans troupe.

(7) 80 cartouches peuvent, en outre, être distribuées à titre de remboursement à chaque officier (Voir la note ministérielle du 4 mars 1875, insérée au Journal militaire officiel, partie réglementaire, 1er semestre 1875, n° 11, p. 172).

OUTILS.

1º *Infanterie.*

Par suite de l'insuffisance numérique des troupes du génie, les corps d'infanterie doivent pouvoir eux-mêmes se frayer ou détruire des passages, préparer un champ de bataille ou retrancher leurs positions. Tous les corps d'infanterie sont donc munis d'outils dits :

1º Outils portatifs de compagnie ; — 2º Outils portatifs de sapeurs hors rang ; — 3º Outils portés par les animaux de bât ; — 4º Outils portés par les voitures de pionniers.

Composition des assortiments et des chargements.

1º *Outils portatifs de compagnie.* — L'assortiment d'outils portatifs de compagnie comprend 48 outils pourvus de leurs manches et de leurs étuis, savoir :

Outils de destruction.	4 pics (modèle infanterie). Poids d'un pic	1ᵏ,400
	3 haches (modèle infanterie). Poids d'une hache.	1ᵏ,440
	1 scie articulée (modèle du génie).	
Outils de terrassiers.	8 pioches (modèle infanterie). Poids d'une pioche.	1ᵏ,240
	32 bêches (modèle infanterie).	

Chaque escouade reçoit 3 outils (1 outil de destruction ou 1 pioche, et 2 bêches). — Les étuis sont disposés de façon que l'outil peut être porté sur le sac ou le ceinturon.

2º *Outils portatifs de sapeurs hors rang.* — Les sapeurs sont hors rang et ouvriers d'art ; ils reçoivent un assortiment de 13 outils savoir :

1 scie articulée pour le caporal sapeur (modèle du génie).

6 pics (modèle de l'infanterie).

6 haches (modèle du génie).

3º *Outils portés par les animaux de bât.* — Un mulet par compagnie portant :

12 pioches de parc emmanchées (modèle des parcs du génie).

18 pelles rondes emmanchées (modèle des parcs du génie).

Soit : 30 outils de terrassiers.

Ces outils sont portés à l'aide de deux ellipses de modèle en usage dans le génie.

4° *Outils portés par les voitures.* — La voiture régimentaire d'outils de pionniers (une par régiment d'infanterie), porte : 20 haches de bûcheron emmanchées ; 25 pioches emmanchées ; 50 pelles rondes emmanchées ; 20 serpes emmanchées ; 5 scies passe-partout ; 2 pinces de 0^m,60 ; 1 pince de 1^m,25 ; 40 manches de rechange pour haches, pioches et pelles rondes ; 1 caisse d'outils d'artillerie.

La caisse d'outils d'artillerie contient :

Outils de mineurs.	1 masse à tranche.	
Outils d'ouvriers en fer.	1 burin de serrurier. 1 pince coupante. 1 pince plate. 1 bédane de 9 millimètres. 1 ciseau bédane de 28 millimètres.	Ces outils d'artillerie sont destinés à effectuer les réparations les plus urgentes au matériel roulant de l'infanterie.
Outils d'ouvriers en bois.	1 ciseau de charpentier. 1 hache à main. 2 limes tire-points. 1 marteau de charpentier. 1 plane de charron. 1 rénette tourne-à-gauche. 1 scie à couteau. 2 poignées de scies passe-partout. 1 tarière creuse. 1 tarière torse. 1 tenaille de menuisier. 2 vrilles.	Ils peuvent être utilisés pour ouvrir des créneaux dans les portes et les barricades, pour construire des ponts de circonstance, pour établir des profilements, des palissadements, etc., etc.
Outils divers.	1 pierre à affiler. 2 kilog. de pointes.	

NOTA. — Ne pas confondre ces quatre catégories d'outils avec ceux qui font partie des accessoires de toute voiture.

La voiture d'outils de pionniers porte comme marque distinctive : *Voiture régimentaire*, et comme marque complémentaire : *Outils de pionniers*, X Corps, X Division, X Brigade, X régiment.

2° *Génie.*

Le corps d'armée dispose, en outre, des outils portatifs : 1° des 1/2 compagnies divisionnaires de sapeurs-mineurs et de leurs parcs; 2° de la compagnie de réserve et de son parc; 3° du parc de réserve du génie du corps d'armée.

Tableau de l'assortiment d'outils portatifs d'une compagnie de sapeurs-mineurs.

(Décision ministérielle du 1er juin 1875).

NATURE DES OUTILS.	NOMBRE DE CHARGEMENTS (1).	DÉTAIL DES OUTILS.	QUANTITÉS.
Outils de terrassiers et tranchants..	150	Haches......................	38
		Pelles......................	50
		Pioches.....................	50
		Serpes......................	12
Outils d'ouvriers en fer..	6	Masses à tranches et burin....................	2
		Pinces coupant du devant, pinces plates, 50 mèt. de cordeau à tracer.....................	4
Outils d'ouvriers en bois..	18	Ciseaux de charpentier et compas.................	2
		Hachettes...................	4
		Marteaux de charpentier et 75 pointes.....	4
		Planes et 2 pelotes de ficelle....................	2
		Scies articulées et lime à couteau..................	2
		Scies égohines et lime à tiers-point..............	2
		Tarières et 2 vrilles....	2

(Les outils d'ouvriers en fer et en bois sont généralement portés par les caporaux et les maîtres-ouvriers).

Ces 174 chargements doivent être répartis également entre les deux demi-compagnies.

Chaque sergent reçoit *un mètre pliant* et 4 d'entre eux ont, en outre, *un décamètre à ruban*.

La voiture de section comprend dans son chargement trois caisses. Il y a 100 pelles rondes et 30 pioches hors caisses et 20 pioches emmanchées dans le coffre d'arrière.

En somme, une compagnie de sapeurs-mineurs peut disposer, en outre de ses outils d'art, de 250 pelles rondes et 150 pioches.

Dans les énumérations qui précèdent, ne sont pas compris les outils de pionniers (haches, pelles, pioches, etc.), que l'artillerie transporte dans les batteries, les deux échelons de parc et l'équipage de pont, et qui ont pour objet de lui permettre d'exécuter ses terrassements sans recourir au service du génie.

____

(1) Le mot *chargement* est pris comme synonyme d'outil.

Tableau récapitulatif des ressources en outils dans les différents parcs du génie et portés par les sapeurs-mineurs.

NATURE DES OUTILS ET OBJETS	Au grand parc du génie	À LA RÉSERVE DU CORPS D'ARMÉE — Au parc	À LA RÉSERVE — Sur les voitures de sapeurs-mineurs	À LA RÉSERVE — Portés par les hommes	DANS CHAQUE DIVISION — Sur la voiture de sapeurs-mineurs	DANS CHAQUE DIVISION — Portés par les hommes
Pelles { rondes	4.200	1.050	240	50	100	25
Pelles { carrées	806	472	5	»	2	»
Pioches	2.435	530	100	50	30	25
Pics à tête	536	35	6	»	3	»
Haches { de bûcheron	805	175	16	»	8	»
Haches { de charpentier	35	35	8	»	4	»
Haches { à main	128	»	»	38	»	19
Serpes	1.285	315	30	12	15	6
Scies (diverses)	»	28	12	2	6	1
Scies articulées	20	»	»	2	»	»
Outils d'ouvriers en fer	400	»	»	6	»	»
Outils d'ouvriers en bois	650	»	»	14	»	»
Caisses contenant { Outils de mineurs, de maçons et des instruments de lever	40	»	4	»	2	»
Caisses contenant { Cordages, agrès de pont, appareils d'éclairage, gabarits de chevalets rapides	16	4	2	»	1	»
Crics de voiture	30	4	2	»	1	»
Poudre	400	»	2	»	»	»
Dynamite	900	300	13.800 chevaux de bât.	»	21.900 cheval de bât.	»

NOTA. — Les outils portatifs du génie et d'infanterie, formant le chargement d'une prolonge ad hoc, ne sont pas compris dans ce tableau. Ce sont de simples rechanges.

Tableau des ressources, en outils, dans les différentes unités constituées du corps d'armée.

DÉSIGNATION DES UNITÉS CONSTITUÉES.	NATURE DES OUTILS ET OBJETS.		Dans les voitures régimentaires.	Sur les chevaux de bât.	Portés par les hommes.	OBSERVATIONS.
1 compagnie d'infanterie……	Outils de terrassiers…	Pelles………………	»	48 } 30	32 } 40	
		Pioches……………	»	12	8	
	Outils de destruction.	Pics………………	»	»	4 }	
		Haches……………	»	»	3 } 8	
		Scies articulées………	»	»	1	
Bataillon d'infanterie (ou de chasseurs)………………	Outils de terrassiers………		»	120	160	
	Outils de destruction………		»	»	32	
1 régiment d'infanterie (3 bataillons)………………	Outils de terrassiers…	Pelles………………	50 } 75	360	480	
		Pioches……………	25			
	Outils de destruction.	Pics………………	»			
		Haches……………	20			
		Scies………………	5 } 48 (1)	»	108 (2)	
		Serpes……………	20			
		Pinces……………	3			

(1) La voiture régimentaire contient, en outre, 40 manches de rechange pour pelles, pioches et haches, et 1 caisse d'outils d'ouvriers d'artillerie.
(2) Y compris ceux portés par le caporal-sapeur et les 12 sapeurs du régiment.

Tableau des ressources, en outils, d'une division d'infanterie (sans bataillon de chasseurs, mais avec une demi-compagnie divisionnaire du génie), sans recourir au parc de corps.

NATURE DES OUTILS.	QUANTITÉ.	NATURE DES OUTILS.	QUANTITÉ.
Outils de terrassiers.	1,920 portatifs, 1,942 du modèle des parcs.	Outils de destruction.	219 pics divers, 2.3 haches div. 80 scies div. 101 serpes. 20 pinces div.
Total... 3,862		Total... 703	

Tableau des ressources, en outils, d'un corps d'armée (composé de deux divisions d'infanterie, d'un bataillon de chasseurs et d'une compagnie de réserve du génie), sans recourir au parc d'armée.

NATURE DES OUTILS.	QUANTITÉ.	NATURE DES OUTILS.	QUANTITÉ.
Outils de terrassiers.	4,000 portatifs, 6,320 du modèle des parcs.	Outils de destruction.	493 pics divers, 850 haches div. 204 scies div. 559 serpes. 40 pinces div.
Total... 10,320		Total... 2,152	

Destination des outils.

Hache à main, hache de bûcheron. — Poser et faire des abatis, détruire des obstacles (palissades, barrières, portes, etc.), couper le bois nécessaire aux travaux de campement.

Pelle carrée à manche court. — Pour travailler, en s'aidant du pic, à la réparation des chemins, l'adoucissement des pentes, etc.

Pelles rondes, pioches. — Pour travailler aux retranchements, à la réparation des routes ou à la création des routes de colonne.

Pic à tête. — Pour s'attaquer à la maçonnerie, ouvrir des créneaux, aider à la destruction des obstacles, forcer les serrures.

Serpes. — Pour élaguer et appointer les abatis, construire des défenses accessoires comme petits piquets, réseaux de fil de fer, etc.

Pinces. — Pour servir, concurremment avec les pioches, à ouvrir des créneaux dans les murs, à démolir certaines défenses accessoires, à déplacer les gros blocs de pierre, etc.

Scie passe-partout, scie articulée. — Pour couper les arbres, détruire les barrières, etc.

Documents consultés. — Journal militaire. — Matériel de campagne des troupes du génie, de Thival. — Conférences régimentaires de Versailles.

SUBSISTANCES.

Vivres et fourrages.

VIVRES.

| Base des allocations journalières. | { 1 ration par homme de toute arme.
{ 1 1/2 ration par officier de tout grade. |

Composition.

Vivres, pain.	Biscuit.	0ᵏ,735	{ (550 gr. pour repas. { 185 gr. pour soupe).
	ou Pain.	0ᵏ,750	
	ou Pain biscuité. .	0ᵏ,700	
Vivres, viande.	Viande de conserve.	0ᵏ,200	{ (gelée ou bouillon com- { pris).
	ou Bœuf salé. . . .	0ᵏ,300	
	ou Lard salé. . . .	0ᵏ,250	

Vivres de campagne ou petits vivres.

Riz.	0ᵏ,030		
Légumes secs. . . .	0ᵏ,060		Le riz et les légumes
Sel.	0ᵏ,016		sont délivrés alter-
Sucre.	0ᵏ,021	0ᵏ,063.	nativement dans
Café torréfié. . . .	0ᵏ,016		la proportion de
ou Café vert. . . .	0ᵏ,019		3 jours de riz pour 2 de légumes.

FOURRAGES. — *Décision du 27 juillet 1875.*

	PIED DE GUERRE.			MANŒUVRES.		
	Foin.	Paille.	Avoine.	Foin.	Paille.	Avoine.
Etats-majors, trains régimentaires et autres, transports auxiliaires, trésorerie et postes. . .	4ᵏ	2ᵏ	5ᵏ80	3ᵏ	»	3ᵏ55
Cavalerie de réserve, artillerie.	4	2	5 60	3	»	5 35
Cavalerie de ligne, chevaux des officiers d'infanterie, de santé, d'administration. . . .	4	2	4 80	4	»	5 05
Cavalerie légère. . .	3	2	4 75	4	»	4 50
Mulets, quelle que soit l'arme.	3	2	4 50	4	»	4 25

Les fixations du pied de guerre sont réglementaires, mais n'ont rien d'absolu. Elles demeurent subordonnées aux ressources.

« Le général en chef peut apporter des modifications,

autoriser des substitutions ou des distributions extraordinaires. » (*Règlement sur le service en campagne. — Projet*).

Le taux de fixation des diverses denrées qui entrent dans la composition des rations peut être modifié par le général en chef sur la proposition de l'intendant de l'armée, lorsque les circonstances et la nature des produits du pays occupé rendent cette mesure nécessaire. (*Art.* 1004 *du règlement du 26 mai 1866 sur le service des subsistances*).

Tout changement dans la composition ou la quotité de la ration est mis à l'ordre.

En chemin de fer :

	Foin.	Avoine.
Chevaux et mulets.	3 kil.	2 kil.

Sur navires (Instruction du 31 janvier 1864) :

	État-major, cav. de rés., artillerie, génie, trains.	Cav. de ligne et autres chev. français.	Chevaux arabes et mulets.
Foin.	$3^k,500$	$3^k,000$	$2^k,500$
Orge ou avoine.	$2^k,500$	$2^k,000$	$1^k,750$
Farine d'orge. .	$1^k,500$	$1^k,500$	$1^k,500$
Son.	$0^k,500$	$0^k,500$	
Eau	16 litres.	16 litres.	15 litres.

Dans les deux premiers jours de l'embarquement, la ration est diminuée de $1^k,500$ de foin, et 1 kilog. de grains est substitué en quantité équivalente de farine d'orge pour barbotage. — En cas de grandes chaleurs, la ration d'eau, fixée normalement à 15-16 litres, est portée à 20 litres.

(*Pour les Substitutions*, voir page 176).

Approvisionnements en vivres et fourrages des troupes mobiles.

1° VIVRES DU SAC OU DU BISSAC (1).

a) Troupes comprises dans le corps d'armée.

Au départ de la garnison.

2 jours de pain, — 2 jours biscuit, — 4 jours petits vivres (3 jours riz, 1 jour légumes secs), — 1 boîte de viande de conserve de 5 rations (2), pour infanterie de

---

(1) Décisions ministérielles du 19 avril et du 1er décembre 1879, *J. M.*

(2) Lorsque la composition de la boîte de conserve aura été réduite à quatre rations, il n'en sera distribué qu'une seule pour

ligne, chasseurs à pied, zouaves, tirailleurs algériens. — Régiment de cavalerie de corps. — Artillerie, train d'artillerie, train des équipages militaires. — Génie. — Secrétaires d'état-major, commis et ouvriers d'administration, infirmiers.

Ces vivres sont portés sur l'homme dans les troupes à pied, sur le cavalier et sur le cheval dans les troupes montées.

Les 2 jours de pain sont consommés pendant le trajet sur les voies ferrées; renouvelés à la station halte-repas la plus voisine du point de débarquement, ils servent, concurremment avec 2 des 4 jours de petits vivres emportés au départ, à assurer la subsistance des hommes pendant les 2 premiers jours de la période de concentration, à l'expiration desquels les vivres du sac se trouvent réduits à leur taux normal indiqué ci-dessous :

En cours d'opérations.

2 jours biscuit, 2 jours petits vivres, 1 boîte de conserves, pour toutes les troupes indiquées ci-dessus, à l'exception des régiments de cavalerie de corps qui ne portent plus que : 1 jour biscuit, 1 jour petits vivres, 1 jour de viande de conserve.

b) *Cavalerie indépendante.*

Au départ de la garnison.

2 jours pain, — 2 jours biscuit, — 4 jours petits vivres, — 1 boîte de conserves.

En cours d'opérations.

Même composition que la cavalerie de corps.

Les batteries à cheval et les détachements du train des équipages attachés aux divisions de cavalerie indépendantes portent les mêmes quantités de vivres que les régiments qu'ils accompagnent.

Fourrages.

Troupes comprises dans le corps d'armée et cavalerie indépendante.

Au départ de la garnison.

2 jours 1/2 d'avoine au taux du pied de guerre, 2 jours de foin pour la cavalerie.

---

deux hommes, de sorte que tous les vivres de sac seront alignés au même taux.

3 jours d'avoine, 2 jours de foin : pour artillerie, train d'artillerie, train des équipages militaires, génie (hommes montés).

2 jours d'avoine et les 2 jours de foin sont destinés à assurer la nourriture pendant le trajet sur les voies ferrées. La fixation se trouve ensuite réduite à son taux normal indiqué ci-dessous.

En cours d'opérations.

1/2 jour d'avoine pour la cavalerie de corps.

1 jour d'avoine pour l'artillerie, les trains et le génie (hommes montés).

1/2 jour d'avoine pour la cavalerie indépendante.

« En temps normal de campagne, 2 jours de vivres
« dans le sac et un repas dans l'étui-musette suffisent,
« avec la boîte de conserves et les 2 jours portés sur les
« voitures régimentaires. Les généraux auront d'ailleurs
« la faculté de faire prendre des vivres pour 1-2 jours
« de plus, mais seulement dans les cas exceptionnels
« où ils jugeront cette mesure absolument indispensa-
« ble au succès de leurs opérations. » (Circulaire du
22 février 1875, *J. M.*).

2° Train régimentaire (1er *échelon des vivres de* 1re *ligne*).

Moyens de transport pour : 2 jours biscuit, vivres de campagne, avoine; 1 jour de viande de conserve. — Ils sont constitués de la manière suivante :

	Voiture rég. à 1 cheval.	Fourgon à 2 chevaux.
Quartier général de corps d'armée.	7	»
Quartier général de division d'infanterie.	3	»
Quartier général de division de cavalerie indépendante.	»	1
Quartier général de brigade d'infanterie (1).	»	»
Régiment d'infanterie.	17	»
Génie divisionnaire.	1	»
Batteries divisionnaires et état-major.	»	12
2 sections de munitions d'infanterie.	»	6

(1) Vivres portés par un des régiments de la brigade.

	Voiture rég. à 1 cheval.	Fourgon à 2 chevaux.
4 sections de munitions d'artillerie.	»	12
Parc d'artillerie (2e échelon). .	»	19
Ambulances, subsistances, habillement et campement (1).	»	»
État-major de brigade de cavalerie et ambulance.	3	»
1 régiment de cavalerie (de corps).	»	12
1 régiment de cavalerie (division indépendante).	»	6
Bataillon de chasseurs.	6	»
Artillerie de corps et état-major.	»	27
Réserve et parc du génie. . .	3	»

Ce matériel roulant porte comme marque distinctive :

Voitures régimentaires,

ou :

Fourgon des équipages militaires,

et comme marque complémentaire :

Service des subsistances,

X^e corps, X^e division, X^e brigade, X^e régiment, etc.

Le chargement maximum est pour :

		Voiture rég.	Fourgon.
Nombre de rations de	biscuit.	528 (8 caisses)	857 (13 caisses)
	pain biscuité.	715	1000
	pain.	666	930

Les 7 voitures régimentaires du *quartier général de corps d'armée* sont chargées :

1 voiture.	biscuit (8 caisses).		5 qx.
1 voiture.	biscuit (2 caisses). .	1 q. 25k	}
	conserves (2 caisses).	1 13	} 4 qx. 35 kg.
	vivres de campagne.	0 60	}
	avoine	0 37	}
5 —	avoine (chacune à 7 sacs de 71k,100).		4 qx. 97 kg.

7 voitures.

<hr>

Les 3 voitures régimentaires du *quartier général d'une division d'infanterie* sont chargées :

1 voiture.
{ biscuit (4 caisses) . . 2 q. 50^k }
{ conserves (1 caisse). 0 56 }
{ vivres de campagne. 0 28 } 4 qx. 60 k^g.
{ avoine.. . . . . 1 26 }

2 — { avoine (chacune à 7 sacs de 71^k,100). . . . . 4 qx. 97 k^g.

____

3 voitures.

Les 17 voitures du *régiment d'infanterie* se divisent en 2 sections de 8 voitures. Le chargement de chaque section correspond à un jour de vivres complet. La 17e voiture porte l'avoine.

Composition du chargement d'une section.

1 jour de biscuit,	48 caisses.	30 qx. 00	6 voitures.
1/2 jour conserve de viande. . .	8 caisses.	4 75	1 —
Vivres de campagne.	6 sacs . .	3 04	
Conserves de viande.	1 caisse.,	0 56	1 —
Avoine.	2 sacs . .	1 42	
2e section (composition semblable).			8 —
Avoine.	5 sacs . .	3 qx. 55	
Biscuit.	1 caisse.,	0 62	1 —
Mobilier	»	0 12	

____

17 voitures.

Le chargement de deux jours de vivres du *régiment de cavalerie de corps* est réparti ainsi qu'il suit :

2 jours de biscuit.	12 caisses.	7 qx. 50	1 fourgon.
Biscuit.	2 —		
1/2 jour de conserves.	2 —	7 38	1 —
2 jours de vivres de campagne.			
1/2 jour de conserve,	2 caisses.	6 00	1 —
2 jours { avoine			
{ avoine.. . 90 sacs.. .	164 00	9 —

____

12 fourgons.

3° a) CONVOI ADMINISTRATIF DE LA DIVISION (2° *échelon des vivres de 1re ligne*), divisé en 4 sections, chaque section portant :

1 jour. . . { biscuit . . . .
 vivres de campagne. . . .
 avoine. . . . . } soit ensemble } 4 jours.

1/2 jour. . { conserve de viande. . . . . .
 eau-de-vie . . . . } } 2 jours.

Composition du convoi administratif divisionnaire (1).

Personnel.

4 officiers d'administration des subsistances, 4 chevaux.

88 ouvriers militaires. { 4 commis aux écritures.
 50 boulangers.
 2 meuniers.
 6 tonneliers.
 16 bouchers et toucheurs.
 10 botteleurs.

Train (détachement de la 1re (3e) compagnie (montée).

3 officiers (dont 2 de réserve).
247 sous-officiers, brigadiers et soldats.
393 chevaux (selle et trait).

Total. . . 342 hommes (officiers et troupe), 397 chevaux.

Matériel.

139 voitures dont 66 de réquisition. { 45 fourgons à 2 chevaux (dont 1 pour le pers. et le mat. des subs.) (2).
 24 chariots de parc à 4 chevaux.
 1 chariot de parc à 4 chevaux (pour les besoins particuliers du détachem.).
 2 forges à 4 chevaux.
 1 chariot fourragère à 4 chevaux (pour le service de la comp. du train).
 64 voitures de réquisition à 2 chevaux (pour vivres)
 1 voiture de réquisition à 2 chevaux (pour le mat. et le pers. des subs.).
 1 voiture de réquisition à 2 chevaux (pour le service de la boucherie).

---

(1) Tableau extrait des *Petites Études de guerre*.

(2) Les fourgons renferment, de préférence, les denrées qu'il importe de préserver des intempéries.

Il est affecté à chaque division d'infanterie 2 collections, dites *séries de marche*, de composition identique, comprenant en matériel et mobilier tous les objets nécessaires pour l'exécution journalière du service (appareils d'abatage, outils de dépeçage, balances, mesures, moyens d'éclairage, etc.). En cas de fractionnement de la division, une série peut être attribuée à chaque brigade.

b) Convoi administratif des subsistances du quartier général (2ᵉ *échelon des vivres de 1ʳᵉ ligne*).

Remplace le précédent pour les troupes non endivisionnées du corps d'armée. — 185 voitures formant 4 sections, dont chacune porte un jour de vivres. — La cavalerie trouvera, à de très rares exceptions près, à vivre sur le pays; toutefois, c'est sur ce convoi qu'on prélèverait, le cas échéant, le convoi destiné à accompagner la brigade de cavalerie du corps d'armée.

Convoi administratif du quartier général.

Personnel.

5 officiers d'administration des subsistances..	5 chevaux.
69 commis et ouvriers d'administration (au service du convoi).	
130 commis et ouvriers d'adm⁰ⁿ (à la réserve).	
1 officier supérieur commandant le train des équipages du corps d'armée.	2 chevaux.
1 lieutenant (sous-lieutenant) adjoint. . . .	1 cheval.
Détachement de la 2ᵉ compagnie (montée), (1ʳᵉ moitié du convoi).	
3 officiers..	4 chevaux.
171 hommes.	263 chevaux (selle et trait).
Détachement de la 1ʳᵉ compagnie (montée), (2ᵉ moitié du convoi).	
4 officiers..	5 chevaux.
175 hommes.	263 chevaux (selle et trait).
Total : 574 hommes (officiers et troupes).	543 chevaux.

Matériel.

(Composition d'une moitié).

<table>
<tr><td rowspan="9">92 voitures
dont 39
de
réquisition.</td><td>34 fourgons à 2 chevaux (pour vivres).</td></tr>
<tr><td>14 chariots de parc à 4 chevaux (pour vivres).</td></tr>
<tr><td>38 voitures de réquisition à 2 chevaux (pour vivres).</td></tr>
<tr><td>1 voiture de réquisition à 2 chevaux (pour le service de la boucherie).</td></tr>
<tr><td>1 voiture de réquisition à 2 chevaux (pour le personnel et le matériel des subsistances).</td></tr>
<tr><td>2 forges à 4 chevaux. . ⎫
1 chariot de parc à 4 chevaux . . . . . ⎬ (Pour le service des compagnies du train).
1 chariot fourragère à 4 chevaux . . . . . ⎭</td></tr>
</table>

Total : 185 voitures (dont 1 de cantinière).

La viande fraîche (quantité suffisante pour la consommation de la colonne pendant les 24 heures), se transporte sur pied entre l'avant-garde et le gros. Des bouchers et une voiture portant leurs outils accompagnent le troupeau. L'abatage a lieu dès que le bétail est arrivé au point de distribution. Celle-ci commence aussitôt. — Faire en sorte d'avoir 2 ou 3 points de distribution.

Le matériel des convois porte les mêmes marques que ci-dessus avec cette variante de la *marque complémentaire :*

SERVICE DES SUBSISTANCES

X^e corps. — X^e division.

Convoi administratif.

X^e section.

Récapitulation des vivres et fourrages, des troupes mobiles en cours d'opérations.

1° *Vivres du sac ou du biscac.* — 2 jours biscuit; 2 jours petits vivres ; 3 jours conserves de viande; 1 jour avoine.

2° *Convoi régimentaire.* — 2 jours biscuit; 2 jours petits vivres ; 1 jour conserves de viande; 2 jours avoine.

Report. 4

A reporter. 4

3° *Convoi administratif.* — 4 jours biscuit ; 4 jours petits vivres ; 2 jours conserves de viande ; 2 jours eau-de-vie ; 4 jours avoine.

Total : 8 jours biscuit ; 8 jours petits vivres ; 8 jours de conserves de viande ; 2 jours eau-de-vie ; 7 jours avoine pour toutes les troupes, sauf pour les régiments de cavalerie de corps d'armée qui ne portent plus, comme vivres du bissac, que : 1 jour biscuit ; 1 jour petits vivres ; 1 jour de conserves de viande ; 1/2 ration d'avoine.

Les divisions de cavalerie indépendantes ont aussi : 1 jour biscuit ; 1 jour petits vivres ; 1 jour conserve de viande ; 1/2 ration d'avoine. « Leur convoi de vivres de réserve est formé par la réunion des fourgons régimentaires à vivres du quartier général, des régiments de cavalerie et des batteries à cheval. Ce convoi est placé sous les ordres d'un officier que désigne le général de division et auquel est adjoint le cadre de conduite, qui marche avec les équipages du quartier général lorsque le convoi n'est pas constitué. — C'est au général de division qu'il appartient, soit de prescrire la formation du convoi, soit d'en ordonner la dislocation ; il peut, du reste aussi, suivant les circonstances, grouper dans chaque brigade les voitures à vivres des deux régiments et y adjoindre celles d'une batterie à cheval, de manière à former des convois de vivres de réserve de brigade. — Quant aux convois auxiliaires qui peuvent être formés éventuellement pour une division de cavalerie indépendante, notamment lorsqu'elle est dans les lignes de l'armée et non plus en avant de ces lignes, ils sont constitués exclusivement avec des voitures, des chevaux et des conducteurs de réquisition. »

Il est attaché à la division, pour le service éventuel de ce convoi, un personnel de 4 officiers ou adjudants d'administration, 19 commis et ouvriers militaires d'administration, 1 fourgon à 2 chevaux pour bagages (1).

(Pour l'*alimentation pendant les transports*, voir *Chemins de fer.* — Pour les *Approvisionnements de siège* et bases de leur fixation, voir déc. minist. du 14 décembre 1879, *Journal milit.*).

------

(1) *Aide-mémoire de l'officier d'état-major en campagne*, reproduit par A. Mariotti. — *Notes sur le service dans les états-majors.*

Du ravitaillement.

En pays ennemi, la nourriture est fournie autant que possible par l'habitant (*Instr. pratique, art.* 80).

Hors ce cas, c'est par les voitures de 1re ligne sans cesse réapprovisionnées que les troupes doivent subsister. Les vivres du sac ne sont utilisés que comme dernière réserve.

En principe, c'est le train régimentaire qui fournit aux distributions journalières, quand les ressources du pays sont insuffisantes (*Instr. prov. du* 1er *juillet* 1877 *sur les Marches*).

En station, les voitures du train régimentaire sont auprès des unités auxquelles elles appartiennent. En marche, elles suivent la colonne à une distance variable, qui ne saurait être inférieure à 1,500 mètres. A moins d'ordres contraires, elles rejoignent leurs corps à la fin de chaque étape.

Les convois administratifs sont chargés de ravitailler le train régimentaire. Leur mission peut être définie: un service de roulage entre les points de chargement et les colonnes.

Pendant qu'une partie des sections se charge aux centres d'approvisionnements, les autres (1 ou 2 de chaque convoi) suivent à une distance désirable de 10 kilomètres de la queue de la colonne pour une division, de 15 kilomètres pour un corps d'armée.

On se ravitaille toujours pendant les séjours, mais souvent on est forcé de le faire aussi pendant les journées de marche.

Pour une colonne de division, cette opération a lieu le soir autant que possible; pour une colonne de corps d'armée, le matin, pendant la mise en route de la colonne de combat. Les sections gagnent alors de nuit les points de distribution. En tout cas, éviter les transbordements de nuit.

Choisir pour centre de distribution un point central ou très rapproché des positions, d'accès facile. Déterminer l'ordre dans lequel s'y présenteront les corps et les groupes sous la conduite de leurs officiers d'approvisionnement. Quand le chargement a lieu le matin, les hommes de corvée servent d'escorte pendant l'étape.

Veiller à ce que les voitures régimentaires ne soient amenées au centre de distribution qu'à partir du moment où la zone à traverser est entièrement évacuée par les troupes; à ce que les sections des convois soient conduites, sans fausses directions, sur les points de distributions désignés (*Instr. provisoire sur les Marches, du 1ᵉʳ juillet* 1877).

Les convois administratifs se ravitaillent eux-mêmes, soit aux magasins constitués dans le pays par voie d'achat ou de réquisition, soit au moyen des ressources tirées des *stations-magasins* ou apportées par les *en-cas mobiles* tenus constamment chargés en avant de ces stations (*Règlement sur les transports par chemins de fer, du* 1ᵉʳ *juillet* 1874, *art.* 124-131).

Un ordre de l'état-major du corps d'armée détermine, d'après les propositions du sous-intendant, l'heure de ravitaillement et règle les tours des corps et des groupes suivant leurs emplacements.

Un officier d'état-major et *un fonctionnaire de l'intendance* assistent, autant que possible, aux ravitaillements pour s'assurer du poids et de la qualité des denrées et pour faire droit, sur-le-champ, aux réclamations.

L'officier d'approvisionnement prend charge des quantités qui lui sont remises, conduit son convoi au lieu de distribution, y reçoit les bons des capitaines et remet à chaque compagnie, escadron ou batterie le nombre de rations d'hommes et de chevaux qui lui appartient. *L'officier de jour*, chargé des distributions du régiment, préside à la distribution. Celle-ci est faite ensuite aux rationnaires, dans chaque compagnie, escadron ou batterie, par le fourrier sous la surveillance et la responsabilité du capitaine (*Extr. du projet de règlement sur le service en campagne*).

Dans le cas où l'épuisement ou l'éloignement des convois obligent à vivre sur le pays, les officiers d'état-major et les fonctionnaires de l'intendance préparent l'opération par des explorations spéciales.

L'opération est surveillée par des officiers de l'état-major ; ils veillent à ce que les réquisitions portent exactement sur les denrées, fourrages et bois de chauffage, à ce que les maisons ne soient ni dévastées, ni pillées (1).

Le général en chef et les commandants de corps d'armée ont seuls le droit d'autoriser la nourriture chez l'habitant moyennant un prix de journée (*Idem.*).

Les cavaliers isolés en estafettes ou les postes de correspondance sont nourris autant que possible chez l'ha-

---

(1) Les maisons où logent les généraux sont exemptes de ces visites, mais les propriétaires demeurent tenus de fournir leur quote-part dans les contributions générales (*Service en camp.*, art. 165).

bitant. A cet effet, ils reçoivent d'avance des ordres de réquisition et des bons à souches, signés par le chef du détachement auquel ces cavaliers appartiennent (*Idem.*).

Pour faciliter l'exécution de cette disposition, les carnets d'ordres de réquisition portent, au nombre de leurs mentions, celle de 1/2 *journées de nourriture* d'homme ou de cheval.

Des bons.

Les *bons* sont établis et souscrits : dans les corps, par l'officier payeur sur la présentation des bons de compagnie (1) ; pour les parties prenantes isolées par elles-mêmes ; pour les ordonnances, secrétaires, etc., par l'officier ou fonctionnaire auprès desquels ils sont employés. (Les généraux peuvent déléguer leurs aides-de-camp.)

Les bons sont distincts par nature de denrée, c'est-à-dire qu'ils doivent être établis distinctement pour :

le pain,
biscuit,
riz, légumes, sel (autant de colonnes que de sortes de denrées),
sucre et café,
viande fraîche,
viande salée (distinguer bœuf ou lard) et conserve de viande,
vin et eau-de-vie,
fourrages (toutes les denrées de la ration sur le même bon en distinguant par nature).

Lorsque les rations de vivres sont fournies par un même comptable ou entrepreneur, on peut comprendre toutes les denrées sur le même bon. Les bons doivent être, dans les 24 heures de leur date, visés par le sous-intendant et touchés, — présenter l'effectif réel des présents, — indiquer le numéro du corps ou le nom de la partie prenante, — porter le total en toutes lettres, — ne pas comprendre des journées de plusieurs mois, — ne pas être établis au titre de divers corps ou parties prenantes isolées.

(Pour le mode de perception à l'égard du personnel des quartiers généraux, voir page 22).

---

(1) D'après les nouvelles dispositions du *Projet de règlement sur le Service en campagne*, les bons, établis par les capitaines et visés par l'officier faisant fonctions de major, sont remis directement à l'officier d'approvisionnement.

Substitutions.

(Décision ministérielle du 27 juillet 1875).

A. *Denrées normales* (1).

Foin, en

Sainfoin, poids pour poids. } Jusqu'à concurrence de
Luzerne,   —   } 1/2 de la ration réelle.
Paille, double du poids.
Paille ou orge, 1/2 du poids
Carottes, triple du poids.

Paille de froment, en

Paille de seigle.
— d'orge. } Poids pour poids jusqu'à concur-
— d'avoine. } rence des 2/5 de la ration réelle.
Foin, moitié du poids.
Avoine ou orge, 1/4 du poids.

Avoine (ou *Orge*), en

Foin et fourrages artificiels, double du poids.
Paille, quadruple du poids.
Orge, poids pour poids, jusqu'à concurrence de 1/4
de ration pour chevaux français.
Son, 1/2 en sus.
Farine d'orge, 8/10 du poids.

B. *Denrées similaires.*

Peuvent être distribués comme remplacement :

Orge, seigle,
blé, maïs, sarrazin, } Poids pour poids à l'avoine et en-
vesces, féverolles. } trer pour 1/4 dans la ration.
Trèfle, spergule,
vesces, millet, } Poids pour poids au foin et entrer
trèfle incarnat. } pour 1/3 dans la ration.
Carottes. { 6 ^{k} pour 1 ^{k} avoine, } à condition de ne pas dé-
{ 3 — 1 foin, } passer 3 kil. de la den-
{ 2 — 1 paille, } rée fourragère par jour.

Notes sur les diverses denrées et leur rendement.

Viande :	Poids moyen.	Déchet.	Rations à 250 gr.	
Bœuf. . . .	340 k.	40 %	800	(1 bataillon)
Vache . . .	240 »	44 %	320	
Veau. . . .	75 »	40 %		
Mouton . . .	21 »	47 %	60	
Porc gras. .	93 »			

<hr>

(1) Ces indications n'ont rien d'absolu et peuvent être modifiées par des décisions ministérielles spéciales.

Fourrages, grains et combustibles :

Poids :

	Par mèt. cube.	Par hect. (10 = 1 mèt. cube).
Avoine. . . .	480 ᵏ.	48 ᵏ. (soit 2 lit. = 1 ᵏ. — 1 hectolitre = 10 rations à 5 ᵏ.).
Orge.	580 »	58 »
Seigle	670 »	67 »
Blé.	750 »	75 » (soit 121 rations).
Paille. . . .	62 »	»
Foin	65 »	»
Foin compr. .	500-900	»
Bois dur . . .	375 »	»
Houille. . . .	875 »	»

Pour le blé : 105 kil. nettoyés = 102 kil. = 100 kil. de boulange = 80 kil. de farine plus 20 kil. de son.

80 kil. de farine auxquels on ajoute de l'eau (4 eau pour 6 farine) donnent 162 rations à 750 grammes.

Le pain (2 rations à 750 gr. = 1 kil. 500) a 0ᵐ,23 de diamètre et 0ᵐ,08 de hauteur.

1 mètre carré de four contient 20 pains ou 40 rations.

Fourrages verts. — Rendement variable. Le déterminer en fauchant quelques mètres. — 150 hommes fauchent 1 hectare en 1 heure. A défaut de voitures, chaque cheval peut emporter deux trousses de 50 à 60 kilog. — Alloués à raison de 40 à 50 kilog. par ration, comme équivalant à 12 kilog. foin.

Cubage des céréales (blé, orge, avoine).

(Extrait du règlement sur le service des subsistances).

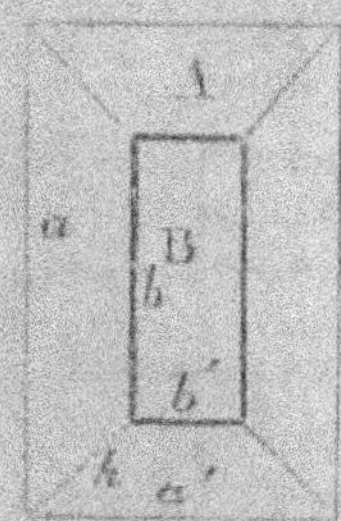

A. Base inférieure.
B. Base supérieure.

$$\text{Volume} = (A + B + \sqrt{A\,B}) \times \frac{H}{3}.$$

2ᵉ *Méthode.* — Prendre la moyenne entre les deux bases et multiplier par la hauteur moyenne.

$$\left(\frac{a\,a' + b\,b'}{2}\right) h,$$

ou $\dfrac{H}{3}\left(a\,a' + b\,b' + \dfrac{a\,b' + a'\,b}{2}\right).$

Fourrages sous hangar :

Volume en mètres cubes = long. $\times$ larg. $\times$ haut.

En meule, ce sont des parallélipipèdes :

Volume = long. $\times$ larg. $\times$ haut., et, si la meule se termine en toit, ajouter : long. $\times$ larg. $\times$ 1/2 haut.

8.

Documents consultés. — Pour toutes les données numéri-
ques : Petites Études de guerre, par un officier de la 10e division. — Notes sur le service des états-majors, par A. Mariotti.
— Journal militaire officiel. — Aide-mémoire à l'usage des officiers d'infanterie et de cavalerie. — Manuel de législation et
d'administration, de Beaugé. — Méthodes de guerre modernes,
du lieutenant-colonel Pierron, etc.

Barême de rations de vivres.

	BISCUIT. Ration de 0k,550.	RIZ. Ration de 0k,030.	HARICOTS. Ration de 0k,060.	SEL ET CAFÉ. Ration de 0k,016.		SUCRE. Ration de 0k,021.	CONSERVES DE VIANDE. Ration de 0k,200.	EAU-DE-VIE. Ration de 0l,06c,25
	kil.	kil.	kil.	kil.		kil.	kil.	lit. c.
1	550	020	020	016	1	021	200	06,25
2	1.100	060	120	032	2	042	400	12,50
3	1.650	090	180	048	3	063	600	18,75
4	2.200	120	240	064	4	084	800	25,00
5	2.750	150	300	080	5	105	1.000	31,25
6	3.300	180	360	096	6	126	1.200	37,50
7	3.850	210	420	112	7	147	1.400	43,75
8	4.400	240	480	128	8	168	1.600	50,00
9	4.950	270	540	144	9	189	1.800	56,25
10	5.500	300	600	160	10	210	2.000	62,50
11	6.050	330	660	176	11	231	2.200	68,75
12	6.600	360	720	192	12	252	2.400	75,00
13	7.150	390	780	208	13	273	2.600	81,25
14	7.700	420	840	224	14	294	2.800	87,50
15	8.250	450	900	240	15	315	3.000	93,75
16	8.800	480	960	256	16	336	3.200	1.00,00
17	9.350	510	1.020	272	17	357	3.400	1.06,25
18	9.900	540	1.080	288	18	378	3.600	1.12,50
19	10.450	570	1.140	304	19	399	3.800	1.18,75
20	11.000	600	1.200	320	20	420	4.000	1.25,00
21	11.550	630	1.260	336	21	441	4.200	1.31,25
22	12.100	660	1.320	352	22	462	4.400	1.37,50
23	12.650	690	1.380	368	23	483	4.600	1.43,75
24	13.200	720	1.440	384	24	504	4.800	1.50,00
25	13.750	750	1.500	400	25	525	5.000	1.56,25
26	14.300	780	1.560	416	26	546	5.200	1.62,50
27	14.850	810	1.620	432	27	567	5.400	1.68,75
28	15.400	840	1.680	448	28	588	5.600	1.75,00
29	15.950	870	1.740	464	29	609	5.800	1.81,25
30	16.500	900	1.800	480	30	630	6.000	1.87,50
40	22.000	1.200	2.400	640	40	840	8.000	2.50,00
50	27.500	1.500	3.000	800	50	1.050	10.000	3.12,50
60	33.000	1.800	3.600	960	60	1.260	12.000	3.75,00
70	38.500	2.100	4.200	1.120	70	1.470	14.000	4.37,50
80	44.000	2.400	4.800	1.280	80	1.680	16.000	5.00,00
90	49.500	2.700	5.400	1.440	90	1.890	18.000	5.62,50
100	55.000	3.000	6.000	1.600	100	2.100	20.000	6.25,00
200	110.000	6.000	12.000	3.200	200	4.200	40.000	12.50,00
300	165.000	9.000	18.000	4.800	300	6.300	60.000	18.75,00
400	220.000	12.000	24.000	6.400	400	8.400	80.000	25.00,00
500	275.000	15.000	30.000	8.000	500	10.500	100.000	31.25,00
600	330.000	18.000	36.000	9.600	600	12.600	120.000	37.50,00
700	385.000	21.000	42.000	11.200	700	14.700	140.000	43.75,00
800	440.000	24.000	48.000	12.600	800	16.800	160.000	50.00,00
900	495.000	27.000	54.000	14.400	900	18.900	180.000	56.25,00
1000	550.000	32.000	60.000	16.000	1000	21.000	200.000	62.50,00

TENUE DE CAMPAGNE.

(Décision ministérielle du 1er décembre 1879).

INFANTERIE ET CHASSEURS. — 1 capote, 1 ceinture de flanelle, 1 pantalon, 1 képi, 1 veste, 1 paire de bretelles, 1 caleçon, 2 chemises, 1 cravate, 2 paires de guêtres (1 en cuir, 1 en toile), 2 mouchoirs, 2 paires de souliers, 1 bouchon de fusil, 1 calotte de coton, 1 courroie de capote, 1 cuiller, 1 étui-musette avec un repas, 1 gamelle individuelle, 1 livret, 1 morceau de savon, 1 quart, 1 paire de sous-pieds, 1 trousse garnie, 1 petit bidon individuel, 2 sachets à vivres, 1 couverture. En outre et par escouade : 4 jeux de brosses, 4 boîtes à graisse, 4 gamelles de campement, 4 marmites de campement, 4 sacs à distribution, 4 seaux en toile, 1 moulin à café. Il y a à ajouter l'armement, les cartouches, les vivres du sac et les outils. Les sous-officiers remplacent la veste par la tunique n° 1.

CAVALERIE. — (*Cuirassiers, dragons, chasseurs et hussards*). 1 ceinture de flanelle, 1 dolman ou tunique, 1 paire d'épaulettes, 1 matelassure de cuirasse, 1 pantalon de cheval, 1 bourgeron, 1 manteau, 1 porte-manteau, 1 casque ou schako, 1 képi, 1 ceinturon de sabre avec dragonne, 1 étui et cordon d'attache pour les militaires armés de revolvers, 1 bretelle de carabine, giberne et banderole pour les militaires armés de la carabine, 2 paires de bottes ou bottines, 1 paire de bretelles, 2 caleçons, 2 chemises, 2 cols (cuirassiers), 1 cravate, 2 mouchoirs, un pompon (chasseurs et hussards), 1 quart, 1 cache-éperons, 1 courroie de manteau, 1 cuiller, 1 calotte de coton, 1 étui-musette, 1 paire de guêtres en toile (cavaliers non montés), les effets de pansage (cavaliers montés), les effets de petite monture, 1 gamelle individuelle, 1 paire de gants, 1 livret, 1 savon, 1 pantalon de treillis, 1 sac à avoine, 2 paires de sous-pieds de rechange, 1 trousse garnie. Comme *campement* : 1 gamelle de campement pour 4 hommes, 1 hachette par brigadier et cavalier de 1re classe, 1 marmite de campement par 4 hommes, 2 sachets à vivres, 1 seau en toile par 2 hommes, 1 moulin à café par 15 hommes. Comme *harnachement* : 1 bissac, 1 botte de carabine, 1 couverture, 1 paire d'entraves, 4 fers et 32 clous, 1 filet à fourrage, 1 musette-mangeoire, 1 piquet, selle et bride, surfaix. Les sous-officiers n'emportent que le dolman n° 1 ou la tunique n° 1.

ARTILLERIE. TRAIN D'ARTILLERIE. TRAIN DES ÉQUIPAGES. — 1 ceinture de flanelle, 1 veste, 1 pantalon de cheval, 1 pantalon d'ordonnance (hommes non montés), 1 bourgeron, 1 manteau ou capote, 1 porte-manteau (les sous-officiers emportent 1 dolman et 1 veste galonnés ainsi qu'un pantalon d'ordonnance), 1 képi, 1 ceinturon avec dragonne et sabre, les effets de grand équipement suivant qu'ils ont la carabine ou le revolver, 1 paire de bretelles, 2 caleçons, 2 chemises, 1 cravate, 1 étui-musette, 1 fouet (conducteur), 2 paires de bottes ou bottines, 1 paire de guêtres en cuir, 2 mouchoirs, 1 quart, 1 cache-éperons, 1 calotte de coton, 1 courroie de capote ou de manteau, 1 cuiller, les effets de pansage, les effets de petite monture, 1 gamelle, 1 paire de gants, 1 livret, 1 morceau de savon, 1 pantalon de treillis, 1 petite besace (montés), 2 paires de sous-pieds, 1 trousse garnie. *Campement* : pour 4, 1 gamelle, 1 marmite, 1 seau en toile ou 1 grand bidon ; pour 8, 1 hachette ; pour 12—15, 1 sac à distribution ; pour 15, 1 moulin à café ; par homme, 1 petit bidon, 2 sachets à vivres, 1 couverture. Par cheval, 1 bissac, 1 ferrure, 1 musette-mangeoire.

GÉNIE. — *Homme non monté*. — La nomenclature et la répartition des effets ou objets que l'homme non monté des troupes du génie emporte en campagne sont les mêmes que dans l'infanterie. Toutefois, dans le génie chaque homme emporte un jeu de brosses, une boîte à graisse, 1 nécessaire d'armes, 1 outil.

Homme monté. — La nomenclature et la répartition des effets ou objets que l'homme monté des troupes du génie emporte en campagne sont les mêmes que dans le train de l'artillerie, si ce n'est que les sous-officiers emportent la tunique au lieu du dolman et que les nécessaires d'armes sont emportés dans la proportion de 1 par homme.

SECRÉTAIRES D'ÉTAT-MAJOR. — *Hommes non montés*. — COMMIS ET OUVRIERS MILITAIRES D'ADMINISTRATION. — INFIRMIERS MILITAIRES. — Comme dans l'infanterie avec les différences suivantes : Les ouvriers d'administration marchent avec la capote et portent le bourgeron sur le sac, au lieu de la veste ; ils ont un pantalon de toile ; les commis d'administration ont la courroie de capote, mais pas les ouvriers ; chaque homme a une collection d'effets de petite monture ; les secrétaires d'état-major n'ont pas de hachettes de campement. *Hommes montés des secrétaires d'état-major :* 1 ceinture, 1 pantalon de cheval, 1 d'ordonnance, 1 tunique, 1 veste, 1 schako, 1 képi, 1 ceinturon, 1 étui de revolver,

1 sabre, 1 manteau, 1 porte-manteau, 1 paire de bretelles, 2 caleçons, 2 chemises, 1 cravate, 2 paires de bottes, 2 mouchoirs, 1 pompon, 1 quart, 1 petit bidon, 1 calotte de coton, 1 cuiller, les effets de pansage, les effets de petite monture, 1 gamelle, 1 livret, 1 savon, 1 sac à avoine, 2 paires de sous-pieds, 1 trousse. *Campement* : 2 sachets à vivres, 1 seau en toile. *Harnachement* : 1 bissac, 4 fers et 32 clous, 1 musette-mangeoire, 1 couverture, 1 paire d'entraves, 1 filet à fourrage, 1 piquet, selle et bride, 1 surfaix.

TENUE DES OFFICIERS.

1° Etat-major général et service d'état-major.

HABILLEMENT. — Dolman (avec aiguillettes pour les officiers du service d'état-major) ; gilet (du modèle déterminé par la décision ministérielle du 1er juin 1872) ; culotte en drap garance avec bottes à l'écuyère ; capote en drap ou en caoutchouc ; képi.

ARMEMENT ET ÉQUIPEMENT. — Epée ou sabre ; ceinturon ; revolver et étui de revolver (pour les officiers généraux). Sabre, ceinturon, revolver et étui de revolver (pour les officiers du service d'état-major).

Nota I. — Les généraux commandant les divisions de cavalerie, les officiers de leur état-major et les généraux commandant les brigades de cavalerie légère portent, en campagne, le képi rigide ; les généraux commandant les brigades de cuirassiers portent, en campagne, le casque et la cuirasse ; les généraux commandant les brigades de dragons portent, en campagne, le casque.

Nota II. — Les officiers du service d'état-major sont, en campagne, munis d'un porte-cartes dont le modèle sera ultérieurement déterminé.

Officiers d'infanterie.

HABILLEMENT. — Tunique sans épaulettes, pantalon en drap garance (pour les officiers non montés), culotte en drap garance avec bottes à l'écuyère (pour les officiers montés), capote en drap ou en caoutchouc (portée en sautoir par les officiers non montés, roulée sur les fontes pour les officiers montés), képi.

ARMEMENT ET ÉQUIPEMENT. — Sabre et ceinturon avec dragonne en soie ; revolver et son étui portés au ceinturon par les officiers non montés et suivant le mode déterminé pour la cavalerie et l'artillerie, pour les officiers montés.

Nota. — Les officiers indigènes des régiments de tirail leurs algériens portent, en campagne, la veste, le gilet, le pantalon de drap, les bottes, du modèle spécial à ces officiers et la chéchia sans turban. Leur équipement et leur armement sont les mêmes que ceux des officiers français non montés.

Officiers de cavalerie.

HABILLEMENT. — *Cuirassiers et dragons.* — Tunique avec épaulettes ; culotte en drap garance avec bottes à l'écuyère ; capote en drap ou en caoutchouc ; casque.

Cavalerie légère. — Dolman ; culotte en drap garance avec bottes à l'écuyère ; capote en drap ou en caoutchouc ; schako.

ARMEMENT ET ÉQUIPEMENT. — Sabre du modèle de la subdivision d'armes ; ceinturon et dragonne en cuir ; revolver et son étui, porté suivant le mode qui sera ultérieurement arrêté ; cuirasse (pour les officiers de cuirassiers).

Officiers d'artillerie.

(Corps de troupes et état-major particulier)

HABILLEMENT. — Dolman ; culotte en drap avec bottes à l'écuyère ; capote en drap ou en caoutchouc ; képi.

ARMEMENT ET ÉQUIPEMENT. — Sabre avec ceinturon et dragonne en cuir ; revolver avec étui porté suivant le mode qui sera ultérieurement déterminé.

Officiers du génie.

(Corps de troupes et état-major particulier).

HABILLEMENT. — Tunique sans épaulettes ; culotte en drap et bottes à l'écuyère ; capote en drap ou en caoutchouc ; képi.

ARMEMENT ET ÉQUIPEMENT. — Épée avec ceinturon (sabre pour les officiers qui pourraient être appelés au commandement de détachement de sapeurs-conducteurs) ; revolver avec étui, porté suivant le mode adopté pour les officiers de cavalerie et d'artillerie.

Officiers du train des équipages militaires.

HABILLEMENT. — Dolman, culotte en drap garance et bottes à l'écuyère ; capote en drap ou en caoutchouc ; képi.

ARMEMENT ET ÉQUIPEMENT. — Sabre avec ceinturon et dragonne en cuir; revolver avec étui porté suivant le mode qui sera ultérieurement déterminé.

Corps de l'intendance militaire.

HABILLEMENT. — Tunique, culotte en drap garance et bottes à l'écuyère, capote en drap ou en caoutchouc; képi.

ARMEMENT ET ÉQUIPEMENT. — Epée avec ceinturon; revolver avec étui (facultatif).

Nota. — Les fonctionnaires du corps de l'intendance militaire sont, en campagne, munis d'un porte-cartes du modèle adopté pour le service des officiers d'état-major.

Officiers de santé militaire.

HABILLEMENT. — Tunique, culotte en drap garance et bottes à l'écuyère, capote en drap ou en caoutchouc; képi.

ARMEMENT ET ÉQUIPEMENT. — Epée avec ceinturon; revolver avec étui (facultatif), giberne (pour les médecins des corps de troupes).

Officiers d'administration.

HABILLEMENT. — Tunique; pantalon pour les officiers non montés; culotte et bottes à l'écuyère pour les officiers montés; capote en drap ou en caoutchouc; képi.

ARMEMENT ET ÉQUIPEMENT. — Epée avec ceinturon; revolver avec étui (facultatif).

Vétérinaires militaires.

HABILLEMENT. — Tunique; culotte en drap garance avec bottes à l'écuyère; capote en drap ou en caoutchouc; képi.

ARMEMENT ET ÉQUIPEMENT. — Epée; revolver avec étui porté suivant le mode adopté pour les officiers de cavalerie et d'artillerie; giberne.

RÉSERVES
D'EFFETS D'HABILLEMENT
ET DE PETIT ÉQUIPEMENT.

Une première réserve suit sur voitures le corps d'armée mobilisé. Elle est constituée :

1° *Dans le régiment d'infanterie* : par une voiture régimentaire portant :

150 paires de souliers.   (1/20 de l'effectif).
150 paires de guêtres en toile, ...
150 chemises. . . . .
150 ceintures de flanelle. . . . . . .
50 pantalons. . . . . . (1/50 de l'effectif).

par 1/5 en 5 caisses.

1 caisse renfermant le matériel nécessaire pour les réparations à l'équipement, l'habillement et la chaussure.

Il n'est rien accordé aux bataillons de chasseurs, qui reçoivent les effets dont ils ont besoin d'un régiment d'infanterie du corps d'armée.

Les régiments de cavalerie reçoivent leurs effets de la réserve du corps d'armée.

2° *Dans le corps d'armée* : par 8 voitures à 2 chevaux (3 fourgons pour la chaussure et les effets de petit équipement ; 5 voitures de réquisition pour les effets d'habillement), portant ensemble :

1/11 de paires de souliers et de guêtres en toile.
1/14 de chemises et ceintures de flanelle.
1/34 de pantalons, de vestes et de képis.
1/18 de paires de bottes.
1/68 de caleçons.

Les pantalons, vestes et képis sont du modèle des différentes armes.

Le personnel comprend : 1 officier d'administration et 34 ouvriers.

———

Marques distinctives.	*Marques complémentaires.*
Voiture régimentaire ou fourgon.	Service de l'habillement et de l'équipement. X° corps. — X° division. X° brigade. — X° régiment d'infanterie, ou X° corps.—Quartier général.

Documents consultés. — Petites Études de guerre. — Note sur le service dans les états-majors. — Manuel d'administration de Beaugé. — Méthodes de guerre modernes, par le lieutenant-colonel Pierron.

SERVICE HOSPITALIER (1).

Le service hospitalier en campagne a pour mission d'assurer aux blessés et aux malades tous les soins nécessaires dès le moment où ils en ont besoin.

MOYENS D'EXÉCUTION.

1° Dans le corps (partie active).

Le service médical est assuré par les médecins de ces corps au moyen de cantines médicales allouées à raison de :

Régiment d'infanterie et bataillon de chasseurs, — 1 paire par bataillon (sur mulet de bât).

Régiment de cavalerie, — 1 paire par 2 escadrons (sur fourgon).

Batteries divisionnaires, — 1 paire (sur le fourgon de l'état-major de l'artillerie divisionnaire).

Batteries de corps, — 2 paires (sur le fourgon de l'état-major de l'artillerie de corps).

Parc d'artillerie, — 1 paire.

Chaque médecin a de plus à sa disposition un sac (infanterie) ou une sacoche (cavalerie) d'ambulance et un rouleau de secours aux asphyxiés, portés l'un et l'autre par un homme du corps. L'approvisionnement

---

(1) La circulaire ministérielle du 25 novembre 1879 réorganise le service hospitalier sur de nouvelles bases, qui annulent en partie les dispositions de ce chapitre.

Considérant que les ambulances divisionnaires sont trop rapprochées du champ de bataille, elle les réduit à des moyens de transport et d'enlèvement des blessés, et elle reporte à l'ambulance de corps d'armée le personnel traitant et les ressources mises à sa disposition.

Le service se trouvera désormais établi sur les bases suivantes :

Service de 1re ligne (assistance médicale sur le champ de bataille). { 1er échelon, service régimentaire, 2° échelon, service des ambulances.
Service de 2° ligne.
— de 3° ligne.
— hospitalier à l'intérieur.

Le service régimentaire est exécuté par les médecins, les infirmiers et les brancardiers créés dans les corps de troupe d'infanterie. Les médecins et les infirmiers desservent le poste de secours ; les brancardiers assurent le service de transport entre les lignes et le poste de secours. — Des dispositions ultérieures régleront les détails du nouveau fonctionnement.

en est entretenu par les prélèvements sur les cantines médicales.

Les cantines médicales sont de 2 sortes, numérotées 1 et 2, et portées par un mulet de bât dans l'infanterie et sur fourgons dans les autres armes. Elles renferment des médicaments, instruments, bandages, etc., pour un premier pansement (voir la nomenclature; note ministérielle du 29 décembre 1872).

Les sacs ou sacoches sont portés par un soldat ou par un cavalier.

Les médecins ont, en outre, leur trousse médicale sur eux.

Un caporal, qui compte à l'effectif, est ordinairement chargé de tous les détails de l'infirmerie ambulante du régiment.

Le personnel médical régimentaire assure le service de santé du corps à l'intérieur par le moyen des infirmeries régimentaires. En campagne, il est également chargé, en principe, du service sur le champ de bataille.

En cas d'insuffisance, il est secondé par des *sections volantes d'ambulance*, détachées de l'ambulance divisionnaire.

2° Ambulance divisionnaire d'infanterie.

Elle est destinée aux malades et blessés appartenant à un titre quelconque à la division d'infanterie.

Personnel.

1 médecin-major de 1re classe. . . . . 2 chevaux.
2 médecins aides-majors. 2
7 médecins de réserve. 7
1 pharmacien aide-major. . . . .
1 aumônier divisionnaire. 1
4 officiers d'administration des hôpitaux.
111 infirmiers (1).
Train. { Détachement de la 1re (3e) compagnie montée.
{ Détachement de la 5e compagnie (légère).

---

(1) 3 commis aux écritures, 12 infirmiers de visite, 96 infirmiers d'exploitation.

Matériel.

Marchant avec le train de combat :

1° Ambulance légère (ou section légère) :
- 50 mulets de cacolets (50 paires).
- 5 mulets de litière (5 paires). . .
- 10 mulets pour tonnelets, brancards et matériel . . . . .
- 5 mulets haut-le-pied. . . . . .

→ 70 mulets de la 5° compagnie légère.

2° Ambulance roulante (ou section de réserve) (30 voitures) :
- 20 voitures à 1 cheval dites Masson (à 6 brancards) (120 brancards). . .
- 6 voitures omnibus à 2 chev. (à 12 brancards) (72 brancards).
- 4 voitures techniques à 2 chevaux . . . . .

→ Attelées par la 1re (3e) compagnie montée (57 chevaux de trait).

Marchant avec le train régimentaire :

3° :
- 3 voitures de réquisition à 2 chevaux pour vivres. .
- 2 voitures de réquisition à 2 chevaux pour réserve de matériel. . . . . . .
- 2 voitures régimentaires (à 1 cheval) pour bagages.

———
7 voitures.

→ Attelées par la 1re (3e) compagnie montée.

3° Ambulance de brigade de cavalerie.

Elle remplit, pour cette brigade, le même rôle que l'ambulance divisionnaire pour les régiments d'infanterie.

Personnel.

1 médecin-major de 2° classe . .	2 chevaux.
3 médecins de réserve.	3 —
Aumônier de la brigade.	1 —
2 officiers d'administration des hôpitaux.	» »
24 infirmiers (1).	

____

(1) 1 commis aux écritures, 3 infirmiers de visite, 17 infirmiers d'exploitation.

Train. { Détachement de la 4ᵉ compagnie (montée).
{ Détachement de la 5ᵉ compagnie (légère).

Matériel.

Marchant avec le train de combat. { Ambulance légère (ou section légère). { 20 mulets de cacolets (20 paires). 1 mulet pour caisses de ferrures. 2 mulets haut-le-pied. . . . . . } 23 mulets fournis par la 5ᵉ compagnie du train.

Marchant avec le train régimentaire. { Ambulance roulante (ou section de réserve) (13 voitures). { 6 voitures à 1 cheval dites Masson (36 brancards). . . . 2 voitures régimentaires pour cantines et fonnelets. . . . . 3 voitures régimentaires pour vivres de l'ambulance, de l'état-major, des services, etc. . 1 voiture régimentaire à bagages. 1 voiture de réquisition pour matériel de réserve . . . . . } Attelées par la 4ᵉ compagnie du train.

4ᵉ Ambulance du quartier général.

Elle est destinée à recevoir les malades et les blessés des troupes non endivisionnées. Sa composition est réglée, en personnel et en approvisionnements, de manière à ce qu'elle puisse venir en aide aux ambulances des divisions d'infanterie et de la brigade de cavalerie.

Personnel.

1 médecin-major de 1ʳᵉ classe. . 2 chevaux.
2 médecins aides-majors. . . . . 2 —
7 médecins de réserve. 7
1 pharmacien-major. . . . . »
Aumônier du corps d'armée. . . . 1

3 officiers (ou adjudants) d'administration des hôpitaux . . . . . » chevaux.

153 infirmiers (1).

Train. { Détachement de la 2ᵉ compagnie (montée).
{ Détachement de la 5ᵉ compagnie (légère).

Matériel.

Marchant avec le train régimentaire du quartier général, sauf le détachement de l'avant-garde.			
	Ambulance légère (ou section légère) (49 mulets).	30 mulets pour cacolets	49 mulets fournis par la 5ᵉ compagnie du train.
		10 mulets pour litières	
		3 mulets pour forges et outils . .	
		1 mulets pour comptabilité . .	
		5 mulets haut-le-pied	
	Ambulance roulante (ou section de réserve) (49 voitures).	20 voitures à 1 cheval dites Masson (120 brancards)	Attelées par la 2ᵉ compagnie du train.
		10 voitures omnibus à 2 chevaux (120 brancards)	
		8 voitures techniques (1 de pharmacie, 1 de pharmacie vétérinaire, 3 de chirurgie, 3 de cuisine)	
		2 voitures régimentaires à bagages pour le personnel de l'ambulance . .	
		8 voitures de réquisition à 2 chevaux (dont 5 pour vivres et 3 pour matériel) .	
		1 voiture de cantinière (à 1 cheval)	

(1) Dont 111 pour la réserve et 42 pour l'ambulance, savoir :

5° Ambulance de division de cavalerie indépendante.

Personnel.

6 médecins (dont 4 de réserve).
1 aumônier.
3 officiers d'administration.
27 infirmiers.
Train. — Détachement de la *e* compagnie montée.

Matériel.

6 voitures omnibus à 2 chevaux pour blessés	Attelées par la *e* compagnie du train.
3 chariots à galerie pour approvisionnement et bagages.	

Les fonctionnaires de l'intendance ont la police, la discipline, l'administration et la direction du service hospitalier. Ils ont tous pouvoirs pour les réquisitions à faire au titre des ambulances.

Le personnel médical est soumis au fonctionnaire de l'intendance chargé de la direction administrative, pour tout ce qui a trait à la discipline, à l'exécution des règlements et à la police. Les infirmiers sont placés sous les ordres directs des officiers d'administration.

Les voitures formant le matériel des ambulances comprennent : 1° *la voiture légère à un cheval*, dite voiture Masson (2 hommes couchés, plus le conducteur et 2 infirmiers sur le siège) ; 2° *la voiture omnibus à deux chevaux* (4 hommes couchés, ou 2 couchés et 5 assis, ou 10 assis, plus le conducteur et 2 infirmiers sur le siège) ; 3° *les voitures techniques* (pharmacie, pharmacie vétérinaire, chirurgie, cuisine).

Le personnel et le matériel des ambulances se distingue par le *signe de neutralisation* (croix rouge sur fond blanc). Les brassards sont délivrés par les intendants divisionnaires ou de corps et portent leur estampille (*Circulaire ministérielle du* 12 *novembre* 1870). Les voitures sont pourvues, sur leur face gauche, d'une plaque au même signe. Une réserve de ces plaques est tenue disponible pour les besoins du dernier moment.

Le matériel porte, en outre, sur la face gauche, comme :

---

2 commis aux écritures, 6 infirmiers de visite, 34 infirmiers d'exploitation. Le détachement est commandé par un officier d'administration des hôpitaux.

Marque distinctive.	*Marque complémentaire.*
Voiture légère d'ambulance.	Service des ambulances.
Voiture omnibus d'ambulance.	N° corps d'armée.
Voiture de chirurgie, de pharmacie, d'administration, etc.	2 N° division d'infanterie, etc.

Conditions d'admission. — Toute personne appartenant à l'armée ou régulièrement considérée comme telle est admise dans les ambulances (*Art. 73 du Règlement sur le service de santé du 4 avril 1867*). Les admissions s'effectuent d'après les règles ordinaires ; toutefois, les jours d'action et dans les cas urgents, elles ont lieu sans billet d'entrée et sauf régularisation ultérieure (*Art. 74*). Le général de division reçoit chaque jour du sous-intendant une expédition du mouvement des malades (*Art. 78*).

Fonctionnement de l'ambulance pendant l'action. — Le sous-intendant en est responsable. Il détermine l'emplacement de l'ambulance sur l'indication du général ou après entente avec le chef d'état-major (bâtiments à proximité des troupes, abrités, à portée de l'eau et du bois, signalés de jour par le drapeau national et celui de la convention de Genève, de nuit par 2 lanternes, (1 rouge, 1 blanche).

Dès le début, les musiciens des corps, les soldats d'administration, les infirmiers disponibles, les voitures et mulets sont dirigés sur le lieu du combat et établissent le va-et-vient avec l'ambulance.

Si les médecins du corps sont insuffisants à assurer le service du champ de bataille, le sous-intendant les fait aider par des :

Ambulances volantes	*Personnel.*	*Matériel.*
	2 médecins,	1 paire cant., pharmacie.
	1 officier d'administ.,	1 — chirurgie.
	Quelques infirmiers,	1 — approvisionnements.
		Brancards, etc.

(Ne recourir aux ambulances volantes qu'avec une extrême réserve, pour ne pas affaiblir l'ambulance (*Notice n° 2 du règlement du 4 avril 1867*).

L'ambulance doit toujours être prête à suivre les mouvements des troupes (*Notice n° 2*).

La gendarmerie, échelonnée en arrière des troupes engagées, désigne aux blessés l'emplacement de l'ambulance (*Décret du 24 juillet 1875*). — Pendant le combat, les officiers et sous-officiers ne souffrent pas que des soldats quittent les rangs pour transporter des blessés (*Art.* 135 *de l'ordonnance du 3 mai 1832*).

Après l'action, le sous-intendant demande au général commandant le concours de médecins des corps, de corvées militaires, de prisonniers de guerre, pour hâter et achever le relèvement des blessés.

Évacuations. — Les blessés ne doivent être conservés aux ambulances que pendant le temps nécessaire aux premiers secours. L'évacuation, — sauf danger de mort, — commence dès le cours de l'action, soit sur les *hôpitaux temporaires*, soit sur les *ambulances d'évacuation*. Aucune évacuation ne peut avoir lieu sans l'autorisation du commandement, qui apprécie s'il y a lieu ou non de la faire escorter (*Art.* 88 *du régl. du 4 avril* 1867).

Les *hôpitaux temporaires*, dont le choix de l'emplacement est soumis à l'approbation du commandement, sont échelonnés en arrière de l'armée, en des points d'accès facile, dans des bâtiments publics vastes et salubres. Ils sont créés pour 500 hommes au maximum. Les hommes y arrivent avec leurs effets d'habillement, d'équipement et leurs armes. Les armes sont remises à un garde d'artillerie attaché à l'établissement ou au comptable, pour être ensuite rendues aux hommes sortant par guérison, ou être versées à l'artillerie pour ceux sortant par évacuation, décès ou congé (*Régl. sur les chem. de fer*, *Art.* 164, et *Régl. sur le service de santé, du 4 avril* 1867).

Les ambulances d'évacuation sont établies dans les *stations de transition* ou les *stations têtes d'étapes de guerre*, sur toutes les lignes ferrées aboutissant au théâtre de la lutte. C'est sur elles que sont dirigés par voitures, chevaux ou mulets de bât, tous les blessés provenant des ambulances actives des corps d'armée ou des ambulances et hôpitaux temporaires avoisinants. Elles sont pourvues d'un personnel égal, au minimum, à celui d'une ambulance de quartier général de corps d'armée, et d'une réserve de personnel pour accompagner les trains d'évacuation.

Ces ambulances communiquent avec les établissements hospitaliers de l'intérieur ou avec les hôpitaux temporaires de la zone d'opérations par des *lignes d'évacuation* (voies ferrées), jalonnées aux points importants et à intervalles de 80-100 kilomètres par des *ambulances provisoires de gare*, organisées pour 50 à 100 hommes et destinées à donner les secours médicaux urgents, à loger les malades pendant les arrêts prolongés, à pourvoir au besoin à la nourriture des évacués. L'action militaire et administrative est exercée sur ces ambulances par les commissions des chemins de fer.

(Pour l'organisation des trains d'évacuation, voir *Transports par chemins de fer*).

Société française de secours aux blessés militaires.

(Autorisée par décret du 23 juin 1866. — Règlement du 2 mars 1878).

La société est autorisée, sauf approbation du général en chef : 1° à créer, sur les derrières des armées, des établissements hospitaliers pour les blessés et malades militaires ; 2° à concourir au service des ambulances d'évacuation et des ambulances de gare. Le concours ne s'étend aux ambulances actives que sur autorisation spéciale du général en chef.

La société est représentée auprès de chaque général d'armée ou de corps d'armée par un délégué commissionné par le Ministre ; auprès des commissions de lignes de chemins de fer de campagne par des délégués spéciaux, nommés à mesure. Le personnel est soumis aux règlements militaires, justiciable des conseils de guerre, porte brassard et carte délivrés par l'intendant.

Aucun établissement ne peut être créé ou supprimé sans entente avec l'autorité militaire, qui détermine les catégories de malades et de blessés à admettre, l'emplacement et l'importance (200 lits au plus, 20 au moins). Le personnel, le matériel, les médicaments sont fournis par la société, sauf cas exceptionnels. Les sociétés étrangères ne sont admises à fonctionner concurremment que sur autorisation formelle du Ministre.

(*Pour le mode d'admission, d'administration*, etc., voir le *Règlement du 2 mars* 1878. — *Pour le costume et les insignes du personnel actif*, voir *Note ministérielle du 18 août* 1879).

Convention de Genève, relative aux militaires blessés sur le champ de bataille.

(Promulguée par décret impérial du 14 juillet 1865).

Une convention internationale, adoptée par tous les peuples civilisés en vue du soulagement et de l'amélioration du sort des soldats blessés en campagne, a édicté les dispositions suivantes :

Art. 1er. — Les ambulances et les hôpitaux militaires sont reconnus neutres et, comme tels, protégés et respectés par les belligérants, aussi longtemps qu'il s'y trouve des malades ou des blessés. La neutralité cesserait si les ambulances ou les hôpitaux étaient gardés par une force militaire.

Art. 2. — Le personnel des hôpitaux et des ambulances comprenant l'intendance, les services de santé, d'administration, de transport des blessés, ainsi que les aumôniers, participera au bénéfice de la neutralité lorsqu'il fonctionnera et tant qu'il restera des blessés à relever ou à secourir.

Art. 3. — Les personnes désignées dans l'article précédent continueront, après l'occupation par l'ennemi, à donner dans la mesure des besoins, leurs soins aux malades, aux blessés de l'ambulance ou de l'hôpital qu'elles desservent. Elles pourront ensuite se retirer pour rejoindre l'armée à laquelle elles appartiennent. Lorsqu'elles demanderont à se retirer, le commandant des troupes occupantes fixera le moment de leur départ, qu'il ne pourra différer que pour une courte durée, en cas de nécessités militaires. Des dispositions devront être prises par les puissances belligérantes pour assurer au personnel neutralisé, tombé entre les mains de l'armée ennemie, la jouissance intégrale de son traitement.

Art. 4. — Le matériel des hôpitaux militaires demeurant soumis aux lois de la guerre, les personnes attachées à ces hôpitaux ne pourront, en se retirant, emporter que les objets qui sont leur propriété particulière. Dans les mêmes circonstances, au contraire, l'ambulance conserve son matériel. La dénomination d'ambulance s'applique aux hôpitaux de campagne et autres établissements temporaires qui suivent les troupes sur le champ de bataille pour y recevoir des malades et des blessés.

Art. 5. — Les habitants du pays qui porteront secours aux blessés seront respectés et demeureront libres. Les généraux des puissances belligérantes auront pour mission de prévenir les habitants de l'appel fait à leur humanité et de la neutralité qui en sera la conséquence. Tout blessé recueilli et soigné dans une maison y servira de sauvegarde. Pour la répartition des charges relatives au logement des troupes et aux contributions de guerre, il sera tenu compte, dans la mesure de l'équité, du zèle charitable déployé par les habitants.

Art. 6. — Les militaires malades ou blessés sont recueillis et soignés, à quelque nation qu'ils appartiennent.

Les commandants en chef auront la faculté de remettre
immédiatement aux avant-postes ennemis les militaires
ennemis blessés pendant le combat, lorsque les circonstances le permettront, et du consentement des deux parties. Seront renvoyés dans leur pays ceux qui, après guérison, seront reconnus incapables de servir. Les autres,
à l'exception des officiers, dont la possession importerait
au sort des armes, seront également renvoyés dans leurs
pays après la guérison ou plus tôt si faire se peut, à la
condition, toutefois, de ne pas reprendre les armes pendant la durée de la guerre. Les évacuations, avec le
personnel qui les dirige, seront couvertes par une neutralité absolue.

Art. 7. — Un drapeau distinctif et uniforme sera
adopté pour les hôpitaux, les ambulances et les évacuations. Il devra être, en toute circonstance, accompagné
d'un drapeau national. Un brassard sera admis pour le
personnel neutralisé, mais la délivrance en sera laissée
à l'autorité militaire. Le drapeau et le brassard porteront croix rouge sur fond blanc.

Art. 8. — Les détails d'exécution sont réglés par les
commandants en chef des armées belligérantes, d'après
les instructions de leurs gouvernements respectifs, et
conformément aux principes généraux énoncés dans la
présente convention.

Documents consultés. — Petites études de guerre. — Notes
sur le service dans les états-majors. — Journal militaire officiel.
— Méthodes de guerre modernes. — Aide-mémoire à l'usage des
officiers d'infanterie et de cavalerie (équipages militaires).

CHAPITRE V.

MARCHES ET TRANSPORTS.

DES MARCHES.

Quand les réunions de troupes ne dépassent pas la brigade, les prescriptions de détail des marches sont fournies par l'Instruction pratique sur le service en campagne (Cavalerie 17 février 1875. — Infanterie, 4 octobre 1875).

Le présent chapitre résume les principes d'après lesquels doivent être organisées les colonnes composées de grandes unités (division et corps d'armée).

I. — Principes généraux et dispositif de marche.

Toute colonne doit être organisée de façon :

a) A être à l'abri des surprises.

b) A présenter ses éléments dans l'ordre d'urgence de leur arrivée sur le champ de bataille.

D'où : nécessité d'un ordre de marche normal. Les ordres de mouvement journalier n'auront donc à faire connaître que les modifications à cet ordre, telles que des circonstances particulières pourraient l'exiger.

DE LA VITESSE. — La vitesse de marche d'une colonne est celle de l'infanterie, soit :

Règlement du 12 juin 1875.

$$\left.\begin{array}{l} \text{115 pas de } 0^m,75 = 86^m,25 \text{ par min.} = 4^k,312 \\ \text{130 pas (en route)} = 97^m,50 \text{ par min.} = 4^k,875 \\ \text{Instruct. prat. (inf.)} = 91^m,00 \text{ par min.} = 4^k,550 \\ \text{Instr. } 1^{er}\text{ juill. 1877} = 72^m,00 \text{ par min.} = 3^k,600 \end{array}\right\} \begin{array}{c} \text{par heure} \\ \text{de marche} \\ (50' \text{ de marche} \\ \text{et} \\ 10' \text{ de halte}). \end{array}$$

Ce chiffre de 3 ^{k}. 600 par heure de marche (50' de marche et 10' de halte) est pris comme base moyenne. Il répond au kilomètre en 13-14' de marche effective sur une bonne route et par un temps favorable. Dans le calcul, prendre la vitesse, haltes horaires comprises, soit : 60 mètres (répondant à 72 mètres par minute de marche effective) pour le gros de la colonne, et 72 mètres (répondant à 80 mètres par minute de marche effective) pour les mouvements latéraux au départ, pour la formation de l'avant-garde et pour l'écoulement.

Cavalerie seule.

Au pas 5k,500
1/3 au trot............................... 7k,000 } par heure,
     (Général Lewal.)   dont
Au pas .... 5k,000 } 10' de halte
1/2 au trot............................. 8k,750 } horaire
   (Instruction du 1er juillet 1877).
Au pas...................... 7k,500 en 50' }
Au trot......................   »   en 32' } et
Allure alternée.............   »   en 45' } 10' de halte
    (Helldorff-Feldtasch.)   horaire.

Alternance des allures.

(Méthode prussienne. — Revue militaire du 2 août 1879.)

1 kilomètre au pas — 1 kilomètre au trot.
1 kilomètre au pas — 2 kilomètres au trot.
1 kilomètre au pas — 2 kilomètres au trot, et ainsi de suite.

Artillerie seule.

Batterie à cheval au pas......... 5k,000 (par heure,
Batterie montée au pas........... 3k,600 { dont
   (Instruction du 1er juillet 1877). } 10' de halte
Batterie montée................. 4k,500 (horaire.
    (Général Paris.)
Vitesse intermédiaire entre infanterie et cavalerie au pas.
     (Général Lewal.)

Convois.

(Instruction du 1er juillet 1877)... 3k,000 par heure.

DE L'ALLONGEMENT. — Toute colonne en marche s'allonge. Cet allongement, très variable, ne peut être supprimé ; on cherche à le neutraliser. A cet effet, deux méthodes peuvent être employées :

A. — *Instruction ministérielle du 2 août* 1876 :

1° Fractionner la colonne par groupes de régiment ou de longueur équivalente (1000 — 1100 mètres).

2° Séparer ces groupes par des distances uniformes de 700 mètres représentant la distance réglementaire, plus l'espace concédé à l'allongement.

3° Couper la marche par des haltes horaires *successives* de 10 minutes, chaque groupe faisant halte quand il a marché pendant 50 minutes.

Pour 2°, si l'allure de l'infanterie est bien uniforme, — ce qui est indispensable, — remplacer l'espace (700 mètres) par le temps (10 minutes), et établir que chaque tête de groupe rompra 10 minutes après la gauche du groupe précédent (1).

B. — *Instruction ministérielle du 1er juillet* 1877 :

1° Fractionner la colonne en prenant pour groupe le bataillon, l'escadron ou la batterie.

---

(1) Le *Projet de règlement sur le Service en campagne* admet l'usage facultatif des deux systèmes (*haltes successives et haltes simultanées*).

2° Séparer ces groupes par des distances égales à l'allongement (élément variable à déterminer; admis de 1/4 à 1/2 pour l'infanterie et la cavalerie, 1/4 pour l'artillerie, 1/2 pour les trains et convois), plus les distances réglementaires (Voir *Distances*).

3° Couper la marche par des haltes horaires *simultanées* de 10', qui ont lieu après 50' de marche effective. — Le commandant de la colonne se borne à faire connaître l'heure de la première halte horaire.

La précision du mouvement exige :

1° Des montres exactement réglées sur l'heure du quartier général ;

2° Une allure régulière et uniforme, constatée par les heures de passage à un même point. (Si deux têtes de groupe doivent se trouver à 1,500 mètres, la tête du second passera au point donné $\dfrac{1500}{72} = 21$ minutes après celle du premier (1).

FORMATION DE MARCHE DES DIVERSES ARMES. En principe, pour éviter les arrêts, ne pas avoir à réduire le front pendant le mouvement. D'où, toujours :

Infanterie par le flanc, par files doublées.

Cavalerie par 4 ou par 2.

Voitures par une.

Ces formations répondent à la largeur moyenne des routes (7m,50).

FORMATION DES COLONNES. — La mise en route des colonnes n'est jamais précédée d'un rassemblement préparatoire. La colonne se forme en marchant, par l'arrivée successive des éléments sur la route à suivre en des points et à des heures exactement indiqués. Le point à partir duquel la colonne a reçu tous ses éléments se nomme *point initial*.

Pour une colonne de corps d'armée, le commandant de corps indique l'heure de passage au point initial pour :

La tête de l'avant-garde.
— du gros.
— de l'artillerie de corps.
— de la 2e division.
— des trains régimentaires.
Le commandant d'une division pour :
la tête du gros.
l'artillerie divisionnaire.
la seconde brigade.
l'ambulance.
les sections de munitions (évent.).
les trains régimentaires.

Un officier d'état-major est placé au point initial de chaque grande unité. Il veille à l'entrée en colonne aux heures prescrites, note les heures de passage et la durée d'écoulement et va rendre compte ensuite.

(1) Nécessité indispensable de donner une allure identique aux divers éléments d'une division, ce qui sera souvent difficile en

DISPOSITIONS POUR LE DÉPART. — Être toujours prêt et, à cet effet, ranger les armes, effets, harnachements, etc., dans un ordre invariable. — Pas de batteries générales pour le corps d'armée et la division. Dans les régiments, le *premier* (aux champs) est battu ou sonné une heure avant le départ. « L'heure de départ « ne doit jamais être retardée; en cas d'absence du « commandant de la colonne, l'officier du rang immé- « diatement inférieur met la troupe en marche au mo- « ment voulu. » (*Projet de règl. sur le Serv. en camp.*)

SURVEILLANCE ET POLICE DE LA MARCHE. — Appartient plus particulièrement aux généraux de brigade. Voient toujours défiler leur brigade au départ et s'assurent, pendant la marche, de l'observation des prescriptions réglementaires. « En marche et pendant les « haltes, il n'est rendu d'honneurs qu'au général en « chef. » (*Idem.*)

DISPOSITIONS A PRENDRE A L'ARRIVÉE. — L'avant-garde fournit et installe les avant-postes. A mesure que les troupes arrivent : distribuer la viande, mettre la soupe au feu; procéder ensuite aux autres distributions le plus tôt possible. Passer la visite sanitaire aux hommes et aux chevaux. Reconstituer les munitions. Mettre en état les armes, harnais, voitures, etc. En un mot, ne remettre aucun de ces soins au lendemain (1).

Le commandant de la colonne reconnaît, dès l'arrivée, une position défensive. (Elle sera déterminée en principe sur la ligne des grand'gardes) et l'emplacement, en cas d'attaque, des brigades, de l'artillerie, de l'ambulance, des trains régimentaires, des convois. Il l'indique aux commandants de ces unités et aux chefs de service, qui, de leur côté, font reconnaître les voies d'accès. « Il donne, en arrivant au gîte, le dispositif de « la prochaine marche par un *avis de mouvement*, et « l'indication des éléments premiers à partir en cas de « détachements divers, de manière que chacun sache à « quoi s'en tenir. L'ordre de mouvement n'a plus à spé- « cifier que les heures et la direction. » (Général Lewal, *Études de guerre*).

DISPOSITIONS EN CAS D'ALERTE. — De jour ou de nuit, la division bat *la générale*; tous les corps répètent.

---

temps de paix quand ces éléments seront séparés. La méthode des haltes successives supprime cette difficulté considérable.

(1) Pour l'installation des troupes, voir *Camps et Cantonnements*.

— *De jour*, les troupes gagnent les emplacements défensifs. — *De nuit*, elles se rassemblent sur le front de bandière. Infanterie forme les faisceaux et met sac à terre. Cavalerie à la tête des chevaux. Voitures attelées.

ALIMENTATION PENDANT LA MARCHE. — « En principe, faire toujours manger les hommes avant le départ. Pour les animaux, réserver le repas principal pour l'arrivée. » (Général Lewal, *Études de guerre.*)

La soupe est mangée une fois par jour, le matin ou le soir, suivant l'heure du départ et d'après l'ordre du commandant de l'unité principale. Pour une division marchant seule (cas le plus général) : café ou repas de conserve avant le départ, déjeuner à la grande halte ou à l'arrivée avec partie de la viande de la veille, soupe à l'arrivée à l'étape.

Pour une colonne de corps d'armée : soupe le soir pour les éléments partant avant 9 heures du matin. — Soupe le matin pour les éléments partant après 9 heures du matin.

LONGUEUR DE L'ÉTAPE ET DURÉE DU MOUVEMENT. — La formule suivante (général Lewal) permet de se rendre compte de la durée du mouvement et, par suite, de la longueur de l'étape d'une colonne :

T (inconnue), temps nécessaire.

L, intervalle entre l'arrivée de la tête et de la queue, c'est-à-dire durée de l'écoulement de la colonne.

E, étendue de l'étape,

e, espace franchi en 1 minute, y compris les haltes horaires ($e = 60$).

L, longueur réglementaire de la colonne,

A, allongement admis ou constaté,

D, somme des distances entre avant-garde et gros, etc.

Le temps nécessaire pour parcourir l'étape est $\dfrac{E}{e}$. La durée d'écoulement $l = \dfrac{L + A + D}{e}$. On a donc $T = \dfrac{E + L + A + D}{e} = \dfrac{E + 5/4\,L}{e}$ pour l'allongement de 1/4, ou $= \dfrac{E + 3/4\,L}{e}$, pour l'allongement de 1/3.

$$\text{Étant donné sur } \mathbf{24}\ \text{h., repos.} \qquad 7\ \text{h.}$$
$$\text{Préparation et consommation}$$
$$\text{du repas.} \ldots\ldots\ldots\ 3 \qquad 24-11=13\text{h.}$$
$$\text{Préparatifs du départ.} \ldots\ 1$$
$$\overline{\qquad\qquad 11\ \text{h.}}$$

Restent 13 heures disponibles ; en appliquant le calcul à la formule, on trouve que l'étape moyenne sera donc de 22 kilomètres (28—30 pour la division, 18—20 pour le corps d'armée). Ces chiffres sont pleinement confirmés par l'expérience.

D'où ces *principes* : L'espace parcouru diminue et la fatigue des troupes augmente avec la longueur de la colonne. Le corps d'armée est la colonne la plus considérable que l'on peut faire mouvoir sur une seule route, en se ménageant la faculté de la concentrer chaque soir.

Et comme *conséquence* : 1° Marcher toujours par colonne de division, même à proximité de l'ennemi, sauf le cas où la rareté des voies obligerait à trop étendre le front de marche (Voir *Débouchés*).

2° Si on dispose d'une seule route, utiliser toutes les voies parallèles partielles. Procéder alors comme pour la formation de la colonne au départ.

Observation importante au point de vue du service, de la discipline et de la conservation des troupes.

Éviter autant que possible de partir avant 5 heures du matin (la tête du gros), pour ne pas priver les hommes du sommeil le plus réparateur. Régler la marche de manière qu'elle soit terminée, c'est-à-dire les avant-postes placés, les cantonnements et bivouacs établis, les distributions faites, avant la chute du jour.

Débouchés des colonnes. — Plus ils sont nombreux, plus le déploiement est rapide. Éviter, toutefois, un écartement de routes excédant 8-10 kilomètres pour le corps d'armée, 3-4 kilomètres pour la division.

Répartition des routes entre les corps d'armée. — Chaque corps d'armée reçoit, pour la durée d'une opération, une *zone de marche* dont toutes les ressources sont à sa disposition. Limiter ces zones par des routes, pour ne pas s'exposer à des croisements de colonnes.

Rencontre de deux colonnes et dispositions a prendre en cas d'obstacles qui arrêtent ou retardent la marche. — En cas de direction inverse, appuyer réciproquement *à droite*. En cas de même direction, la première troupe dans l'ordre de bataille (division, brigade, régiment, etc.) passe la première, sauf ordre contraire écrit ou transmis verbalement par un officier d'état-major.

Nulle troupe en marche ne doit être coupée.

La colonne de combat qui a suspendu sa marche, la reprend avant les équipages de la colonne qu'elle a laissée passer. (*Service en camp.*, art. 133. — *Inst. prat.*, art. 10.)

Mais, en toute circonstance, s'inspirer toujours du plus grand intérêt de l'armée.

En cas d'obstacle (passage de pont, mauvais pas, etc.), halte de 5', 10', 15' aux différents groupes, suivant leur rang dans la colonne, et grande halte pour ceux dont l'arrêt dépasse 30'. — Quand l'écoulement est redevenu normal, la tête fait une grande halte à son tour et reprend la marche quand la queue a franchi l'obstacle.

GRANDES HALTES. — Ne dépassent pas *une heure*. N'en pas faire pour l'étape normale de 22 kilomètres. Choisir un endroit traversé par la route suivie, offrant eau et bois, situé en arrière d'une position.

Chaque élément fait halte au point désigné, se masse et repart après 1 heure. L'espace nécessaire est pour :

Un régiment de cavalerie, carré de 90 mètres.
Un rég. d'infant., rectangle de 110^m front sur 115^m profondeur.
Une batterie,   —   22   —   38   —
Section de munit.,   —   60   —   38   —
Ambulances.   —   60   —   50   —
Une div. d'inf. (gros).   —   400   —   300   —

Les formations sont :

Infanterie : chaque régiment en ligne de colonne de compagnie à 30 pas de distance.
Cavalerie, en masse de régiment.
Artillerie, sections de munitions, sur deux lignes, les voitures séparées de 2 mètres.
Ambulances, sur quatre lignes : première et deuxième, mulets; troisième et quatrième, voitures.

LONGUES ÉTAPES. — Obtenues sans accélérer l'allure, mais en augmentant la durée. On peut arriver ainsi à 40 kilomètres par 24 heures ; coupées aux 2/3 de la durée par une grande halte de 1-3 heures. Haltes horaires comme de coutume. Après chaque période de 3 heures, une heure de repos.

MARCHES ACCÉLÉRÉES. — Ont pour objet de parcourir en x jours un espace beaucoup plus considérable que les étapes normales. Réglées sur 30 kilomètres par 24 heures.

Former le plus grand nombre de colonnes. — Augmenter les intervalles entre régiments et groupes de batteries. — Éviter de marcher de nuit. — Forcer les rations de vivres et fourrages. — Profiter des grandes haltes pour repas chaud ou café.

MARCHES FORCÉES. — Ont pour objet d'amener très rapidement sur un point, des troupes très éloignées. Réglées sur 50 kilomètres, infanterie, et 80 kilomètres, cavalerie et artillerie à cheval, en 24 heures.

Faire des colonnes courtes. — Alléger les hommes.—

Réduire les impédimenta. — Forcer les rations. — Choisir des attelages vigoureux. — Faire marcher isolément la cavalerie et l'artillerie. — Échelonner les régiments d'infanterie de 1,200-1,500 mètres. — Longs repos de 4-6 heures pour manger, dormir, fourrager les chevaux. — Relever l'avant-garde une fois au moins. — Ne faire usage de ces marches qu'en cas d'extrême urgence. Ne pas les pousser au delà de 28-30 heures, représentant 60 kilomètres pour infanterie, 100 kilomètres pour cavalerie. — Repos ensuite.

Exemple d'une marche forcée de 24 heures :

Infanterie.			*Cavalerie.*		
	Temps.	Distance.		Temps.	Distance.
Départ à 5^h matin.			Départ à 6^h matin.		
Marche de 5 à 10^h.	5^h	20^k	Marche de 6 à 11^h.	5^h	30^k
Repos de 10 à 2^h			Repos de 11 à 3^h		
(soupe)	4	»	(soupe, av.) . .	4	»
Marche de 2 à 6^h.	4	15	Marche de 3 à 7^h.	4	20
Repos de 6^h à mi-			Repos de 7^h à mi-		
nuit	6	»	nuit (soup., av.)	5	»
Marche de minuit			Marche de minuit		
à 5 heures. . . .	5	15	à 6 heures. . . .	3	30
	24	50		24	80

II. — Division d'infanterie.

Sauf le peloton d'escorte du quartier général, la division d'infanterie n'a pas de cavalerie propre quand elle fait partie d'un corps d'armée marchant sur deux routes assez rapprochées pour que les deux colonnes puissent se prêter un mutuel appui ; la brigade de cavalerie couvre alors les têtes de colonnes des deux divisions ; *un escadron* est affecté à chaque division pour concourir au service de sécurité rapprochée, relier les diverses parties de la colonne et assurer ses communications avec les corps voisins. Quand, au contraire, *la division est isolée*, elle a, pour s'éclairer, *un régiment de cavalerie* dont les mouvements sont réglés par le général de division. (Voir au *Dispositif de l'avant-garde*, page 205, note) (1).

MOYENS D'ASSURER LA SÉCURITÉ DE LA COLONNE.

A. *Sur le front.* — *a*). Au loin par le service d'exploration des divisions de cavalerie indépendantes. (Voir pages 93 et 101.)

---

(1) Dans le cas où 2 escadrons entreraient dans la composition normale de la division d'infanterie (isolée comme encadrée), il serait logique de les employer d'une façon analogue à celle indiquée pour le cas d'un escadron, en utilisant surtout le second escadron soit à l'avant-garde, soit sur les flancs, suivant les circonstances et d'après les principes déjà posés (Voir page 102).

b) A moyenne distance, par la brigade de cavalerie de corps. (Voir pages 96 et 102.)

c) A distance restreinte sur le front et une partie des flancs, par l'avant-garde chargée : d'ouvrir le passage, — de débarrasser la route des obstacles, — de la jalonner d'une manière matérielle très ostensible, — d'occuper les positions favorables et de s'en emparer au besoin, — d'engager le combat. — L'avant-garde doit être assez forte pour une attaque vigoureuse et une résistance prolongée, pas trop forte pour ne pas obliger à accepter la lutte. Elle est commandée par le général de la 1re brigade et comprend ordinairement le quart de l'effectif combattant. — Haltes horaires comme pour le gros, sauf inconvénient tactique. — Distance de la queue à la tête du gros 3,000 à 3,500 mètres, suffisante pour que le gros n'ait pas à souffrir d'une attaque contre l'avant-garde, qu'il ne soit pas entraîné au combat contre les intentions du général, qu'il ait le temps de prendre sa formation de combat. — Il peut être avantageux de laisser pendant plusieurs jours les mêmes troupes à l'avant-garde. — Les troupes destinées à former l'avant-garde sont toujours à la tête du camp ou du cantonnement.

B. *Sur les flancs*, par des unités constituées dites *flanqueurs*, marchant parallèlement à la colonne, sur des voies distantes de 1,500-2,000 mètres. Rarement possible : on recourt alors : 1° aux *patrouilles d'observation* tirées du peloton de cavalerie en tête du gros ; fouillent les débouchés latéraux, surveillent au loin ; 2° par des *flancs-gardes* formées ordinairement d'une compagnie du dernier ou avant-dernier régiment de la colonne. Accompagnées, chacune, de 6 cavaliers au moins. Se mettent en route avec la tête d'avant-garde et doivent être en position à l'arrivée du gros de la colonne, sur des points importants déterminés *à priori* d'après la carte et les renseignements. S'établissent en grand'gardes, se maintiennent en communication avec la colonne. Rejoignent quand la gauche arrive à hauteur.

C. *En arrière* par l'*arrière-garde* (1-2 compagnies du dernier régiment). Marche à 800 mètres de la colonne. Comprend 1 peloton de cavalerie pour communiquer avec le commandant de la colonne. Dans une *marche en retraite*, l'arrière-garde est de même force que l'avant-garde dans une marche en avant. Son rôle est purement défensif. (*Instruction pratique, art.* 64.)

ORDRE DE MARCHE NORMAL DE LA DIVISION D'INFANTERIE SUR UNE COLONNE.

AVANT-GARDE.

Pointe. — Un peloton de cavalerie (1ᵉʳ) couvert à 100 mètres par quelques cavaliers.

Il détache des patrouilles qui établissent la liaison avec la cavalerie éclairant la colonne et avec les colonnes voisines.

Distance : 500 mètres.

Tête. — 1ʳᵉ compagnie du bataillon tête d'avant-garde.

Distance : 300 mètres.

Les trois autres compagnies de ce bataillon, suivies par la 1/2 compagnie du génie et son parc.

Distance : 600 mètres.

Gros. — État-major de la 1ʳᵉ brigade et peloton de cavalerie (2ᵉ).

Ce peloton est placé en tête du gros de l'avant-garde, afin que le général ait sous la main des cavaliers pour les patrouilles de liaison et la transmission de ses ordres. Il éclaire sur le flanc jusqu'à hauteur de la tête de la colonne principale et fournit le poste de correspondance, qui relie celle-ci à l'avant-garde.

État-major, 2ᵉ et 3ᵉ bataillons du régiment d'avant-garde, sa voiture d'outils et ses 3 caissons de munitions.

En principe, les mulets porteurs d'outils suivent leur compagnie. Dans le cas où le régiment d'avant-garde ne serait pas pourvu de ces mulets, la voiture d'outils suivrait les trois dernières compagnies du bataillon tête d'avant-garde.

Une batterie montée (2 batteries, si l'avant-garde est à 4 kilomètres du gros).

Détachement d'ambulance (14 mulets, 5 voitures).

Section d'infanterie prise dans le dernier bataillon d'avant-garde.

Si le logement de la division précède la colonne, il marche après la section d'ambulance et remplace la section d'infanterie (1).

Distance : 3,000 mètres.

Dans cet intervalle, marche le bétail sur pied (pour la consommation de la division pendant 24 heures) et le poste de correspondance.

______

(1) Pour le cas où la division opère isolément et où elle a, par conséquent, un régiment de cavalerie, l'*Instruction pratique sur le Service en campagne* donne un dispositif que nous re-

GROS DE LA DIVISION.

Généralement, état-major de la division et escorte.

Un peloton de cavalerie (3e).

Ce peloton fournit les éclaireurs sur les flancs de la colonne et les cavaliers nécessaires pour en relier les diverses parties. Quand l'état-major de la division marche avec l'avant-garde, le peloton d'escorte fait le service dévolu au deuxième peloton et celui-ci va renforcer le premier à la pointe d'avant-garde.

1er bataillon du 2e régiment.

Trois (ou deux) batteries montées.

Il importe d'avoir ces batteries en tête de colonne, pour qu'elles puissent promptement renforcer et appuyer l'artillerie de l'avant-garde.

2e et 3e bataillons du 2e régiment, avec la voiture d'outils et les 3 caissons de munitions.

Ces quatre voitures forment le train de combat du régiment. Il est placé à la queue pour ne pas gêner les bataillons qui prennent l'ordre dispersé. Sa place est avec le bataillon restant en réserve; on le rapproche ensuite, suivant les besoins. Avec le train de combat du deuxième régiment marche habituellement la voiture du général de division et celle du chef d'état-major.

État-major de la 2e brigade.

3e régiment avec la voiture d'outils et 3 caissons de munitions.

4e régiment avec la voiture d'outils et 3 caissons de munitions (1).

Distance : 100 *mètres.*

Ambulance (moins la sect. détachée à l'avant-garde).

Section de munitions d'artillerie.

Section de munitions d'infanterie.

S'il en est attaché à la division.

---

produisons à titre de renseignement, bien qu'il s'écarte sensiblement de l'esprit de l'instruction du 1er juillet 1877.

Avant-garde.	Pointe et tête. . .	1 peloton de cavalerie.
	Soutien. . .	3 pelotons de cavalerie. 1 section d'artillerie, Détachement du génie. 1 bataillon d'infanterie,
	Gros. . . .	1 escadron, 4 pièces (reste de la batterie), 2e et 3e bataillons du 1er régiment. Détachement d'ambulance légère.
Corps principal		2 escadrons (moins 1 peloton à l'arrière-garde).

(1) Si le général de division autorise les voitures de cantinières à marcher avec les troupes, elles se placent dans les intervalles des bataillons et batteries, et ne sont pas comptées dans la profondeur de la colonne.

Détachement de police. (*Art.* 130 du *Service en campagne*).

Il est commandé par un officier et fourni par le dernier régiment. Il a pour mission de ramasser les traînards. On lui adjoint 1 médecin, des sous-officiers de chaque régiment, des gendarmes à cheval et 1 voiture-omnibus d'ambulance.

Distance : 800 mètres.

Arrière-garde.

Une ou deux compagnies du dernier régiment et 1/2 peloton de cavalerie. Elle se fractionne en groupes de moins en moins considérables.

Distance variable.

TRAIN RÉGIMENTAIRE.

Le train régimentaire de la division doit être assez près de la colonne de combat pour rejoindre promptement chaque corps au gîte (1,500 mètres au moins, 10 kilomètres au plus), et ne pas être trop éloigné du convoi administratif des subsistances, auquel il doit se ravitailler.

Le vaguemestre de chaque corps ou état-major réunit le train dans l'ordre suivant : voitures de vivres, — de cantinières, — de bagages, — d'habillement et d'équipement, et l'amène au point initial où il se forme ainsi qu'il suit :

1° La force publique escortant les prisonniers ;

2° Les équipages du quartier général, les voitures du trésor et des postes, les voitures de vivres et bagages du génie, les voitures de vivres et bagages de l'ambulance ;

3° Les équipages du 1er régiment, — du 2e régiment — de l'artillerie, — du 3e régiment, — du 4e régiment.

Le train régimentaire est placé, pendant la marche, sous le commandement de l'officier de gendarmerie de la division (Voir page 38). Ses échelons sont séparés par un intervalle de 20 mètres. Il forme 2 groupes ; les équipages de l'artillerie tiennent la tête du 2e, avec un intervalle de 100 mètres. — Allongement de 1/2.

CONVOI ADMINISTRATIF DES SUBSISTANCES.

Il est commandé par le capitaine de la compagnie du train attachée à la division. Il suit la colonne à une distance variable et marche rarement réuni ; mais une section au moins (1 jour de vivres) doit être toujours en mesure de rallier le train régimentaire en une nuit (soit 10 kilomètres du train de combat). Si le convoi est éloigné, lui affecter une escorte.

(Pour le ravitaillement, voir *Subsistances*, page 173).

III. — Corps d'armée.

MOYENS D'ASSURER LA SÉCURITÉ DE LA COLONNE.

A. *Sur le front.* — *a*) Au loin, par le service d'exploration. (Voir pages 93 et 101.)

b) A moyenne distance, par la brigade de cavalerie du corps. (Voir pages 96 et 102.)

c) A distance restreinte, par l'avant-garde, composée d'après les principes énoncés pour la division (1 brigade commandée par le général de division). — Distance normale entre l'avant-garde et le gros : 4 kilomètres. Toutefois, cette distance n'a rien d'absolu; elle diminue quand on est près de l'ennemi et suivant que l'on emploie en éclaireurs 1, 2 ou 3 escadrons. (Voir Service de sûreté en station.) L'avant-garde n'a pas à rechercher des renseignements sur l'ennemi. Elle est un puissant soutien pour la cavalerie et un premier échelon pour le corps d'armée.

B. *Sur les flancs*, comme pour la division.

C. *En arrière*, comme pour la division (1 bataillon du dernier régiment).

ORDRE DE MARCHE NORMAL DU CORPS D'ARMÉE SUR UNE COLONNE.

BRIGADE DE CAVALERIE (1).

Éclaireurs (1er et 2e escadrons du 1er régiment).

Distance : 4,000 mètres.

Soutien (3e et 4e escadrons du 1er régiment).

Distance : 4,000 mètres.

Réserve :

État-major de la brigade et 1er escadron du 2e régiment.

Batterie à cheval.

2e et 3e escadrons du 2e régiment (le 4e escadron est réservé au service du gros).

Distance : 200 mètres.

Ambulance de la brigade.

Distance : 3,000 mètres.

Cette distance est variable ; elle peut être portée à une demi-marche et même à une marche. Des postes de correspondance relient la brigade de cavalerie à l'avant-garde.

AVANT-GARDE.

Pointe : Peloton de cavalerie se couvrant lui-même par quelques cavaliers à 400 mètres en avant et par des patrouilles latérales.

---

(1) Voir le dispositif, page 96.

Distance : 500 mètres.

Tête : 1 compagnie d'infanterie.

Distance : 300 mètres.

3 compagnies du même bataillon, 1/2 compagnie du génie de la 1re division et son parc.

Distance : 700 mètres.

Gros : État-major de la 1re division et escorte.

État-major de la 1re brigade.

État-major, 2e et 3e bataillons du 1er régiment avec la voiture d'outils et les 3 caissons de munitions.

2 batteries montées (soit, avec la batterie à cheval, 18 pièces à l'avant-garde).

2e régiment d'infanterie, avec 4 voit. comme ci-dessus.

Détachement d'ambulance (39 mulets, 10 voitures).

Vivres de la brigade de cavalerie (12 voitures), voiture du général commandant la brigade de cavalerie et du sous-intendant.

Ces 12 voitures, formant le train régimentaire du premier régiment, portent un jour de vivres et d'avoine pour la brigade entière, en cas de besoin ; mais, en principe, la cavalerie doit vivre sur le pays. Le reste du train régimentaire de la cavalerie marche toujours avec celui du quartier général et ne rejoint qu'aux séjours.

Distance : 4,000 mètres.

GROS DE LA COLONNE.

État-major de la 2e brigade de la 1re division.

1/2 escadron du 2e régiment de cavalerie.

Il relie l'avant-garde au gros par des postes de correspondance et fournit des patrouilles sur les flancs de la colonne.

Bataillon de chasseurs.

Le bataillon de chasseurs est choisi de préférence pour les missions particulières, telles que l'occupation de défilés ou de positions sur le flanc. S'il ne marche pas avec la colonne, il est remplacé à la tête de celle-ci par un bataillon du troisième régiment.

Deux batteries montées de la 1re division.

3e régiment d'infanterie, avec 4 voitures.

4e régiment d'infanterie, avec 4 voitures.

Ambulance de la 1re division (moins la partie détachée à l'avant-garde).

Détachement de police.

Distance : 500 mètres.

Artillerie ⎰ 1er groupe : 4 batteries montées de 90.
de ⎰ 2e groupe : 2 batteries montées de 95.
corps, ⎱ 3e groupe : 1 batterie à cheval de 80.

Distance : 300 mètres.

État-major de la 2ᵉ division et escorte.
Un peloton de cavalerie (du 4ᵉ escad. du 2ᵉ régiment).
Compagnie de réserve du génie.
1/2 comp. du génie divisionnaire de la 2ᵉ division.
État-major de la 3ᵉ brigade.
5ᵉ régiment d'infanterie, avec 4 voitures.
6ᵉ régiment d'infanterie, avec 4 voitures..
Quatre batteries montées (artillerie de la 2ᵉ division).
État-major de la 4ᵉ brigade.
7ᵉ régiment d'infanterie, avec 4 voitures.
8ᵉ régiment d'infanterie, avec 4 voitures. (Moins un bataillon d'arrière-garde.)
Ambulance de la 2ᵉ division.
Parc du génie (outils, agrès et dynamite).
Détachement de police.

Distance : 300 mètres.

1ᵉʳ échelon du parc d'artillerie.	
	Sect. de munitions. Nᵒˢ 1 et 2 (infant.).
	Sect. de munitions. Nᵒˢ 3 à 6 (artill.).

Distance : 300 mètres.

ARRIÈRE-GARDE.

1 bataillon du 8ᵉ régiment d'infanterie.
Un peloton de cavalerie.

Distance : 1,800 à 2,500 mètres.

TRAINS RÉGIMENTAIRES.

Ambulance du quartier général (50 mulets, 49 voitures).

Distance : 300 mètres.

1ᵉʳ groupe. — quartier général du corps d'armée.	
	vivres et bagages du quartier général.
	— de la télégraphie, du trésor et des postes.
	— de la brigade de cavalerie (2ᵉ moitié).
	— de l'artill. de corps.
	— des sections de munitions.
	— du génie.

Distance : 600 mètres.

2e groupe. — **1re division d'infanterie.**	vivres et bagages du quartier général. — du bataillon de chasseurs. — de la 1re brigade. — de l'artillerie divisionnaire. — de la 2e brigade.

Distance : 600 mètres.

3e groupe. — **2e division d'infanterie.**	vivres et bagages du quartier général. — de la 3e brigade. — de l'artillerie divisionnaire. — de la 4e brigade.

Le chef d'escadron de gendarmerie prévôt du corps d'armée prend le commandement des trains régimentaires quand ils marchent réunis.

CONVOI ADMINISTRATIF DU QUARTIER GÉNÉRAL (185 voitures portant 4 jours de vivres, voir *Subsistances*).

Quand les trois convois administratifs du corps d'armée marchent réunis, — ce qui arrive fort rarement, — le chef d'escadron du train des équipages en prend le commandement. Les convois forment alors 3 groupes séparés par des intervalles de 1,000 mètres. Laisser 15 kilomètres entre la queue de la colonne de combat et les convois, de manière à ce qu'ils puissent rejoindre pendant la nuit, si cela devenait nécessaire.

Avec le convoi administratif du quartier général marchent les 8 voitures de réserve d'effets d'habillement et de petit équipement (Voir page 184).

ÉQUIPAGE DE PONT.

Il n'a pas d'emplacement déterminé dans la colonne.

PARC D'ARTILLERIE (2e échelon).

Il suit habituellement à 1 ou 2 marches, en deux groupes séparés par un intervalle de 500-600 mètres.

Composition des avant-gardes. (Service en campagne. — Projet.)

Ce tableau, ainsi que le suivant, sont donnés à titre de renseignement seulement.

UNITÉS.	COMPOSITION de l'avant-garde.	DISPOSITIF DE MARCHE.					DISTANCES à la tête du gros.	OBSERVATIONS.
		Pointe.	Distance.	Tête.	Distance.	Gros.		
Corps d'ar-mée........	1 brigade....	1 brigadier, 4 cavaliers, 400 Détach. de cavalerie. 600 1 bataillon. Détach. du génie.	690	2 bataillons. 2 batteries montées.	1000	État-major de la division — de la brigade. 1 régiment d'infanterie. 1 section ambulance.	5000 à 6000	
Division d'in-fanterie...	1 regiment...	1 brigadier, 4 cavaliers, 400 Détach. de cavalerie. 600 1 compagnie. Détach. du génie.	600	3 compagnies. 1 (ou 2) batteries montées	1000	État-major de la brigade. 2 bataillons. Détach. d'ambulance.	4000 à 5000	
Division de cavalerie...	1 brigade ou 1 régiment.	1 brigadier, 4 cavaliers, 400 3 pelotons.	600	1 (ou 3) escadrons. 1 (ou 2) batteries à cheval	1000	État-major de la brigade. 2 escadrons ou 1 régiment Détach. d'ambulance.	3000 à 6000	

Brigade d'in-fanterie...	2 bataillons..	1 brigadier, 4 cavaliers. 400 Détach. de cavalerie. 600 1 compagnie. Détach. du génie.	600	3 compagnies. 1 batterie.	1000	État-major de la brigade. 1 bataillon. Détach. du génie.	2000 à 3000
Brigade de cavalerie..	2 escadrons..	1 brigadier, 4 cavaliers. 400 1 peloton. 600 1 peloton.	600	2 pelotons. 1 batterie à cheval.	1000	État-major de la brigade. 1 escadron. Détach. d'ambulance.	5000 à 6000
Rég. d'infan-terie......	1 bataillon..	1 brigadier, 4 cavaliers. 400 Détach. de cavalerie.	600	1 compagnie	600	3 compagnies.	1500 à 2000
Régiment de cavalerie..	1 escadron..	1 brigadier, 4 cavaliers. 400 1 peloton.	600	1 peloton.	600	2 pelotons.	1500 à 2000
1 bataillon..	1 compagnie.	2 éclaireurs (1). » 1 escouade (2).	200	1 section.	250 à 300	3 sections.	600 à 800
1 compagnie.	1 section....	2 éclaireurs. 100 1 escouade.	150 à 200	1 escouade.	200 à 250	1/2 section.	250 à 300
1 escadron ..	1 peloton....	2 éclaireurs. 400 1 escouade.	400	1 escouade.	630	1/2 peloton.	500 à 600

(1) A tous pour les cavaliers, à 150-200m pour les fantassins.
(2) Ou détachement de cavalerie.

Composition des arrière-gardes. (Service en campagne. — Projet).

Unités.	Composition de l'arrière-garde.	Distance en arrière.	Dispositif de marche.					Observations.
			Gros.	Distance.	Tête.	Distance.	Pointe.	
Corps d'armée......	1 bataillon..	1000-1500 (1)	3 compagnies.	600	1 compagnie.	600	Détachem. de cavalerie. 400 Cavaliers éclaireurs.	(1) Du train de combat. Pour les autres unités, distance de la queue de la colonne.
Division d'infanterie...	2 compagnies	800-1000 (1)	1 compagnie 1/2.	600	1/2 compagnie.	600	Détachem. de cavalerie. 400 Cavaliers éclaireurs.	
Division de cavalerie..	2 escadrons..	1000-1500	1 escadron 1/2.	600	1/2 escadron moins 1 escouade.	600	1 escouade. 400 2 cavaliers éclaireurs.	
Brigade d'infanterie...	1 compagnie.	500-600	3 sections.	250-300	1 section.	600	Détachem. de cavalerie. 400 2 cavaliers.	
Brigade de cavalerie..	1 escadron ..	1000-1500	3 pelotons.	600	1 peloton moins 1 escouade.	600	1 escouade. 400 3 cavaliers.	
Rég. d'infanterie......	1/2 compag..	500-600	1 section.	200-250	1 section moins 1 escouade.	150-200	1 escouade. 100-150 2 éclaireurs.	
Régiment de cavalerie..	1/2 escadron.	1000-1200	1 peloton.	600	1 peloton moins 1 escouade.	600	1 escouade. 400 2 cavaliers.	
1 bataillon..	1 section....	300-400	1/2 section.	150-200	3 escouades.	100-150	1 escouade. 400 2 éclaireurs.	
1 compagnie.	1 escouade..	200-250	(2 hommes en éclaireurs à 100 mètres en arrière).					
1 escadron ..	1 escouade..	500-600	(2 cavaliers en éclaireurs à 500 mètres en arrière).					

Renseignements généraux pour servir à l'établissement des calculs de marche et de formation des colonnes.

(Les différentes unités sont supposées au complet de guerre.)

Infanterie (1).

	Longueur.	Allongement de 1/5.	Vitesse d'écoulem. à 72m par min.
1 homme dans le rang	0m,70	»	»
1 compagnie	85	21	1' 1/2
1 bataillon avec état-major	421	105	7'—8'
1 bataillon isolé	376	94	6'—7'
1 bat. avec train de combat	428	107	7'—8'
1 régiment	1265	306	22'
	1265	407 (1/3)	23'
1 bataillon de chasseurs	388	98	7'—8'

Cavalerie (1).

1 cavalier 3m,00
1 groupe de 8 cav. et dist. 7m,50

À 100m par min.

	Longueur		Allongement		Vitesse	
	Par 4.	Par 2.	Par 4.	Par 2.	Par 4.	Par 2.
1 escadron	130	269	32	65	1'—2'	3'—4'
1 régiment	650	1180	162	295	8'	15'—16'
1 brigade	1314	2404	336	600	17'—18'	30'—32'

Artillerie et convois en colonne par 1.

Voitures à 1 cheval . . . . 7m ⎫
— 2 chevaux . . . 8 ⎪
— 4 — . . . 11 ⎬ Plus 1 mètre d'intervalle.
— 6 — . . . 14 ⎪
Pièces, caissons et autres voitures d'artillerie, 6 — . . . 14 ⎭

---

(1) Les formules suivantes donnent, en mètres, la longueur sans allongement d'une troupe (infanterie et cavalerie), c représentant l'effectif dans le rang :

Infanterie.

Compagnie = 0,35 × c + 2m,80.
Bataillon = 4 compagnies + 39.
Régiment = 3 bataillons + 149.

Cavalerie.

Escadron = $\frac{c}{4} \times 2,25 + \left(\frac{c}{4} - 1\right) \times 0,75.$
Régiment = 4 escadrons + 116.

	Longueur.	Allongem. de 1/4.	Vitesse d'écoul. à 7ᵏᵐ par min.
Batterie montée (18 voitures) (1)...	300	73	5′
Batterie à cheval (18 voitures...	340	85	3′ (à 100ᵐ)
Section de munitions d'artillerie (22 voitures)...	374	93	7′
Section de munitions d'infanterie (35 voitures)...	469	118	8′
Parc d'artillerie de corps (2ᵉ échelon) (175 voitures)...	2666	1333 (1/2)	65′ (à 60ᵐ)
1/2 compagnie divisionnaire du génie...	54	18	1′
Ambulance divisionnaire (30 voitures)...	490	122	9′
Ambulance de brigade de cavalerie (13 voitures)...	155	30 (1/3)	2′
Ambulance de corps d'armée (49 voitures)...	602	192 (1/2)	13′ (à 60ᵐ)

Train régimentaire de la division.

	Longueur.	Allongem. de 1/4.	(A 60ᵐ).
Quartier général (16 voitures)...	166	82	»
1ʳᵉ brigade (51 voitures)...	428	204	»
Artillerie divisionnaire (22 voitures)...	196	98	»
2ᵉ brigade (51 voitures).	428	204	»
Total du train régimentaire (avec les intervalles)...	1358 (2)	588	32′

(1) Pour évaluer la longueur totale en mètres d'une colonne d'artillerie :

Batterie montée	Voitures multipliées par	16,7.
Section de munitions d'artillerie.	—	—	15,4.
Batterie à cheval.	—	—	19,0.
Section de munitions d'infanterie	—	—	13,0.

(2) Ce chiffre se trouvera un peu augmenté par la substitution du fourgon à la voiture régimentaire.

	Lon-gueur.	Allongem. de 1/2.	(A 6ᵐ).
Train régimentaire du quartier général du corps d'armée et des troupes non endivisionnées.	1052	482	25ʻ
Convoi administratif des subsistances de la division d'infanterie	1472	664	36ʻ
1 section.	320	160	8ʻ
1/2 convoi.	686	332	17ʻ
Convoi administratif du quartier général (185 voitures).	1930	890	46ʻ
1 section.	430	215	10ʻ
1/2 convoi.	919	459	23ʻ
Réserve d'effets d'habillement (8 voitures). . . .	72	36	»

Distances réglementaires.

7 mètres entre les compagnies d'un même régiment.

20 mètres entre les bataillons d'un même régiment.

30 mètres entre les deux régiments d'une brigade d'infanterie.

60 mètres entre deux brigades.

12 mètres entre les escadrons d'un même régiment.

24 mètres entre les régiments d'une même brigade de cavalerie.

12 mètres entre les batteries.

30 mètres entre une troupe d'infanterie et des batteries.

20 mètres entre les sections de munitions; entre celles-ci et l'ambulance.

30 mètres entre des batteries et des sections de munitions; entre les sections des convois administratifs; entre le train régimentaire de chaque régiment.

Conditions de mouvement des grandes unités.

DIVISION.

On suppose l'effectif de guerre et un allongement de 1/4. Cet allongement sera ordinairement dépassé, mais les effectifs n'atteindront pas le complet et ces longueurs resteront très rapprochées de la réalité; on peut, d'ailleurs, maintenir ce tableau au courant en tenant compte de chaque changement sérieux dans les effectifs.

UNITÉS.	LON-GUEURS.	DISTANCE en arrière de la tête.	TEMPS nécessaire à l'écoulem. y compris la distance en arrière.	PASSAGE au point initial.
Avant-garde..............	3.900ᵐ	»	»	»
Distance en arrière........	3.000	»	»	»
État-major divis., escorte et peloton de cavalerie.	465	»	»	»
1re brigade (1 bat.) et distance en arrière........	786	»	9′	»
Artillerie divisionn. et distance en arrière........	963	556	16′	»
1re brigade (reste) et distance en arrière........	1.106	1.519	18′	23′
2e brigade et distance en arrière...............	3.199	2.624	53′	43′
Train de combat (amb. div. 1 sect. de mun. d'inf. (1), 1 id. d'artil.)............	1.731	5.823	28′	1 h. 36′
Distances...............	800	»	17′	»
Arrière-garde	300	8.554	»	2 h. 17′
	15.749ᵐ			

Durée du mouvement. — L'écoulement de la colonne, avant-garde comprise, demande 4 h. 30′, plus 1/2 heure pour les mouvements latéraux, soit 5 h. à ajouter au temps nécessaire pour la durée du mouvement, d'où :

$$
\begin{aligned}
\text{Pour une étape de } 16 \text{ kil.} &\quad 4 \text{ h. } 30 + 5 \text{ h.} = 9 \text{ h. } 30, \\
20 \text{ kil.} &\quad 5 \text{ h. } 30 + 5 \text{ h.} = 10 \text{ h. } 30, \\
25 \text{ kil.} &\quad 6 \text{ h. } 50 + 5 \text{ h.} = 11 \text{ h. } 50, \\
30 \text{ kil.} &\quad 8 \text{ h. } 20 + 5 \text{ g.} = 13 \text{ h. } 20,
\end{aligned}
$$

Or, on compte sur 24 heures :

Repos........................	7 heures.	
Préparation de la soupe et repas....	3 —	} 11 heures.
Préparatifs de départ............	1 —	

Il reste 24 — 11 = 13 heures, d'où l'on voit que l'étape de 28—30 kilomètres sera le maximum.

CORPS D'ARMÉE.

UNITÉS.	LON-GUEURS.	DISTANCE en arrière de la tête.	TEMPS nécessaire à l'écoulem. y compris la distance en arrière.	PASSAGE au point initial.
1re division (2e brigade) et distance en arrière.....	6.700ᵐ	»	1 h. 54′	0
Artillerie de corps et distance en arrière (1)....	4.000	6.700ᵐ	1 h. 08′	1 h. 54′
2e div. et dist. en arrière.	11.700	10.700	3 h. 13′	2 h. 39′
Train régimentaire........	6.200	22.400	1 h. 13′	0 h. 13′
	28.600ᵐ			

(1) La nouvelle organisation donnée aux sections de munitions les constitue en 1er échelon de parc (Voir *Artill.* et *Munit.*). Par suite, elles ne marcheront plus que par exception avec les co-

En appliquant le calcul précédent et en prenant la durée d'écoulement $= 7$ h. 56, soit 8 h., on trouve :

Pour l'étape de 16 kil.   4 h. 30 + 8 h. = 12 h. 30.
—   20 kil.   5 h. 30 + 8 h. = 13 g. 30.
—   22 kil.   6 h. 06 + 8 h. = 14 h. 06.
L'étape de 20—22 kil. est donc le maximum.

Dans ce calcul n'est pas comprise l'avant-garde, qui porterait la longueur de la colonne à 38 kilomètres et la durée totale du mouvement pour l'étape de 22 kilomètres à : 6 h. 06′ + 10 h. 33′ = 16 h. 39′.

Exemple de formation et de mise en marche d'une colonne de corps d'armée.

Soit A le point initial du mouvement du corps d'armée, et 5 h. 1/2 l'heure du départ, c'est-à-dire le moment où la tête du gros commence à passer en A. En se reportant au tableau ci-contre, on voit que l'avant-garde (4,900 mèt. long. + 4,000 mèt. distance $= 8,900$ mètres) passera en A à $\dfrac{8,900}{72} = 123' = 2$ heures, soit à 3 h. 30′, la tête de l'artillerie de corps à $\dfrac{6,700}{60} = 1$ h. 50′, soit à 7 h. 20′, la tête de la 2ᵉ division à $\dfrac{10,700}{60} = 3$ h., soit à 8 h. 30′, etc. — L'ordre de mouvement du commandant de corps se résumera donc ainsi :

Point initial de la marche : A.

	Tête de l'avant-garde. .	3 h. 30′ matin.
Heures	Colonne principale (tête	
de passage	du gros)........	5 h. 30′ —
au	Artillerie de corps.	7 h. 20′ —
point initial.	2ᵉ division........	8 h. 30′ —
	Trains régimentaires. . .	11 h. 10′ —

1ʳᵉ halte horaire : 6 heures du matin (1/2 h. après le départ).

Cet ordre est adressé aux deux généraux de division, aux commandants de l'artillerie de corps et de la colonne des trains régimentaires.

———

1ʳᵉ *division*. — Elle forme deux groupes : 1ᵃ Avant-garde ; 2ᵒ colonne principale.

———

lonnes, et celles-ci devront être diminuées, en conséquence, de 1,200 mètres pour la colonne de division et de 3,600 mètres pour la colonne de corps d'armée.

1° *Avant-garde.* — Son mouvement est réglé d'après l'heure fixée pour le passage en A (3 h. 30), et la durée d'écoulement de ses éléments à raison de 72 mètres par minute. Il se résume dans le tableau suivant :

AVANT-GARDE.

Point initial : A.

1re halte horaire : 4 heures matin (1/2 heure après le départ).

ORDRE DE MARCHE DES CORPS.	EMPLACEMENTS occupés,	HEURE de passage au point initial.	ITINÉRAIRE à suivre pour gagner le point initial,
1er régiment (1er bat.). (Tête d'avant-garde).	A	3 h. 30	
Génie divisionnaire....	A	3 h. 3e	
1er régiment (2e bat.).	A	3 h. 44	
— (3e bat.).	Aux avant-postes	»	Rejoint la co-
2 batteries montées....	A	4 h. 00	lonne par le
2e régiment..........	Au nord de A.	4 h. 09.	chemin le
Etc.	Etc.	Etc.	plus court.

Ce tableau est adressé, avec l'ordre de marche :

Au général commandant la brigade d'avant-garde :

— la 2e brigade ;

Au commandant des batteries ;

— du génie ;

Au sous-intendant.

Ceux - ci fixent les heures du départ des cantonnements ou bivouacs en évaluant le temps nécessaire pour se rendre en A, à raison de 72 mètres par minute, ainsi qu'il est indiqué plus loin.

2° *Colonne principale.* — Son mouvement se résume ainsi :

GROS DE LA COLONNE (1re division).

Point initial : A.

1re halte horaire : 6 heures matin.

ORDRE DE MARCHE DES CORPS.	EMPLACEMENTS occupés,	HEURE de passage au point initial,	ITINÉRAIRE à suivre pour gagner le point initial.
Bataillon de chasseurs.	B	5 h. 30 (heure fixée)	
2 batteries montées...	C	5 h. 38	
2e brigade. { 3e régim.	m n	5 h. 47	
{ 4e régim.	o p	»	
Ambulance............	D	6 h. 41	
Section de munitions..	H	6 h. 50	
Train régimentaire....	»	11 h. 38	

Cet ordre est envoyé :

  Au général commandant la 2e brigade ;
  Artillerie ;
  Services administratifs ;
  Gendarmerie.

Le général de brigade choisit pour les 3e et 4e régiments un point initial G, évalue G A = 1,000 mètres = $\dfrac{1,000}{72}$ = 14 minutes, et fixe l'arrivée du 3e régiment en G à 5 h. 47' — 14' ou 5 h. 33 ; celle du 4e régiment, à 5 h. 33' — 20' (temps nécessaire à l'écoulement du 3e), soit à 5 h. 13'. Les colonels évaluent à leur tour les distances E G, F G et fixent l'heure de départ de E et de F. Même opération pour les bataillons (m, n, o, p, etc.) si cela est nécessaire. De même pour l'artillerie et l'ambulance.

Même mode d'opérer pour l'artillerie de corps, la 2e division (point initial I) et les trains régimentaires.

Il y aura donc, en résumé :

  1 point initial de corps d'armée ;
  2 — de division ;
  4 — de brigade ;
  8 — de régiment ;
  1 — par chacun des groupes ou services.

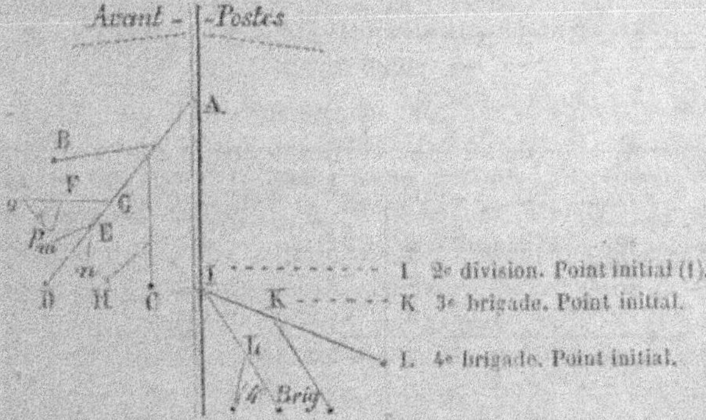

Observations. — Il est essentiel que tout point initial subordonné soit aussi rapproché que possible des cantonnements des unités auxquelles il est assigné ; les erreurs sont d'autant moins grandes. — Les différences entre les heures de départ des divers éléments sont d'autant plus considérables que les cantonnements ou bivouacs sont plus rapprochés. — Il demeure entendu que, les effectifs diminuant, les données de longueur, et, par suite, d'écoulement, doivent être modifiées en conséquence.

Quand il s'agit d'une colonne de division, on procède de la même façon.

---

(1) On suppose que chaque division se trouve en entier sur l'un des côtés de la route. Cette disposition est avantageuse à la fois au point de vue tactique et comme facilité pour le ravitaillement au convoi.

En thèse générale, il est avantageux de rédiger les *ordres du mouvement* suivant une formule fixe et de partager la feuille par un pli dans le sens longitudinal. La partie de droite présentera les renseignements indiqués ci-dessus, ainsi que le lieu et l'heure de la grande halte (le cas échéant), le point où chaque fraction principale quittera la direction pour gagner ses gîtes, la ligne générale des avant-postes, l'emplacement du quartier général et son heure d'arrivée, le point où se tiendra le commandant de la colonne pendant le mouvement (indication fort importante), les rapports à fournir et l'heure à laquelle ils devront parvenir, etc. La partie gauche de la feuille sera réservée pour les instructions particulières dont chacun ne communiquera à ses subordonnés que la partie qu'il importe de leur faire connaître, comme : le mot, les renseignements généraux sur le but cherché, la direction de la brigade de cavalerie, celle des corps voisins, l'emplacement de l'ennemi, les dispositions en cas d'engagement imprévu, etc.

Pour l'établissement d'un tableau de mouvement embrassant plusieurs journées, on peut utilement employer un tableau analogue au modèle suivant (Extrait des *Petites études de guerre*).

N° CORPS D'ARMÉE.

Tableau des marches pour les journées du   au   .

COMPOSITION et dispositif de marche de chaque fraction principale de la colonne.	POINT		HEURE		INDICATION des routes et des points intermédiaires.	LIEUX d'arrivée.	DISTANCE à parcourir.	OBSERVATIONS.
	de départ.	d'entrée en colonne.	de départ.	d'entrée en colonne.				

Graphiques de marche. — Ils sont d'une très grande utilité pour la représentation graphique d'un mouvement et se prêtent aux applications les plus nombreuses. On trace sur du papier quadrillé (autant que possible à une échelle connue) deux axes : le vertical indique les distances kilométriques, l'horizontal les temps. Ces deux axes se coupent au point initial de la marche à l'heure fixée pour le départ.

Sur l'axe horizontal on trace à l'avance la profondeur

des diverses fractions de la colonne exprimée par le temps nécessaire à chacune d'elles pour s'écouler ; on reporte ensuite à la distance qui représente le chemin parcouru au bout d'une heure, en y comprenant la halte horaire, le point d'arrivée de la tête de la troupe. Si alors on joint les deux points d'arrivée et de départ par une ligne indéfinie, on obtient la trace de sa marche dans des temps définis (Extrait des *Petites études de guerre*, d'après la méthode du général Lewal) (1).

Documents consultés. — Petites études de guerre. — Notes sur le service dans les états-majors. — Méthodes de guerre modernes. — Projet de règlement sur le Service en campagne. — Service d'état-major en campagne, par un officier d'état-major.

CHEMINS DE FER.

Les transports stratégiques par voies ferrées se divisent en :

1° Transports en deçà de la base d'opérations ;

2° Transports au delà de la base d'opérations.

1° Transports en deçà de la base d'opérations.

Ordonnés par le Ministre de la guerre, — exécutés par les compagnies, au moyen de leur personnel et de leur matériel normaux, sous la direction et la responsabilité de la *commission supérieure*, siégeant en permanence au ministère de la guerre. Elle peut déléguer tout ou partie de ses pouvoirs à une *commission exécutive* prise dans son sein et présidée par le président ou le vice-président de la commission supérieure.

La commission exerce son action par l'intermédiaire des *commissions de ligne* (1 pour chacune des 6 grandes compagnies), comprenant 1 officier supérieur d'état-major, 1 agent supérieur de la compagnie.

Les commissions de ligne ont sous leurs ordres les *commissions d'étapes*, chargées d'assurer tous les mouvements de personnel et de matériel à exécuter dans les deux sens sur les lignes ferrées en deçà de la base.

Ces dernières sont composées en principe de :

Un commissaire militaire (officier supérieur ou inférieur de la réserve ou de l'armée territoriale), remplis-

---

(1) Voir la *Planchette de marche* pour les colonnes de toutes armes, par le lieutenant-colonel Madelor (*Journal des Sciences militaires*, septembre 1879).

sant les fonctions de commandant de place dans la gare et de suppléant du sous-intendant, s'il y a lieu.

Un commissaire technique (agent de la compagnie).

Un personnel auxiliaire variable de comptables, infirmiers, soldats d'administration, gendarmes, secrétaires, etc.

Les commissions d'étapes se distinguent, suivant leurs attributions, en :

1° *Commissions d'étapes de mobilisation* (temporaires), chargées d'assurer le bon ordre et le départ régulier des réservistes rappelés ;

2° *Commissions d'étapes d'embarquement* (temporaires), dans chaque ville de garnison où se trouvent un ou plusieurs corps de troupes ;

3° *Commissions d'étapes de stations halte-repas* (temporaires ou permanentes, fixes), aux stations désignées par la commission supérieure (Voir A*limentation pendant le transport*, page 230) ;

4° *Commissions d'étapes de bifurcation* (permanentes, fixes), établies, comme leur nom l'indique, aux bifurcations de voies ferrées ;

5° *Commissions d'étapes de débarquement* (permanentes, mobiles), chargées d'activer, par tous les moyens possibles, le débarquement des troupes et leur évacuation, le déchargement du matériel et son rapide enlèvement ;

6° *Commissions d'étapes de point de départ d'étapes* (permanentes, fixes), chargées de recevoir le personnel et le matériel provenant de la circonscription territoriale d'un corps d'armée et de réexpédier :

Le personnel, sur les stations de transition ;

Le matériel, sur les stations-magasins ;

7° *Commissions d'étapes de stations-magasins* (permanentes, mobiles); ces stations sont destinées à maintenir disponibles à une distance peu considérable du théâtre de la guerre des approvisionnements de toute nature. La désignation de ces stations et des corps d'armée que chacune d'elles doit desservir est faite au début de la guerre par le Ministre. Elles peuvent être établies *en deçà* ou *au delà* de la base d'opérations. Celles de 1re ligne sont, autant que possible, constituées dans des places fortes ou sous la protection de leur canon.

Les approvisionnements réunis dans les stations-magasins sont destinés à toute l'armée sans distinction de corps.

2 ou 3 trains de munitions et de subsistances, dits *en-cas mobiles*, sont échelonnés sur chaque ligne de

transport, en avant de la station-magasin la plus rapprochée de l'armée, dans le but d'assurer l'approvisionnement indispensable pour tous les cas.

8° *Commissions d'étapes de stations de transition* (permanentes, mobiles). Les stations de transition, fixées par la commission supérieure, sont celles où commencent les transports exécutés par la direction militaire des chemins de fer de campagne. Elles ont mission d'opérer le transit du personnel et du matériel expédiés du territoire national à l'armée sur les stations têtes d'étapes de guerre, et, réciproquement, des envois faits de l'armée à l'intérieur sur les stations points de départ d'étapes.

(Voir, page 192, ce qui est relatif aux *ambulances d'évacuation* et aux *ambulances provisoires de gares*).

Quand une même station nécessite la création de plusieurs commissions, celles-ci sont réunies en une seule, dont la composition est modifiée en conséquence.

2° Transports au delà de la base d'opérations.

Exécutés avec le matériel ordinaire, au moyen d'un personnel organisé militairement (Voir *Troupes spéciales*, page 234), sous la direction et la responsabilité de la *direction des chemins de fer de campagne*, constituée à l'état-major général de l'armée et comprenant :

1 officier général ayant sous ses ordres.	1 officier supérieur du génie commandant les troupes spéciales du chemin de fer. 1 officier supérieur d'artill. 1 fonctionn. de l'intendance. 1 ingén. des chemins de fer. 1 payeur principal. Un personnel auxiliaire d'officiers, de comptables, d'agents de chemins de fer, etc.	Nommés par le Ministre de la guerre.

Cette direction a sous ses ordres les :

Commissions militaires des chemins de fer de campagne, opérant dans une circonscription désignée et comprenant :

1 officier supérieur, président. 1 officier du génie commandant les troupes spéciales. 1 fonctionnaire de l'intendance. 1 ingénieur des chemins de fer. 1 payeur.	Nommés par le Ministre de la guerre.

Un personnel auxiliaire d'exécution.

Attributions : Construction, entretien, réparation, destruction de la voie et des ouvrages. Choix et installation des stations. Mouvement des trains, Garde militaire de la voie et des trains. Service d'étapes pour les détachements ou isolés allant à l'armée ou en revenant.

Personnel d'exécution et auxiliaire. Ouvriers de chemins de fer du génie. Section technique d'ouvriers des chemins de fer de campagne. Gendarmes. Troupes en nombre suffisant. Personnel auxiliaire d'agents secondaires pour les bureaux.

Les présidents des commissions militaires des chemins de fer de campagne ont sous leurs ordres directs, comme agents d'exécution locaux de la tâche ci-dessus, les *commandements militaires d'étapes de chemins de fer de campagne*, composés en principe de :

1 officier supérieur (de réserve ou territorial), commandant militaire. 〉
1 chef de gare pris dans les troupes spéciales. 〉 Nommés par le Ministre
1 fonctionnaire de l'intendance, s'il y a lieu. 〉 de la guerre.
1 comptable.
Personnel auxiliaire.

Ces commandements sont établis dans les gares principales, et il peut arriver qu'il y ait dans ces mêmes gares, soit une station-magasin, soit une station tête d'étapes de guerre :

1° *Commandement militaire d'étapes de chemins de de fer de campagne des stations-magasins.*

Mêmes attributions que les commissions d'étapes du même nom.

2° *Commandement militaire d'étapes de chemins de fer de campagne des stations têtes d'étapes de guerre.* Ces stations sont déterminées, en nombre variable, par la commission des chemins de fer de campagne sur chacune des sections de voie ferrée ouvertes au delà de la base. Ce sont des organes de réception, de répartition et de réexpédition dont l'emplacement et l'affectation se modifient suivant les opérations.

Cette organisation se complète par le service des *étapes de route*, dirigé et surveillé par un officier général ou supérieur désigné par le chef d'état-major général et exécuté au moyen de :

Commandements militaires d'étapes de route, créés sur les routes que les corps d'armée sont appelés à suivre dans le cours des opérations actives, dès que la distance qui les sépare d'une ligne ferrée ne leur permet pas de se relier facilement avec la station de débarquement ou la station tête d'étapes de guerre.

Ils comprennent :

1 officier supérieur (de réserve ou territorial), commandant militaire.

1 officier (de la réserve ou territorial), adjoint.

1 fonctionnaire de l'intendance (de la réserve).

} Nommés par le Ministre de la guerre.

Un personnel auxiliaire (médecins, agents des postes, gendarmes, troupes, etc.).

Le commandant militaire est commandant supérieur de la garnison, chargé de veiller à la sécurité des communications, d'assurer le logement et l'alimentation des détachements, l'expédition du matériel. Il a sous ses ordres les dépôts de chevaux malades.

Contenance du matériel employé aux transports.

1° *Hommes.* — Wagons de 3ᵉ classe contenant :

36 hommes équipés et armés (trajet inférieur à 150 kilomètres).

32 hommes équipés et armés (trajet supérieur).

Les places vides sont employées au placement des effets.

Wagons à marchandises couverts : contiennent le chiffre porté dans le cartouche inscrit sur la paroi longitudinale. Ce chiffre s'applique à l'infanterie et à la cavalerie légère ; il est réduit de 2/10 pour les autres armes (*Art.* 48 du Règlement général du 1ᵉʳ juillet 1874).

Pour avoir le nombre de places de 203 hommes d'infanterie, par exemple, diviser par 4 le nombre des places de 3ᵉ classe. $\frac{203}{4} = 51$ places $+$ 203, soit 254 places, pour un trajet supérieur à 150 kilomètres. Diviser par 9 pour un trajet inférieur.

2° *Chevaux.* — A moins d'ordres contraires, chevaux toujours dessellés ; chevaux de trait harnachés. Transportés exceptionnellement dans des wagons-écuries, et habituellement dans des wagons couverts à marchandises et à bestiaux. Le chiffre inscrit sur le cartouche (6 chevaux en long) s'applique à la cavalerie de réserve (cuirassiers et gendarmes). Il est augmenté de 2 unités pour cavalerie de ligne, légère et chevaux d'artillerie et de trait (soit 8 chevaux). Chaque wagon contient en plus les selles, l'avoine et 2 hommes.

Exceptionnellement, c'est-à-dire pour les wagons ayant moins de $5^m,40$, les chevaux sont placés perpendiculairement à la voie. On compte alors en largeur, par cheval.

Cavalerie légère . .	desselé. . . .	$0^m,55$ à	$0^m,60$.
	sellé.	$0^m,60$ à	$0^m,65$.
Cav. de rés. ou de lig.	desselé. . . .	$0^m,60$ à	$0^m,65$.
et chev. de trait.	sellé.	$0^m,75$ à	$0^m,80$.

Dans ce cas, les selles sont dans des wagons spéciaux (*Art.* 49).

3° *Voitures et matériel de guerre.* — Sur wagons plats ou trucs de dimensions variant entre :

$6^m,40$ à $4^m,30$, longueur,
$2^m,00$ à $2^m,00$, largeur.

Le plus souvent, les trucs peuvent recevoir, soit :

2 voitures régimentaires ou de réquisition à 2 roues, soit 1 fourgon du train ou 1 voiture de réquisition à 4 roues et 1 voiture à 2 roues, soit 3 demi-voitures d'artillerie (2 avant-trains et 1 arrière-train, ou réciproquement).

Composition des trains. (Art. 52.)

Calculés de manière à emporter 1 bataillon, ou 1 escadron, ou 1 batterie. Lorsque les trains militaires comprennent plus de 4 voitures à voyageurs, le nombre total des véhicules ne doit *pas dépasser cinquante.*

Train d'infanterie.

Locomotive et tender,
Fourgon de service (chef de train et bagages),
1re partie des voitures de troupe.
Voiture d'officiers.
2e partie des voitures de troupe.
1 fourgon à bagages.
Wagons pour voitures régimentaires et chevaux.
1 voiture à frein.

Train de cavalerie.

Locomotive et tender.
Fourgon de service (chef de train et bagages).
1 wagon à selles (s'il y a lieu).
1 plate-forme (s'il y a lieu) portant des rampes mobiles.

1re partie des wagons à chevaux.
1 wagon à selles (s'il y a lieu).
1re partie des wagons de troupe.
Voiture d'officiers.
2e partie des voitures de troupe.
2e partie des wagons à chevaux.
1 wagon à selles (s'il y a lieu).
Wagon pour fourgons régimentaires.
1 voiture à frein.

Train d'artillerie.

Locomotive et tender.
Fourgon de service (chef de train et bagages).
1 wagon à selles (s'il y a lieu).
1 plate-forme (s'il y a lieu), portant des rampes mobiles.
Wagons à chevaux.
Wagon à fourrages.
1 wagon à selles (s'il y a lieu).
Voiture des officiers.
Voitures de la troupe.
Wagons de matériel (les 3 derniers sans munitions).
Voiture à frein.

Tableau des trains nécessaires pour un corps d'armée.

Quartier général du corps d'armée. . .			3 trains.
1re division d'infanterie.	quartier général de la division.	1	24 —
	2 brigades d'infanterie (12 bataillons)	12	
	4 batteries divisionnaires.	4	
	ambulance divisionnaire.	2	
	convoi administratif. . .	5	
2e division d'infanterie..			24 —
Brigade de cavalerie (8 escadrons). . . .			10 —
Réserve du corps d'armée.	régiment d'artillerie de corps (9 batteries). . .	9	41 —
	parc d'artillerie de corps et sections.	17	
	bataillon de chasseurs à pied.	1	
	génie (compagnie et parc)	1	
	équipage de pont.. . . .	3	
	ambulance du quartier général.	3	
	convoi administratif du quartier général. . . .	6	
	habillement et campement	1	
	Total.		102 trains.

Arrivée à la gare d'embarquement.

Infanterie. . . .   3/4 heure avant le départ.
Cavalerie. . . .   1 h. 1/2   —
Artillerie . . . .   2 heures   —
Génie. . . . . .   1 h. 1/2   —

Ce terme est de rigueur.

Vitesse des trains. — 25 kilomètres à l'heure pour les trains chargés de 40—50 véhicules, quand il n'y a pas de rampes supérieures à 5 millimètres (*Art.* 57).

Arrêts. — 15 minutes. — 1 h. ou 1 h. 1/2 après le départ.

15 minutes. — Après chaque période de 3 heures.

1—2 heures. — Pour deux repas par 24 heures (*Art.* 57).

Réduits respectivement, en cas de retard, à 10 minutes et 45 minutes au minimum.

Alimentation pendant les transports en deçà de la base.

Hommes. — La troupe emporte avec elle : 1° 2 jours de pain (750 gr. par ration), répondant à un trajet de 48 heures. Si le trajet dépasse 2 jours, une nouvelle distribution est faite à une station halte-repas; 2° un repas froid fourni par l'ordinaire et renouvelé par achat direct, avant le départ, pour les jours suivants.

De plus, par 24 heures, café le matin et repas chaud le soir, savoir :

Café. { 50 centilitres café liquide et sucré,
{ 1/2 ration d'eau-de-vie (0ᵏ,03125).

Repas. { 50 centilitres soupe au pain.
{ 200 grammes viande froide de conserve.

Ces repas sont organisés aux stations désignées, sur la donnée de trains se succédant par journées de 24 heures à intervalles de 3/4 d'heure, dans l'ordre et aux effectifs suivants :

1 bataillon d'infanterie.   1,000 hommes.
1 escadron de cavalerie.   250 hommes et les chevaux.
1 batterie. . . . .   250 hommes et les chevaux.

Chevaux. — Leur dernier repas doit avoir lieu 2 heures au moins avant l'embarquement; on les fait boire ensuite. La troupe emporte du foin et de l'avoine en quantité variable, suivant la longueur du trajet et pour 2 jours au plus, au taux de 5 kilogrammes foin et 2 kilogrammes avoine par cheval et par jour.

Après le 2ᵉ jour, les distributions sont assurées par l'administration, ce qui permet de garder intacte la ration d'avoine dont le cavalier doit être porteur. Avoir soin de conserver un repas d'avoine pour le donner aussitôt que possible après le débarquement. Des moyens d'abreuvage sont préparés aux stations halte-repas, à raison de 10 litres par cheval.

Trains d'évacuation. (Voir *Ambulances*).

Vitesse de 40 kilomètres à l'heure. Les voitures de 1ʳᵉ, 2ᵉ et 3ᵉ classe sont employées sans aménagements spéciaux pour les petits blessés pouvant être transportés assis ; les voitures de 3ᵉ classe sont réservées pour les moins souffrants. Les wagons à marchandises disposés pour le transport des troupes ne sont utilisés pour les blessés assis qu'en cas de nécessité.

Les wagons à marchandises couverts servent au transport des blessés couchés (7 par wagon). Ils reçoivent un aménagement spécial (paillasses, éclairage, aération) et sont placés au milieu du train.

Tout train d'évacuation est accompagné de médecins, d'infirmiers (1 par wagon de blessés graves) et d'un officier d'administration.

Des distributions de vivres sont faites dans les wagons aux ambulances provisoires de gare.

À l'arrivée à destination, déchargement immédiat et transport à l'hôpital par voiture ou sur brancards (*Art*. 160-172).

Pièces à établir pour les demandes de trains.

L'état-major établit la demande de trains (*Mod*. 1, *du Règlement du* 1ᵉʳ *juillet* 1874) et l'adresse à la direction du chemin de fer de campagne. Celle-ci fait parvenir à la troupe à embarquer l'itinéraire (*Mod*. 2, *art*. 6, 12 *et* 14), et à l'intendant copie de cet itinéraire. — Le fonctionnaire de l'intendance délivre au chef de la troupe un bon de chemin de fer (*Mod*. 3, *art*. 13) et la feuille de route du détachement.

À l'arrivée à la gare de départ, le chef de la troupe remet au chef de gare le bon de chemin de fer, après avoir rempli et signé la mention relative à l'exécution du service. Il reçoit en échange un billet collectif. À l'arrivée à destination, il remet à son chef hiérarchique ce billet collectif, ainsi qu'un bulletin de renseignements (*Mod*. 5, *art*. 17).

Dispositions à prendre, en temps de guerre, sur les voies ferrées, pour faciliter l'embarquement et le débarquement des troupes et du matériel.

Les troupes peuvent être employées à préparer rapidement, dans certaines gares où les aménagements ordinaires sont insuffisants, des dispositions pour faciliter les embarquements et les débarquements des troupes et du matériel dans les grands transports militaires.

Dispositions pour l'infanterie.—Il n'est presque jamais nécessaire de préparer des trottoirs pour l'infanterie. Toutefois, on peut avoir recours à un surhaussement du ballast disposé le long de la voie de garage.

Dispositions pour la cavalerie et pour le matériel roulant. — Les aménagements les plus convenables pour l'embarquement et le débarquement des chevaux et du matériel, consistent en quais d'une longueur suffisante pour que tous les wagons d'un train complet puissent y être chargés ou déchargés simultanément.

Longueur des quais. — Cette longueur est comprise entre 250 et 300 mètres, chaque train militaire étant ordinairement composé de 30 à 40 wagons, dont chacun occupe une longueur moyenne de 6^m,50 à 7 mètres.

Ces quais sont construits, autant que possible, auprès d'une voie de garage existante.

Plate-forme des quais. — La plate-forme des quais est tenue à un mètre au-dessus du niveau du cours des rails voisins. Elle a une largeur d'au moins 4 mètres, lorsqu'elle est accessible sur tout son développement par un plan incliné. Cette largeur est portée à 8 mètres, quand la plate-forme n'est accessible que sur quelques points où l'on doit établir des rampes.

Rampes d'accès. — L'inclinaison de ces rampes est toujours plus douce que le sixième. On adopte celle d'un dixième, quand on dispose d'un espace suffisant en arrière de la plate-forme et qu'on a le temps d'exécuter les terrassements.

Revêtement des quais.—Les quais permanents sont, le plus souvent, revêtus en maçonnerie.

A défaut de maçonnerie, on peut faire le revêtement du talus en gazon ou en charpente.

Quai perpendiculaire à la voie.—Le matériel se chargeant beaucoup plus facilement sur les wagons lorsque ceux-ci se présentent aux quais par leur plus petit côté, il est toujours avantageux de terminer les quais par une partie retournée perpendiculairement à l'axe de la voie sur laquelle le train est garé.

Cette partie en retour a une longueur telle qu'on puisse profiter de toutes les voies terminus parallèles à celle qui longe le quai.

Cette disposition est indispensable pour charger ou décharger les chevaux transportés dans des wagons-écuries s'ouvrant sur le petit côté (Extrait du *Règlement du 1er juillet* 1874.)

Destruction des voies ferrées.

Les sections de voie ferrée situées au delà des stations de transition sont les seules sur lesquelles il peut y avoir lieu de pratiquer la destruction totale ou partielle de la voie ou des ouvrages d'art. Cette tâche incombe aux commissions militaires des chemins de fer de campagne; mais il est de *règle absolue* qu'aucun ouvrage d'art ne peut être détruit, ou mis hors de service, sans un *ordre formel* du général en chef ou d'un commandant de corps d'armée spécialement autorisé (*Art.* 119).

La cavalerie peut être chargée de mettre momentanément hors de service des voies ferrées. Dans ce cas : choisir le point de la voie aux bifurcations, dans les courbes ou dans les parties en déblai. Brûler les traverses et placer les rails dans le foyer.—Dans les gares : briser les aiguilles, éventrer les réservoirs, *casser les pièces importantes des prises d'eau.* Aux locomotives : casser les appareils alimentaires, les fonds des cylindres. L'incendie des gares est généralement inutile (*Instruction pratique. Cavalerie, art.* 110-114).

Destruction méthodique des voies ferrées. — Cette opération comprend le démontage, le chargement pièce par pièce et l'évacuation.

Exemple : une compagnie de 150 travailleurs est embarquée sur un train de 24—25 voitures, soit 5 wagons pour personnel et outillage, 8 wagons plats pour les 333 rails d'un kilomètre, à raison de 40—45 par wagon, 11—12 wagons pour les 1,000 traverses, à raison de 80—90 par wagon. — Diviser la compagnie en 4 sections de 35—40 hommes : la 1re, munie de pelles et de pioches, est employée au déballastage ; la 2e, avec 8—10 clefs à fourche et 15—20 clefs à douille, à l'enlèvement des attaches ; la 3e, par groupes de 6 hommes, enlève et charge les rails ; la 4e (la plus forte), par groupes de 2 hommes, enlève et charge les traverses. — Vitesse du travail : 200 mètres à l'heure.

Une compagnie, avec un train de 35—40 voitures,

peut aisément replier 1,800 mètres de voie simple en un jour.

Ordre de service pour les signaux et la circulation des trains.

Signaux à la main.

Signal d'arrêt : drapeau rouge ou feu rouge.

Signal de ralentissement : drapeau vert ou feu vert.

Signaux fixes. — Disques tournants fixes placés à 1,000 mètres au moins des stations et bifurcation, présentant de nuit un feu blanc ou rouge.

Le disque ouvert (parallèle à la voie), ou le feu blanc indiquent la voie libre.

Le disque fermé (perpendiculaire à la voie), ou le feu rouge commandent l'arrêt.

Tout disque *éteint* est considéré comme fermé.

Signaux des locomotives.

Coup de sifflet prolongé.	Attention.
2 coups saccadés	Serrer les freins.
1 coup bref	Desserrer les freins.
1 coup d'attention	Pour prendre la voie de gauche à une bifurcation.
3 coups — . . .	Pour prendre la voie de droite.

De nuit la machine porte 2 feux blancs à l'avant et la dernière voiture de chaque train 3 feux rouges à l'arrière.

Sur les lignes à double voie, les trains doivent toujours suivre la voie de gauche par rapport au sens de la marche. Il en est de même, sur les lignes à simple voie, pour le passage dans les gares munies d'une voie de croisement ou d'évitement (1).

Troupes spéciales.

Elles comprennent :

1° SECTIONS TECHNIQUES D'OUVRIERS DE CHEMINS DE FER DE CAMPAGNE [*Règlement du 23 décembre* 1876].

Au nombre de 8, constituées par les six grandes compagnies de chemins de fer et comprenant chacune le personnel des trois services de :

---

(1) Tous les chemins de fer de l'Europe ont une largeur de voie uniforme de 1m,435, à l'exception de la Russie (1m,523) et de l'Espagne (1m,736).

L'exploitation. . . . .   489 hommes.
La voie.   429   —
Le matériel et la traction. . .   277   —
                                  ——————————
            Total. . . . .   1,165 hommes.

Ces sections sont sous l'autorité immédiate des commissions militaires de chemins de fer auxquelles elles sont attachées (*Art.* 5).

Les commandants militaires des localités dans lesquelles se trouvent des agents des sections techniques sont les seuls militaires ayant le droit de les punir. Ils notifient aussitôt la punition au commandant militaire, ou, à défaut, au chef de gare (*Art.* 6).

Le port de l'*uniforme* est obligatoire en temps de guerre (*Art.* 7).

L'*armement* se compose normalement pour les agents secondaires du revolver modèle 1873, et du sabre-baïonnette. Sur l'ordre du général en chef, ces agents peuvent recevoir le fusil.

Le *traitement* du personnel, comme indemnités de route, logement en nature, admission aux hôpitaux, est réglé d'après les bases ci-après :

Agents supérieurs.	Directeur. . . . . Chefs de service	Officiers supérieurs.
	Sous-chefs de service. Employés principaux. Employés.	Officiers inférieurs.
Agents secondaires.	Chef ouvrier.	Sergent.
	Sous-chef ouvrier. . . Ouvrier.	Soldat.

(Pour le détail, voir le *Règlement du* 23 *décembre* 1876, sur l'organisation et l'administration de ces sections).

2° COMPAGNIES D'OUVRIERS DE CHEMINS DE FER DU GÉNIE (*Règlement du* 22 *mars* 1876).

Par compagnie :

    6 officiers ;
  348 hommes ;
   18 voitures.

Ce personnel comprend des mécaniciens, chauffeurs, aiguilleurs, garde-freins, etc., pour le service d'exploitation, des ouvriers en fer et en bois, des maçons, terrassiers, etc., pour la construction, la réparation ou la destruction de la voie.

Le parc de compagnie de chemin de fer, qui peut se scinder en 2 demi-parcs, a la composition suivante :

48 hommes montés (dont 40 sapeurs-conducteurs).

74 chevaux (dont 66 de trait).

12 voitures de parc.
- 2 prolonges ordinaires (6 chev. — Outils d'ouvriers de chemins de fer).
- 2 voitures d'ouv. de chemins de fer (4 chev. — Chargement analogue aux voitures de sapeurs-mineurs).
- 2 caissons à poudre et à dynamite (4 chev.).
- 2 forges de campagne (4 chev.).
- 4 voitures de sapeurs-mineurs (4 chev.). — Chaque voiture porte 6 hommes, quelques outils de destruction rapide et des artifices.

6 voitures régim^tes.
- 2 à bagages.
- 4 à vivres.

Documents consultés. — Régl. du 1er juill. 1874 sur les transports par chemins de fer. — Instruction provisoire du 22 août 1878 sur le service des étapes. — Régl. du 23 décembre 1876 sur les sections techniques. — Régl. du 22 mars 1876 sur les compagnies d'ouvriers de chemins de fer, etc. — Guide-Chaix des militaires et marins, par A. de Bellefonds. — Notes sur le service dans les états-majors en campagne, par A. Mariotti. — Service d'état-major en campagne, par un officier d'état-major. — Matériel de campagne des troupes du génie (Tierval).

Stations frontières des chemins de fer français (1).

STATIONS FRONTIÈRES.		LIGNES INTERNATIONALES.	OBSERVATIONS.
FRANCE.	ÉTRANGER.		
EST.			
Frontière de Belgique.			
Vireux-Molhain.	Vierves.	Mézières à Charleroi.	Vireux à 11 kil. de Givet, 74 kil. de Sedan, 118 kil. de Montmédy, 184 kil. de Châlons-sur-Marne, 199 kil. de Hirson; ligne du Nord : 313 kil. de Paris, distance réelle.
Givet.	Doische.	Mézières-Chatelineau, près Charleroi.	Givet à 61 kil. de Mézières, 84 kil. de Sedan, 134 kil. de Montmédy, 170 kil. de Longwy, 140 kil. de Hirson; ligne du Nord : 201 kil. de Laon, 122 kil. de Reims, 204 kil. de Châlons-s-Marne, 324 kil., distance réelle de Paris.
Givet.	Agimont.	Mézières à Namur.	
Longwy.	Athus.	Longuyon ou Arlon.	Longwy à 17 kil. de Longuyon, 90 kil. de Montmédy, 107 kil de Mézières, 162 kil. de Hirson, 242 kil. de Châlons-s-Marne, 361 kil., distance réelle de Paris.

(1) Extrait du *Guide Chaix* à l'usage des militaires et marins, par A. Bellefonds. — Octobre 1879.

STATIONS FRONTIÈRES.		LIGNES INTERNATIO- NALES.	OBSERVATIONS.
FRANCE.	ÉTRANGER.		
Frontière d'Allemagne.			
Audun-le-Roman.	Fontoy.	Mézières-Thionville.	Audun-le-Roman à 25 kil. de Longuyon, 42 kil. de Longwy, 37 kil. de Montmédy, 171 kil. de Hirson, 370 kil. de Paris, distance réelle.
Batilly.	Amanvilliers.	Châlons-sur-Marne à Metz.	Batilly à 26 kil. d'Étain, 50 kil. de Verdun, 140 kil. de St-Hilaire-au-Temple, 159 kil. de Châlons-s.-Marne, 326 kil. de Paris.
Pagny-sur-Moselle.	Novéant.	Nancy à Metz.	Pagny-sur-Moselle à 10 kil. de Pont-à-Mousson, 36 kil. de Frouard, 53 kil. de Toul, 71 kil. de Lunéville, 93 kil. d'Avricourt, 38 kil. de Nancy, 64 kil. de Pagny-s.-Meuse, 200 kil. de Châlons-s.-Marne, 305 kil. de Laon ; ligne du Nord : 372 kil. de Paris.
Moncel.	Chambrey.	Nancy, Château-Salins.	Moncel à 23 kil. de Nancy, 331 kil. de Paris.
Avricourt.	Réchicourt.	Nancy à Strasbourg.	A 25 kil. de Lunéville, 74 kil. de Saint-Dié, 87 kil. de Nancy, 91 kil. de Toul, 102 kil. de Pagny-s.-Meuse, 193 kil. de Blesme, 238 kil. de Châlons-sur-Marne, 310 kil. de Paris, 177 kil. de Vesoul, 127 kil. de Gray, 239 kil. de Belfort.
Chèvremont près Belfort.	Montreux-Vieux.	Vesoul à Mulhouse.	Chèvremont à 9 kil. de Belfort, 449 kil. de Paris.
Belfort.	»	»	Belfort à 443 kil. de Paris, 421 kil. de Laon, 316 kil. de Châlons-s.-Marne, 277 kil. de Troyes, 191 kil. de Chaumont, 146 kil. de Langres, 119 kil. de Gray, 68 kil. de Vesoul, 32 kil. de Lure.
MIDI.			
Hendaye.	Irun.	Bordeaux à Madrid.	
Cerbère.	Port-Bou.	Perpignan à Barcelone.	Cerbère à 7 kil. de Banyuls-s.-Mer, 12 kil. de Port-Vendres, 44 kil. de Perpignan, 105 kil. de Narbonne, 145 kil. de Toulouse, 311 kil. de Bordeaux.
NORD.			
Anor.	Momignies.	Laon à Namur.	Anor à 9 kil. de Hirson, 21 kil. d'Avesnes, 33 kil. d'Aulnoye, 46 kil. de Maubeuge, 63 kil. de Laon, 87 kil. de La Fère, 249 kil. de Paris par Aulnoye.
Baisieux.	Blandain.	Lille à Bruxelles.	Baisieux à 13 kil. de Lille, 43 kil. de Douai, 95 kil. de Dunkerque, 68 kil. d'Arras, 185 kil. d'Amiens, 260 kil. de Paris.
Blanc-Misseron.	Quiévrain.	Valenciennes à Mons.	Blanc-Misseron à 13 kil. de Valenciennes, 47 kil. de Douai, 87 kil. de Hirson, 71 kil. d'Arras, 138 kil. d'Amiens, 255 kil. de Rouen, 263 kil. de Paris.
Feignies.	Quévy.	St-Quentin à Mons.	Feignies à 7 kil. de Maubeuge, 15 kil. d'Aulnoye, 30 kil. de Landrecies, 27 kil. d'Avesnes, 46 kil. de Hirson, 234 kil. de Paris par Compiègne.
Jeumont.	Erquelines.	St-Quentin à Namur.	Jeumont à 10 kil. de Maubeuge, 25 kil. d'Aulnoye, 35 kil. d'Avesnes, 58 kil. de Busigny, 238 kil. de Paris par Compiègne.

| STATIONS FRONTIÈRES. | | LIGNES INTERNATIO-NALES. | OBSERVATIONS. |
FRANCE.	ÉTRANGER.		
NORD (Suite).			
Tourcoing.	Mouscron.	Lille à Gand.	Tourcoing à 13 kil. de Lille, 58 kil. de Douai, 137 kil. d'Amiens, 251 kil. de Paris.
PARIS-LYON-MÉDITERRANÉE.			
Delle.	Courtemai-che.	Montbéliard à Porentruy.	Delle à 23 kil. de Montbéliard, 56 kil. de Belfort, 513 kil. de Paris.
Les Verrières-de-Joux.	Les Verrières-Suisses.	Dôle à Neuf-châtel.	Verrières-de-Joux à 13 kil. de Pontar-lier, 105 kil. de Dôle, 467 kil. de Paris.
Hôpitaux-Jougne.	Vallorbes.	Dôle à Lau-sanne.	Hôpitaux-Jougne à 36 kil. environ de Pontarlier, 473 kil. de Paris.
Chancy-Pou-gny.	La Plaine.	Lyon à Ge-nève.	Chancy-Pougny à 13 kil. de Bellegarde, 30 kil. de Genève (Suisse), 66 kil. de Culoz, 633 kil. de Paris.
Modane.	Bardonèche.	Mâcon à Tu-rin.	Modane à 13 kil. de St-Michel, 28 kil. de Saint-Jean-de-Maurienne, 97 kil. de Chambéry, 695 kil. de Paris.
Menton.	Vintimille.	Marseille à Gênes.	Menton à 23 kil. de Nice, 44 kil. d'An-tibes, 249 kil. de Marseille, 1112 kil. de Paris.

Principaux ports de mer desservis par les chemins de fer français.

État. — Nantes. — Paimbœuf. — La Rochelle. — Rochefort.

Midi. — Bordeaux. — Bayonne. — Saint-Jean-de-Luz. — Port-Vendres. — La Nouvelle. — Agde — Cette.

Nord. — Dunkerque. — Calais. — Boulogne. — Saint-Valéry-sur-Somme.

Orléans. — Landerneau. — Port-Launay. — Lorient. — Hennebont. — Auray. — Vannes. — Redon. — Chantenay. — La Basse-Indre. — Nantes. — Saint-Nazaire. — La Rochelle. — Rochefort. — Libourne. — Bordeaux.

Ouest. — Fécamp. — Étretat. — Dieppe. — Le Havre. — Rouen. — Honfleur. — Trouville. — Caen. — Carentan. — Cherbourg. — Granville. — Saint-Malo. — Saint-Servan. — Saint-Brieuc (le Legué). — Morlaix. — Brest. — Landerneau. — Redon.

Paris-Lyon-Méditerranée. — Cette. — Arles. — Marseille. — Cassis. — La Ciotat. — La Seyne. — Toulon. — Les Peschères. — Cannes. — Antibes. — Nice.

CHAPITRE VI.

ÉTABLISSEMENT EN STATION.

SERVICE DE SURETÉ EN STATION.

Service général d'exploration (Voir *Cavalerie*, page 91) ;
Avant-postes ;
Reconnaissances.

Avant-postes (1).

But. — 1° Prévenir de toute surprise et opposer à une attaque imprévue une résistance suffisante pour permettre à la troupe couverte de prendre des dispositions, soit un rôle de protection qui constitue la *partie fixe* du service ; 2° Fournir à cette troupe des renseignements sur la position, les mouvements et les projets de l'ennemi, soit un rôle d'exploration qui constitue, concurremment avec les patrouilles, la *partie mobile* du service.

Dans leur ensemble, les dispositifs de combat, de marche et d'avant-postes procèdent tous du même principe ; les noms seuls, les effectifs et les distances des divers échelons varient suivant le cas.

DISPOSITIF.

De combat.	De marche.	D'avant-postes.
1. Tirailleurs.	Éclaireurs.	Sentinelles ou vedettes.
2. Renforts.	Pointe d'avant-garde.	Petits postes.
3. Soutiens.	Tête d'avant-garde.	Grand'gardes.
4. Réserve.	Gros.	Réserve d'avant-postes.

Force. — Les avant-postes sont toujours formés de fractions constituées, sous les ordres de leurs chefs. Leur force varie de 1/3 à 1/4 de l'effectif. Quand il s'agit d'une troupe concentrée pour un séjour de quelque durée ou après une marche, on compte généralement par :

Corps d'armée................	1 brigade.
Division....................	1 régiment.
Brigade....................	2 bataillons (ou escadrons).
Un régiment................	1 bataillon (ou escadron).
Un bataillon................	1 compagnie.
Un escadron................	1 peloton.
Une compagnie..............	1 section.

---

(1) Renseignements empruntés en partie au *Projet de règlement sur le service en campagne*.

Composition et formation.

Sentinelles. — Un tiers à un quart de l'effectif des petits postes ; comptées sur le pied de huit heures de faction au plus dans les vingt-quatre heures.

Petits postes. — Un quart et exceptionnellement un demi de l'effectif des grand'gardes, soit en général 1—2 escouades et par exception 1 section (infanterie) ou 1 peloton (cavalerie). Faire en sorte d'avoir des petits postes nombreux plutôt que forts, leur but étant surtout de voir (1).

Grand'gardes. — De force variable (souvent 1 compagnie) suivant les circonstances et le terrain, et d'après l'appréciation du commandant des avant-postes. Doivent découvrir au loin sans être vues.

Réserve. — Un demi à trois quarts des troupes chargées du service de sûreté, c'est-à-dire tout ce qui n'est pas indispensable au service des échelons antérieurs. L'établir en un point central, à proximité d'une grande communication (2).

Le système d'avant-postes se complète par des postes détachés, fournis par les grand'gardes ou la réserve, pour :

> Appuyer une aile des sentinelles,
> Relier deux grand'gardes éloignées,
> Occuper un point important sur la chaîne des sentinelles.

Éloignement. — Il est variable suivant la force des avant-postes, la configuration du terrain et la situation. En principe, il doit être tel que la troupe couverte n'ait pas à souffrir des feux de l'artillerie ennemie et qu'elle ait le temps de prendre ses dispositions. On peut admettre comme distance de la 1re ligne (sentinelles et vedettes) en avant des cantonnements ou bivouacs :

Corps d'armée	} 5—6 kilomètres.
Division	
Brigade	3—4 kilomètres.
Bataillon ou escadron	} quelques centaines de mètres.
Compagnie	

---

(1) Quand le terrain est très couvert, remplacer ces deux échelons par des postes de 4 hommes fournis par la grand'garde et commandés par un caporal ou chef de patrouille. Une sentinelle simple, relevée d'heure en heure, les postes de 4 heures en 4 heures. Dispositif moins solide que le précédent.

(2) La réserve d'avant-postes est constituée dès que la troupe à couvrir est de l'effectif d'une brigade (*Inf., Inst. prat.,* art. 1er) (plus forte qu'une brigade, *Cav., Inst. prat.,* art. 1er). Sa force est

Distance entre les échelons. — Les échelons sont plus ou moins rapprochés, selon la nature et la forme du terrain dans les différentes parties embrassées par le front. En principe, prendre pour base :

Petits postes à 200 mètres au plus des sentinelles, et plus près quand c'est possible ;
Grand'gardes à 700—800 mètres au plus des petits postes ;
Réserve à 1,000—1,200 mètres au maximum des grand'gardes (1).

Intervalles entre les échelons. — Variables suivant l'étendue du front, la configuration du pays, le nombre des voies de communication. Il appartient au commandant des avant-postes pour les grand'gardes, aux commandants de grand'gardes pour les petits postes et les sentinelles, de fixer ces intervalles et de placer les troupes après une étude préalable du terrain, sur la carte d'abord, puis *de visu*. En terrain découvert on peut admettre :

Entre les sentinelles............ 300 mètres.
Entre les petits postes .... 700—800 mètres.

CAVALERIE. — Il en est toujours affecté aux avant-postes d'une colonne, à partir du régiment.

La force de ce détachement est déterminée par le commandant du corps d'armée. Le commandant des avant-postes en règle l'emploi et s'en sert surtout pour assurer des communications rapides (*Projet de Règlement sur le service en campagne*) (2).

---

habituellement égale à celle des trois premières lignes réunies (soit, pour une brigade, un bataillon avec deux compagnies en avant-postes et deux en réserve). Elle se place, en général, entière ou fractionnée, dans une position centrale, à proximité de la route principale.

(1) Dans la cavalerie, les distances sont plus grandes :

Petits postes ...   700— 800 mètres des vedettes ;
Grand'gardes ...   1000—1200 mètres des petits postes ;
Réserve...........   2000 mètres des grand'gardes.

(2) Toute infanterie en première ligne a toujours de *la cavalerie* pour l'éclairer et la couvrir au loin. Ce service est indépendant de celui de la cavalerie éclairant une armée (Instruction du 27 juin 1876).

Les deux instructions pratiques sur le service de l'infanterie et de la cavalerie en campagne présentent, quant à la répartition de cette cavalerie, des différences assez notables pour que nous jugions nécessaire d'en reproduire le texte :

(*Instruction pratique Infanterie, art.* 32). — Les deux armes concourent à la composition et au service des avant-postes. Pendant le jour, la cavalerie occupe les premières lignes. Elle s'établit et règle son service comme si elle opérait isolément. Elle pousse ses vedettes à 4,000 ou 5,000 mètres de l'emplacement des grand'gardes d'infanterie. Celles-ci font occuper, par

Quand la cavalerie occupe les premières lignes des avant-postes, son service est réglé comme si elle opérait isolément. Les troupes à cheval sont en outre chargées spécialement du service des reconnaissances poussées en avant de la ligne des avant-postes, ainsi que de la liaison avec les postes voisins et avec le corps principal. Cependant, le principe de placer pendant le jour la cavalerie seule aux premières lignes ne saurait être considérée comme absolu et dépend souvent aussi de la nature plus ou moins difficile du pays (*Instruction pratique.— Infanterie et cavalerie*).

Lorsque, dans la composition des avant-postes, la cavalerie ne se trouve qu'en proportion numériquement insuffisante pour assurer le service des premières lignes pendant le jour, son rôle se borne à détacher, suivant son effectif, quelques cavaliers dans les postes principaux pour en explorer les alentours. La mobilité de ces patrouilles permet de les pousser plus loin que celles de l'infanterie. Dans tous les cas, la cavalerie reste chargée de maintenir la communication constante entre les différents éléments des avant-postes et leur liaison avec le corps principal (*Instr. prat. — Cavalerie. — Art.* 32 et 34).

L'instruction sur les manœuvres avec les cadres formule la même prescription : Lorsque la cavalerie ne sera pas portée en avant des grand'gardes d'infanterie, elle bivouaquera ou cantonnera avec la division; on attachera seulement un escadron au service des avant-postes; cet escadron se tiendra à la réserve des grand'gardes et fournira, s'il y a lieu, quelques petits postes avancés (*Art.* 11).

---

des postes détachés, à 600 ou 800 mètres en avant d'elles, les points dominants ou importants tels que ponts, carrefours, et les routes ou chemins par lesquels peut déboucher l'ennemi. Elles ne forment pas leurs lignes de sentinelles doubles. Des postes de correspondance, fournis par la cavalerie, relient les divers éléments des avants-postes entre eux ainsi qu'avec les troupes en arrière. La nuit, la cavalerie se retire généralement et s'établit en réserve, laissant le service des premières lignes à l'infanterie, qui forme alors ses trois ou quatre échelons.

(*Instruction pratique. Cavalerie. art.* 31). — Lorsque l'infanterie et la cavalerie concourent en forces à peu près égales à la composition des avant-postes, le service des vedettes, petits postes et grand'gardes est fourni pendant le jour par la cavalerie, la réserve étant formée par les troupes d'infanterie. Pour la nuit, la cavalerie cède à l'infanterie le service des premières lignes et s'établit à la réserve à son tour. Ce changement devra se faire assez longtemps avant la tombée de la nuit pour que l'infanterie ait la possibilité de reconnaître le terrain qu'elle doit couvrir.

ARTILLERIE. — Le général de division décide quand il y a lieu d'en placer aux avant-postes. Elle reste habituellement à la réserve. Si le commandant des avant-postes juge nécessaire de la mettre en position, la faire couvrir fortement. Les caissons demeurent à la réserve; les chevaux restent attelés. L'exploration du terrain est faite par le commandant des avant-postes, accompagné de l'officier commandant l'artillerie. Éviter un emploi inopportun et fréquent du canon aux avant-postes (1).

Comment sont fournis les avant-postes. — 3 CAS.

1° Troupes en station pour plusieurs jours, couvertes par la cavalerie du corps d'armée. Les avant-postes sont fournis, suivant les circonstances et les ordres des généraux, par division, brigade ou régiment. L'essentiel est que chaque cantonnement soit protégé et que les avant-postes se relient;

2° Troupes en station après une journée de marche, pour marcher de nouveau le lendemain. L'avant-garde fournit les avant-postes (2);

3° Troupes en présence de l'ennemi, en ordre de combat. — Pas d'avant-postes proprement dits. Le général en chef a déterminé la ligne défensive. Dans les bataillons de première ligne, les tirailleurs sont en sentinelles sur cette ligne; les renforts et les soutiens font office de petits postes et de grand'gardes et ont les mêmes devoirs. Les chefs de bataillons sont respectivement commandants des avant-postes, sous la direction de leurs chefs (*Projet de règlement sur le Service en campagne, art.* 119 et 143) (3).

Comment est établi et commandé le service.

Il est commandé dans 1°) et 2°) par le chef d'état-major du corps d'armée, s'il doit être fait pour une bri-

---

(1) *Service en campagne* (projet), art. 118, et *Instruction pratique,* art. 31.

(2) *Service en campagne* (projet), art. 119. *Instruction sur les marches,* art. 15. *Instruction sur les manœuvres de brigade avec cadres,* art. 10. La partie de l'avant-garde restant disponible forme réserve avec l'artillerie de l'avant-garde (*Idem,* art. 11).

(3) Quand le contact de l'ennemi est devenu immédiat (avant ou après une affaire), l'infanterie fournit presque exclusivement le service d'avant-postes. Elle occupe et fortifie les positions les plus importantes par une série d'avant-postes irréguliers. Ces postes passent la nuit sous les armes, ainsi qu'une portion de la réserve. La cavalerie les relie par un va-et-vient continuel (*Instruction pratique,* art. 32).

gade; par le chef d'état-major de la division, s'il doit être fait pour un régiment; par le général de brigade ou le chef de corps, lorsque la brigade ou le corps sont séparés de la division.

Quand une colonne arrive sur les positions où elle doit coucher, l'avant-garde s'établit en avant-postes sur la ligne indiquée par le commandant du corps principal au commandant de l'avant-garde, lequel devient commandant des avant-postes. Le service est de vingt-quatre heures. Cependant, en station, il convient de laisser les mêmes troupes aux avant-postes jusqu'à ce que toute la réserve ait passé aux grand'gardes, soit 2—3 jours, suivant que la réserve égale 1/2 ou 1/3 de l'effectif total des avant-postes.

Dès que les avant-postes sont établis, le commandant envoie son *rapport d'installation* au commandant du corps principal.

Lorsqu'on se met en marche, les avant-postes couvrent le mouvement jusqu'à ce qu'ils soient dépassés par la pointe d'avant-garde. Les grand'gardes rallient alors leurs petits postes, rejoignent la réserve quand celle-ci arrive à hauteur, puis prennent leur rang dans la colonne (*Service en campagne (Projet)*, art. 120).

Surveillance du service. — Exercée par les généraux ou par leurs chefs d'état-major et par les officiers sous les ordres directs desquels est placé le commandant des avant-postes. Ces officiers ont pour mission d'examiner, après l'installation, l'ensemble de la position et les emplacements des divers échelons. Ne prescrire des modifications qu'après s'être fait expliquer les motifs des dispositions adoptées (*Art.* 120).

Du commandant des avant-postes. Devoirs et responsabilité. — Le commandant des avant-postes relève directement du commandant du corps principal et reçoit de lui des indications sur la direction et l'étendue de la ligne des sentinelles et des petits postes, ses points d'appui, les positions importantes à faire occuper, l'emplacement de la réserve, la situation des corps voisins, celle de l'ennemi, ainsi que le mot d'ordre.

Le commandant des avant-postes devance sa troupe, place la réserve, en détache les grand'gardes, reconnaît avec le commandant de l'artillerie les emplacements à donner aux pièces, ordonne l'exécution des travaux nécessaires pour les couvrir. Il visite ensuite les grand'gardes, rectifie leur position s'il y a lieu, leur fait connaître l'emplacement des grand'gardes voisines, et indique s'il convient de résister sur la ligne des sentinelles ou de se replier sur une position défensive indiquée (1). Il place ensuite des relais de cavaliers pour assurer des communications rapides, s'établit à la réserve ou à l'une des grand'gardes, et envoie au commandant du corps principal un croquis de l'emplacement de la réserve, des grand'gardes, des pièces, avec une légende concise donnant les dispositions prises, le plan de résistance, les renseignements recueillis. Il communique de même tous renseignements ultérieurs. Il est responsable sur l'honneur de la sécurité des troupes qu'il couvre.

Partie fixe du service (2).

Réserve. — S'établit comme si elle n'était pas de service, mais personne ne s'éloigne. Les distributions se

---

(1) L'emplacement à donner aux divers échelons, c'est-à-dire le choix d'une *position d'avant-postes*, peut être déterminé suivant un double point de vue : soit que l'on considère les avant-postes comme destinés à se replier sur le corps principal qui a pris sa position de combat ; soit, au contraire, qu'on les regarde comme chargés de jalonner et de défendre la position de combat elle-même, en attendant l'arrivée en ligne du corps principal. Cette dernière solution paraît plus logique. En station, l'avant-garde se transforme en avant-postes, l'excédent formant réserve. Les conditions d'effectif, de dispositif et, par suite, de protection restent les mêmes dans les deux cas. Or, les instructions officielles (instructions annuelles sur les manœuvres d'automne et les manœuvres de cadres) établissent en principe que l'avant-garde prend position et engage le combat en attendant l'entrée en ligne du gros de la colonne ; par analogie, on est conduit à conclure que les avant-postes doivent être établis sur la position de combat et s'y maintenir en attendant l'arrivée des troupes en arrière (*).

Quoi qu'il en soit, dans l'une comme dans l'autre hypothèse, les forces de protection doivent être disposées sur une ligne de défense. En conséquence, déterminer tout d'abord cette ligne de défense et placer ensuite :

Les sentinelles (ou vedettes) et les postes avancés en avant de la ligne de défense ; ils forment la ligne d'observation ;

Les grand'gardes sur la position défensive elle-même ;

La réserve d'avant-postes en arrière.

Quand, par suite du terrain, la ligne de défense concorde avec la ligne d'observation, établir les petits postes sur la ligne de défense et les constituer assez fortement pour leur permettre d'attendre l'arrivée des grand'gardes et de la réserve. Comme conséquence de ce qui précède, les grand'gardes auront le plus souvent à se couvrir par des tranchées-abris, des abatis, etc., ainsi que le prévoit d'ailleurs le règlement sur le service en campagne.

(2) Le règlement du 3 mai 1832 sur le service en campagne, le projet de règlement sur le même service, et les instructions

(*) Les circonstances décideront si le gros devra venir renforcer la ligne des avant-postes ou s'il devra se contenter de les recueillir. On ne saurait trancher de semblables questions qu'après s'être rendu compte, tant de la position de l'ennemi et de sa propre position, que de la nature même du terrain. (Bronsart de Schellendorff, *Positions d'avant-postes*.)

font sur place. Les voitures à bagages sont rechargées chaque soir. Batteries ou sonneries admises seulement en cas d'alarme. Pendant la nuit, tous les hommes restent habillés, les chevaux sellés. Au point du jour, la réserve prend les armes jusqu'à l'arrivée des rapports des grand'gardes (en station) ou jusqu'après le passage du gros de l'avant-garde (en marche). La réserve fournit les postes pour débouchés importants, soutiens des pièces d'artillerie; elle exécute les reconnaissances ordonnées par le commandant du corps principal ou par le commandant des avant-postes; elle a une garde de police qui fournit des sentinelles sur les voies de communication pour diriger les cavaliers ou plantons, et des postes en vigie (de jour) sur des points élevés pour transmettre les signaux des grand'gardes.

Grand'gardes. — S'installent et établissent leurs petits postes sous la protection des patrouilles de découverte. Le commandant de la grand'garde procède comme le commandant des avant-postes, auquel il adresse un rapport analogue. L'effectif de la grand'garde est divisé en quatre parties égales : une aux petits postes et trois à la grand'garde. Un tiers de ces dernières constitue, avec un officier, une garde spéciale de surveillance, dont les chevaux (cavalerie) restent sellés et bridés; les cavaliers la bride au bras. Les autres chevaux de la grand'garde restent sellés, boivent par fractions, mangent par moitié. En station, le service des petits postes est relevé 3 fois par 24 heures : au point du jour, après le repas du matin et à la tombée de la nuit; en marche, il est établi en arrivant et relevé la nuit. La garde de surveillance est relevée de même et, de plus, au milieu de la nuit. Pas de tentes aux grand'gardes; mais les hommes peuvent s'abriter et faire des feux en les masquant. Batteries et sonneries interdites. La grand'garde prépare les aliments des petits postes, qui laissent à cet effet des hommes de cuisine et des ustensiles, et qui mangent après avoir été relevés. Les distributions sont envoyées de la réserve; les fourriers y vont seuls. L'avant-garde peut être déplacée à la tombée de la nuit. En prévenir les petits postes et le commandant des avant-postes.

Les grand'gardes prennent les armes une heure avant

---

pratiques sur le service de la cavalerie et de l'infanterie en campagne présentent des dissemblances que nous signalons sans essayer de les concilier. Il est à supposer que ces divers règlements seront mis en concordance.

le jour et y restent jusqu'à l'arrivée des rapports des petits postes (en station) ou jusqu'au passage de la pointe d'avant-garde (en marche).

Petits postes. — Armes chargées, soldats équipés, chevaux sellés et bridés, les cavaliers la bride au bras. Relèvent les sentinelles par moitié toutes les heures ou 1/2 heures suivant la température. Interdit de faire du feu, fumer, crier, dormir ou s'éloigner. La nourriture est prise à la grand'garde après relèvement.

Postes d'examen. — Établis par le commandant des avant-postes sur les principales voies de communication et fournis par la grand'garde voisine. Commandés, chacun, par un officier chargé de vérifier les ordres de service et laisser-passer des sortants et d'interroger les entrants.

Postes en vigie. — Fournis, soit par la grand'garde, soit par la réserve; sont fréquemment placés sur des points dominants (mamelons, tours, clochers); peuvent être établis en avant ou en arrière de la ligne; commandés par un sous-officier ou un officier chargé de faire les signaux.

Avant-postes irréguliers. — Établis quand des colonnes sont à trop grande distance pour se relier. Chaque commandant de colonne se couvre pour son compte. L'état-major du corps d'armée ou l'état-major général commande, pour surveiller les intervalles, des patrouilles de cavalerie ou des postes détachés (1).

Postes de quatre hommes. — A employer par les colonnes peu nombreuses, les corps ou détachements isolés qui ne peuvent se couvrir par un système régulier. Les voies de communication sont observées à distance convenable par des postes de 4 hommes établis à proximité. Cette méthode s'emploie aussi quand le terrain est très couvert et accidenté et que, par suite, il devient nécessaire de multiplier les petits postes. Les

---

(1) *Les postes détachés* sont fournis par les grand'gardes ou la réserve pour appuyer une aile des sentinelles, relier deux grand'gardes éloignées, occuper un point important sur la chaîne des sentinelles (*Instruction pratique, Infanterie*, art. 26).

Les avant-postes irréguliers s'emploient quand une troupe arrive trop tard pour organiser régulièrement son service de sûreté. L'avant-garde s'établit en réserve et détache en avant, sur les routes, des postes qui s'entourent de sentinelles. Dans ce cas, fréquentes patrouilles de jour; pas de patrouilles de nuit, mais postes détachés (*Instruction pratique, Infanterie*, art. 30).

escouades sont alors fractionnées en postes de 4 hommes, dont chacun fournit une sentinelle simple (1).

Ces deux systèmes d'avant-postes peuvent être utilement employés pour garder un flanc découvert; ils sont alors fournis par une flanc-garde (2).

Partie mobile du service.

Rondes. — Exécutées par le commandant de la grand'garde ou, sur son ordre, par un officier ou un sous-officier accompagné de quelques hommes armés. Ne dépassent pas la ligne des sentinelles. Ont surtout pour objet de s'assurer de la bonne exécution du service (3).

Patrouilles de découverte (4). — Faites par quelques hommes commandés par un soldat de 1re classe. Le service est réglé par le commandant de la grand'garde. Les chefs des petits postes peuvent aussi prescrire des patrouilles. Il n'est fait de patrouilles de nuit que sur l'ordre du commandant de la grand'garde. Au point du jour, les multiplier et les porter plus au loin. Les patrouilles se reconnaissent comme les rondes.

Reconnaissances (5). — Exécutées par la réserve, sur l'ordre du commandant du corps principal ou des avant-postes, pour vérifier un indice ou un renseignement, ou pour veiller à la sécurité des flancs.

Les généraux et les chefs d'état-major peuvent seuls déplacer et employer les avant-postes sous leurs ordres.

Honneurs rendus aux généraux. — La garde de police (à la réserve), la garde de surveillance (à la grand'-

---

(1) Quand le terrain est très couvert, remplacer les sentinelles et les petits postes par des *postes de 4 hommes* fournis par la grand'garde et commandés par un caporal ou chef de patrouille. Une sentinelle simple relevée d'heure en heure, les postes de 4 en 4 heures (*Instruction pratique, Infanterie,* art. 15.)

(2) *Les flanc-gardes* se rattachent plus particulièrement au service de sûreté en marche. Cependant, celles qui sont le plus rapprochées des lieux occupés par les troupes à la fin de l'étape peuvent rester en position pour compléter le réseau des avant-postes. Elles occupent alors leurs positions comme les grand'gardes; elles détachent des petits postes et des groupes de sentinelles et font explorer le pays (*Service en campagne* (projet), art. 177).

(3) *Demande.*	*Réponse.*
Halte-là! Qui vive?	France, ronde (ou patrouille).
Avance à l'ordre!	
Reçoit le mot d'ordre.	Donne le mot d'ordre,
Donne le mot de ralliement.	Reçoit le mot de ralliement.

(4) Patrouilles ordinaires de l'*Instruction pratique,* art. 27.

(5) Patrouilles de reconnaissance de l'*Instruction pratique,* art. 27.

garde), prennent les armes et rendent les honneurs sans battre ou sonner. Les sentinelles (ou vedettes) et les petits postes ne rendent pas d'honneurs.

Documents consultés. — Règlement du 3 mai 1832 sur le service en campagne. — Projet de réglement sur le service en campagne (toutes les dispositions nouvelles sont empruntées à ce projet). — Instruction pratique sur le service de l'infanterie et de la cavalerie en campagne.

CANTONNEMENTS.

On entend par *cantonnements* l'ensemble des lieux habités que les troupes occupent sans y être casernées.

L'établissement des troupes au cantonnement doit être aussi fréquent que possible; cependant les troupes en 1re ligne, à **2** jours de marche au plus de l'ennemi, doivent toujours bivouaquer (*Instr. prat., infanterie, art.* 75).

Le cantonnement se distingue en :

Cantonnement ordinaire, quand la distance de l'ennemi permet qu'on ait toujours le temps de se concentrer et de se porter en avant pour aller prendre une position de combat. On calcule sur **4** à **6** hommes par feu (le feu de 3 à 5 habitants); pour les troupes à cheval, 1/2 cavalier pour 1 fantassin.

Cantonnement resserré, occupé pour un temps très court, dans le voisinage de l'ennemi. Il ne s'agit alors, pour les troupes, que de trouver l'espace suffisant pour se coucher à l'abri (*Instr. prat., art.* 76) et le cube d'air nécessaire.

	Longueur.	Largeur.	Cube d'air.
1 homme occupe....	3^m,00	1^m,00	15^{mc}.
1 cheval occupe....	3^m,50	1^m,50	40^{mc}.

Pratiquer des ouvertures supplémentaires si cela est nécessaire.

Les cantonnements journaliers ou de marche procèdent plus ou moins de ces deux catégories, suivant les circonstances. Le plus souvent, à la guerre, le système de stationnement est mixte, mi-partie cantonnement, mi-partie bivouac, car, en principe, on doit chercher à stationner par unités constituées. Quand tout l'espace disponible dans les habitations est occupé, les troupes qui n'ont pu trouver à s'abriter bivouaquent aux abords.

La séparation des éléments des grandes unités est la loi générale des cantonnements et son plus grand inconvénient. Habituellement le *régiment d'infanterie* est pris pour base; éviter de le scinder. Mais les unités supérieures seront le plus souvent fractionnées : la brigade en deux groupes (avant-garde et gros); la division en 3 à 5 (avant-garde et 2 brigades); le corps d'armée en 3 à 6.

Les cantonnements sont pris, en principe, *en arrière* des points que l'on se propose d'occuper en cas de combat; ils peuvent se classer suivant 3 types :

Cantonnements en largeur.

Avantages : Dispositif essentiellement offensif, puisque toutes les troupes sont établies perpendiculairement à la ligne de marche et à même distance de l'ennemi. On tend à se rapprocher des colonnes voisines. — *Inconvénients* : Etre vulnérable sur beaucoup de points; exiger, pour une concentration, des marches de flanc dangereuses; augmenter la fatigue pour les troupes; pas de point d'appui en arrière; réseau d'avant-postes très développé; facilité pour l'adversaire d'évaluer les forces qu'il a devant lui. Le développement de ces bivouacs peut atteindre l'étendue du front de marche, soit : pour une division, 3—4 kilomètres; pour un corps d'armée 8—10 kilomètres (*Instruction sur les marches, art.* 21). Rejeter habituellement ce mode de cantonnement.

Cantonnements en profondeur.

Avantages et inconvénients inverses des précédents : Dispositif essentiellement défensif; points d'appui en arrière; diminution de fatigue; on stationne, en quelque sorte, en ordre de marche et les trajets s'égalisent; déploiement sur une ligne perpendiculaire à l'ennemi; effectifs plus aisément dissimulés; service de sûreté très réduit sur le front, mais considérable sur les flancs; c'est l'inconvénient principal.

Dans ce système, la profondeur *théorique* peut être égale à la profondeur même de la colonne, diminuée de l'avant-garde et du dernier groupe, puisqu'il suffit que, tous les groupes partant en même temps, chacun puisse rejoindre le précédent à la fin de son écoulement.

Cantonnement mixte ou périmétrique.

Procède des deux précédents et participe à leurs *avantages*. Ce sera celui que l'on emploiera de préférence. Sa forme théorique sera celle d'un carré ou d'un polygone, à cheval sur la direction suivie et ayant au maximum, en largeur et en profondeur, la moitié du développement de la colonne (gros) en marche.

Ce dispositif permet une concentration rapide et facile sur un point quelconque, évite des écarts latéraux considérables à l'arrivée ou au départ, facilite les ravitaillements et donne la faculté de prendre l'ordre de combat, soit par brigades accolées, soit par brigades formant une ligne, selon le mode d'assiette adopté.

La dissémination relative, inhérente au cantonnement, exige un *service d'avant-postes fortement organisé* et le plus souvent sommairement retranché. Apprécier s'il convient de faire cantonner ou bivouaquer la partie de l'avant-garde non employée au service des avant-postes.

Répartition dans les cantonnements.

Comme principe fondamental, cantonner suivant l'ordre de marche du jour ou mieux du lendemain, sauf dérogation, si cela est nécessaire, pour abriter tout d'abord les malades et les animaux. On commencera donc par installer l'ambulance, les batteries, l'administration, les trains. Placer en tête des cantonnements les troupes qui doivent former l'avant-garde du lendemain. Grouper par unité composée et non par arme. Éviter de fractionner le régiment ou tout au moins le bataillon.

Ainsi qu'il a été dit plus haut, le mode de stationnement sera donc le plus souvent mi-partie cantonnement et bivouac; ce qui ne pourra trouver place à l'abri s'installera au dehors.

Établir : les sections de munitions, les ambulances, l'artillerie de corps dans les cantonnements intérieurs, à portée de voies faciles; — les batteries divisionnaires auprès des régiments d'infanterie pour qu'elles puissent profiter des écuries ou hangars, à proximité de dégagements faciles; — le quartier général un peu en avant du centre, sur une grande voie; son emplacement indiqué de jour et de nuit; la cavalerie avec les autres troupes dans les grandes fermes situées un peu en arrière, « quand elle n'est pas portée en avant des grand' « gardes d'infanterie. » (*Instr. sur les manœuvres avec cadres, art.* 10).

Dans un centre de population, placer l'artillerie dans l'intérieur ou dans la partie opposée à l'ennemi, l'infanterie dans la partie antérieure. Éviter de séparer les hommes des chevaux et des voitures, et parquer au dehors s'il le faut. — Lorsqu'une petite unité doit occuper un grand centre, l'établir dans une position restreinte.

Tracer soigneusement les lignes de démarcation des zones de cantonnement, qui, ordinairement, sont en même temps zones de ravitaillement pour les troupes qui les occupent.

Les *convois administratifs* étant presque toujours séparés des colonnes ont une grande latitude pour le choix de leur point d'arrêt. Ils cantonnent toujours, sauf le cas où le pays serait manifestement hostile. De toute façon, ils feront en sorte d'être à proximité d'un centre de population (village plutôt que ville) pour en utiliser les ressources.

Bases de l'assiette du cantonnement.

Les données précises font défaut; on consultera, à titre de renseignement, les indications ci-après :

Cantonnements ordinaires, 4 à 6 hommes par feu (de 3 à 5 habitants).

Cantonnements resserrés, sans autre limite que l'espace nécessaire à l'homme (*Service en camp.*, *art.* 38).

Centres de 500 à 1,250 âmes. .	4,7 hommes 0,36 cheval	
Centres de 1,500 à 2,500 âmes.	6 hommes 0,50 cheval	par habitant.
Centres de 3,000 à 12,500 âmes.	4,08 hommes 0,46 cheval	

(Général Lewal. — *Etudes de guerre*).

En principe, les agglomérations urbaines offrent moins de ressources que les centres ruraux.

Pour un régiment, compter 1/3 en sus de l'effectif dans le rang pour les officiers, la garde de police, la salle de rapport, la musique, les cantinières, etc. Pour une grande unité (division ou corps d'armée), compter sur 3/2 de l'effectif dans le rang, soit 1/2 en plus de la troupe (Général Lewal. — *Etudes de guerre*).

L'expérience a permis de constater que dans les contrées agricoles on pouvait facilement cantonner 5 ou 6 hommes par habitant, tandis qu'on n'en pouvait cantonner que 3 ou 4 dans les régions entièrement industrielles.

On peut admettre d'une manière générale que le cantonnement des différentes parties constitutives d'un corps d'armée exige les chiffres de population ci-après :

	Habit.			Habit.
Quartier général	200	soit pour un corps d'armée		200
Quart. gén. d'une division.	80	—	—	160
— d'une brigade.	20	—	—	80
1 bataillon de chasseurs. . . .	200	—	—	200
1 régiment d'infanterie. . . .	600	—	—	4,800
2 batteries divisionnaires. .	210	—	—	840
Ambulance divisionnaire. . . .	130	—	—	260
1/2 comp. du génie divis. . .	30	—	—	60
Convoi divisionnaire	300	—	—	600

Artillerie de corps.	2 batteries à cheval. . . . 260 2 sections de mun. d'art. 300 6 batt. montées. 630	1,200	—	—	1,200

	Habit.			Habit.
Parc du génie	100	—	—	100
1 sect. de mun. d'artillerie.	150	—	—	300
1 sect. de mun. d'infanterie.	100	—	—	200
2ᵉ échelon du parc d'art. . .	360	—	—	360
Convoi	300	—	—	300
Ambulance.	130	—	—	130
Parc télégraphique	20	—	—	20

Soit pour un corps d'armée, environ 10,000

(Mariotti, *Notes sur le service dans les états-majors*).

(En ce qui concerne le territoire français, on peut se reporter utilement au « Tableau de la population des gîtes d'étapes et de leurs ressources pour le logement des troupes », publié par le ministère de la guerre).

Assiette des cantonnements.

Les cantonnements se déterminent successivement par région et par subdivision correspondante au fractionnement de l'armée, après que reconnaissance statistique a été faite de leurs ressources en logements et en vivres, — par renseignements chez les états-majors généraux, et sur le terrain par les états-majors divisionnaires.

Le personnel chargé de l'assiette du cantonnement comprend par division : un officier de l'état-major, un fonctionnaire de l'intendance (s'il n'a pu être envoyé à l'avance), et le *logement*, composé de :

1 adjudant-major. . . . . 1 adjudant . . .	par régiment d'infanterie.	1 capitaine en 2ᵈ . . . . ou 1 lieutenant. 1 adjudant.	par régiment de cavalerie ou groupe de batteries.	
1 fourrier. . . . 1 caporal . . . 4 hommes . . .	par compagnie ou	1 fourrier, . . . 1 brigadier . . . 2 cavaliers. . .	par escadron ou batterie.	

Ce personnel devance la colonne, sous la protection de l'avant-garde.

L'officier d'état-major (ou le commandant du logement) a reçu du commandant de la colonne l'indication de la zone de cantonnements, de la ligne des avant-postes et de l'emplacement du quartier général. Parvenu sur le terrain à occuper : convoquer l'autorité municipale afin de se renseigner sur les ressources, en faire une répartition rapide entre les corps, indiquer à chaque commandant de logement le quartier ou la localité qu'il doit occuper et faire mettre à sa disposition des agents de la municipalité. Choisir, s'il y a lieu, l'emplacement du quartier général ; reconnaître ou faire reconnaître les abreuvoirs, les points où les hommes prendront de l'eau (1), y prescrire les aménagements nécessaires ; prévenir, le cas échéant, l'autorité municipale du nombre d'hommes et de chevaux à nourrir et de la composition des rations.

Le fonctionnaire de l'intendance, de son côté, reconnaît les emplacements à affecter aux services administratifs et aux ambulances et les propose au commandant du logement ; il se rend compte rapidement des ressources en denrées, fours, moyens de transport ; il prend ses mesures pour conserver et réquisitionner au besoin tout ce qui peut être utile aux troupes.

Toutes ces dispositions prises, et après avoir échelonné les adjudants et les fourriers aux points les plus favorables pour diriger les troupes sur les localités à occuper, l'officier d'état-major se porte sur le terrain situé en avant des cantonnements pour le reconnaître, y déterminer une position de combat et l'organisation du système des avant-postes, étudier les communications entre les cantonnements ainsi que les débouchés pour la marche du lendemain, les travaux de défense sommaires à exécuter. Faire en sorte de résumer ce travail en établissant :

a) *Croquis* teinté, indiquant les divers cantonnements, l'emplacement des avant-postes, etc.

b) *Assiette du cantonnement* sur modèle préparé à l'avance.

ÉTAT-MAJOR et troupes.	EFFECTIF.		LOCALITÉS occupées.	Ressources locales en rations et lieux de distributions.						DISTRIBUTIONS à faire assurer par le convoi.	OBSERVATIONS.
	Hommes.	Chevaux.		Pain.	Viande.	Légumes.	Vin.	Sucre et café.	Fourrage et bois.		

(1) À raison, par 24 heures, de 5 — 6 litres par homme (soupe comprise) et de 16 — 18 litres par cheval.

L'officier d'état-major qui a établi le cantonnement doit ensuite se porter de sa personne au devant du commandant de la colonne pour lui rendre compte ; le plus souvent il est appelé, en outre, à l'accompagner aux avant-postes dès l'arrivée de la colonne. Il laisse les documents ci-dessus à l'officier qui le remplace, avec mission de rester présent au centre de stationnement jusqu'à l'installation complète pour répondre aux réclamations et y faire droit (1).

Mesures d'ordre et de sécurité à l'arrivée. — L'installation des avant-postes précède l'arrivée de la colonne ; c'est l'avant-garde qui fournit le service de sûreté. Les troupes sont arrêtées à l'entrée du cantonnement ; le commandant donne ses ordres généraux et le signal d'installation.

a) Commandant de la colonne. Déterminer une *place d'armes* pour les réunions en cas d'alerte (2) (chaque chef de corps désigne à son tour un *point de concentration*, chaque commandant de compagnie, escadron ou batterie un *point de ralliement*). Si l'on est à proximité de l'ennemi, désigner les positions à occuper en cas d'alerte (3). — Visiter les avant-postes ; parcourir les cantonnements ; faire procéder à l'organisation défensive (tranchées ou batteries à établir ; fermes ou villages à mettre en état de défense) ; ponts à établir ou à détruire ; communications à ouvrir ou à élargir. Faire placer aux carrefours l'indication du logement des gé-

---

(1) La multiplicité de ces travaux, le peu de temps dont on dispose pour les mener à bonne fin, font ressortir tout l'avantage qu'il y aurait à ce que les officiers d'état-major chargés de l'assiette des cantonnements journaliers puissent accompagner les divisions de cavalerie indépendantes, qui sont de grandes avant-gardes permanentes, aussi longtemps au moins que les conditions de la campagne le permettraient (Voir, à ce sujet, le *Journal des Sciences militaires*, mars 1878).

(2) Pour la cavalerie, la choisir en dehors du cantonnement et généralement du côté opposé à l'ennemi.

(3) Dès l'arrivée, le commandant de la colonne reconnaît une position défensive et l'emplacement, en cas d'attaque, des brigades, de l'artillerie, de l'ambulance, des trains régimentaires, des convois ; il l'indique aux chefs de ces unités qui, de leur côté, font reconnaître les voies d'accès (*Instruction provisoire sur les marches*, art. 15).

En cas d'alerte de jour ou de nuit, *la générale ou à cheval.* Ce signal, donné par la division, est répété par tous les corps. De jour, les troupes gagnent les emplacements défensifs ; de nuit, elles se groupent aux points de rassemblement et gagnent la place d'armes. L'infanterie forme les faisceaux et met sac à terre ; les cavaliers restent à la tête des chevaux ; les voitures demeurent attelées (*Instruction provisoire sur les marches*, art. 16).

néraux et chefs de corps, des fractions de troupes occupant le quartier, des lieux de rassemblement et de distribution, aux débouchés l'indication des cantonnements voisins. — Établir des communications rapides entre les cantonnements par télégraphes, signaux ou relais de cavaliers. — Prendre, s'il en est besoin, des otages dans la population; interdire aux habitants de dépasser les avant-postes; défendre de sonner les cloches.

b) Corps de troupes. — Distribuer la viande sans retard; procéder ensuite, et le plus tôt possible, aux autres distributions. Visite médicale des hommes et désignation de ceux qui doivent entrer à l'ambulance. Visite des chevaux. Nettoyage des armes, effets, harnachements, etc.; en un mot, disposer toutes choses en prévision d'un départ subit. — Pour la nuit, faire coucher les hommes habillés et même chaussés; s'assurer le moyen d'avoir promptement de la lumière; veiller à ce que les issues (portes, écuries, rues) ne soient pas obstruées (patrouilles à cet effet).

(Pour les détails d'installation et de service, voir *Service en campagne* et *Instruction pratique (infanterie et cavalerie)*, art. 76 à 83).

BIVOUACS.

(Voir titre IV du *Service en campagne*; — *Instruction pratique sur le service en campagne*, IVe partie.)

On entend par *bivouacs* l'endroit où les troupes s'établissent, pour un séjour généralement très court, en plein air, sous la petite tente ou sous des abris improvisés. Au point de vue *tactique*, le bivouac offre les plus grands avantages; mais au point de vue de la *conservation des troupes* « le plus mauvais cantonnement vaut mieux que le meilleur bivouac. » Les troupes en 1re ligne, à proximité de l'ennemi (2 jours de marche au plus), doivent toujours bivouaquer (*Instr. prat.*, art 75).

En thèse générale, on ne bivouaque jamais sur la position de combat, excepté à la suite d'une affaire indécise, quand il faut passer la nuit, l'arme au pied, sur le terrain conquis (*Bronsart de Schellendorff*).

Le bivouac doit être caché aux vues de l'ennemi; à proximité et *en arrière* d'une position de combat, de manière à s'y porter par un mouvement en avant; *assez près* de cette position pour avoir tout le temps de l'oc-

cuper. Communications faciles avec la position. Éviter
que les réserves aient à effectuer un *mouvement rétro-
grade* pour venir prendre leur première position.

Il convient donc de fractionner les bivouacs en
les échelonnant en profondeur suivant l'ordre de
marche.

L'utilisation des conditions topographiques et la facilité de pourvoir aux besoins en eau, bois, paille, vivres, etc., imposent également cet *échelonnement* comme
une nécessité de marche et de commodité d'installation,
mais dans des limites moindres cependant, que celles
indiquées pour les cantonnements, puisque le but des
bivouacs est de tenir les troupes condensées et prêtes
à agir rapidement.

Les grosses colonnes bivouaqueront en principe par division avec un échelonnement maximum de 5-6 kilom.,
qui diminue à mesure que l'on se rapproche de l'ennemi.
Cet échelonnement peut se faire en dehors de la direction suivie, en forme de triangle ou de rectangle, par
exemple, avec le quartier général et les services can-
tonnés au centre. Dans le fractionnement intérieur de
la division, éviter les bivouacs plus forts qu'une brigade
et plus faibles que le régiment d'infanterie.

Quand le bivouac est *établi* en arrière du théâtre
présumé de la lutte, il importe : que l'emplacement
choisi soit couvert par de légères ondulations qui en
masquent la vue, les feux et les mouvements de troupes à l'ennemi. — Que le terrain en avant présente une
bonne position de combat, permettant d'y établir les
avant-postes dans d'excellentes conditions d'observation
et de résistance. — Qu'il offre des communications
faciles, pour assurer aux troupes le moyen de gagner
vivement leurs positions de combat ou de manœuvrer
dans toutes les directions suivant les éventualités.

Il est *de condition absolue* que *l'eau* soit à proximité;
d'où, nécessité de se rapprocher des fonds. Faire en
sorte de trouver aussi du *bois* et de la *paille* dans le
voisinage.

Le lieu choisi sera sain et sec. Préférer les pentes
douces, à terrain sablonneux, qui préservent de la boue
et des inondations. Éviter les bas-fonds, qui sont froids,
humides et malsains pendant la nuit.

Il est avantageux de placer le bivouac à proximité
d'un ou de plusieurs villages, d'où l'on puisse tirer des
ressources alimentaires.

Il résulte de cet ensemble de conditions, souvent con-
tradictoires, que la plus grande somme d'avantages

s'obtient en plaçant *le bivouac à mi-côte sur le versant intérieur.* C'est l'emplacement que l'on recherchera de préférence (Général Lewal. — *Études de guerre*).

L'infanterie étant plus promptement prête que les autres armes, bivouaque en tête pour les couvrir dans une certaine mesure; des bois clair-semés lui constituent de bons bivouacs. La cavalerie et l'artillerie peuvent aussi s'établir sur les lisières opposées à l'ennemi, à la condition que l'infanterie occupe le bois. Quand la cavalerie ou l'artillerie doivent bivouaquer seules, obstruer les voies d'accès, non pour les protéger du feu de l'ennemi, mais pour les garder d'une surprise. — Éviter d'asseoir un bivouac sur le bord même d'une route très fréquentée, en raison de la poussière et du bruit (*Bronsart de Schellendorff*).

Forme et étendue du bivouac.

(Les corps sont supposés à l'effectif de guerre).

Il est nécessaire qu'une troupe puisse bivouaquer, soit *en colonne*, soit *en ligne* (*Instr. prat., art. 84 et Service en camp.*).

Infanterie (1).

	Front.	Profond.	
1 bataillon en colonne double...	130ᵐ	136ᵐ	Intervalles de 20ᵐ entre les bataillons.
1 bataillon en ligne.............	350	80	
Régim. par bataillons en colonne sur la même ligne............	450	136	
Régim. par bataillons en colonne les uns derrière les autres....	135	450	Intervalles ou distances de 30ᵐ entre les régiments.
Régiment par bataillons en ligne.	1090	80	
Régiment par bataillons les uns derrière les autres...........	350	280	

Cavalerie.

Régiment en colonne par escadron.................	170	135	Sans compter les fatigues (60 mètres).
Régiment en bataille.............	470	85	
Brigade par régiments en bataille accolés...................	385	135	
Brigade sur 2 lignes, un régim. en colonne par ligne...........	170	315	Intervalles de 24ᵐ et distances de 45ᵐ entre les régiments.
Brigade en bataille par régiments accolés...................	970	135	
Brigade en bataille les régiments l'un derrière l'autre....	470	215	

---

(1) Choisir de préférence le bivouac en ligne de bataillons en colonne. La surveillance est plus facile et la formation de combat plus prompte. — Diminuer la profondeur de 20 mètres pour les bataillons qui n'ont pas avec eux l'état-major du régiment.

Artillerie (1).

Batterie montée..............	74	103
Batterie à cheval,.............	89	124
Groupe de 4 batteries montées en bataille.................	368	124	Intervalles de 24ᵐ entre les batteries.

Convois et ambulances (2).

Parc d'artillerie de corps (2ᵉ échelon)............	300	200
Ambulance du quartier général	140	150
Ambulance de division d'infanterie............	130	150
Convoi administratif du quartier général.....	300	200
Convoi administratif d'infanterie.............	240	200

Assiette du bivouac. — Même marche générale que pour l'assiette d'un cantonnement; mais l'opération doit être menée très vivement, car le temps nécessaire pour une installation au bivouac et pour y faire apporter vivres, bois, paille, etc., est beaucoup plus considérable que pour une prise de cantonnements.

Les ordres donnés à l'officier d'état-major, chef du logement, lui indiquent la région dans laquelle la division doit bivouaquer en raison de la situation des opérations, l'emplacement des quartiers généraux et des divers services (qu'il y aura lieu de cantonner en principe), la ligne générale des avant-postes (souvent on ne pourra procéder à l'assiette détaillée du bivouac que sous leur protection).

Parvenu dans la région indiquée, l'officier d'état-major fait le projet d'assiette sur les terrains qui lui paraissent convenables, en établissant l'infanterie en tête. On peut utilement faire usage à cet effet de rectangles de fort papier représentant, à l'échelle, l'espace nécessaire pour un régiment d'infanterie, 4 batteries, etc. En les

---

(1) Habituellement, le parc est établi sur le *front de bandière*, c'est-à-dire sur le côté par lequel on doit sortir pour se porter en avant. — Le front du parc forme le premier côté d'un carré dont les trois autres sont formés : à droite, par des cordes à chevaux (section de droite); à gauche, par des cordes à chevaux (section de gauche), en arrière, parallèlement au front de bandière, par des cordes à chevaux (section du centre). — Les rangées de tentes, quand il en existe, sont parallèles aux lignes de chevaux ; chaque rangée sert à une section. (Ces dispositions ne sont pas réglementaires.)

Généralement, le parc est disposé sur trois lignes : en tête, les pièces plus ou moins rapprochées. Derrière chaque pièce un caisson. En troisième ligne, les autres voitures (*Petit cours spécial d'artillerie*).

(2) On peut compter pour :

1 voiture à 6 chevaux 4 mètres front sur 13 mètres profondeur.
—   4   —   4   —   11   —
—   2   —   4   —   8   —
—   1   —   3   —   7   —

appliquant sur la carte, on apprécie à première vue l'espace nécessaire, et il suffit après cela d'une reconnaissance complémentaire du terrain. L'officier d'état-major fait reconnaître ensuite l'eau (les premières indications sont fournies par la carte), vérifie et en fait l'attribution aux corps (ce point a une haute importance). L'eau à boire est prise dans les villages; celle pour la cuisine et les animaux aux cours d'eau, abreuvoirs, mares. Faire établir des barrages ou des rampes d'accès, s'il y a lieu.

Il se rend compte (à défaut de la présence d'un fonctionnaire de l'intendance) des ressources des localités voisines en vivres et fourrages, fait le projet de répartition de ces ressources et de leurs points de distribution.

Le logement de chaque corps envoie quelqu'un au devant de la colonne.

Compléter ce travail par la visite de l'emplacement des avant-postes, la détermination d'une position de combat dans les conditions indiquées ci-dessus.

Si le temps le permet, résumer ces opérations d'une manière analogue à celles des cantonnements, de façon à soumettre au commandant de la colonne, — soit que l'officier l'attende à l'arrivée de la colonne, soit qu'il aille à sa rencontre, — son projet détaillé d'établissement des divers bivouacs et ses propositions relativement aux autres ordres à donner. Comme il arrive fréquemment que le commandant de la colonne se rend aux avant-postes dès son arrivée, il est utile qu'un autre officier de l'état-major soit mis au courant, afin d'être à même de présider à l'installation.

(Pour les dispositions à l'arrivée, se reporter aux *cantonnements*. Pour les détails d'installation, de service, etc., voir *Instr. pratique, cavalerie et infanterie*, art. 82 et 90).

Paille de couchage à allouer aux troupes dans toutes les positions

(Circ. min. du 17 août 1879. Note min. du 25 février 1880.)

PARTIES PRENANTES.	QUANTITÉS DE PAILLE DE COUCHAGE allouées.	OBSERVATIONS.
1° Hommes campés ou baraqués ne recevant pas de demi-fournitures auxiliaires.	5 kil. de paille longue ou 7 kil. de paille courte par homme.	Renouvelable tous les 15 jours. Dans ce cas, la paille est mise en commun sur le sol, sous la tente, ou sur le lit de camp, dans la baraque.

PARTIES PRENANTES.	QUANTITÉS DE PAILLE DE COUCHAGE allouées.	OBSERVATIONS.
2° Réservistes casernés, baraqués ou campés, et couchés sur des demi-fournitures auxiliaires.	10 kil. pour la paillasse et 2 kil. pour le sac à paille tenant lieu de traversin.	La quotité de cette ration est nécessaire pour permettre de garnir suffisamment la paillasse et le traversin. Cette paille doit servir pendant toute la durée de l'appel.
3° Hommes de l'armée territoriale casernés, baraqués ou campés, et couchés sur des demi-fournitures auxiliaires.	10 kil. pour la paillasse et 2 kil. pour le sac à paille.	Cette paille est renouvelée après chaque série d'appel, soit après un laps de temps de 13 jours.
4° Hommes de l'armée active casernés, baraqués ou campés, et couchés sur des demi-fournitures de campement.	10 kil. pour la paillasse et 2 kil. pour le sac à paille.	La paille est renouvelée à l'expiration de chaque mois ou à chaque changement de position.
5° Troupes bivouaquées.	Une demi-ration, soit 2 kil. 1/2.	Cette quantité a été déterminée par la circ. du 25 avril 1879, sur les manœuvres d'automne.
6° Troupes de passage logées chez l'habitant pendant 3 jours.	»	Les troupes ont droit, pendant 3 nuits, au logement chez l'habitant, au combustible, aux ustensiles de cuisine pour la cuisson des aliments, enfin, à la chandelle. Au delà de ce terme, l'habitant continue à fournir ces prestations, mais il a droit alors à l'indemnité stipulée par le décret du 2 août 1877 (Voir ci-contre).
7° Troupes de passage cantonnées chez l'habitant pendant 3 jours.	A titre tout à fait exceptionnel : 5 kil. ou 2 kil. 1/2.	L'habitant ne reçoit aucune indemnité pour ces 3 jours, mais aucune prestation ne peut lui être imposée, ni en combustible ni en ustensiles de cuisine. (Le combustible est fourni aux troupes comme il est indiqué p. 8 de la circulaire du 25 avril 1879, sur les manœuvres d'automne.) Dans ce cas, les commandants de corps d'armée peuvent accorder des distributions quotidiennes de paille de couchage comportant une ration entière ou une demi-ration, mais seulement à titre tout à fait exceptionnel, lorsqu'ils en reconnaissent la nécessité absolue, en égard à la situation du cantonnement, à la saison et à l'état des troupes. La comptabilité de ces distributions extraordinaires doit toujours être appuyée des ordres en vertu desquels elles ont eu lieu.
8° Troupes cantonnées sur un même point pend. plus de 3 jours.	5 kil. par homme.	Conformément à la circulaire du 25 avril 1879.
9° Troupes en marche et devant coucher dans le même lieu sous la tente.	Plus de 8 nuits. De 3 à 8 nuits. De 1 à 2 nuits.	{ 1 ration complète de 5 kil. de paille longue ou 7 kil. de paille courte. 1/2 ration. pas d'allocation.
10° Hommes couchant dans les dépôts d'isolés.	Plus de 8 nuits. 8 nuits et moins.	Ration complète. 1/2 ration.

Au delà du 3ᵉ jour au cantonnement, l'habitant a droit à l'indemnité de 0 fr. 05 par homme et par jour déterminée par l'art. 33 du décret du 2 août 1877.

La paille est fournie par voie de réquisition.

La valeur en est remboursée aux municipalités lorsqu'elles justifient qu'il y a eu réquisition ou ordre de fournir de la part de l'autorité militaire.

Ainsi que l'indique l'article 15 de la loi sur les réquisitions, le cantonnement des troupes qui manœuvrent, de même que le logement chez l'habitant ou le cantonnement des troupes rassemblées dans les lieux de mobilisation ou leurs dépendances pendant la période de mobilisation, ne confère à l'habitant le droit à aucune indemnité.

La paille de couchage est fournie par le service des subsistances militaires, à charge de remboursement par le service de l'habillement (Circ. du 17 août 1879).

DES CONTRIBUTIONS ET DES RÉQUISITIONS.

(Extrait du projet d'Ordonnance sur le service en campagne et de la loi du 3 juillet 1877).

Lorsque les besoins de l'armée l'exigent impérieusement, les commandants en chef, les commandants de corps d'armée et les officiers généraux auxquels ils en donnent l'autorisation écrite, ont seuls le droit de frapper de contributions en argent le pays ennemi occupé par leurs troupes. Le territoire français, de même que celui de tout pays allié ou neutre, ne peut être frappé d'une contribution de cette nature.

La répartition, la rentrée et l'emploi des contributions sont l'objet d'un rapport de l'intendant militaire au général qui a ordonné la levée de la contribution et à l'intendant de l'armée ou du corps d'armée (Art. 14).

Il importe de ménager autant que possible les ressources en vivres et fourrages avec lesquelles les troupes entrent en opérations, et, à cet effet, on fait en sorte de tirer d'abord du pays, sous forme de réquisition, tout ce qu'il peut donner.

S'il n'existe pas de magasins sur les points de concentration, les intendants, chacun dans l'arrondissement

qui leur est assigné, proposent au général commandant les réquisitions nécessaires pour obtenir les denrées dont on aura besoin. Ces réquisitions sont toujours
adressées à l'autorité civile, qui peut être entendue
quand il s'agit de fixer, s'il y a lieu, les prix des rem-
boursements futurs.

Dans ce cas, l'autorité municipale de chaque commune est informée à l'avance que les sommes dues seront remises entre ses mains pour être réparties entre
les intéressés, et que, par suite, elle doit se préoccuper de
conserver soigneusement les noms des prestataires.

Les récépissés de toutes les denrées fournies seront
établis en double expédition, par les comptables des
subsistances de chaque quartier général, division ou
brigade isolée. Ils seront vérifiés et visés par les sous-
intendants militaires, et une expédition en sera remise,
ainsi que l'ordre de réquisition, à la municipalité.

La seconde expédition des récépissés sera immédiatement adressée à la commission chargée de la liquida-
tion et du remboursement des sommes dues.

Dans chaque corps d'armée, une commission, comprenant des officiers d'administration, des habitants notables et un fonctionnaire de l'intendance, ordonnateur,
suivra le corps d'armée avec mission de liquider et de
faire rembourser les sommes dues dans un délai maximum de quinze jours.

Les mêmes formalités seront appliquées au remboursement des frais de nourriture des hommes et des chevaux chez l'habitant, dépenses qui seront justifiées par
des états d'effectif certifiés par les chefs de corps, visés
par les sous-intendants militaires.

Quand, au cours des opérations, les convois sont
épuisés et que l'éloignement des magasins ne permet
pas de les ravitailler, on a également recours aux réquisitions. Les officiers du service d'état-major et les fonctionnaires de l'intendance prépareront ces opérations
par des explorations spéciales. Des ordres réguliers
sont adressés aux municipalités ou, à leur défaut, aux
habitants notables. Si elles y défèrent, des corvées commandées par des officiers accompagnent les voitures du
convoi pour procéder à l'enlèvement et au chargement.

Si les autorités locales ont pris la fuite, ainsi qu'une
partie des habitants, ou si ceux-ci font les récalcitrants,
on fait visiter successivement les maisons par des groupes d'hommes choisis, commandés par des officiers et

des sous-officiers. Les villages, les rues, les groupes
sont répartis avec ordre entre les divers corps.

Des ordres sévères sont donnés pour que les saisies
soient exactement bornées aux denrées alimentaires,
aux fourrages et au bois de chauffage. On veille à ce
que les maisons ne soient ni pillées ni dévastées. Des
gardes armées sont chargées de contenir vigoureusement les soldats et les habitants.

Le général fait surveiller l'opération par des officiers
de son état-major.

On s'applique à ce que la répartition des produits
soit faite ensuite équitablement entre tous les corps et
parties prenantes isolées.

Les règles à suivre pour l'application régulière du
droit de réquisition, soit à l'intérieur, soit au dehors,
sont déterminées par la loi du 3 juillet et le décret du
2 août 1877, dont l'analyse suit :

Loi du 3 juillet 1877 et décret du 2 août 1877.

TITRE I. — CONDITIONS GÉNÉRALES DU DROIT DE RÉQUISITION.

En cas de mobilisation *partielle* ou de rassemblement,
le commencement du droit de réquisition et l'étendue
du territoire sont déterminés par un arrêté du ministre
de la guerre. La faculté de requérir n'appartient de
plein droit qu'aux commandants des corps d'armée mobilisés, qui peuvent la déléguer aux fonctionnaires de
l'intendance et aux commandants de détachements.

En cas de mobilisation *totale*, tous les commandants
de corps d'armée et de division ont le droit de requérir
et peuvent le déléguer comme ci-dessus.

Les ordres de réquisition sont détachés d'un carnet
à souche. Ils doivent toujours être écrits et signés en
double expédition, l'une laissée au maire, l'autre adressée au commandant du corps d'armée. Toute prestation
fournie est constatée par un reçu extrait d'un autre
carnet à souche. Exceptionnellement, et en temps de
guerre seulement, tout chef de troupe peut requérir
directement et sans carnet, sous sa responsabilité.

TITRE II. — DES PRESTATIONS A FOURNIR PAR VOIE DE RÉQUISITION.

Elles comprennent :

1° Le logement ou le cantonnement pour les hommes et les chevaux ;

2° La nourriture journalière des officiers et soldats ;

3° Les vivres et chauffage, fourrage, paille de couchage ;

4° Moyens d'attelage et de transport avec leur personnel ;

5° Les bateaux et embarcations.

Ces prestations sont les seules dont il peut être fait réquisition en dehors d'une mobilisation. Les prestations 4° et 5° ne peuvent être requises pour plus de vingt-quatre heures, hors le cas de mobilisation.

6° Les moulins et les fours ;

7° Les matériaux, outils, machines et appareils nécessaires pour l'exécution des travaux militaires ;

8° Les guides, messagers, conducteurs et tous ouvriers nécessaires ;

9° Le traitement des malades et blessés chez l'habitant ;

10° Les objets d'habillement, d'équipement, de campement, d'armement, etc., les médicaments et moyens de pansement ;

11° Tous autres objets en service dont la fourniture est nécessitée par l'intérêt militaire.

Le *logement* ou *cantonnement* peut être requis pour une troupe au plus égale au chiffre indiqué aux tableaux établis dans chaque municipalité (Voir ci-contre). La nourriture ne peut être supérieure à celle du requis. La réquisition doit mentionner la quantité de rations requises et la quotité de la ration réglementaire.

Les *chevaux, voitures, harnais* requis pour plus de 3 jours sont d'abord estimés contradictoirement par le requérant et par le maire. Dans le cas de perte ou dommage, le chef de détachement remet au conducteur un certificat avec appréciation des faits et évaluation du dommage. En cas de refus, le conducteur s'adresse au juge de paix du canton ou au maire de la commune où le fait s'est passé pour faire constater.

Sont également l'objet d'une évaluation préalable et contradictoire, les *outils, matériaux, machines, bateaux*, etc., requis pour plus de 8 jours. Les *moulins* sont soumis, avant et après, à une constatation sommaire par le requérant et le maire. Les *guides, messagers, conducteurs, ouvriers*, reçoivent, à l'expiration de leur mission, un certificat d'exécution délivré par le chef qui les a employés. Les locaux pour *malades ou blessés* sont fournis par les maires.

TITRE III. — DU LOGEMENT ET DU CANTONNEMENT.

Le *logement* ou *cantonnement* est assis d'après des états dressés tous les trois ans par les maires sur les bases suivantes :

Pour le logement :

1 lit par officier ou sous-officier ;

1 lit ou au moins 1 matelas et une couverte par 2 soldats.

Pour le cantonnement :

Tous les emplacements disponibles, prélèvement fait des locaux indispensables aux habitants pour leur logement et celui de leurs animaux, denrées et marchandises.

Ces états sont adressés aux commandants de corps d'armée et revisés par des officiers, sur l'ordre du ministre.

L'indemnité est fixée à :

1° *Logement.*

Par officier logé seul......................	1.00	
Par 2 officiers logés ensemble.............	1 50	
Par sous-officier...........................	0 15	par jour.
Par soldat.................................	0 10	
Par cheval.................................	0 05	
	et le fumier	

2° *Cantonnement.*

Par homme et par jour.....................	0f 05
Par cheval.................................	le fumier.

La preuve du logement ou du cantonnement est fournie par le maire, soit par l'envoi de l'état des logements appuyé d'un état d'effectif dressé par l'officier commandant, soit au moyen de l'état des logements appuyé des ordres de réquisition.

L'indemnité n'est due qu'autant que le logement a été pris pendant plus de 3 nuits dans le même mois. *Elle n'est pas due* dans le cas de cantonnements en manœuvre, de logement ou cantonnement pendant la mobilisation.

Les réclamations contre dommages, dégâts, etc., doivent être formulées dans un délai de 3 heures, soit à l'officier laissé en arrière (qui dresse procès-verbal contradictoirement avec le maire), soit au juge de paix, soit au maire.

TITRE IV. — DE L'EXÉCUTION DES RÉQUISITIONS.

Les réquisitions sont toujours faites par le chef supérieur de la troupe et adressées au maire.

Ne sont pas considérés comme disponibles :

Les vivres destinés à l'alimentation de la famille pendant 3 jours ;

Les grains et autres denrées alimentaires qui ne dépassent pas la consommation de 8 jours ;

Les fourrages ne dépassant pas la consommation de 15 jours.

Les denrées indûment refusées peuvent être prises par la force.

La répartition des réquisitions est faite *sans appel* par le maire, assisté de 2 conseillers et de 2 notables, ou seul en cas d'urgence. La remise aux parties prenantes est faite en présence du maire, contre reçu.

Si une personne requise de service personnel abandonne son poste, l'officier prévient sur-le-champ le procureur de la République.

TITRE V. — DU RÈGLEMENT DES INDEMNITÉS

En cas de mobilisation totale, une *commission centrale*, nommée par le ministre de la guerre, correspond avec les *commissions départementales d'évaluation*, composées de :

3, 5, 7 membres,	nommés par le Ministre de
dont 2, 3, 4 civils. . . .	la guerre.

chargées d'établir des tarifs arrêtés ensuite par le ministre de la guerre.

Pour le règlement des indemnités, le maire dresse :

État nominatif des habitants qui ont fourni ; dates et prix (Modèles A et A *bis*).	en double expédition, transmis à la commission d'évaluation par l'intermédiaire du préfet.
Ordres de réquisition. . . . . Reçus de l'autorité militaire. Certificats d'exécution. . . . Procès-verbaux de dommages.	en simple expédition dans un bordereau en double expédition, dont une est retournée comme reçu.

La commission d'évaluation émet son avis et le transmet au sous-intendant chargé d'ordonnancer. Celui-ci informe le maire, qui prévient les intéressés, lesquels ont un délai de 15 jours pour accepter ou refuser l'indemnité allouée. Mention est faite sur les deux expéditions de l'état nominatif, dont l'une est conservée à la mairie. L'autre, accompagnée d'un nouvel état (mod. B) en triple expédition, des allocations acceptées ou rédusées, est transmise au sous-intendant, lequel est tenu, dans un délai de 8 jours, d'établir le mandat au nom du receveur municipal de la commune.

Quant aux refus d'acceptation, ils sont transmis par le maire, après expiration du délai de quinzaine, au juge de paix, qui appelle en conciliation le sous-intendant et l'habitant.

TITRE VI. — DES RÉQUISITIONS RELATIVES AUX CHEMINS DE FER.

Les transports en deçà de la base d'opérations sont ordonnés par le ministre. Ils sont payés, en cas de réquisition totale, conformément au cahier des charges. La réquisition totale entraîne l'utilisation des dépendances des gares et des fils télégraphiques des compagnies.

Les transports au delà de la base d'opérations sont ordonnés par le général en chef. Ils ne donnent droit qu'à la taxe de péage fixée par le cahier des charges. L'emploi des machines, voitures et wagons donne lieu à une indemnité à fixer par décret. Le combustible est remboursé d'après le prix d'achat plus le prix de transport.

TITRE VII. — DES RÉQUISITIONS DE L'AUTORITÉ MARITIME.

L'autorité maritime exerce son droit dans les mêmes formes, sur les mêmes objets et d'après des règles semblables.

TITRE VIII. — DISPOSITIONS RELATIVES AUX CHEVAUX, MULETS ET VOITURES NÉCESSAIRES A LA MOBILISATION.

1° *Le recensement* est fait par le maire annuellement (du 1er au 15 janvier) pour les chevaux, juments, mules et mulets ; tous les trois ans (au mois de janvier) pour les voitures ;

2° *Le classement* des animaux et, s'il y a lieu, des voitures, est fait annuellement (du 16 janvier au 1er mars ou du 15 mai au 15 juin) par des commissions mixtes nommées par le commandant du corps d'armée et composées :

D'un officier, président ;

D'un membre de la commune ;

D'un vétérinaire (civil ou militaire) ;

plus 1 sous-officier secrétaire et 2 gendarmes.

3° *La réquisition des chevaux et voitures classés* est effectuée, en cas de mobilisation, par des commissions mixtes, dont la composition est déterminée par le ministre et qui sont nommées par les commandants de corps d'armée. Ces commissions siègent en des points indiqués où doivent être amenés tous les chevaux classés et les voitures attelées; elles statuent définitivement sur les réclamations et substitutions, forment les contingents et remettent aux propriétaires les bulletins constatant le prix à payer.

Après l'opération, le maire dresse en double expédition, l'état des sommes dues pour les animaux (mod. C), l'état des sommes dues pour les voitures (mod. D).

Les livranciers sont payés, dans le délai de 10 jours, par le receveur municipal, contre remise du bulletin, sur la somme mandatée à son nom par le sous-intendant.

Les voitures à requérir seront choisies de préférence dans l'ordre suivant :

Voitures à 4 roues et à 2 chevaux { de front, / de flèche.

Voitures à 2 roues et à 2 chevaux { de front, / de flèche.

Voitures à 4 roues et à 1 cheval,
Voitures à 2 roues et à 1 cheval.

La *capacité d'une voiture* de réquisition sera qualifiée *petite*, lorsqu'elle se rapprochera de la capacité de la voiture régimentaire; *moyenne*, lorsqu'elle se rapprochera de la capacité d'un fourgon ; *grande*, lorsqu'elle sera égale ou supérieure à la capacité d'un fourgon (*Extrait de l'Instr. annuelle sur le classement des voitures*).

Les chevaux à requérir doivent être âgés de 6 ans au moins; les mules et mulets de 4 ans (âge compté du 1er janvier de l'année courante) et doivent satisfaire aux conditions de taille ci-après ;

1re catégorie.	Cavalerie de réserve (cuirassiers).	1m54 et au-dessus,
2e —	Cavalerie de ligne (dragons).	1 50 à 1m54
3e —	Cavalerie légère (hussards et chasseurs).	1 47 à 1 54
4e —	Artillerie (selle)	1 48 à 1 54
5e —	Artillerie (trait léger)	1 48 à 1 54
6e —	Train (gros trait)	1 48 et au-dessus.
7e —	Mulets (trait et bât)	1 44 et au-dessus.

Le minimum est obligatoire; le maximum n'est pas absolu (*Extrait de l'Instruction annuelle sur le classement des chevaux*).

TITRE IX. — DISPOSITIONS SPÉCIALES AUX GRANDES MANOEUVRES.

Le ministre fixe l'époque et la durée des manoeuvres. Les généraux commandants de région en informent les préfets, qui en préviennent les maires.

Les vignes, terres ensemencées ou non récoltées, doivent être indiquées par un signe apparent.

Les demandes de dommages doivent être déposées à la mairie dans les trois jours qui suivent le passage ou le départ des troupes.

Une commission, nommée par le commandant de région, et composée d'un fonctionnaire de l'intendance, président, d'un officier du génie, d'un officier de gendarmerie et d'un membre civil désigné par le préfet, suit les troupes et fixe l'indemnité qui est payée sur-le-champ, en cas d'acceptation, par un officier comptable qui acompagne la commission.

Si l'allocation n'est pas acceptée séance tenante, le maire met l'intéressé en demeure de se prononcer dans un délai de 15 jours, et transmet la réponse au sous-intendant, qui assure le paiement s'il y a acceptation.

En cas de contestation, la question est soumise au juge de paix et au tribunal.

Exercice du droit de réquisition.

Pour assurer et régulariser l'exercice du droit de réquisition, des carnets à souche dits *carnets d'ordres de réquisition* (couverture verte) sont délivrés par les généraux commandant les armées, corps d'armées ou divisions aux chefs de corps et de service, en nombre suffisant pour leurs besoins et pour ceux des officiers sous leurs ordres qui peuvent être appelés à exercer des réquisitions. Les numéros apposés sur les carnets forment une série distincte par armée, par corps d'armée et par division. Les chefs d'état-major, les chefs de corps et de service font prendre note des numéros des carnets, ainsi que du nom et du grade des officiers auxquels ils sont remis. La première page de chaque carnet donne tous les détails relatifs à son emploi.

Des carnets à souche dits *carnets de reçus* (couverture bleue) sont délivrés aux officiers sans troupe, aux employés militaires, aux officiers payeurs des corps de troupes et à tous les commandants de détachements. Ils sont renouvelés en fin de trimestre ou quand ils sont épuisés. Il est établi des reçus spéciaux pour chaque espèce de fourniture. La première page de chaque carnet donne tous les détails relatifs à son emploi et porte au verso le taux des rations par homme ou par cheval et par jour.

CHAPITRE VII.

RECONNAISSANCES.

(Projet de règlement sur le service en campagne. — Instruction
pratique sur le service en campagne. IIIe partie, chapitre II.)

Renseignements relatifs aux reconnaissances.

Reconnaissances offensives. — Elles appartiennent aux
opérations générales. Le commandant en chef peut seul
les ordonner.

Reconnaissances journalières. — Exécutées le plus
souvent par la cavalerie.

Reconnaissances spéciales. — Plus particulièrement
propres aux officiers d'état-major, de l'artillerie ou du
génie. Elles sont l'objet d'une instruction particulière
du général qui les ordonne, et doivent envisager le but
dans lequel elles ont lieu sous l'aspect bien précis qui
résulte de la situation militaire du moment. « Le ser-
« vice des reconnaissances, dans son acception la plus
« large comme la plus étroite, appartient complète-
« ment aux fonctions propres à l'état-major. Ce n'est
« pas à dire que des reconnaissances ne sauraient être
« faites par d'autres officiers ; mais l'officier d'état-
« major doit pouvoir exécuter toute reconnaissance qui
« ne se perd pas par trop dans des détails purement
« techniques », comme reconnaissance d'une place forte
pour déterminer le point d'attaque, d'un chemin de fer
pour son exploitation, d'une côte pour des opérations
maritimes, etc. (*Bronsart de Schellendorff*).

Les reconnaissances spéciales, qui sont donc plus particulièrement du ressort des officiers d'état-major ou des
états-majors particuliers de l'artillerie et du génie, peuvent se classer en 3 catégories :

1° *Reconnaissances spéciales topographiques.* — Elles
ont pour but d'apprécier les distances, l'état des chemins et les travaux qu'il exige, la configuration du terrain, etc., les facilités ou les obstacles qu'elle présente
afin de régler en conséquence la marche des colonnes
et des différentes armes (*Ord. sur le Service en campa-
pagne, art.* 110, § 1).

L'officier chargé d'une reconnaissance de ce genre
aurait intérêt à emporter aver lui : *a*) Un canevas préparé à l'avance et sur lequel seraient tracées la plani-
métrie et quelques courbes de repère. *b*) Une planchette
préparée pour recevoir le mémoire descriptif (*Modèle A*)

en papier légèrement cartonné et enroulé sur une tige de 0m,25, pourvue d'un anneau, de manière à pouvoir se suspendre à un bouton de l'uniforme;

2° *Reconnaissances spéciales tactiques - terrain.* — Elles rentrent d'une manière particulière dans les attributions des officiers du service d'état-major. *Objet :* Explorer dans toutes leurs parties les positions à occuper successivement, soit pour appuyer les attaques, soit pour se maintenir en cas de résistance ou d'offensive de la part de l'ennemi, soit pour assurer la retraite (*Ord. sur le Service en campagne, art.* 110, § 2). Ces sortes de reconnaissances renferment donc en entier l'art de la guerre de position (*Modèle B*);

3° *Reconnaissances spéciales tactiques - troupes.* — *Objet :* Reconnaître l'emplacement et la force des postes principaux ou retranchés de l'ennemi, la configuration de ses positions, les défenses qu'il peut y avoir établies, la difficulté ou les moyens de les aborder. Évaluer, autant que possible, les forces de l'ennemi sur chaque point (*Ord. sur le Service en campagne*, art. 110, §§ 3 et 4) (*Modèle C*).

Les reconnaissances *journalières* ou *ordinaires* constituent en quelque sorte le fonctionnement courant du service de découverte qui a pour objet de « connaître « ou de vérifier un ou plusieurs points relatifs à la po- « sition, aux mouvements de l'ennemi, aux ressources « du pays et à la topographie du théâtre de la guerre. » (*Instr. prat.*, art. 66 *cav. et* 68 *inf.*).

De même que les précédentes, ces reconnaissances comportent : 1° un *rapport*, pour lequel on pourra faire usage de tableaux analogues ou identiques à ceux donnés ci-contre, qui sont extraits de l'Instruction sur les travaux d'étude des officiers d'état-major; 2° *un croquis*.

Renseignements relatifs aux reconnaissances.

COURS D'EAU (*Modèle D*).

1° *Le cours d'eau.* — *a*) Longueur de la partie à reconnaître, direction générale, principaux circuits.

b) Largeur moyenne (en mètres); largeur aux principaux points de passage.

c) Profondeur au milieu et aux points indiqués en *b* (Il faut, pour un pont de bateaux, 0m,50).

d) Rives : leur hauteur, escarpements, nature, endiguements et quais.

e) Lit, sa nature.

f) Iles, habitées, cultivées, accessibles.

g) Vitesse du courant en une seconde.

La vitesse est faible de .... 0m30 à 0m70
—   ordinaire de .... 0 80 à 1 50
—   grande de............... 1 50 à 2 00
—   très rapide de.......... 3 00 et au-dessus.

h) Navigabilité (au moins 1 mètre) et flottabilité (au moins 0m,50). Renseignements sur la population riveraine, les canots, bacs, bateaux, bateaux à vapeur. Niveau des eaux aux différentes saisons.

i) Travaux d'art et surtout écluses, barrages; dimensions, situation, mode de construction et influence sur la régularisation du niveau.

k) Affluents à décrire de même, s'il y a lieu.

2° *La vallée.* — *a*) Ses glacis, son étendue, état des routes et chemins, cultures; lieux habités (surtout au bord du cours d'eau), bras desséchés, points marécageux, digues et levées.

b) Berges, leur distance du cours d'eau et celle qui les sépare, leur commandement, escarpement, viabilité, cultures.

3° *Les passages.* — *a*) Ponts fixes, — dimensions, nature, hauteur, poids qu'ils peuvent supporter; s'ils sont accessibles aux trois armes; voies d'accès; moyens de les détruire et de les réparer.

b) Ponts flottants, — dimensions, construction, poids qu'ils peuvent supporter, temps nécessaire pour les plier et les déplier.

c) Bacs, trailles, ponts-volants; durée du trajet, nombre d'hommes, de chevaux, de voitures à chaque voyage.

d) Gués, — position, direction, nature du fond. Profondeur (Infanterie 1 mètre et 0m,80 si le courant est rapide, cavalerie 1m,20, artillerie 0m,65).

e) Points favorables pour jeter un pont. Routes aboutissant aux deux rives. Construction du pont; ouvriers auxiliaires, attelages et voitures de réquisition. Se préoccuper surtout des débouchés après le passage et des positions à occuper tout d'abord pour l'assurer et le protéger.

ROUTES ET CHEMINS (*Modèle E*).

a) Longueur et classement.

b) Largeur (d'où front de marche). — Point où la voie se resserre ou s'élargit.

c) Nature du sol de la chaussée, moyens de l'améliorer. Pentes, leur degré, possibilité de les tourner :

La pente est dite plane jusqu'à 5°.
—   escarpée au-dessus de 20°.
—   à pic au-dessus de 30°.
A 10°, l'infanterie se meut difficilement en ordre serré, la cavalerie ne peut charger en descendant et ne le fait qu'avec peine

en montant ; l'artillerie monte difficilement et doit enrayer à la descente.

A 20°, des cavaliers isolés peuvent seuls gravir.

A 30°, l'infanterie ne peut se mouvoir en ordre compacte.

A 45°, des hommes isolés peuvent seuls gravir.

d) Défilés, savoir : ponts, rues de villages, etc.

e) Terrain environnant ; s'il permet de faire marcher des colonnes latérales ; s'il permet de quitter la route pour se déployer ; si la route est bordée d'arbres, de fossés ; routes principales qui croisent la direction. Insister sur les positions favorables pour le combat, les avant-postes, etc.

CHEMINS DE FER (*Modèle F*).

1° *Voie.*

a) *Largeur de la voie* (1ᵐ,435) pour toute l'Europe, sauf l'Espagne (1ᵐ,736) et la Russie (1ᵐ,523).—Indiquer s'il y a 1 ou 2 voies. — La largeur de la plate-forme varie de 8ᵐ,50 à 6ᵐ,80 pour les lignes doubles, de 3ᵐ,50 à 4ᵐ,50 pour les lignes simples.

b) *Rampes.* — Entre $\frac{1}{60}$ et $\frac{1}{100}$ il faut une machine de renfort.

c) *Pentes.* — Entre $\frac{1}{60}$ et $\frac{1}{100}$ il faut diminuer la vitesse. Au dessous de $\frac{1}{60}$ couper le train. Les pentes et rampes fréquentes augmentent les difficultés d'exploitation.

d) *Courbes*, exprimées par le rayon. Au dessous de 300 mètres ralentir. Les courbes fréquentes et contrariées augmentent les difficultés d'exploitation.

e) *Distance des stations*, pour régler l'intervalle des trains. Sur les lignes à voie simple, s'occuper seulement des stations de croisement, c'est-à-dire de celles ayant des voies de garage de 400-500 mètres.

f) *Charge* que peut supporter la voie.

g) *Profil* de l'espace libre aux passages.

2° *Stations.*

a) *Voie.* — Voies principales et de garage ; plaques tournantes pour locomotives ou pour wagons.

b) *Embarquement et débarquement.*—Quais, leur élévation par rapport aux wagons. Rampes ; nombre, disposition (en tête ou de côté) ; étendue. Grues et leur charge. Facilité d'accès aux quais. Espace pour former les troupes, le matériel roulant.

c) *Magasins.* — Quais séparés de ceux de la troupe. Bâtiments de dépôt à proximité.

3° *Exploitation.*

a) Stations à eau. — Nombre de mètres cubes par 24 heures. Écoulement par minute (1 mètre cube) (Une locomotive de train militaire contient environ 10 mètres cubes et consomme environ 1 mètre cube par heure).

b) Dépôts de charbon. — Approvisionnements réglementaires.

e) Hangars de locomotives. — Nombres de places.

f) Ateliers de réparation et de construction.

g) Télégraphes et signaux. — Nature et emploi.

4° *Moyens de transport.*

Locomotives et voitures. — Nombre et contenance.

LIEUX HABITÉS (*Modèle G*).

Ils peuvent avoir de l'importance : 1° soit comme points d'appui dans le combat ; 2° soit sous le rapport du logement, de l'alimentation, de l'équipement des troupes. Pour 1° :

a) Mode de construction des maisons (pierre, torchis, bois, etc.).

b) Clôtures (murs, haies, fossés) formant une enceinte plus ou moins continue ; flanquements.

c) Abords, s'ils offrent un bon champ de tir, s'ils permettent à l'assaillant de s'abriter, s'ils présentent des voies d'accès faciles.

d) Rues et places (étendue, situation, obstacles). Organisation des îlots de maisons.

e) Bâtiments particulièrement solides pouvant servir de réduit (églises, châteaux).

f) Points faibles de la défense, moyens d'y remédier. Ressources et matériaux pour l'organisation défensive.

g) Terrain environnant, au point de vue de ses avantages pour l'attaque ou la défense. Est-il dominant ou dominé. Facilité de tourner le village.

h) Dispositions militaires à prendre, répartition des troupes.

Pour 2° :

a) Nombre de maisons, troupes qu'elles peuvent loger.

b) Nombre et professions des habitants.

c) Magasins, dépôts, fabriques, boulangeries, moulins, etc.

d) Moyens de transport par chemins de fer, par voie de terre, par eau.

BOIS.

Ils ont une très grande importance en ce qu'ils dissimulent la marche des colonnes. Au point de vue tactique, un grand bois, coupé de routes bonnes et nombreuses, est *avantageux* quand il est en arrière, *dangereux* quand il est en avant du front ou sur le flanc de la position. Des bouquets de bois constituent de bons points d'appui dans le combat.

Indiquer :

a) Situation et étendue ; relations avec le terrain environnant ; le bois peut-il être tourné ?

b) Nature et forme de la lisière.

c) Chemins ; leur direction, leur nature, leur importance. Nœuds de chemins.

d) Essences des arbres ; taillis ; futaies ; clairières.

e) Nature du sol en dehors des routes.

f) Principaux obstacles aux mouvements, comme eaux, marais, etc.

g) Lieux habités dans les bois ; défrichements qui les entourent.

POSITIONS DE COMBAT.

(Voir *Organisation défensive du terrain*, page 84).

Importance stratégique de la position.

Déterminée surtout par l' nœud de routes, — débouché, — clé de défilés, — commande un versant, — tient un chemin de fer, — donne accès dans une vallée, dans les montagnes, — assure les communications, couvre des centres de ressources, — Point de passage forcé.

Relation avec les positions voisines, leur distance ; comment on peut passer de l'une à l'autre ; comment on peut éviter ou masquer la position ; comment elle doit tomber par certains mouvements.

Valeur tactique.

1° *Description d'ensemble.*

Ce qui constitue la position ; son étendue et son rapport avec l'effectif des troupes dont on dispose (7-8 hommes par mètre au minimum). Profondeur (il est nécessaire, en raison de la portée des armes, qu'elle soit considérable pour permettre d'abriter les réserves). Commandement relatif, altitudes générales.

2° *Description de détail.*

a) *Abords.* — Leur nature. Points à occuper pour préparer l'attaque. Lieux propres à placer des réserves, de la cavalerie, des ambulances. Chemins qui conduisent à la position et la traversent.

b) *Front.* — Comment il est constitué ; obstacles qu'il présente.

Une position défensive n'est réellement forte qu'autant qu'elle possède sur son front des obstacles sérieux, qui alors interdisent plus ou moins l'offensive. Or, sauf des cas exceptionnels, — une position d'arrière-garde, par exemple, des lignes d'investissement, — toute position doit permettre de passer sans aucune difficulté de la défensive à l'offensive. L'existence d'obstacles sérieux en avant du front n'est donc rien moins qu'une condition essentielle. Les conditions à rechercher seront : une pente douce s'abaissant vers l'ennemi et offrant un vaste champ de tir ; de forts points d'appui sur les ailes, afin de faire face aux mouvements tournants de l'adversaire. Ces points d'appui pourront être des terrains impraticables, des points dominants à occuper avec de l'artillerie, pour contraindre l'assaillant à étendre son mouvement tournant. Un grand bois est dangereux en avant du front quand il est coupé de bonnes routes. Sur le front, des hameaux, châteaux, bouquets de bois, fournissent de bons points d'appui. A leur défaut, y suppléer par des travaux de fortification passagère, tels que : emplacements de batteries, tranchées-abris, etc.

c) *Flancs*. — Ce qui les constitue et les appuie. Comment on peut les tourner.

Nous avons déjà dit qu'ils devaient être très fortement appuyés. Des bois, des terrains couverts, sur le flanc d'une position, lui ôtent toute valeur s'ils peuvent être traversés par des corps considérables.

d) *Intérieur*. — Points forts et faibles. Comment augmenter leur force ou comment atténuer leur action. Conditions avantageuses pour l'attaque ou la défense. Nature du sol. Commandement relatif des différents points. Emplacements utiles pour l'artillerie. Terrain propice pour la cavalerie. Plis et rides de terrain que la défense peut utiliser pour sa deuxième ligne. Ravins et obstacles qui permettent d'approcher. Comparaison de la valeur des points et détermination des plus importants.

e) *Derrières*. — Nature du terrain.

Il doit être très praticable et sans obstacles pour la marche. Une position perd toute sa valeur quand elle est adossée à des terrains impraticables. Un bois étendu, s'il est bien percé, est avantageux, car il arrête la poursuite.

Points à occuper si une aile est forcée. Changements de front ; nouvelle position possible. Points à tenir pour soutenir la retraite, à enlever pour la précipiter. Comment elle peut se faire ; comment on peut l'empêcher.

POSITIONS D'AVANT-POSTES (Voir page 245, note).

———

Le rapport devra examiner ces diverses questions dans un ordre méthodique et rationnel, les exposer sous une forme claire, précise, et concise, et conclure par un jugement d'ensemble ; le compléter par un *croquis* ; y figurer par une ligne ponctuée le terrain que l'on aperçoit du haut de la position ; indiquer par des hachures les parties invisibles quoique battues par les feux de la position.

Principes généraux relatifs aux reconnaissances.

(Relire l'article 111 de l'ordonnance sur le service en campagne
du 3 mai 1882.)

Le service de reconnaissance doit être confié, autant que possible, à des troupes d'élite et spécialement préparées à cette mission.

Toute reconnaissance comporte deux éléments : l'un passif, l'escorte ; l'autre actif, qui éclaire et reconnaît.

Ne confier aux hommes de troupe, aux gradés inférieurs, que le soin d'accomplir des constatations purement matérielles telles que rassembler des indices, visiter des locaux, fouiller des bouquets de bois. Pour voir à temps et de loin dans le jeu de l'adversaire, il faut un organisme actif et intelligent, un coup d'œil qui dépasse l'horizon du soldat et du sous-officier (Instr. prussienne).

Disposer les troupes suivant l'ordre échelonné.

En règle générale, se porter rapidement sur un point qui deviendra le centre d'où rayonnera la reconnaissance. Cette dernière comprend donc deux périodes : 1° se porter, en se servant du dispositif de marche, sur le point choisi ; 2° procéder à la reconnaissance proprement dite.

Les soutiens peuvent être tenus à grande distance des éléments actifs.

Éviter de placer les échelons, ceux d'infanterie surtout, sur les routes. Choisir des points d'où leur feu puisse couvrir des cavaliers ramenés.

En cas de surprise, l'élément actif se retire et laisse aux soutiens le soin de retarder la marche de l'ennemi.

Une même escorte peut servir à des officiers chargés de reconnaître des objets différents.

Transmettre régulièrement à l'état-major général, par la voie hiérarchique, et d'urgence dans les cas graves, les relevés résumant les rapports des états-majors divisionnaires (Extrait du *Journal des Sciences militaires*, juillet 1878).

Documents consultés. — Projet de règlement sur le service en campagne (titre VIII, III° partie). — Instruction pratique sur le service de l'infanterie en campagne (III° partie). — Même instruction pour la cavalerie (III° partie). — Instruction sur les travaux d'étude des officiers du service d'état-major (J. M, 1878). — Journal des Sciences militaires (juillet 1878). — Le Service d'état-major, par Bronsart de Schellendorf. — Manuel des connaissances militaires pratiques (III° partie). — Ordonnance du 3 mai 1832 (titre X).

• CORPS D'ARMÉE. NOM DE L'OFFICIER : MODÈLE A.

Ordre à M.   de reconnaître
la région comprise entre

(Signature du chef d'état-major.)

Reconnaissance spéciale topographique

correspondant au canevas n°

Mois :
Jour :
Heure du départ :
Heure d'arrivée :

Routes.......	ROUTES.	VILLAGES.	SENTIERS.	PONTS.	GUÉS.	FERMES ISOLÉES.	OBSERVATIONS.
	Largeur; ferrée ou non; si elle a des terrains qui la dominent; si elle est en ligne droite et facilement enfilable; si parallèle ou perpendiculaire à la ligne d'opérations; positions échelonnées; où elle mène; d'où elle vient.	Leurs noms; chiffre de population; située sur ou à côté de la route; position militaire. Front; flancs; avancées; réduit; ligne de retraite.	Généralement ne figurent pas sur les cartes; les suivre, les faire reconnaître par des soldats habillés en paysans; indiquer avec précision les points où ils traversent les routes.	Largeur; solidité; en pierre, fer ou bois; abords à droite et à gauche. Si position dominante à proximité.	Profonds; pierreux; rocailleux; sablieux. Largeur, direction par rapport au courant; on peut, pour les retrouver, casser des branches d'arbres.	Les noms; leur importance; habitants; distance de la route.	
Rivières.......	DIRECTION.	LARGEUR.	PROFONDEUR.	PONTS.	GUÉS, BATEAUX.	VILLAGES.	OBSERVATIONS.
Bois.......	ÉTENDUE.	ESSENCE.	SOL.	ROUTES, RIVIÈRES.	SENTIERS.	VILLAGES et fermes.	OBSERVATIONS.
Montagnes.......	DIRECTION.	NATURE.	BOIS.	COURS D'EAU.	HAUTEUR, nature des pentes.	CONTREFORT.	OBSERVATIONS.

· CORPS D'ARMÉE.	NOM DE L'OFFICIER :	MODÈLE B.
Région comprise entre	*Reconnaissance spéciale tactique-terrain*	Mois :
(Signature du chef d'état-major.)	correspondant au canevas nᵒ	Jours :
		Heure du départ :
		Heure d'arrivée :

ACCIDENTS DE TERRAIN.........	MAMELONS.	COLLINES.	COURS D'EAU.	COLS, GORGES, GUÉS.	PLAINES.	PONTS.	SOURCES.		OBSERVATIONS.
	Élévation ; boisés ou non ; rampes ; avancées ; côtés ; ligne de retraite ; nature du sommet ; en piton ou en plateau. S'il est isolé ou relié ; ce qu'il commande ; nombre d'hommes nécessaires à défensive.	Direction ; élévation ; rampes ; nature du sol ; boisées ou non, croupe principale ou ligne de crête continue ; vallées de droite et de gauche ; où elles conduisent ; façon dont collines et vallées abordent la plaine.	Largeur ; direction ; rives ; rentrants, saillants ; positions dominantes ; points de passage. Forces nécessaires ; débouchés se reliant à ces points ; routes parallèles ou perpendiculaires au cours d'eau.	Si les cols sont au sommet d'une vallée principale ou secondaire ; s'ils sont dominés à droite et à gauche ; s'ils sont larges ; s'ils permettraient une concentration ; s'ils donnent accès dans des gorges ou des vallées ; si nœud orographique donne accès dans plusieurs vallées.	Naissance, comme elle s'élargit ; nature du sol ; semée de villages, de fermes, de haies, de fossés ; ou non ; inclinaison générale ; sentiers et routes.	Etc.	Etc.		
VILLAGES, FERMES..	ÉGLISES.	MONUMENTS.	FONTAINES.	PONTS.	RUISSEAUX.	MAISONS, chaussées.	JARDINS, haies.		
	Etc.	Etc.	Etc.	Etc.	Etc.	Etc.	Etc.		
INDICES SPÉCIAUX.. MÊMES DÉTAILS..	TRACES D'HOMMES.	DE VOITURES et de chevaux.	DE SÉPULTURE récente.	RÉQUISITIONS faites par l'ennemi.					

e CORPS D'ARMÉE.   NOM DE L'OFFICIER :   MODÈLE C.

Ordre de connaître les points
A, B, C, D.

(Signature du chef d'état-major.)

Reconnaissance tactique-troupe

correspondant au canevas n°

Mois :
Jour :
Heure du départ :
Heure d'arrivée :

1° POSITIONS. COMMENT OCCUPÉES.	VILLAGES.	FERMES.	MONTAGNES.	MAMELONS.	COURS D'EAU.	COLS, GUÉS, PONTS.	PLAINES.	OBSERVATIONS.
	Nom du village ; occupé ou non défensivement ; si l'ennemi l'a fortifié ou simplement barricadé ; ses abords ; si on peut le tourner par une croupe dominante ; nombre de défenseurs ; armes diverses ; de quel point on pourrait le canonner ; si le maisons ont été mises en état de défense ; rues ; idem.	Corps de bâtiments ; si occupé et comment ; définitivement ou pour défense du moment ; abords occupés ou non ; y a-t-il liaison avec autre corps. Importance au point de vue des débouchés des colonnes ; à enlever ou non de vive force.	L'ennemi les occupe ou non ; comment garnies, en artillerie ou infanterie. Ligne de retraite de l'ennemi.	Isolés ou non ; occupés ou non. Comment occupés ; dans quel but.	L'ennemi est à droite ou à gauche. Il a fait ou non sauter les ponts ; occupe position dominante en arrière des points de passage présumés ; artillerie ou non ; cavalerie traverse ou non. Infanterie portée ou non.	Fortifié ou non. Les dispositions de l'ennemi en artillerie annoncent une grande résistance. Travaux ou non.	Si les flancs de l'ennemi sont à découvert ; ou conduit plaine ; appui ; si troupe installée ; étudier front, flanc, lignes de retraite.	Dans toute position, on étudiera toujours : 1° Avancées ; 2° Front ; 3° Flancs ; 4° Occupation principale ; 5° Ligne de retraite.

TROUPES.	FRONT DE COLONNE.	PROFONDEUR DES COLONNES.	LIGNES.	CAVALERIE.	INFANTERIE.	ARTILLERIE.	RÉSERVES. BAGAGES.	
	L'ennemi marche par division, peloton, section, ou par le flanc.	Marche par bataillon, brigade, division.	1° comment composée ; si tirailleurs et artillerie en tête ; disposition de la 2e ligne, de la 3e.	Si la cavalerie est en réserve ou si chaque division en a une partie avec elle. — Marche à la gauche ou sur le flanc ; en colonne par 4, par escadron, peloton, etc.	Nature de l'Inf. ; son nombre ; sa place ; sa formation ; obstacles qui peuvent entraver sa route ; moment où échelons de tête non appuyés.	Campagne ou de réserve ; positions qu'elle pourrait occuper ; quelle place elle occupe dans la colonne.	Où sont les réserves ; nombre approximatif ; si à droite, au centre ou à gauche. — Où sont les bagages ; gardés ou non ; moyen d'y jeter le désordre.	On pourra quelquefois tenter d'habiller en officier ennemi. Plus les insignes indiqueront un officier d'un grade élevé et plus sera facile cette ruse. Il nous a été affirmé que des officiers prussiens l'ont employée avec succès en 1870.

RECONNAISSANCE

d (1)

PASSAGE SUR LES COURS D'EAU.

MODÈLE D.

(1) Désigner la contrée qui fait l'objet de la reconnaissance.

Décrire successivement les points de passage sur chaque cours d'eau en allant d'amont en aval. Chaque fleuve ou rivière doit être suivi de ses affluents de droite, puis de ses affluents de gauche. On terminera par les canaux. Il n'y a lieu de faire figurer sur le présent tableau que les points de passage sur les cours d'eau qui, au moins pendant la saison des pluies, présentent un obstacle sérieux à la marche des troupes, soit par le volume de leurs eaux, soit par la nature de leurs abords, et qui ne peuvent être généralement franchis que sur des ponts.

DÉSIGNATION DU LIEU OÙ SE TROUVE LE PASSAGE. (Commune, hameau, lieu dit, nom de passage; à défaut, le désigner par sa distance au passage précédent ou à un point remarquable).	VOIE de COMMUNICATION traversant le cours d'eau. (Route, chemin de fer, canal).	DESCRIPTION DU PASSAGE. 1° *Ponts:* en pierre, en bois, en fer, suspendus, passerelles, etc.; nombre et dimension des arches ou travées; praticabilité aux différentes armes et aux charrois, etc. 2° *Bacs et bateaux:* nature, dimensions; indiquer s'ils peuvent servir aux chevaux, voitures, etc. 3° *Gués:* profondeur, largeur et nature du fond; indiquer s'ils existent toute l'année ou seulement à certaines saisons, etc. — Profils et croquis.	LARGEUR du passage.	LONGUEUR totale du passage.	OBSERVATIONS.
Le (1) , affluent du (2) d (3)					

RECONNAISSANCE

de (1)

TABLEAU STATISTIQUE.

Grouper les communes par canton, les cantons par arrondissement et les arrondissements par départements, en suivant dans chaque groupe l'ordre alphabétique.

NOMS DES LOCALITÉS.	CLASSIFICATION des communes suivant les occupations des habitants : agricoles, viticoles, forestières, industrielles, etc.	POPULATION		Maisons.	Chevaux.	Mulets.	VOITURES.		Bêtes à cornes.	Moutons.	Porcs.	MOULINS.		FOURS.		PUITS ET CITERNES. (Les porter séparément).	NOMBRE de places disponibles pour					OBSERVATIONS SUR LES RESSOURCES.
Pour chaque commune, indiquer le canton et l'arrondissement dont elle fait partie, ainsi que les hameaux qui en dépendent.		agglomérée.	totale.				à 2 roues.	à 4 roues.				Nombre.	Mouture en 24 h. (en quint. métriques).	Nombre.	Cuisson en 24 h. (en kil. de pain) (ensemble).		le logement (1).			le cantonnement (1)		1° En eau : ruisseaux, fontaines, mares ou étangs, débit ; indiquer s'ils tarissent en été, etc. 2° Pour le cantonnement : châteaux, usines, hospices, casernes, etc. 3° Pour les subsistances : approvisionnement en céréales, farines, etc.; marchés, etc. 4° Pour les besoins divers des troupes, transports, combustibles, équipement, etc., etc.
																	Officiers.	Troupe.	Chevaux.	Hommes.	Chevaux.	

(1) Porter le chiffre officiel toutes les fois qu'il aura été fixé.

Modèle E.

RECONNAISSANCE

d (1)

ROUTES ET CHEMINS ENTRETENUS.

(1) Désigner la contrée qui fait l'objet de la reconnaissance.

Décrire successivement et dans l'ordre de leurs numéros : les routes nationales, puis, par département, les routes départementales, les chemins de grande communication, les chemins d'intérêt commun, les chemins vicinaux ordinaires, et enfin, s'il y a lieu, les chemins particuliers.

Se borner à donner des indications sommaires sur les ponts et points de passage des cours d'eau, au sujet desquels les renseignements détaillés figurent au tableau modèle D.

DÉSIGNATION OFFICIELLE et NUMÉRO DES ROUTES ET CHEMINS ENTRETENUS.	LARGEUR		NOMS DES LOCALITÉS TRAVERSÉES.	OBSERVATIONS. Sur les pentes, les accidents du sol et la nature du terrain aux environs, sur les pentes et les travaux d'art, les déblais, les remblais, sur l'état d'entretien, les lacunes, etc. — Profils et croquis.
	entre les fossés.	de l'emplacement.		

RECONNAISSANCE

d (1)

CHEMINS DE FER.

LIGNE D

Renseignements généraux sur la ligne (2)

Modèle F.

(1) Désigner la contrée qui fait l'objet de la reconnaissance.

(2) Ligne principale, embranchement, chemin d'intérêt local, etc. Nombre de voies, matériel roulant, trafic, importance stratégique, etc.

NOMS DES STATIONS ET HALTES.	DÉSIGNATION des points remarquables de la voie, Passages à niveau, supérieurs, inférieurs, ponts, viaducs, tunnels, etc.	DÉSIGNATION des routes, chemins, cours d'eau, qui traverse la voie.	PONTS DE LA VOIE, VIADUCS, TUNNELS.			DÉBLAIS, REMBLAIS, PENTES, ETC.
Au-dessous du nom de chaque station, donner des détails relatifs à son importance et à ses ressources : nombre et longueur des voies de garage ; quais d'embarquement pour les hommes, pour les chevaux et voitures ; grues, réservoirs d'eau ; bâtiments de la gare ; magasins ; dépôt des locomotives ; hangars aux voitures ; ateliers, etc. ; distance de la station à la localité desservie.			Nature de la construction (pierre, bois, fer, etc.).	Nombre des arches ou travées, leurs dimensions.	Longueur totale du passage.	OBSERVATIONS DIVERSES. Profils et croquis.

CHAPITRE VIII.

FORTIFICATION.

Notes sur les ouvrages de campagne et l'utilisation des obstacles naturels.

Il est admis, en Autriche, que : un retranchement occupé par 200 hommes offre autant de résistance qu'un bataillon en rase campagne ; le travail fait par 1,000 hommes en 5-6 heures, dans la position occupée par une division, équivaut à un renfort d'une brigade (général Brialmont).

RETRANCHEMENT RAPIDE RÉGLEMENTAIRE.

Pour les ouvrages principaux d'un champ de bataille, d'une tête de pont, etc. (Déc. minist. du 2 juillet 1874).

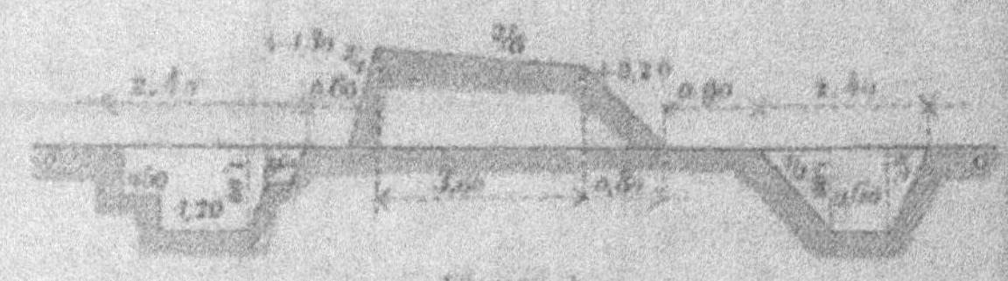

Figure 1.

A l'inconvénient de ne pas abriter suffisamment les hommes placés dans le fossé intérieur. Pour le construire, 5 hommes par mètre courant ; 3 dans le fossé intérieur, 2 dans le fossé extérieur. 3 outils pour 2 hommes (2 pelles, 1 pioche). Pour 100 mètres, par exemple, employer 500 hommes avec 500 pelles et 250 pioches. Durée du travail : 3 à 4 heures.

RETRANCHEMENTS IMPROVISÉS.

Retranchement expéditif (*fig.* 2), a le tort d'être symétrique.

Figure 2.

Ateliers de 2^m,60 (2 longueurs de pelle). 3 hommes par mètre dans chaque fossé (2 pelleteurs, 1 piocheur). Durée du travail : 1 heure à 1 heure 1/2.

Tranchées-abris (fig. 3). A établir le long des lignes de bataille. 3 hommes par atelier de 3 mètres de longueur (2 longueurs de pelle, 1 longueur de fer de pioche), 2 pelles et 1 pioche par atelier.

Il semble plus simple d'employer la moitié de l'effectif déployé devant la tranchée (alternativement chaque rang) et de faire travailler chaque homme devant lui sans se préoccuper de mesurer plus exactement les tâches. Longueur d'atelier, espace de 3 files. Durée du travail : 25-30 minutes.

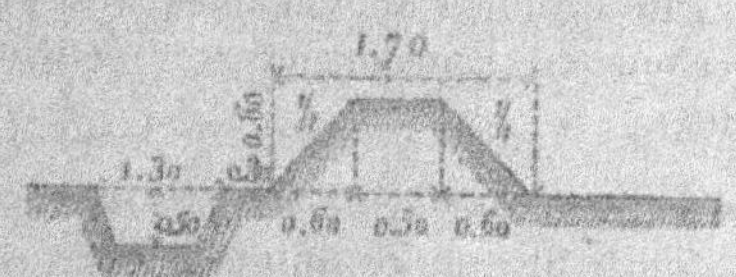

Figure 3.

Tranchée-abri renforcée (fig. 4).

Figure 4.

Tranchée-abri allemande. — Organisée dès le début pour tirer debout *(fig. 5)*. Portée ensuite, si on en a le le temps, aux dimensions du profil 6. Ces deux profils se prêtent difficilement à l'offensive, par suite de l'absence de berme intérieure.

Figure 5.

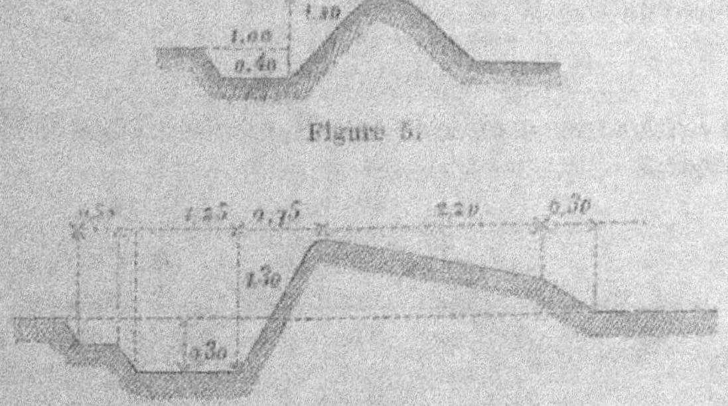

Figure 6.

Abris de tirailleurs (fig. 7). — Quand on craindra une attaque avant l'achèvement de la tranchée-abri, ou pour

abriter rapidement quelques tireurs couchés en avant de
la ligne de bataille.

Figure 7.

3 hommes par atelier de 2m,60 (2 longueurs de pelle),
2 pelles et 1 pioche par atelier. Masquer par quelques
broussailles. Durée du travail : quelques minutes (10-15).
Ces abris peuvent être transformés en tranchées-abris en
15-20 minutes.

Embuscades ou trous de tirailleurs (*fig.* 8). Pour tireurs
de position. Construits en 30 minutes par 2 tirailleurs, à
raison de 0m,80 par homme. S'il reste encore du temps,
banquette sur le revers pour s'asseoir. Établir le bourrelet légèrement en retour de chaque côté.

Figure 8.

RETRANCHEMENTS PASSAGERS.

Les lignes de retranchements sont constituées par la
combinaison d'*ouvrages simples* distingués en : 1° *ouvrages ouverts à la gorge*, à employer quand des obstacles naturels empêchent de les tourner ou quand ils sont
soutenus en arrière; 2° *ouvrages fermés*, dans le cas contraire :

1° Principaux ouvrages ouverts.

Coupure : Pour intercepter un passage. En ligne
droite. Peu d'étendue. Extrémités appuyées à des obstacles
naturels ou artificiels. Fossé en angle mort.

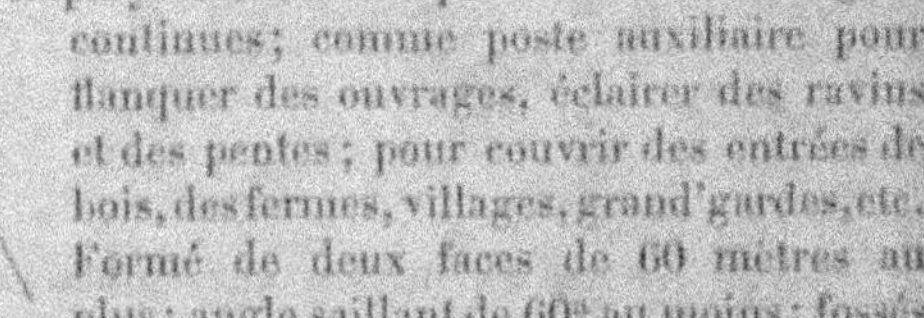

Redan : employé comme flanquement dans des lignes
continues; comme poste auxiliaire pour
flanquer des ouvrages, éclairer des ravins
et des pentes; pour couvrir des entrées de
bois, des fermes, villages, grand'gardes, etc.
Formé de deux faces de 60 mètres au
plus; angle saillant de 60° au moins; fossés
en angles morts; secteur sans feux au saillant.

Redan à flancs : a l'avantage de faire disparaître en

partie les angles morts et le secteur sous feux du saillant.

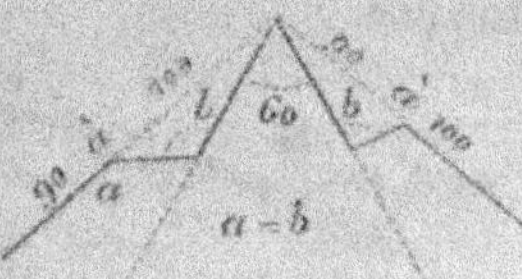

Lunette : s'emploie à la place du redan pour battre le terrain latéral et flanquer deux postes voisins.

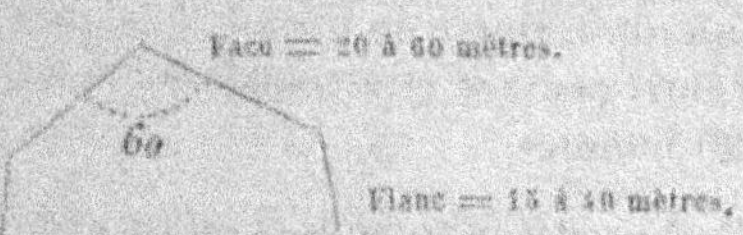

Demi-redoute : s'emploie à la place du redan toutes les fois que l'on veut obtenir des feux énergiques en avant. Usage fréquent. Formée de 3 faces de directions et de longueurs variables. Fossés en angles morts; secteurs sans feux.

Bonnet de prêtre : 2 redans accolés. Pas de secteurs sans feux. Pour flanquer les saillants, nécessité d'avoir des faces et des ailes de 80 à 100 mètres; par suite, ouvrage profond, très en prise à l'artillerie.

Bonnet de prêtre à flancs : Pour soustraire les ailes à l'enfilade et faire disparaître l'angle mort des saillants.

Barrer par un obstacle quelconque (palissades, palanques, chevaux de frise) la gorge des ouvrages ouverts pour s'y mettre à l'abri d'une surprise.

2° Ouvrages fermés.

Redoute : quadrilatère quelconque à angles saillants ; faces de longueur irrégulière ; fossés en angles morts ; saillants sans feux : deux défauts graves, car les redoutes, ouvrages isolés, doivent se défendre par elles-mêmes. Y remédier par des tambours en saillie sur la ligne des palissades. — Faire des redoutes peu profondes et tenir le parapet de la face plus élevé que celui de la gorge afin d'abriter les défenseurs ; on recourir à un *parados* provenant d'un fossé intérieur tracé sur les flancs.

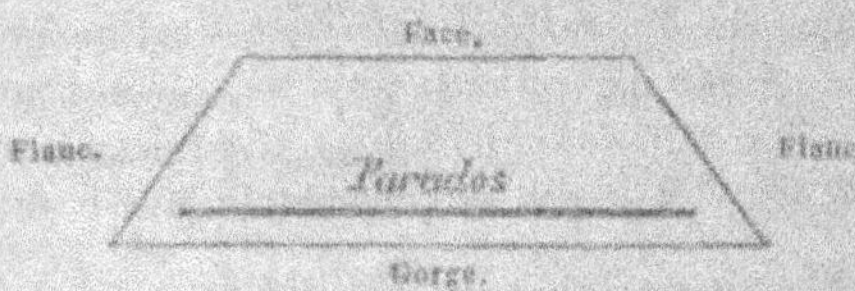

Ne pas se préoccuper de l'espace intérieur nécessaire à la garnison ; il sera toujours suffisant avec les armes à tir rapide.

Forts étoilés : pour remédier au défaut de flanquement des redoutes. Peu pratiques comme fortification de campagne, en raison du grand développement qu'il convient de leur donner pour que le flanquement des fossés ne soit pas illusoire.

Temps nécessaire : soit V le volume du déblai pour un atelier ; le temps nécessaire pour l'ouvrage entier sera, en terre moyenne, $\frac{V}{0,04}$. En relevant toutes les heures, on peut arriver à : temps = V, c'est-à-dire 1 mètre cube de déblai par atelier et par heure.

Effectif des défenseurs : on compte actuellement de 4 à 6 hommes par mètre courant de position retranchée. C'est sur l'infanterie que repose la défense des ouvrages de campagne ; le rôle de l'artillerie est dans la lutte éloignée.

Choix d'un profil : faire usage : du retranchement ordinaire pour les fortes positions, quand on n'est pas limité par le temps, — du retranchement rapide pour les ouvrages principaux d'un champ de bataille, d'une tête de pont — de la tranchée-abri ou de l'abri de tirailleurs le long des lignes de bataille ; — des embuscades de tirailleurs pour les tireurs de position.

Il importe, toutefois, de tenir toujours compte dans le choix d'un profil, du temps disponible et de la nature du terrain, de façon à choisir un profil d'autant moins long à construire que la terre est plus forte.

Pénétration des projectiles.

NATURE DES PROJECTILES	NATURE DE LA TERRE.	PÉNÉTRATION.	ÉPAISSEUR NÉCESSAIRE pour résister à un tir continu.
Balles........	....	De 0^m,30 à 0^m,45	De 0^m,50 à 0^m,60
Project. creux de campagne.	Sable rassis .	De 1^m,50 à 2^m,00	3^m,00
	Terre ordinre	De 2^m,00 à 3^m,00	4^m,00
	Argile grasse.	De 4^m,00 à 4^m,50	5^m,00

Un parapet de dimensions inférieures est encore susceptible de rendre d'excellents services, surtout pour résister aux obus à fusées percutantes. C'est donc une condition dont il ne faut pas se préoccuper outre mesure.

Installation de l'artillerie.

Éviter de la placer dans les ouvrages; elle exige de longues constructions et attire le feu. L'établir plutôt latéralement.

A. Installation dans les retranchements improvisés.

1° *Dans les retranchements expéditifs*, supprimer le fossé intérieur. Établir le parapet à 0^m,80 (hauteur de genouillère). Emprunter les terres pour le parapet à 2 rigoles-abris latérales (destinées à abriter les servants) de 1 mètre largeur, 1 mètre profondeur, 3-4 mètres longueur. Espacer les pièces de 6 mètres au moins.

Si le retranchement est déjà construit, élargir le fossé intérieur à 3^m,50 avec rampe de raccord à 1/6. Écrêter de 0^m,70 devant chaque pièce. Rigoles-abris latérales de 0^m,50 profondeur.

2° *Dans les tranchées-abris*, élargir le fossé à 3^m,50. Les terres sont employées à surélever et à épaissir le parapet. Rigoles-abris latérales de 0^m,50 profond. Petits magasins de munitions dans les rigoles, sous les merlons.

B. Installation en dehors des retranchements.

1° *Épaulements sur sol naturel (fig. 9).* — Terres prises dans le fossé. Retour du remblai aux deux extrémités. Rigoles-abris de 1 mètre profond. Temps nécessaire : 2 heures à 2 hommes par mètre.

Figure 9.

2° *Épaulements pour pièces enterrées ou batteries expéditives* (*fig.* 10). — Plate-forme de 3 mètres largeur sur 3^m,50 longueur ; enterrée de 0^m,25. Rigoles-abris. Les terres forment un bourrelet à écrêter à 0^m,80.

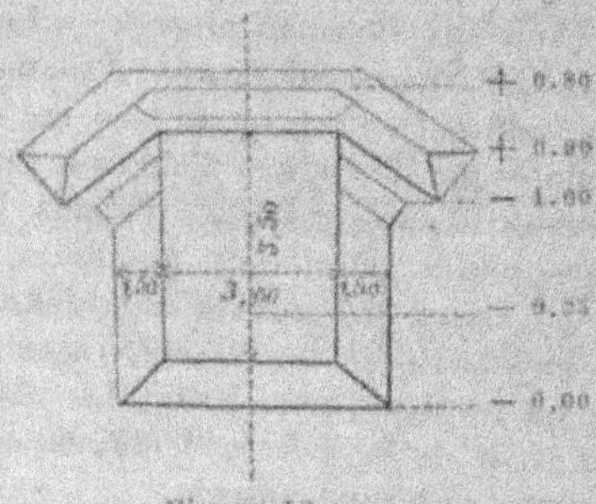

Figure 10.

3° *Type allemand pour pièces enterrées* (*fig.* 11). — Plate-forme enfoncée de 0^m,45. Rigoles pour les servants ; solides merlons entre les pièces ; retour aux extrémités.

Figure 11.

Recommandation générale. — Quel que soit le tracé adopté pour la batterie, il est très avantageux de la dissimuler en répandant de l'herbe ou des branchages sur les talus extérieurs.

Utilisation des obstacles naturels.

Routes et chemins. — Occuper le fossé du côté extérieur (côté de l'ennemi) en l'approfondissant un peu.

Chaussées en remblai. — S'en servir comme de masse couvrante, en entaillant une banquette si cela est nécessaire. On occupe alors le côté intérieur de la chaussée ; abattre les arbres du côté extérieur.

Haies. — Bon obstacle. Les renforcer par un fossé en arrière, dont on rejette les terres contre la haie.

Murs. — De 1^m,20 à 1^m,30 pour tireurs debout. Quant ils sont plus élevés, ouvrir des créneaux à 1^m,30, en les espaçant de 1 mètre au minimum. Faire des créneaux horizontaux (plus larges que hauts) pour la défense du front, des créneaux verticaux (plus hauts que longs) pour les flanquements, les étages d'une maison, etc. Un homme muni d'un pic ou d'une pioche peut percer.

en 30 minutes, un créneau dans un mur de 0^m,30 à 0^m,40. On peut faire travailler aussi des deux côtés du mur. On compte, par créneau à emboucher, 3 hommes portant des fascines ou des coussins de paille et des fourches pour les maintenir.

Bois (Voir aux *Reconnaissances*). — Les défendre par la lisière extérieure au moyen d'abatis (4-5 rangées d'arbres suffisent). Partager le bois en secteurs nettement limités par des lignes d'abatis à peu près perpendiculaires à la lisière. Border d'abatis la lisière extérieure des routes intérieures, parallèles à la lisière de défense. Jalonner des routes de colonnes menant de l'intérieur à la lisière. — *L'artillerie* se place habituellement sur les flancs pour battre les abords ; quelquefois en avant de la lisière, derrière des épaulements, pour fournir des flanquements.

Les bois *en avant* d'une position sont défavorables à la défense ; se borner à empêcher l'ennemi d'en déboucher au moyen de batteries couvertes qui enfilent les issues, d'infanterie postée à portée de mousqueterie, derrière des tranchées-abris, dans des fermes retranchées, etc.

Sur les flancs d'une position, ne jamais s'appuyer à une forêt que l'on ne peut occuper en entier. S'en maintenir à portée de mousqueterie et en défendre les débouchés comme ci-dessus.

Des travailleurs placés sur la lisière d'un bois, à raison d'un homme par mètre courant, peuvent organiser un *abatis sérieux* sur 12 mètres de profondeur en une heure de travail. Il suffit de 4-9 minutes à un atelier de 9 hommes pour abattre au passe-partout et à la hache des arbres de 0^m,40 à 0^m,90 de diamètre ; à la hache seule, il faudrait de 20 minutes à 2 heures. Avec la scie articulée, il convient de ne pas s'attaquer à des arbres ayant plus de 0^m,50 de diamètre. Mais, pour des diamètres moyens de 0^m,25 à 0^m,50, il suffit de 5 à 10 minutes avec 4 hommes.

La lisière d'un bois peut aussi être garnie de *réseaux de fils de fer*. Une brigade de 4 hommes suffit pour préparer environ 16 mètres carrés de réseau par heure, à l'aide de pinces coupantes et de pinces ordinaires.

Pour *détruire des abatis*, faire usage de haches et croës. Dynamite si ce ne sont que des branches de transport. Un mélange de poudre et de dynamite (1^k,500 à 2 kilog. de dynamite et 15-20 kilog. de poudre) pour un passage de 2^m,50 à 3 mètres. Il faut compter 3 hommes par charge.

Pour détruire des réseaux de fils de fer, haches, pinces à couper. Compter 2 hommes par mètre courant de front à détruire.

Villages. — Profiter des haies, murs, fossés, etc., pour créer une enceinte continue à 50 pas au moins en avant des maisons; en dégager les abords extérieurs. Établir des communications faciles au travers des obstacles perpendiculaires situés en arrière; réserver les obstacles parallèles pour constituer de nouvelles lignes de défense successives.

Organiser défensivement sur le périmètre extérieur quelques maisons en saillie pour obtenir des flanquements. Organiser de même les maisons qui enfilent les rues et celles qui doivent servir d'appui aux barricades à établir en travers des rues au moyen de charrettes, tonneaux, pavés, poutres, etc.

Choisir dans l'intérieur du village une construction solide (église, château, fabrique) pour servir de *réduit*. Avoir soin de ne pas la prendre trop près du point probable d'attaque, — de lui faire battre les communications les plus importantes, — de se ménager une ligne de retraite, — de tromper l'adversaire en ne faisant pas choix, si c'est possible, d'un bâtiment trop élevé.

L'artillerie peut être placée quelquefois sur le front ou sur le flanc du périmètre défensif; mais, le plus souvent, on l'établit sur des hauteurs latérales dominant le village et flanquant ses abords.

Si le village constitue seulement un poste avancé d'une ligne de bataille, un poste intercalé sur la ligne même, un point d'appui d'aile, etc., le retrancher seulement sur la partie à défendre.

Utilisation du terrain pour l'organisation d'un champ de bataille.

La combinaison des ouvrages énumérés plus haut, des obstacles naturels utilisés comme il vient d'être dit, permet de procéder à l'organisation des champs de bataille par la création de lignes de retranchements.

a) Lignes continues. — Leur inconvénient général est de ne pas se prêter à l'offensive. Elles ne sont acceptables que pour des positions de médiocre étendue (bois, villages, magasins). Les meilleures sont alors les lignes à redans et les lignes à crémaillère.

b) Lignes à intervalles. — Elles se prêtent mieux à l'offensive et emploient moins de monde. Faire usage des ouvrages ouverts pour les lignes dont la défense ne

doit pas être acharnée (lignes d'avant-postes). Employer
les ouvrages fermés ou mi-fermés sur la position principale. Les espacer de 300-400 mètres si l'on veut qu'ils
se soutiennent mutuellement par la mousqueterie, —
de 800 à 1,000 mètres si le temps fait défaut, en les
appuyant alors par des batteries en arrière

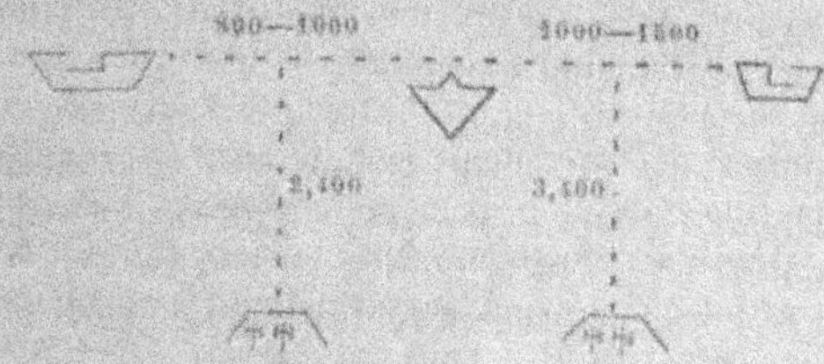

ou recourir à des groupes d'ouvrages.

Les principes généraux de l'organisation d'un champ
de bataille peuvent se résumer ainsi :

1° *Champ de bataille défensif.*

1° Si l'on admet une position d'avant-garde, établir
cette position entre 1,500 et 2,000 mètres en avant de
la position principale; la constituer d'épaulements rapides, de tranchées-abris et d'obstacles naturels mis en
état de défense ;

2° Établir la position principale en avant d'un obstacle sérieux ; la défendre par deux lignes de retranchements :

Une première ligne bordant l'obstacle, composée de
batteries découvrant bien le terrain ; d'ouvrages mi-fermés pour l'infanterie, servant de point d'appui et de
centre de résistance ; enfin, de tranchées-abris dans les
intervalles. Ces ouvrages recevront des garnisons de
200 à 400 hommes, ils devront bien découvrir le terrain en avant dans la limite de la portée de la mousqueterie, et se soutenir mutuellement.

Une deuxième ligne à 400 ou 800 mètres en arrière,
composée de solides points d'appui sur des positions
dominantes, pour rendre intenables les ouvrages précédents s'ils sont conquis par l'ennemi.

Les points culminants de cette deuxième ligne seront les clés de position et devront être couronnés de redoutes fermées. Les autres ouvrages pourront être mi-fermés. Dans leurs intervalles, nombreuses batteries et obstacles artificiels ;

3° Ces deux lignes de défense pourront être réunies sur les ailes à l'aide d'obstacles naturels ou artificiels en arrière desquels seront de solides batteries pour arrêter les mouvements tournants ;

4° En arrière du champ de bataille, se ménager une ligne de retraite protégée par quelques épaulements et tranchées-abris, dont le but sera simplement d'arrêter la poursuite et d'assurer la retraite en bon ordre ;

5° Créer de nombreuses routes de colonnes dans l'intérieur de la position.

Ordre des travaux. — Les travaux multiples d'une organisation aussi complète pourront être entrepris dans l'ordre suivant :

Commencer par la position d'avant-garde.

Entreprendre ensuite la position principale, qui pourra être achevée pendant le combat des avant-postes.

Organiser la ligne de retraite et les routes de colonnes pendant la bataille.

2° *Champ de bataille défensif-offensif.*

Mêmes principes pour la ligne des avant-postes, la position d'arrière-garde, l'organisation des flancs et la création des chemins de colonne.

Pour la ligne principale, retrancher par des groupes d'ouvrages les parties de la position qui, par leur nature et leur situation, sont susceptibles d'une vigoureuse résistance (localités, bois, hauteurs, etc.). — Séparer les groupes d'ouvrages par des intervalles entièrement libres, de 800 à 2,000 mètres, pour le passage de troupes déployées.

Les troupes de première ligne seront installées de la façon suivante : Une fraction dans les groupes d'ouvrages, garnison permanente qui ne devra pas quitter ces ouvrages, avec quelques tireurs de position un peu en avant, pour forcer l'ennemi à se déployer de plus loin et qui se retireront derrière les ouvrages après avoir atteint ce but. L'autre fraction sera installée partie derrière les groupes d'ouvrages, partie entre les intervalles, abritée derrière des couverts naturels ou couchée, comme sur un champ de bataille sans fortifications.

Ce sont ces troupes qui, au moment décisif, lorsque l'ennemi s'épuise à l'attaque des positions retranchées, doivent se porter en avant, franchir les intervalles et prendre l'offensive.

Les troupes de deuxième ligne sont installées à 600 ou 800 mètres en arrière, cachées par les plis du terrain ; elles doivent s'élancer à l'attaque en même temps que la première ligne pour l'appuyer vigoureusement.

Si nous supposons des groupes d'ouvrages offrant environ 500 mètres de développement de crêtes et 1,500 mètres d'intervalles, chaque groupe, avec l'intervalle voisin, exigerait à peu près 10 bataillons de 800 hommes pour sa défense. Troupes de 1re ligne : 1,000 hommes dans les ouvrages, 3,000 hommes répartis derrière les ouvrages ou dans l'intervalle. Troupes de 2e ligne : 5 bataillons de 800 hommes.

CHAPITRE IX

Iʳᵉ PARTIE.

Tableau des grades et emplois dans l'armée.

§ 1er. — *Combattants et assimilés.*

GRADES.	COMBATTANTS.				ASSIMILÉS AUX COMBATTANTS.				
	Troupes à pied et état-major du génie.	Troupes à cheval, corps d'état-major, artillerie, train des équipages.	Fonctionnaires de l'intendance	Médecins et pharmaciens. (D. du 18 juin 1866).	Considérés comme officiers et hommes de troupe de réserve ou de l'armée territ. (3).				
					Douanes.	Forêts.	Manufactures de l'État.	Lignes télégraphiques.	Ponts et chaussées, mines.
Soldat.........	Soldat ou chasseur. {2e cl., 1re cl.}	Cavalier, canonnier ou condr. {2e cl., 1re cl.}			Préposé...	Garde.........		Ouvrier.	»
Caporal.......	Caporal..........	Brigadier.......	»	»	»	»	»	»	»
	Caporal-fourrier...	Brigadier-fourrier.			Sous-brigadier.	»	»	»	»
Sous-officiers...	Sergent ou sergent-fourrier.	Maréchal des logis ou maréchal des logis fourrier.						Chef d'équipe.	»
	Serg.-major, tambour-major ou chef de fanfare (1)	Maréchal des logis chef ou gardien de batterie.			Brigadier.	»	»	»	»
	Élève d'administration.	»	»	»	»	»	»	»	»
	Adjudant sous-officier ou chef armurier et ouvrier d'état.........	Adjudant sous-officier ou chef armurier, ouvrier d'état.........	»	»	»	»	»	Télégraphiste.	»

Sous-lieuten...	Sous-lieutenant...	Sous-lieutenant...	....	Aide-major de 2e classe.	....	Garde général en stage, de 3e cl. et commis de 2e cl. à l'administrat. centrale.	Elève ingénieur	Elève inspecteur.	Elève ingénieur
Lieutenant...	Lieutenant...	Lieutenant...	....	Aide-major de 1re classe.	Lieutenant.	Garde général de 2e ou de 1re classe et commis de 1re cl.	Sous-ingénieur	Chef de poste ou de station.	Ingénieur de 3e classe.
Capitaine...	Capitaine...	Capitaine...	Adjoint de 2e classe.	Major de 2e cl.	Capitaine.	Sous-inspecteur et commis principal.	Ingénieur...	Chef de section, directeur des transmissions et sous-inspecteur.	Ingénieur de 2e classe.
Chef de bat. ou major.	Chef de bataillon ou major.	Chef d'escadron ou major.	Adjoint de 1re classe.	Major de 1re cl.	Sous-inspecteur ou inspecteur	Inspecteur et sous-chef.	Directeur de 4e classe ou de 3e classe.	Inspect., chef de service.	Ingénieur de 1re classe.
Lieutenant-colonel.	Lieutenant-colonel	Lieutenant-colonel	Sous-intendant de 2e classe...	Principal de 2e classe.	....	Conservateur et chef de bureau.	Directeur de 2e classe ou de 1re classe.	Inspecteur div., directeur de télégraphie.	Ingénieur en chef.
Colonel...	Colonel...	Colonel...	Sous-intendant de 1re classe...	Principal de 1re classe.	»	»	»	»	»
Général de brigade...	....	....	Intendant.	Inspecteur.	»	»	»	»	»
Général de division.	....	....	Intend. général (2).	»	»	»	»	»	»
Maréchal de France.	»	»	»	»	»	»	»	»	»

(1) V. D. du 19 mai 1856, pour les chefs de fanfare. — (2) N'est pas complètement assimilé; il prend rang immédiatement au-dessus de l'intendant. — (3) D. du 2 avril 1876, J. M., p. 457 et 461; D. du 20 mars 1876, J. M., p. 399; tableau du 11 juin 1877, J. M. p. 524.

Extrait du *Manuel de législation et d'administration*, par Beaugé.

§ 2. — Hiérarchies ne comportant aucune assimilation aux grades militaires (1).

§§ 1er. — Catégories de grades conférant le titre d'officier de l'armée et garantis par la loi du 19 mai 1834.

ADJOINTS DU GÉNIE, GARDES DE L'ARTILLERIE ET DES ÉQUIPAGES, (Loi du 13 mars 1875.)	OFFICIERS D'ADMINISTRATION Y COMPRIS LA JUSTICE MILITAIRE. (Décret du 19 août 1834.)
Adjoints ou gardes de 3e cl. Id. de 2e cl. Id. de 1re cl. Adjoints ou gardes principaux de 2e classe. Adjoints ou gardes principaux de 1re classe.	Adjudant en second. Adjudant en premier. Officier d'administration de 2e classe. Officier d'administration de 1re classe. Officier d'administration principal.

§ 2. — Grades garantis par la loi du 19 mai 1834, mais ne conférant pas le titre d'officier (1).

VÉTÉRINAIRES MILITAIRES (Décret du 30 avril 1876, J.M.P.727) sont presque assimilés.	CONTROLEURS D'ARMES.	INTERPRÈTES.
Aide-vétérinaire stagiaire (2). Aide-vétérinaire, prend rang après le sous-lieutenant. Vétérinaire en 2e, — après lieutenant. Vétérinaire en 1er, — après capitaine. Vétérinaire principal de 2e cl., — après chef d'escadron. Vétérinaire principal de 1re cl., — après lieutenant-colonel.	Contrôleurs { de 3e cl. de 2e cl. de 1re cl. prin-{ de 2e cl cipal { de 1re cl.	Auxiliaire de 2e cl. (3) Auxiliaire de 1re cl. (3) Inter-{ de 3e cl. prètes { de 2e cl. de 1re cl. principal.

(1) Ajouter à ces catégories, les archivistes d'état-major créés par l'article 9 de la loi du 20 mars 1880.

(2) Fait exception. Ce grade n'est garanti qu'à partir d'aide-vétérinaire.

(3) Ce grade n'est pas garanti par la loi.

(1) D. du 24 mars 1877, J.M.p.279 ; R. du 23 décembre 1876, J.M.p.523.

§§ 3. — *Grades ou emplois ne conférant pas le titre d'officier, à moins que les titulaires ne soient pourvus du titre d'officier de réserve.*

AUMONIERS.	TRÉSORERIE ET POSTES. (2).	SECTIONS TECHNIQUES D'OUVRIERS DE CHEMINS DE FER de campagne.	INGÉNIEURS DES POUDRES ET SALPÊTRES.	MUSIQUES. (D. du 16 août 1854).
Auxiliaire. Titulaire. Supérieur. En chef.	Sous-agents. { Gardiens de caisse ou de bureau. Agents. { Commis de trésorerie. Payeurs adjoints. Agents supérieurs { Payeurs particuliers. Payeurs principaux. Payeurs généraux.	Agents secondaires { Ouvrier. Sous-chef ouvrier. Chef ouvrier. Agents supérieurs { Employé. Employé principal Sous-chef de service. Chef de service. Directr de la section technique.	Élève ingénieur. Sous-ingénieur. Ingénieur { de 2e classe. de 1er classe. Ingénieur en chef { de 2e classe. de 1re classe. Inspecteur général { de 2e classe. de 1re classe.	Musiciens { de 4e classe (1). de 3e classe (1). de 2e classe (1). de 1re classe (1). Sous-chef. Chef.

(1) Dans la garde républicaine seulement.

(2) Les sous-agents sont traités comme les sous-officiers; les commis comme les sous-lieutenants; les payeurs-adjoints comme les capitaines; les particuliers comme les chefs de bataillon; les principaux comme les colonels, et les payeurs généraux comme les généraux de brigade.

REMONTE.

Tableau des chevaux attribués aux officiers et assimilés.

(Tarif du 30 juillet 1875 et décrets modificatifs ultérieurs. *Journ. mil.*)

États-majors.

		PIED DE PAIX	PIED DE GUERRE et siège
État-major général	Maréchal de France	8	10
	Général de division	6	6
	Général de brigade	[illegible]	[illegible]
Service d'état-major	Colonel et lieutenant-colonel	[illegible]	[illegible]
	Chef d'escadron	[illegible]	[illegible]
	Capitaine	[illegible]	[illegible]
	Lieutenant (transitoirement)	[illegible]	[illegible]
Intendance militaire (provisoirement)	Intendant général	[illegible]	[illegible]
	Intendant militaire	[illegible]	[illegible]
	Sous-intendant militaire de 1re ou de 2e classe	[illegible]	[illegible]
	Adjoint de 1re ou de 2e classe	[illegible]	[illegible]
États-majors particuliers de l'artillerie et du génie	Colonel	[illegible]	[illegible]
	Lieutenant-colonel	[illegible]	[illegible]
	Chef d'escadron	[illegible]	[illegible]
	Capitaine	[illegible]	[illegible]
	Adjoint (pour le génie)	[illegible]	[illegible]

Corps de troupe.

		PIED DE PAIX	PIED DE GUERRE et siège
Colonel et lieutenant-colonel	d'infanterie	[illegible]	[illegible]
	de cavalerie	[illegible]	[illegible]
	d'artillerie, { Colonel	[illegible]	[illegible]
	{ Lieutenant-colonel	[illegible]	[illegible]
	du train d'artillerie	[illegible]	[illegible]
	du génie	[illegible]	[illegible]
	du train des équipages militaires	[illegible]	[illegible]
	de gendarmerie (y compris la garde républicaine et la légion mobile)	2	2
	de gendarmerie, remplissant les fonctions de grand prévôt d'armée	[illegible]	3
	de sapeurs-pompiers (Paris)	[illegible]	[illegible]
	command. de circonscrip. de remonte ou direct. des établis. hippiques	[illegible]	[illegible]
Chefs de bataillon ou d'escadron	d'infanterie	[illegible]	[illegible]
	command. un établiss. pénitentiaire	[illegible]	[illegible]
	de cavalerie	[illegible]	[illegible]
	d'artillerie	[illegible]	[illegible]
	du train d'artillerie	[illegible]	[illegible]
	du génie	[illegible]	[illegible]
	du train des équipages militaires	[illegible]	[illegible]
	commandant un dépôt de remonte	[illegible]	[illegible]
	de gendarmerie (y compris la garde républicaine et la légion mobile)	2	2
	de gendarmerie (prévôt de corps d'armée)	[illegible]	3
	de sapeurs-pompiers (Paris)	[illegible]	[illegible]
Major	de cavalerie	[illegible]	[illegible]
	d'artillerie	[illegible]	[illegible]
	de toutes les autres armes	1	1

Les rations de fourrage ne sont dues que pour le nombre de chevaux dont les officiers de tous grades sont pourvus dans la limite de leurs droits respectifs.

Les capitaines, lieutenants ou sous-lieutenants de toutes armes, employés comme officiers d'ordonnance, ont droit à deux chevaux sur le pied de paix comme sur le pied de guerre.

	PIED DE PAIX.	PIED DE GUERRE et Algérie.
Capitaine d'état-major stagiaire — dans l'infanterie	1	1
d'état-major stagiaire — dans la cavalerie et l'artillerie	[illegible]	[illegible]
adjudant-major d'infanterie	[illegible]	[illegible]
d'une compagnie de discipline	[illegible]	[illegible]
commandant un établissement pénitentiaire	[illegible]	1
de cavalerie	[illegible]	[illegible]
d'une compagnie de cavaliers de remonte	[illegible]	[illegible]
d'artillerie et du train d'artillerie	[illegible]	[illegible]
d'une compagnie d'ouvriers d'artillerie	»	1
faisant fonctions d'adjudant-major du génie	1	1
d'une compagnie de sapeurs-conducteurs du génie	2	2
d'une compagnie de sapeurs-mineurs du génie	»	1
major du train des équipages militaires	1	»
d'une compagnie du train des équipages militaires	2	2
de gendarmerie commandant les détachements de force publique aux armées	»	2
de gendarmerie (y compris la légion mobile et la garde républicaine)	1	1
trésorier et d'habillement des armes à cheval	1	1
adjudant-major, ingénieur et instructeur de sapeurs-pompiers (Paris)	1	1
Lieutenant et sous-lieutenant d'état-maj. stagiaire (transitoirement) — dans l'infanterie	1	1
d'état-maj. stagiaire (transitoirement) — dans la cavalerie et l'artillerie	1	1
d'infanterie, adjoint au trésorier	»	1
de cavalerie	1	1
d'artillerie et du train d'artillerie	1	1
d'une compagnie d'ouvriers d'artillerie	»	1
d'une compagnie de sapeurs-conducteurs du génie	1	1
d'une compagnie de sapeurs-mineurs du génie	»	1
d'une compagnie du train des équipages	1	1
de gendarmerie (y compris la cavalerie de la légion mobile et de la garde républicaine)	1	1

Service de santé (provisoirement).

	PIED DE PAIX.	PIED DE GUERRE et Algérie.
Médecin et pharmacien inspecteur	[illegible]	[illegible]
Médecin et pharmacien principal de 1re et de 2e classe	[illegible]	[illegible]
Médecin-major de 1re classe d'infanterie	[illegible]	[illegible]
d'artillerie	[illegible]	[illegible]
du génie	[illegible]	[illegible]
de la garde républicaine	[illegible]	[illegible]
de sapeurs-pompiers (Paris)	[illegible]	»

Sur le pied de guerre, les officiers d'infanterie, âgés de plus de 50 ans, ont droit à une ration de fourrages, s'ils justifient de la possession d'un cheval à leurs frais.

	PIED DE PAIX.	PIED DE GUERRE et Algérie.
Médecin-major de 2e classe — d'infanterie	1	11
de cavalerie	1	1
d'artillerie, du génie, du train des équipages (transitoirement)	1	2
de la garde républicaine et de la légion mobile	1	1
Médecin aide-major — d'infanterie	1	1
de cavalerie	1	1
d'artillerie et du train d'artillerie	1	1
du génie	1	1
du train des équipages militaires	1	»
de la légion mobile et de la garde républicaine	1	»
des sapeurs-pompiers (Paris)	1	»
Médecins-majors de 1re et de 2e classe attachés aux quartiers généraux et aux ambulances	»	2 1
Médecins aides-majors, id. id.	»	1
Services administratifs (provisoirement).		
Officier d'administration principal du service des subsistances militaires	»	2
Officier d'administration des autres grades du service des subsistances militaires	»	1
Service vétérinaire.		
Vétérinaire — principal de 1re et de 2e classe	1	2
en 1er et en 2e	1	1
Aides-vétérinaires	1	1
Interprètes militaires.		
Interprète principal	»	2
Interprète des autres classes	»	1
Aumôniers.		
Aumônier en chef d'armée	»	1
Aumônier supérieur de corps d'armée	»	1
Aumônier titulaire	»	1
Télégraphie (Déc. min. du 14 juin 1877. J. M.).		
Directeur		3
Chef de service	Un seul cheval, en cas d'exercices ou de manœuvres.	2
Chef de section, chef de poste		1
Télégraphiste	»	»
Chef d'équipe et ouvrier	»	»

Sont remontés : 1° *à titre gratuit*, les officiers de toutes armes et assimilés de grade inférieur, les vétérinaires, les officiers d'administration, employés militaires, aumôniers; 2° *à titre onéreux*, les officiers généraux, supérieurs et assimilés; 3° *à titre temporaire*, les capitaines commandant par intérim un bataillon, les officiers de gendarmerie dont le cheval devient indispensable pendant les grandes manœuvres (Décisions ministérielles du 1er décembre 1878 et du 21 décembre 1875).

Le nombre de *soldats ordonnances* à affecter sur le pied de paix, comme sur le pied de guerre, aux officiers montés, résulte du nombre de chevaux dont ces officiers ont le droit d'être pourvus et qu'ils possèdent réellement, en partant de ce principe qu'un homme suffit pour soigner deux chevaux (Décision impériale du 1er septembre 1867). — (Voir *Soldats ordonnances*

AVANCEMENT.

(Extrait de l'ordonnance royale du 16 mars 1838.)

	TEMPS DE PAIX.	CORPS DEV. L'ENNEMI.
Pour :	Durée minimum du service dans le grade infér.	(Réduction de moitié.)
Caporal.	6 mois de service.	
Sous-officier.	6 mois.	
Sous-lieutenant. . .	2 ans (en totalité au choix).	
Lieutenant.	2 ans. ⎰1/3 choix,	⎰1/2 choix,
Capitaine.	2 ans. ⎱2/3 ancien.	⎱1/2 ancien.
Chef de bataillon ou	⎰1/2 choix,	
d'escadron	4 ans. ⎱1/2 ancien.	
Lieutenant-colonel. .	3 ans.	en totalité
Colonel.	2 ans. en totalité	au choix.
Général de brigade.	3 ans. au choix.	
Général de division.	3 ans.	

Dérogations aux règles ordinaires.

Il n'est pas dressé de tableau d'avancement dans les armées en campagne. Le colonel nomme aux emplois des grades de caporal et de sous-officier sur la proposition de ceux qui concourent à la formation des états d'avancement en temps de paix. Il peut aussi appeler directement à un grade les sujets qui se sont distingués par une action d'éclat.

Les propositions pour les grades d'officiers sont faites, savoir : jusqu'à celui de capitaine inclusivement, par le chef de corps, après avoir pris l'avis du chef de bataillon et celui du lieutenant-colonel, s'il est présent.

Pour le grade de chef de bataillon, par le général de brigade, après avoir pris l'avis des chefs de corps de sa brigade.

Pour le grade de lieutenant-colonel, par le général de division, après avoir pris l'avis des chefs de corps et des généraux de brigade de sa division.

Pour celui de colonel et celui de général de brigade, par le commandant en chef après avoir pris, pour le premier, l'avis des généraux de brigade et des généraux de division, et, pour le second, l'avis des généraux de division.

Il est présenté trois candidats pour chaque vacance. Néanmoins, le nombre de candidats peut être réduit

pour les grades de lieutenant-colonel, de colonel et de
général de brigade.

Lorsque des portions de corps, venant d'une armée
en campagne, se réunissent à des détachements restés,
quant à l'avancement, sous l'empire des règles établies
pour le pied de paix, il est formé, s'il y a lien, pour
celles-là, des tableaux et des listes supplémentaires.

Avancement en campagne.

Le temps de service exigé pour passer d'un grade à
un autre ou à la 1re classe, peut être réduit de moitié
à la guerre ou dans les colonies.

Aucune condition de temps de service n'est exigée
dans les cas ci-après :

1° Action d'éclat dûment justifiée et mise à l'ordre
du jour de l'armée (Il suffit, à l'égard des hommes du
troupe, pour être admis à la première classe, que l'acte
d'intrépidité ou de dévouement ait été mis à l'ordre du
régiment);

2° Lorsqu'il n'est pas possible de pourvoir autrement
aux vacances dans les corps en présence de l'ennemi.

En temps de guerre, et dans les corps qui sont en
présence de l'ennemi, l'avancement est donné, savoir :

A l'ancienneté, la moitié des grades de lieutenant ou
de capitaine ;

Au choix du chef de l'État, la totalité des grades de
chef de bataillon.

Dans les corps qui ont des bataillons ou des détachements faisant partie d'une armée en campagne, toutes
les vacances de *caporal* et de *sous-officier* appartiennent
exclusivement aux militaires qui font partie de la portion où les vacances ont lieu (1).

Tous les sous-officiers des portions de corps qui sont
en campagne concourent avec les sous-officiers portés
sur le tableau d'avancement, et qui ne font pas partie
de ces portions, pour les emplois de sous-lieutenant dévolus aux sous-officiers, quelles que soient les portions
de corps où les vacances ont lieu.

Dans les portions de corps qui ne sont point en campagne, on continue l'ordre des tours suivi avant la séparation. Dans les portions qui sont en campagne, la
première vacance est donnée à l'un des sous-officiers
qui en font partie; la deuxième et la troisième sont don-

---

(1) On peut déroger à cette règle, mais avec l'autorisation du
Ministre.

nées à des élèves des écoles, à la non-activité ou à des sous-officiers pris sur toute l'arme.

L'avancement au grade de lieutenant et à celui de capitaine a lieu de la manière suivante :

La moitié des vacances, dans les bataillons ou les détachements faisant partie d'une armée active, d'une part, et les deux tiers dans les portions de corps qui ne sont point en campagne, d'autre part, sont dévolus aux sous-lieutenants et aux lieutenants les plus anciens de l'arme.

Les officiers des portions en campagne concourent avec ceux restés en France, mais portés sur le tableau d'avancement, pour tous les emplois revenant au tour du choix, quelles que soient les fractions de corps où les vacances aient lieu.

Pour l'exécution de ces dispositions, l'ordre des tours établis et suivis avant la séparation est continué pour les portions de corps qui ne sont point en campagne.

Pour les bataillons ou détachements de guerre, il est établi, après la séparation, une série de deux tours. La 1re vacance est dévolue à l'ancienneté si la dernière promotion a été faite au tour de choix ; elle est donnée au tour de choix, si, au contraire, cette promotion a été faite à l'ancienneté.

L'avancement au grade de chef de bataillon n'a lieu qu'au choix, sur toute l'arme. Les emplois qui viennent à vaquer sont donnés soit à des capitaines qui se trouvent en campagne, soit à des capitaines qui, portés au tableau d'avancement, sont restés en France ; le tout sans préjudice des droits acquis par les uns ou par les autres à l'égard des emplois dévolus à l'ancienneté dans les corps ou les portions de corps qui ne sont point en campagne.

Lorsqu'il existe des officiers en non-activité par suite de licenciement, de suppression d'emploi ou de rentrée de captivité à l'ennemi, les emplois vacants leur sont donnés dans la proportion de moitié des vacances de l'arme à laquelle ils appartiennent.

Lorsque des portions de corps cessent de faire partie d'une armée en campagne et qu'il n'y a plus à pourvoir aux vacances survenues pendant la campagne, les emplois qui viennent à vaquer sont donnés en continuant l'ordre des tours qui était suivi en France.

Toute proposition d'avancement faite par exception doit en mentionner les motifs. Ainsi quand elle a lieu faute de sujets remplissant les conditions d'ancienneté exigées, cette circonstance doit être exprimée ; si elle a lieu pour action d'éclat, il faut y joindre :

1° Un extrait de l'ordre de l'armée dans lequel l'action d'éclat est mentionnée ;

2° Une copie authentique du rapport exigé par l'article 138 de l'ordonnance du 3 mai 1832 sur le service en campagne ; c'est-à-dire celui de l'officier supérieur sous les yeux duquel le fait s'est passé. Ce rapport doit être vérifié par les généraux de brigade et de division, qui y inscrivent leur avis motivé.

DE L'ÉTAT CIVIL AUX ARMÉES

hors du territoire.

1° ACTES PUBLICS DE L'ÉTAT CIVIL.

Les fonctions d'officier de l'état civil sont remplies, aux armées hors du territoire : dans les corps de troupe composés de plusieurs bataillons ou escadrons, par le trésorier, son adjoint ou l'officier payeur ; dans les autres corps par l'officier commandant ;—pour les officiers sans troupe et les employés, par les intendants ou sous-intendants.

Il est tenu dans chaque corps de troupe un registre pour les actes de l'état civil relatifs aux individus de ce corps ; il en est tenu un autre à l'état-major de l'armée ou d'un corps d'armée, pour les actes relatifs aux officiers sans troupe et aux employés.

Les registres sont cotés et paraphés, dans chaque corps, par l'officier qui le commande, et à l'état-major par le chef de l'état-major général. Dans une division détachée, le registre est coté par le chef d'état-major du corps d'armée et l'intendant en est prévenu.

Les registres tenus à l'état-major sont sous la garde et la surveillance du chef de l'état-major, dans les bureaux duquel les actes doivent être dressés. Toutefois, ils peuvent être, pour certaines rédactions, confiés momentanément au fonctionnaire chargé de les tenir. — Dans les corps, ils doivent être habituellement dans la caisse du conseil d'administration, sous la garde et la surveillance du président.

Lorsque les circonstances l'exigent, on les confie momentanément à l'officier chargé de leur tenue.

Tous les mois, les officiers de l'état civil doivent faire

parvenir au ministre de la guerre un extrait collationné de leurs registres.

Cette transmission se fait par l'intermédiaire du conseil d'administration central, qui est chargé de viser la pièce et de s'assurer de l'exactitude des renseignements qu'elle contient.

Aussitôt la rentrée sur le territoire français, les registres sont envoyés au ministre de la guerre par les conseils d'administration ou les officiers chargés de leur conservation, sauf à en établir de nouveaux, dans le cas de rentrée en campagne. L'officier qui a rempli les fonctions d'officier de l'état civil doit provoquer cet envoi, au besoin le requérir et en rendre compte directement au ministre.

Naissance. — Déclarée dans les 10 jours, en présence de deux témoins. Extrait en double expédition, envoyé dans les 10 jours qui suivent l'inscription, au maire du dernier domicile du père, au ministre de la guerre, ou au dépôt du corps s'il est en France.

Mariage. — Peut être contracté à partir de 18 ans révolus pour l'homme, de 15 ans pour la femme. Précédé de deux publications, à 8 jours d'intervalle, un jour de dimanche devant la porte de la mairie du dernier domicile de chacun des futurs époux; acte en est dressé.

En outre, ces publications sont, 25 jours avant la célébration du mariage, mises à l'ordre du jour du corps, pour les individus qui appartiennent à un corps, et à celui de l'armée ou du corps d'armée, pour les officiers sans troupe et les employés. Les pièces à produire sont : actes de naissance, acte de consentement des pères et mères.

Décès. — L'acte est rédigé sur l'attestation de trois témoins (dans les hôpitaux et ambulances, par le directeur). Dans les 10 jours, envoi, par l'intermédiaire du conseil d'administration central, de deux expéditions de l'extrait, destinées : l'une au maire du dernier domicile, l'autre au ministre de la guerre.

A l'égard des militaire tués sur le champ de bataille, l'officier de l'état civil se fait rendre compte, à la suite de chaque action, par les sergents-majors des compagnies, du nom des militaires manquants. Il fait appeler ensuite, pour chaque individu, les trois témoins voulus par la loi, et qui attestent les causes de l'absence; il constate par ce moyen, mais par des actes séparés, la mort ou la prise par l'ennemi des hommes absents.

Disparition. — Après chaque affaire ou événement, les corps ou états-majors doivent adresser au ministre, sans lettre d'envoi :

1° L'état nominatif des militaires tués ou blessés ;

2° L'état nominatif des militaires tombés au pouvoir de l'ennemi ;

3° L'état nominatif des militaires disparus ;

4° Un état rectificatif ou complémentaire.

Les imprimés de ces états sont fournis par le ministre.

En outre, pour chacun des militaires disparus (3° catégorie ci-dessus), il est établi un acte de disparition qui est envoyé au ministre avec les autres actes de l'état civil, c'est-à-dire mensuellement.

2° ACTES PRIVÉS DE L'ÉTAT CIVIL.

Procurations. — Elles se donnent par acte public, par écrit sous-seing privé, ou même par lettre (Art. 1985 du Code civil).

A défaut de notaire, elles sont reçues pour les officiers de troupe par le conseil d'administration du corps, signées par tous les membres et revêtues du timbre du corps. — Pour les officiers sans troupe et les employés, par les fonctionnaires de l'intendance.

Pour leur validité les procurations ne sont astreintes à aucun modèle.

Certificats de vie. — Délivrés, suivant le cas, par le conseil d'administration ou le sous-intendant. Les témoins ne sont nécessaires que lorsque le certificat est établi par un sous-intendant. Les certificats délivrés par les conseils d'administration sont visés par le sous-intendant.

Testaments. — Ils peuvent être reçus par tout officier supérieur en présence de deux témoins, par deux fonctionnaires de l'intendance, par l'officier de santé en chef, assisté du commandant militaire chargé de la police de l'hôpital.

Le testament doit être signé par le testateur. Il doit être transmis le plus tôt possible à l'intendant général de l'armée qui l'envoie au ministre de la guerre pour être déposé au greffe de la justice de paix du dernier domicile du testateur.

Tutelle. — Un tuteur temporaire est nommé immédiatement par le conseil d'administration. Il prévient sans retard la famille du décès du père de l'enfant, afin qu'il puisse lui être nommé un tuteur définitif.

3° ACTES CONSERVATOIRES DES INTÉRÊTS CIVILS.

De l'opposition et de la levée des scellés.

Ils sont apposés par un officier désigné par le chef de corps ou l'officier le plus élevé en grade présent sur le lieu du décès. La levée des scellés et la désignation ainsi que la vente des effets sont faites ensuite avec des formalités analogues à celles observées à l'intérieur.

Le montant en est versé à la Caisse des dépôts et consignations.

PUNITIONS.

Du droit de punition.

PAR QUI EXERCE.	OFFICIERS.			SOUS-OFFICIERS.			CAPORAUX ET BRIGADIERS.				SOLDATS.			
SUR QUI EXERCÉ.	Arrêts simples.	Arrêts de rigueur.	Prison.	Consigne.	Salle de police.	Prison.	Consigne.	Salle de police.	Prison.	Interdict. de port du sabre.	Consigne.	Salle de police.	Prison.	Interdict. de port du sabre.
Caporaux ou brigadiers........	»	»	»	»	»	»	»	»	»	»	4	»	»	»
Sous-officiers............	»	»	»	»	»	»	»	»	»	»	8	4	»	»
Sergents-majors et maréchaux des logis chefs........	»	»	»	4	2	»	4	2	»	»	8	4	»	»
Sergents-majors ou maréchaux des logis chefs dans leur compagnie, escadron ou batterie.	»	»	»	8	4	»	8	4	»	8	15	8	»	15
Adjudant........	»	»	»											
Sous-lieutenant.....	»	»	»											
Lieutenant.......	4	»	»											
Adjudant-major et capitaines..	8	»	»	15	8	4	15	8	4	15	30	15	4	30
Capitaine commandant et officiers supérieurs......	15	»	»	30	15	8	30	15	8	30	30	30	8	60
Colonel ou chef de corps......	30	30	15	30	30	15	30	30	15	indéf.	30	30	15 (1)	indéf.
Général commandant la subdivision.......	30	30	30	30	30	30	30	30	30	Id.	30	30	30 (1)	Id.
Général commandant la division......	30	30	60	30	30	60	30	30	60	Id.	30	30	60 (1)	Id.
Officiers de place (2)........	»	»	»	»	»	»	»	»	»	Id.	»	»	»	Id.

(1) Dont 8 de cellule de correction.
(2) Ont les droits attribués aux officiers de leur grade par le service intérieur. (Service des places, art. 152.)

Corps composés d'un bataillon. — Le chef de bataillon a le droit d'infliger les mêmes punitions que le colonel d'un régiment (*Service intérieur*, art. 266).

Corps composés d'une compagnie. — L'officier commandant peut ordonner les mêmes punitions qu'un chef de bataillon dans un régiment. Lorsqu'il y a lieu d'infliger des punitions plus graves, il en rend compte au commandant de place qui prononce (art. 266).

Compagnie de discipline. — Les caporaux, sous-officiers et officiers pourront infliger aux soldats disciplinaires des punitions d'une durée *double* de celle que les militaires des mêmes grades ont le droit d'ordonner, d'après l'article 286 de l'ordonnance du 2 novembre 1833, sans toutefois que la limite fixée par l'article 284 de la même ordonnance pour chacune des punitions qui y sont énoncées, puisse être dépassée.

Les commandants de ces compagnies ont le droit d'infliger aux disciplinaires les mêmes punitions qu'un colonel peut infliger dans un régiment.

Détachement. — Tout capitaine, lieutenant ou sous-lieutenant commandant un détachement a le droit d'infliger les punitions dans les limites attribuées aux officiers supérieurs (chefs de bataillon). L'officier supérieur commandant un détachement a les mêmes droits à cet égard que le colonel, sauf pour les suspensions, les cassations et le renvoi des hommes de 1re classe à la 2e (art. 266).

Détachement d'artillerie. — Tout officier supérieur d'artillerie désigné par le ministre pour commander plusieurs batteries détachées dans un camp de manœuvres, dans une armée, une division active tant à l'intérieur que hors de la France, exercera son autorité dans les limites attribuées aux chefs de corps par le règlement du 2 novembre 1833, en ce qui concerne les punitions, la suspension, la cassation et l'envoi aux compagnies de discipline (Décision ministérielle du 5 mars 1859).

Troupes d'administration. — Les officiers généraux exercent sur les troupes d'administration et pour les infractions aux devoirs de la subordination définis par le premier alinéa de l'article 18 (1) le même droit de punition que sur les autres troupes placées sous leur commandement.

Ils doivent informer les intendants des punitions infligées aux officiers et ils apprécient s'il y a lieu de suspendre l'effet de ces punitions quand cette suspension

---

(1) Art. 18, 1er alinéa. — Les militaires de tous les grades des troupes de l'administration sont soumis, dans toutes les positions, aux devoirs de la subordination envers les officiers investis d'un commandement.

leur est demandée par l'intendant militaire pour des motifs tenant à l'exécution du service normal.

Les commandants de place exercent sur les troupes de l'administration et pour les infractions aux devoirs de la subordination définis par le deuxième alinéa de l'article 18 (2) le même droit de punition que sur les troupes des autres armes placées sous leur commandement et sous les mêmes conditions que celles mentionnées à l'alinéa précédent.

Gardes d'artillerie et adjoints du génie. — Ils ne peuvent être punis, en ce qui concerne leur service spécial, que par leurs chefs hiérarchiques directs, quel que soit leur grade, et, pour les fautes commises contre l'ordre public et la discipline générale, que par l'intermédiaire des officiers généraux ou des commandants d'armes, selon le poste dans lequel se trouvera l'employé militaire.

Les punitions qui peuvent leur être infligées sont celles prévues par les règlements, pour les lieutenants et sous-lieutenants.

Gendarmerie. — Les officiers, sous-officiers, brigadiers et gendarmes sont soumis, chacun en ce qui le concerne, aux règlements de discipline militaire et aux peines que les supérieurs sont autorisés à infliger à leurs inférieurs pour les fautes et négligences dans le service (art. 353 du décret du 1er mars 1854, page 525).

Intendance. — Si un général de division a à se plaindre d'un intendant, il demande au ministre de le punir.

Si le fonctionnaire inculpé est simplement un sous-intendant ou un adjoint, le général invite l'intendant à le punir sans préciser le genre ni la durée de la punition.

L'intendant doit infliger la punition demandée, sauf, après l'avoir infligée, à soumettre ses observations au ministre.

De son côté, le général en appelle au ministre s'il trouve que la punition infligée par l'intendant n'est pas assez sévère.

---

(1) 2e alinéa. — Les troupes de l'administration, qui sont momentanément distraites de leur service normal, sont soumises aux devoirs de la subordination envers les commandants de place dans tout ce qui concerne le service spécial dans lequel elles sont placées.

Quand elles ne sont pas distraites, elles y sont soumises pour tout ce qui concerne les consignes générales et les ordres applicables aux autres troupes de la garnison (Déc. du 11 juin 1853).

Le gouverneur général de l'Algérie, le commandant en chef d'une armée en campagne et tout officier général pourvu de lettres spéciales de service pour commander une division ou une brigade employée isolément à l'étranger a droit de punition directe sur les fonctionnaires de l'intendance servant sous ses ordres (Décision Imp. du 3 octobre 1856).

Médecins. — En ce qui concerne la discipline générale, tous les officiers de santé sont soumis à l'autorité des officiers généraux.

En ce qui concerne le service des places, tous les officiers de santé sont soumis à l'autorité des commandants de place.

En ce qui concerne le service dans les corps de troupe, les officiers de santé attachés à un régiment sont soumis au colonel et au lieutenant-colonel ou à l'officier qui les remplace intérimairement.

Les officiers de santé attachés à un bataillon ou escadron formant corps sont soumis au chef de corps ou à l'officier qui le remplace intérimairement.

L'officier de santé chargé du service sanitaire près d'une partie de corps détachée est subordonné à l'officier qui commande le détachement.

L'officier de santé qui fait un service de semaine est subordonné à l'officier supérieur de semaine.

En ce qui concerne le service dans les hôpitaux, les officiers de santé des deux professions employés dans les hôpitaux, dans les ambulances, dans les dépôts de convalescents, dans les postes sédentaires et dans les dépôts de médicaments sont subordonnés en matière de discipline, d'exécution des règlements et de police des hôpitaux, aux officiers de l'intendance militaire chargés de la direction administrative de ces établissements.

Les médecins employés dans un même corps de troupe ou dans un même hôpital sont soumis au principe de la subordination du grade inférieur au grade supérieur en ce qui concerne l'art de guérir et l'exécution du service (Décret du 23 mars 1852).

Vétérinaires. — Les vétérinaires de 1re et de 2e classe ne peuvent être punis que par les officiers supérieurs.

Les aides-vétérinaires ne peuvent être punis que par les officiers supérieurs et les capitaines.

Les autres officiers peuvent seulement provoquer leur punition auprès du chef de corps.

Les vétérinaires sont subordonnés les uns aux autres d'après leur rang dans la hiérarchie, conformément à l'article 7 du décret du 28 janvier 1852; chacun d'eux peut être puni par son supérieur.

RANG DES TROUPES (1).

(Extrait du règlement du 13 octobre 1863 sur le service des places de guerre.)

L'ordre de bataille, pour les réunions de troupes, parades, revues, cérémonies publiques, etc., est réglé comme il suit :

Armée de terre.

1° Troupes à pied.

Gardes nationales.
Invalides.
Vétérans.
Garde impériale.

Gendarmerie. { Garde de Paris.
{ Gendarmerie départementale.

Sapeurs pompiers de la ville de Paris.

Troupes de ligne . . . . {
Chasseurs à pied.
Zouaves.
Artillerie (2). { montée . . . . .
{ à pied . . . . .
{ pontonniers . . .
{ ouvriers . . . . . } avec leur
{ armuriers . . . . } matériel.
Génie . . . { mineurs et sa-
{ peurs. . . . .
{ ouvriers . . . . .
Infanterie de ligne.

Troupes de l'administration. {
Ouvriers des équipages militaires.
Infirmiers.
Ouvriers d'administration.

2° Troupes à cheval.

Gardes nationales.
Cent-gardes.
Garde impériale.

------

(1) Les corps marqués en italique ont été supprimés depuis la publication du décret.
(2) Voir la décision ministérielle du 29 mai 1868. — Les batteries à pied se placent à la droite des batteries montées.

Gendarmerie. { Garde de Paris.
{ Gendarmerie départementale.

Troupes de ligne. . . . {
Chasseurs d'Afrique.
Hussards.
Chasseurs.
Lanciers.
Dragons.
Artillerie { à cheval . . . . . { avec leur
{ train . . . . { matériel.
Cuirassiers.
Carabiniers.
Cavaliers de remonte.
Train des équipages.

Armée de mer.

1° Troupes à pied.

Gendarmerie.
Artillerie.
Equipages de la flotte.
Infanterie.

2° Troupes à cheval.

Gendarmerie

DISPOSITIONS SPÉCIALES.

Dans les réunions de troupes pour lesquelles l'artillerie et le génie marchent sans leur matériel, elles prennent la droite des troupes à pied ou à cheval, suivant qu'elles font partie des unes ou des autres.

Les bataillons d'infanterie légère d'Afrique et les compagnies disciplinaires, appelés à faire partie d'une réunion des troupes, prennent la gauche des troupes françaises à pied.

Les troupes étrangères ou indigènes prennent la gauche des troupes nationales de leur arme.

Les préposés en armes du service des douanes prennent la gauche des troupes à pied.

Si les troupes doivent être formées en haie, le côté droit est déterminé par la direction qui suit le cortège (1). Elles sont établies d'après les principes posés ci-dessus, en prenant alternativement la droite et la gauche.

Dans le cas où la garde nationale figure dans la cérémonie, elle prend le côté droit de la haie. La troupe lui fait face.

---

(1) Quand une troupe, dans la haie, occupe le côté droit, considéré comme place d'honneur, on dit qu'elle prend la droite ; quand elle occupe le côté gauche, elle prend la gauche.

SOLDATS ORDONNANCES.

Des soldats ordonnances sont accordés : 1° aux officiers de troupe; 2° aux officiers généraux du cadre d'activité et aux autres officiers sans troupe et assimilés réglementairement montés. Ces soldats ordonnances sont attribués à raison d'un homme par 2 chevaux. Ils sont pris dans les corps et comptent dans l'escadron du train des équipages du corps d'armée. Leur passage est prononcé par le général commandant le corps. Ils ne paient pas de service.

Quand un officier demande à changer un soldat ordonnance pour un motif d'inconduite, le général commandant le corps prononce la rentrée dans le corps d'origine et fait désigner un autre homme par un des corps de troupes. Ces changements ne peuvent être autorisés qu'exceptionnellement (Décis. imp. du 1er sept. 1867; Circ. du 29 déc. 1867, 10 fév. 1868; Déc. minist. du 5 nov. 1874).

En campagne les soldats ordonnances sont fournis :

Par le train des équipages :

Aux officiers généraux, officiers d'état-major, état-major du génie, fonctionnaires de l'intendance, officiers de gendarmerie, médecins employés en dehors des corps de troupes, officiers d'administration montés du service des subsistances, agents de la trésorerie et des postes, aumôniers.

Par les régiments d'infanterie ou bataillons de chasseurs :

Aux officiers montés du corps (ils comptent à la section hors rang).

Par les régiments de cavalerie :

Aux officiers ayant 3 chevaux (colonel et lieutenant-colonel) (ils ne sont pas montés et comptent au peloton hors rang). Pour tous les autres officiers, les soldats ordonnances sont montés et comptent dans les escadrons.

Par les corps de troupe de l'artillerie :

Au officiers de troupe de l'artillerie, du train d'artillerie, des compagnies d'ouvriers d'artillerie, aux officiers de l'état-major particulier de l'artillerie (ils comptent tous dans les batteries).

Par les corps de troupe du génie :

Aux officiers de troupe du génie (ils comptent à l'effectif du corps).

Par les sections de commis et ouvriers d'administration (à raison d'un homme par 2 officiers) :

Aux officiers d'administration de tous grades des bureaux de l'intendance, aux officiers d'administration de tous grades de l'habillement et du campement.

Par les sections d'infirmiers militaires :

Aux pharmaciens-majors et aides-majors des hôpitaux, aux officiers d'administration de tous grades des hôpitaux.

———

Les soldats ordonnances conducteurs de chevaux de main, dans les troupes à pied, mettent leur sac sur les fourgons à bagages.

Dans chaque corps d'armée, tous les soldats ordonnances des officiers sans troupes ou assimilés sont rattachés à la 5ᵉ compagnie de l'escadron du train d'artillerie du corps d'armée. Les soldats ordonnances des mêmes catégories, dans les divisions de cavalerie indépendante et les quartiers généraux d'armée, sont rattachés à la 6ᵉ compagnie (disponible) de l'escadron (Voir *Armement, Administration des quartiers généraux*).

TARIF D'ENTRÉE EN CAMPAGNE

(Décret du 25 décembre 1873, tableau n° 52).

		Francs
État-major général.	Maréchal de France	12,000
	Général en chef	8,000
	Général commandant un corps d'armée	7,000
	Général de division, intendant général ou en chef	6,000
	Général de brigade, intendant, médecin inspecteur	4,000
États-majors, troupes à cheval, intendance, corps de santé.	Colonel, sous-intendant, directeur de télégraphie	1,800
	Médecin principal de 1re classe	1,500
	Lieutenant-colonel, médecin principal de 2e classe	1,200
	Chef d'escadron, adjoint de 1re classe à l'intendance, médecin-major de 1re classe, vétérinaire principal	1,000
	Adjoint de 2e classe à l'intendance, chef de service de télégraphie	900
	Capitaine, médecin-major de 2e classe, vétérinaire en 1er	700
	Chef de section de télégraphe (1)	600
	Lieutenant et s.-lieutenant, médecin aide-major, vétérinaire en 2d et aide, chef de poste de télégraphie (1)	500
Troupes à pied et aumôniers.	Colonel, aumônier en chef	1,200
	Lieutenant-colonel	1,000
	Chef de bataillon, aumônier de corps d'armée	900
	Capitaine adjudant-major, instructeur, ingénieur	700
	Capitaine, aumônier titulaire	600
	Lieutenant, sous-lieutenant, chef de musique	400
	Officier payeur	500
Services administratifs moins la justice.	Officier d'administration principal	1,000
	Officier d'administration	900
	Adjudant en 1er ou en 2d	500
	Gardes d'artillerie, contrôleurs et adjoints du génie principaux	500
	Gardes, contrôleurs, adjoints, chef et sous-chef ouvrier d'état	400
	Ouvriers d'état, gardiens de batterie	300

Les officiers d'état-major (y compris ceux qui sont détachés dans les corps), les officiers d'ordonnance, et les officiers d'artillerie, du génie et des équipages, ont droit à l'indemnité sur le même pied que les officiers de troupes à cheval.

---

(1) Les fonctionnaires de la télégraphie (chefs de section et chefs de poste) non montés, ont 100 francs de moins que leurs collègues à cheval (Tarif du 14 juin 1877, J. M.).

Tarif de l'indemnité pour perte de chevaux et d'effets.

(Décret du 25 décembre 1875, tableau n° 58).

GRADES.	pour perte d'effets.	pour perte de chevaux.	aux militaires non prisonniers de guerre pour chaque cheval tué par l'ennemi.	OBSERVATIONS.
Maréchal de France	6,000f	5,400f		
Général de division et intendant général.	3,000	1,800		
Général de brigade et assimilé.	2,000	1,350		
Corps d'état-major, intendance, régiments d'artillerie et de cuirassiers. — Colonel, sous-intendant, directeur de télégraphie.	900	900		
Lieutenant-colonel.	800	900		
Chef d'escad., adj. de 1re cl. à l'intend., chef de serv. de télégraphie.	700	450	1,200	
Capit., chef de sect. de télég.	500	»		
Adjoint de 2e cl. à l'intend.	600	»		
Lieutenant et sous-lieuten. chef de poste de télégr.	400	»		
États-majors particuliers. — Colonel, aumôn. en chef (a).	800	900		
Lieutenant-colonel.	700	900		
Chef de bataillon, aumônier de corps (a).	600	450		
Capitaine, aumôn. titul. (a).	400	»		
Lieutenant et sous-lieuten.	300	»	»	
Garde, contrôleur ou adjoint principal.	400	»		»
Garde, contrôleur, adjoint, chef, sous-chef.	300	»		»
Ouvrier d'état, gardien de batterie.	200	»		»
Troupes à pied et corps de santé. — Colonel.	800	(1) 900		
Lieutenant-colonel.	700	(1) 900		
Chef de bataillon.	600	(2) 450		
Capitaine.	400	»		
Lieutenant, sous-lieutenant et chef de musique.	300	»		
Troupes à cheval autres que les rég. d'art. et les cuirass. — Colonel.	900	800		
Lieutenant-colonel.	800	800		
Chef d'escadron.	700	400	(3) 400	
Capitaine.	500	»		
Lieutenant et sous-lieuten.	400	»		
Officier d'administration principal, vétérinaire principal.	700	400		
Officier d'administration.	600	»		
Vétérinaire en premier.	500	»		
Adjudant d'administration en premier, vétérinaire en second et aide-vétérinaire.	400	»		
Adjudant d'administration en second.	300	»		
Spahis. — Hommes de troupe.	»	»	250	
Aumôniers. — en chef.	800	»		
de corps d'armée.	600	»	400	
titulaire.	400	»		

(a) L'aumônier ne reçoit rien pour le cheval.
(1) 900 fr. seulement dans l'infanterie.
(2) 450 fr. id.
(3) 450 fr. dans les armes du génie, de l'artillerie et au corps de santé.

Tarif nº 1, de l'indemnité de route.

GRADES (1).	INDEMNITÉ JOURNALIÈRE et de séjour.	INDEMNITÉ DE TRANSPORT			OBSERVATIONS.
		kilométrique sur les voies ferrées.	kilométrique en diligence.	fixe par voyage.	
	fr. c.	(2) fr. c.	(2) fr. c.	fr. c.	
Colonel.............. Lieutenant-colonel.. Chef de bataillon ou d'escadron.........	5 »	» 031	» 16	5 »	Lorsque le parcours a lieu sur les voies ferrées où les militaires paient demi-place, le taux de l'indemnité kilométrique de transport fixé par le présent tarif sera doublé; il est quadruplé si le chemin de fer n'est astreint à aucune réduction du prix de la place. Les veuves et les orphelins de militaires n'étant pas admis à voyager sur les chemins de fer au 1/4 de place, le taux de l'indemnité kilométrique de transport fixé par le présent tarif est quadruplé lorsqu'il s'agit de leur appliquer les dispositions du § 8 du chapitre IV du tableau A (3).
Capitaine............ Lieutenant.......... Sous-lieutenant.....	3 »	» 031	» 14	5 »	
Adjudant - sous - officier (6)............ (4)	3 »	» 023	» 14	»	
Sergent-major ou maréchal des logis chef Sergent ou maréchal des logis (6)........ (5)	1 75	» 017	» 135	»	
Caporal ou brigadier (6)............ Soldat (6)........... (5)	1 25	» 017	» 135	»	

(1) Le tarif ne comprend que les grades militaires, mais il s'applique aux fonctionnaires et employés militaires, d'après l'assimilation qui leur est conférée pour le droit aux allocations suivant le tableau de la page 322. — (2) Fixations du décret du 13 octobre 1871. — (3) Observation conforme au décret du 19 mai 1869. — (4) Article 31 du décret du 23 décembre 1875. — (5) Voir le décret du 25 janvier 1879, fixant à 1 fr. 25 l'indemnité journalière due aux *disponibles*, *réservistes*, *hommes à la disposition* et *hommes de l'armée territoriale*, quel que soit leur grade (art. 2). Cette règle est applicable même à ceux qui voyagent en détachement. Les mêmes indemnités sont allouées à tous les hommes de l'armée active, quel que soit leur grade, renvoyés dans leurs foyers. — (6) Le ministre a décidé, le 21 juin 1879, que l'indemnité kilométrique de transport accordée aux sous-officiers et soldats, dans les positions prévues par le règlement du 12 juin 1867, sera augmentée, lorsqu'il y aura lieu, du droit de timbre de 10 centimes qui, conformément à la loi du 23 août 1871, frappe les billets de place de chemins de fer dont le prix excède 10 francs.

Tarif nº 2, de l'indemnité de déplacement (1).
(Remplace l'indemnité de route pour les officiers généraux et assimilés).

GRADES.	TAUX DE L'INDEMNITÉ SUR LES			
	VOIES FERRÉES			ROUTES ordinaires.
	au 1/4 du tarif.	à la 1/2 du tarif.	au plein tarif.	
	Kilomètre.	Kilomètre.	Kilomètre.	Kilomètre.
	fr. c.	fr. c.	fr. c.	fr. c.
Maréchal de France...... Général de division........ Intendant général inspecteur.......	0 60	0 65	0 75	1 54
Général de brigade....... Intendant militaire....... Médecin inspecteur....... Pharmacien inspecteur..... Aumônier en chef........	0 175	0 325	0 325	0 48

(1) Tarifs conformes au décret du 19 mai 1869.

Tableau des assimilations de grades des fonctionnaires et employés de la guerre, pour le droit à l'indemnité de route.

DÉSIGNATION.	GRADE sur lequel est réglée l'allocation.
1° *Fonctionnaires et employés militaires traités comme officiers.*	
Intendance militaire...... Sous-intendant militaire de 1re cl...	Colonel.
Sous-intendant militaire de 2e cl....	Lieutenant-colonel.
Adjoint de 1re classe..........	Chef de bataillon.
Adjoint de 2e classe...........	Capitaine.
Service de santé...... Médecin ou pharmacien principal de 1re classe........	Colonel.
Médecin ou pharmacien principal de 2e classe........	Lieutenant-colonel.
Médecin ou pharmacien-major de 1re classe........	Chef de bataillon.
Médecin ou pharmacien-major de 2e classe........	Capitaine.
Médecin ou pharmacien aide-major de 1re ou de 2e classe.........	Lieutenant ou sous-lieutenant.
Médecin ou chirurgien civil requis....	Capitaine.
Services administratifs. Officier d'administration principal...	Chef de bataillon.
Officier d'administration de 1re ou de 2e classe........	Capitaine.
Adjudant d'administration de 1re ou de 2e classe (1)..........	Lieutenant ou sous-lieutenant.
Service vétérinaire.... Vétérinaire principal..........	Chef de bataillon.
Vétérinaire de 1re ou de 2e classe...	Capitaine.
Aide-vétérinaire de 1re ou de 2e cl....	Lieutenant ou sous-lieutenant.
Artillerie, génie, train des équipages militaires...... Professeur de sciences appliquées ou de dessin..........	Capitaine.
Professeur de grammaire ou d'écriture..........	
Répétiteur de sciences appliquées....	
Garde principal..........	
Garde de 1re ou de 2e classe.........	Lieutenant ou sous-lieutenant.
Contrôleur principal d'armes........	
Contrôleur d'armes..........	
Chef et sous-chef ouvrier d'état......	
Aumôniers.... Aumônier supérieur aux armées.....	Chef de bataillon.
Attaché aux places de guerre, garnisons et hôpitaux........	Capitaine.
École militaire de Saint-Cyr. Répétiteur..........	Lieutenant.
Parquets militaires (2).. Commissaire du gouvernement......	
Rapporteur..........	
Greffier..........	
Greffiers de toutes classes non militaires ou non retraités comme tels.	Lieutenant.
Ateliers pénitenciers.... Officiers d'administration de la 3e section..........	Comme pour les services administratifs.

(1) Les adjudants auxiliaires sont traités sur le même pied.

(2) S'ils sont officiers en activité ou en réforme, ils reçoivent l'indemnité de leur grade, et s'ils sont en retraite, ils reçoivent l'indemnité du grade sur lequel est basée la pension.

DÉSIGNATION.		GRADE sur lequel est réglée l'allocation.
Interprètes.....	Interprète principal........................	Chef de bataillon.
	Interprète de 1re ou de 2e classe.......	Capitaine.
	Interprète de 3e cl. ou auxiliaire.....	Lieutenant ou sous-lieutenant.
Corps de troupe	Chef de musique.........................	Sous-lieutenant.
Télégraphie militaire (1)...	Directeur de la télégraphie............	Officier supérieur.
	Chef de service.........................	
	Chef de section.........................	Officier inférieur.
	Chef de poste...........................	

2° *Employés militaires, gagistes, femmes et enfants, traités comme sous-officiers ou soldats,*

DÉSIGNATION.		GRADE sur lequel est réglée l'allocation.
Corps de troupe......	Sous-chef de musique....................	Adjudant.
	Musicien de 1re classe..................	Sergent-major.
	Musicien de 2e classe...................	Sergent.
	Musicien de 3e ou de 4e classe.........	Soldat.
	Blanchisseuse-vivandière................	Soldat.
	Enfant de troupe........................	
État-major des places de guerre.........	Portier-consigne de 1re classe........	Adjudant.
	Portier-consigne de 2e classe.........	Sergent-major.
	Portier-consigne de 3e classe.........	Sergent.
	Batelier aide-portier..................	Soldat.
Artillerie, génie, train des équipages militaires......	Ouvrier d'état.........................	Adjudant.
	Chef armurier de 1re classe............	
	Chef artificier........................	Sergent-major.
	Chef armurier de 2e classe.............	Sergent-major.
	Gardiens de batterie (2)..............	Sergent-major.
	Sous-chef artificier...................	
	Maître charpentier, forgeron, etc.....	Sergent.
	Portier................................	
	Artificier ouvrier ou apprenti aide-portier...............................	Soldat.
Tribunaux militaires......	Commis-greffier........................	Adjudant.
	Huissier...............................	Sergent.
Établissements pénitentiaires	Adjudant surveillant...................	Adjudant.
	Adjudant greffier......................	
	Surveillant portier....................	
	Surveillant portier de 1re classe.....	Sergent-major.
	Sergent-major employé aux écritures...	
	Fourrier aux écritures.................	Sergent.
	Surveillant de 2e classe...............	
Prisons militaires......	Agent principal........................	Adjudant.
	Greffier...............................	
	Premier surveillant....................	Sergent-major.
	Surveillant-fourrier...................	
	Surveillant............................	Sergent.
	Concierge et guichetier................	
Bâtiments militaires......	Casernier (3)..........................	Sergent.
Télégraphie militaire......	Télégraphiste..........................	Sergent.
	Ouvrier................................	Caporal.

(1) Décision présidentielle du 13 octobre 1875.
(2) Circulaire du 14 mai 1868.
(3) Les caserniers n'ont droit à l'indemnité de route que lorsqu'ils voyagent pour le service.

ÉTAT DU PERSONNEL

ressortissant au département de la guerre, qui doit être admis, en tout temps, au bénéfice de la réduction de prix stipulée par les cahiers des charges des chemins de fer :

LE MINISTRE DE LA GUERRE ET SON ÉTAT-MAJOR.

OFFICIERS GÉNÉRAUX, officiers supérieurs ou assimilés.	OFFICIERS depuis le grade de capitaine et employés militaires assimilés.	AGENTS, sous-officiers, caporaux, soldats et agents assimilés.
Maréchaux de France. Généraux de division. Généraux de brigade. Colonels. Lieutenants-colonels. Chefs de bataillon. Chefs d'escadron. Majors. Intendants généraux. Intendants militaires. Sous-Intendants militaires. Adjoints à l'intendance.	Capitaines. Lieutenants. Sous-lieutenants. Chefs de musique. Élèves à l'École d'application de l'artillerie et du génie. Élèves à l'École d'état-major. Élèves à l'École polytechnique. Élèves à l'École militaire spéciale de Saint-Cyr. Élèves à l'École de cavalerie de Saumur. Élèves du Prytanée militaire.	Adjudants, chefs armuriers et sous-chefs de musique. Sous-officiers et gendarmes. Maîtres ouvriers des corps de troupe. Caporaux et brigadiers. Soldats, tambours, clairons, trompettes et enfants de troupe. Cavaliers de manège, cavaliers de remonte. Sapeurs-pompiers de la ville de Paris. Cantinières-vivandières et blanchisseuses commissionnées.
Commissaire du gouvernement et rapporteur près les conseils de guerre et les conseils de révision.	Substituts près les conseils de guerre et les conseils de révision. Greffiers attachés aux parquets, prisons, pénitenciers et ateliers de condamnés militaires.	Commis-greffiers, agents principaux, sergents, huissiers, appariteurs et sous-officiers de surveillance attachés aux parquets, prisons, pénitenciers et ateliers de condamnés, fusiliers et pionniers de discipline.
Médecins et pharmaciens inspecteurs. Médecins et pharmaciens principaux. Médecins et pharmaciens majors. Vétérinaires principaux. Aumôniers en chef.	Médecins et pharmaciens aides-majors. Élèves à l'École de médecine et de pharmacie militaires. Vétérinaires, aides-vétérinaires. Chapelains militaires et aumôniers militaires titulaires.	Élèves de l'École d'administration militaire de Vincennes.
Officiers d'administration principaux des hôpitaux militaires, de l'habillement et du campement, des bureaux de l'intendance militaire, des subsistances militaires et de la justice militaire.	Officiers d'administration et adjudants d'administration des hôpitaux militaires, de l'habillement et du campement, des bureaux de l'intendance militaire, des subsistances militaires et de la justice militaire. Adjoints principaux et adjoints de toutes classes du génie ; gardes principaux et gardes de toutes classes de l'artillerie, Contrôleurs d'armes, chefs et sous-chefs ouvriers d'État (déc. min. du 19 oct. 1866 et circ. trav. publ. du 25 sept. 1879),	*(Employés mil. de l'art., du génie et de l'équip., militaires faisant partie des cadres de l'armée.)* Ouvriers d'état, sous-officiers, stagiaires, caserniers, portiers-consignes, éclusiers militaires, artificiers, gardiens de batterie, contrôleurs de fonderies et manufactures et de directions, maréchaux des logis, chefs mécaniciens, gardes-parcs, maréchaux ferrants, bourreliers, ouvriers en fer et en bois et ouvriers militaires de chemins de fer.

OFFICIERS GÉNÉRAUX, officiers supérieurs et assimilés.	OFFICIERS depuis le grade de capitaine et employés militaires assimilés.	ADJUDANTS, sous-officiers, caporaux, soldats et agents assimilés.
Interprètes principaux. Officiers supérieurs de l'hôtel des Invalides. Officiers en disponibilité ou dans la réserve. Officiers en non-activité.	Interprètes. Officiers de l'hôtel des Invalides. Officiers en non-activité.	Militaires de l'hôtel des Invalides. Militaires en congé, lorsqu'ils se rendent dans leurs foyers, lorsqu'ils sont rappelés ou qu'ils voyagent en vertu d'un ordre de service.
Nota. Les officiers en retraite ne sont pas compris, sauf l'exception ci-après.	*Nota.* Les officiers en retraite ne sont pas compris, sauf l'exception ci-après.	
Colonels, lieutenants-colonels, chefs de bataillon, majors du cadre d'activité, démissionnaires ou en retraite, commandant un bureau de recrutement.	Capitaines, lieutenants, sous-lieutenants du cadre d'activité, démissionnaires ou en retraite, employés dans le service du recrutement. Capitaines-majors et officiers adjoints de l'armée territoriale.	Les sous-officiers de l'armée territoriale soldés d'une manière permanente.
Khalifats, bach-aghas et aghas exerçant un commandement en territoire militaire.	Kaïds, cheiks, exerçant un commandement en territoire militaire.	Cavaliers et fantassins auxiliaires indigènes.

ETAT DU PERSONNEL

ressortissant au département de la guerre qui doit être admis, dans certaines circonstances déterminées, au bénéfice de la réduction de prix stipulée par les cahiers des charges des chemins de fer :

OFFICIERS SUPÉRIEURS et assimilés.	OFFICIERS depuis le grade de capitaine et assimilés.	ADJUDANTS, sous-officiers, caporaux, soldats et agents assimilés.
Lieut.-col. et ch. de bat. de l'armée territoriale. Directeurs et chefs du service de la télégraphie militaire. Ch. de bat. commandant un bataillon de douanes. *(En cas de mobilisation, de manœuvres ou de revues.)*	Cap., lieuten. et sous-lieut. de l'armée territoriale. Chefs de section, chefs de poste et télégraphistes de la télégraphie militaire. Cap., lieuten. et sous-lieuten. des comp. de chasseurs forestiers. Cap. et lieut. des comp. de douanes. *(En cas de mobilisation, de manœuvres ou de revues.)*	Sous-off., cap., brigad., tamb., clair., sold. de l'armée territ. Ouvriers de la télégraphie milit. Sous-off., cap., clair. et chass. du corps forest. Sous-off., cap., tamb. ou clair. du corps des douanes et douaniers. *(En cas de mobilisation, de manœuvres ou de revues.)*

Réserves de l'armée active et de l'armée territoriale, en cas de mobilisation, de manœuvres ou de revues.

Nota. En cas de guerre seulement, sont transportés, au tarif militaire, sur les chemins de fer, les corps spéciaux formés en vertu de décrets et conformément à l'article 8 de la loi du 24 juillet 1873, tels que, par exemple, les agents de la trésorerie et des postes, les sergents de ville, les corps de volontaires autorisés, etc., etc.

DEUXIÈME PARTIE.

Appréciation des distances.

Par le bruit. — Le son parcourt 337 mètres par seconde à la température de + 10°. Cette vitesse augmente de 3,70 environ pour chaque accroissement d'un degré. L'intensité du bruit et sa tonalité ne modifient pas la vitesse, non plus que les conditions barométriques. La transmission de la lumière, aux petites distances, peut être regardée comme instantanée. La différence entre le moment où l'on aperçoit la lueur d'un coup de canon et celui où l'on perçoit la détonation donne donc, évaluée en secondes, une appréciation approximative de la distance. Chaque mouvement du balancier d'une montre correspond, à très peu près, à 1/5° de seconde, soit 67^m,40.

Par la vue à l'œil nu. — Avec une vue moyenne et un temps clair, on admet qu'on peut apercevoir à l'horizon, à une distance :

de 15-20 kil., des clochers et des châteaux ;
de 8-12 kil., des moulins à vent ;
de 3-4 kil., des cheminées de couleur claire ;
de 2 kil., le tronc de grands arbres ;
de 1 kil., des poteaux isolés.

De plus, on aperçoit :

à 1/2 kil., les fenêtres ;
à 200-230 mètres, les tuiles des toits d'un bâtiment.

Pour les corps de troupes, on aperçoit, à 1,600 mètres les mouvements de masses : l'infanterie paraît alors être un trait noir avec une bordure brillante ; la cavalerie, un large trait noir dentelé dans sa partie supérieure ;

A 1,200 mètres, l'infanterie paraît comme un trait noir dentelé dans sa partie supérieure : on distingue déjà bien la cavalerie ;

A 1,000 mètres, on aperçoit les sections et le nombre des bouches à feu ;

A 800 mètres, on distingue clairement le mouvement d'une troupe en bataille ;

A 650 mètres, on reconnaît la silhouette des soldats d'infanterie et le cheval du cavalier ;

A 500 mètres, on distingue la tête de l'homme, de sa coiffure, les chevaux et les cavaliers.

On aperçoit encore :

à 300 mètres, les couleurs claires ;
à 160 mètres, les boutons et les tresses ;
à 80-120 mètres, l'ensemble des yeux ;
à 65 mètres, les yeux ;
à 20-25 mètres, le blanc des yeux (1).

Au pas. — On compte 100 pas = 80 mètres ; mais il est bon d'étalonner son pas. — Cette recommandation s'applique plus encore à la mesure des distances au pas du cheval, bien que l'on admette 1 pas = 1 mètre.

Par une nuit calme on entend la marche de :

Une compagnie au pas non cadencé à	300—450 mètres
— au pas cadencé à.....	580—680 —
Un escadron au pas à.............	650—580 —
— au trot et au galop à......	780—800 —
Des pièces d'artillerie à.............	780—800 —
Cavaliers isolés sur un terrain résistant.	80—150 —

Par un vent de tempête, la voix humaine ne porte pas au delà de 50-60 mètres.

Thermomètres.	POINT	
	de congélation	d'ébullition
	de l'eau à la pression de 0m,76.	
Centigrade (C)........	0	+ 100
Réaumur (R).........	0	+ 80
Fahrenheit (F) (2)....	+ 32	+ 212

Pour convertir une observation de l'une à l'autre de ces notations, on a :

$$R = \frac{4}{5} \text{ de } C \text{ ou } C = \frac{5}{4} R.$$

$$F = \frac{9}{5} C + 32 \text{ ou } C = \frac{5}{9} (F - 32).$$

---

(1) On admet que les erreurs probables, pour un observateur exercé et placé dans de bonnes conditions, sont les suivantes aux petites distances :

de 450 à 700 mètres,	1/15 de la distance,	=	40 mètres
de 700 à 900 —	1/12 —	=	70 —
de 900 à 1100 —	1/10 —	=	100 —

Au delà de 1200 mètres, l'évaluation peut être considérée à peu près comme illusoire.

(2) Employé surtout en Angleterre et en Allemagne.

Tableau comparatif des mesures, poids, volumes, monnaies, etc.

Longueurs.

		Valeur rapp. au mèt.
Angleterre	1 yard (à 3 Foot de 12 inches)	0^m915
Autriche	1 pied (Fuss) à 12 pouces (Zoll)	0 316
Prusse (anc. système)	1 pied (Fuss) à 12 pouces (Zoll)	0 314
Russie	1 pied (12 pouces) (1 archine = 16 werkschock = 28 pouces).	0 305
Suède	1 pied (à 10 pouces) 1 aune (Elle) = 2 pieds.	0 297

Mesures itinéraires.

Angleterre	1 mille (1,760 yards)	1,609
	1 mille marin (2,025 yards)	1,854
Autriche	1 mille (24,000 pieds)	7,586
France	1 lieue marine	10,000
Prusse (anc. système)	1 mille (meile) (24,000 pieds)	7,532
	1 mille allemand ou géographique	7,420
Russie	1 werste (3,500 pieds)	1,066
Suède	1 mille (3,600 pieds)	10,688

Poids.

		Poids en grammes.
Angleterre	1 livre (à 16 ounces)	0^k454
Autriche	1 livre (Pfund) (à 32 Loths)	0 560
Prusse (anc. système)	1 livre (à 30 Loths)	0 500
	1 quintal (Centner) à 100 livres	50 000
Russie	1 livre (à 96 solotnik) (1 pud = 40 livres).	0 409

Mesures pour les grains.

		Capacité rapp. au litre.
Angleterre	1 quartner (à 8 buschel, à 8 gallons, à 8 pints)	290 00
Autriche	1 Metze (à 16 Massel)	61 504
Prusse (anc. système)	1 Scheffel	55 00
Russie	1 tschetwert (à 8 tschetwerick)	208 00
Suède	1 pied cube (à 10 kannen)	26 17

Mesures pour les liquides.

Autriche	1 Maass	1^lit 415
Angleterre	1 gallon (à 8 pintes)	4 541
Prusse (anc. système)	1 quart	1 145
Russie	1 kruschka	1 230
Suède	1 kanne	2 617

Mesures pour les solides.

		Volume rapp. au m. c.
Angleterre	1 pied cube (à 1,728 pouces cubes)	0 02832
	1 yard cube	0 76451
Autriche	1 pied cube (à 1,728 pouces cubes)	0 03159
Prusse (anc. système)	1 pied cube (à 1,728 pouces cubes)	0 030916
Russie	1 pied cube (à 1,728 pouces cubes)	0 02832
Suède	1 pied cube (à 1,728 pouces cubes)	0 02172

Monnaies.		Valeur rapp. au franc.
Angleterre...	Crown (argent) à 5 schillings.........	5 60
	Florin (argent) à 2 schillings........	2 25
	Schilling (argent).................	1 12
Autriche.....	Florin (argent) à 100 Kreutzers.....	2 45
	Kreutzer (cuivre)................	0 03
Prusse.......	ancien système. { Thaler (argent) à 30 Silbergroschen............	3 68
	Silbergrosche (billon).....	0 12
	nouveau système. { Mark (argent) à 100 pfenning...............	1 25
Russie........	Rouble (argent) à 100 kopecks......	3 92
	Kopeck (cuivre]..................	0 04
Suède........	Rixdaler (argent).................	5 61

Les puissances ci-après ont adopté le système métrique : Allemagne, Belgique, Espagne, France, Grèce, Hollande, Italie, Portugal.

DÉNOMINATIONS DU SYSTÈME MÉTRIQUE ALLEMAND.

(Loi de l'Empire du 22 avril 1871.)

1 mètre (100 cent.)...............	Meter ou Stab.
1 centimètre (10 mill.)............	Centimeter ou Neu-Zoll.
1 millimètre...................	Millimeter ou Strich.
1 décamètre (10 mètres)..........	Dekameter ou Kette.
1 kilomètre (1,000 mètres)........	Kilometer.

1 mètre carré	Quadratstab.
1 are (100 mètres carrés)........	Ar.
1 hectare (10,000 mètres carrés)..	Hektar.

1 litre (1/1,000ᵉ de mètre cube)...	Liter ou Kanne.
1/2 litre....................	Schoppen.
1 hectolitre (100 litres)..........	Fasse.
1/2 hectolitre (50 litres)..........	Scheffel.

1 kilogramme (1,000 grammes)...	Kilogramm.
1/2 kilogramme (500 grammes)....	Pfund.
1 décagramme (10 grammes).....	Dekagramm ou Neu-Loth.
10 kilogrammes (100 livres)......	Centner.
1,000 kilogrammes (2,000 livres)...	Tonne.

TOPOGRAPHIE.

Renseignements sur les échelles et les signes conventionnels.

Tableau des valeurs réduites du kilomètre aux différentes échelles en usage.

DÉNOMINATEUR de l'échelle.	VALEUR RÉDUITE du kilomètre en mètres.	DÉNOMINATEUR de l'échelle.	VALEUR RÉDUITE du kilomètre en mètres.
1.000	1000. »	126.000	7.93
1.250	800. »	144.000	6.94
2.500	400. »	160.000	6.25
5.000	200. »	172.800	5.78
10.000	100. »	200.000	5. »
12.000	83.33	210.000	4.76
20.000	50. »	250.000	4. »
21.000	47.61	288.000	3.47
25.000	40. »	300.000	3.33
40.000	25. »	320.000	3.125
42.000	23.81	400.000	2.50
43.200	23.14	420.000	2.38
50.000	20. »	500.000	2. »
57.600	17.36	600.000	1.66
63.360	15.78	800.000	1.25
80.000	12.50	864.000	1.157
84.000	11.90	1.000.000	1. »
86.400	11.57	1.600.000	0.625
100.000	10. »	2.400.000	0.416

La formule $K = \frac{1,000,000}{D}$, dans laquelle K représente la valeur en millimètres du kilomètre réduit à l'échelle dont le dénominateur est D, permet de calculer une de ces deux quantités quand on connaît l'autre.

La formule $D = \frac{111,111,000}{a}$ permet de calculer le dénominateur de l'échelle d'une carte, connaissant la valeur a en millimètres de l'arc d'un degré.

Réciproquement, $a = \frac{111,111,000}{D}$ permet de calculer la valeur a suivant l'échelle D, et, par conséquent, la valeur de $\frac{a}{2}$ ou 30′, $\frac{a}{6}$ ou 10′.

Soient K et K′ les valeurs réduites d'une distance connue à des échelles dont les dénominateurs correspondants sont D et D′, on a la relation $\frac{K'}{K} = \frac{D'}{D}$, d'où $D' = \frac{KD}{K'}$, ce qui donne le moyen d'évaluer le dénominateur de l'échelle d'une carte dont on ne connaît pas la projection ou les ordonnées géographiques, en la comparant à une autre carte pour laquelle les éléments K et D sont connus.

Tableau pour la construction des échelles.

NOMBRE de pas pour 100 mètres.	VALEUR RÉDUITE de 1000 pas aux échelles de :		NOMBRE de pas pour 100 mètres.	VALEUR RÉDUITE de 1000 pas aux échelles de :	
	$\frac{1}{10.000}$	$\frac{1}{20.000}$		$\frac{1}{10.000}$	$\frac{1}{20.000}$
120	83.33	41.67	136	73.53	36.76
121	82.64	41.32	137	72.99	36.49
122	81.97	40.98	138	72.46	36.23
123	81.30	40.65	139	71.94	35.97
124	80.65	40.32	140	71.43	35.71
125	80.00	40.00	141	70.92	35.46
126	79.37	39.68	142	70.42	35.21
127	78.74	39.37	143	69.93	34.96
128	78.13	39.06	144	69.44	34.72
129	77.52	38.76	145	68.96	34.48
130	76.92	38.46	146	68.49	»
131	76.34	38.17	147	68.03	»
132	75.76	37.88	148	67.57	»
133	75.19	37.59	149	67.11	»
134	74.63	37.31	150	66.67	»
135	74.07	37.03			

Soit K la valeur en millimètres du kilomètre réduit à l'échelle, n le nombre de pas par 100 mètres. La valeur réduite de 1 000 pas à la même échelle sera égale à $\dfrac{K \times 1{,}000}{10 \times n} = \dfrac{100\,K}{n}$

Tableau de projection à l'horizon.

Il permet de déterminer la longueur de la projection d'une ligne de terrain en pente, mesurée directement et dont la pente est connue.

Degrés de pente.	Projection d'une longueur d'un mètre mesurée sur le terrain.
5°	0 996
10°	0 985
15°	0 966
20°	0 940
25°	0 906
30°	0 866
35°	0 822
40°	0 729
45°	0 707

Echelles principales.

Mètre.

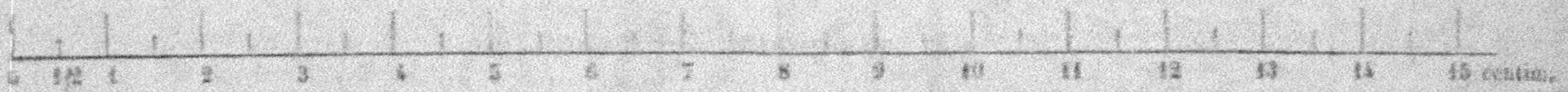

Echelle à $\dfrac{1}{30,000}$ 1 kil. = 30 millim.

Echelle à $\dfrac{1}{40,000}$ 1 kil. = 25 millim.

Échelle à 1/80,000   1 kil. = 12 mill. 1/2.
0 500 1 2 3 4 5 6 7 8 9 10 11 12 kilom.
Front tactique d'une division (1200).
Graduation du fusil modèle 1874 (1800).
Espace parcouru par heure (5,500).
Pièces de 5 et de 7 (6000m).

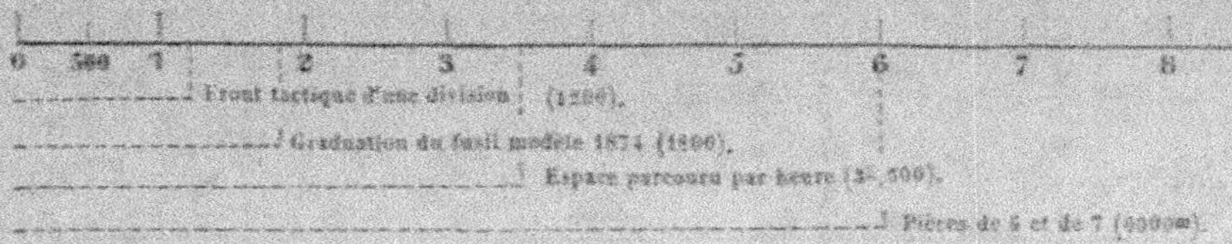

Échelle à 1/320,000   1 kil. = 3 mill. 1/10.
0 1 2 3 4 5 6 7 8 9 10 20 30 40 50 kilom.

Échelle à 1/60,000   1 kil. = 16 mill. 1/2.
0 500 1000 1500 2k 3 4 5 6 7 8 9 10 kilom.

Échelle à 1/200,000   1 kil. = 5 millim.
0 1 2 3 4 5 6 7 8 9 10 15 20 25 30 kilom.

L'équidistance réduite, c'est-à-dire le rapport constant entre l'équidistance et l'échelle, est prise habituellement de 0m,00025 ou 1/4 de millimètre, ou de 0m,0005 ou 1/2 millimètre, suivant la nature plus ou moins accidentée du pays. Par suite, on a, pour *l'équidistance réelle* :

		À 0m,00025.	À 0m,0005.
Pour l'échelle de	$\dfrac{1}{10,000}$	= 2m50	= 5m00.
—	$\dfrac{1}{20,000}$	= 5 00	= 10 00.
—	$\dfrac{1}{40,000}$	= 10 00	= 20 00.
—	$\dfrac{1}{80,000}$	= 20 00	= 40 00.

Le diapason des hachures indique, pour une échelle donnée, le rapport du noir au blanc, lequel égale la fraction qui représente la pente (tangente de l'inclinaison) $\times$ 3/2.

Les cartes donnent la distance horizontale entre les points. Pour obtenir la distance réelle, si le terrain est accidenté, forcer de 1/4 à 1/3 de sa valeur la longueur trouvée, afin de tenir compte de la pente.

De quelques signes conventionnels.

Cartes de l'état-major français.		*Cartes allemandes.*	
Divisions territoriales.			
Limite de commune.	⸺ ⸱⸱⸱⸱⸱⸱⸱	Liseré minim.	
Limite de canton.	⸺ ⸺ ⸺	Liseré vert.	
Limite d'arrondissement.	⸱ ⸺ ⸱ ⸺ ⸱ ⸺	Liseré rouge.	
Limite de départ. ou prov.	⸺ ⸺ ⸺	Liseré bleu	
Limite d'états.	⸺+ + + + +	Bleu à deuel	
Chemin de fer américain ou tramways, (Pferdebahn).			⊢⊢⊢⊢⊢⊢⊢⊢
Pont en pierre.		Rouge.	Teinte rouge.
Pont en bois.	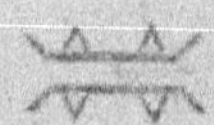	Noir.	Teinte jaune

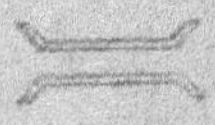

	Cartes de l'état-major français.		Cartes allemandes.
Bois à feuilles caduques. (Laubholz).		Jaune verdâtre.	 Violet.
Bois résineux. (Nadelholz).	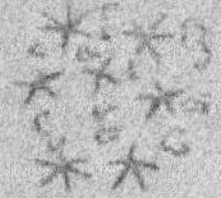	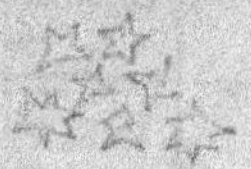 Jaune verdâtre.	Nankin foncé.
Taillis. (Jungholz).		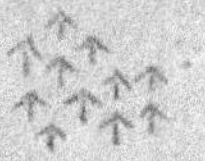	Nankin clair.
Mur (Mauer).			
Clôture en planches. (Brettzaun).			
Vignes. (Weinberg).		Violet.	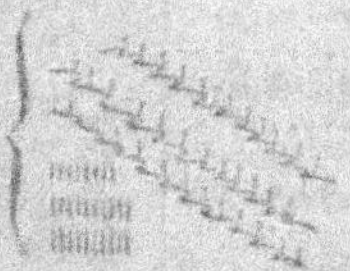 Jaune.
Houblonnière. (Hopfengarten).			 Croix rouges.
Broussailles. (Gebüsch).	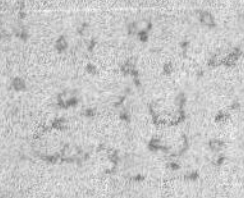	Panaché vert et jaune verdâtre.	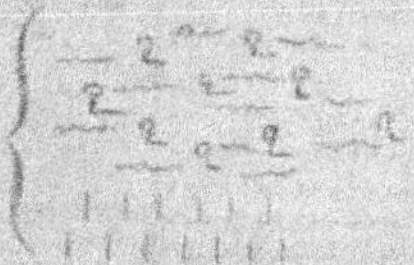 Violet clair.
Église. (Kirche).		Rouge, croix noire.	Rouge.

Les autres signes conventionnels sont communs aux deux catégories de cartes.

Renseignements sur les principales

NOMS DES PAYS.	SUPERFICIE des pays en kilomètres carrés.	ÉCHELLE des cartes.	NOMBRE de feuilles.	PRIX.	ÉPOQUE de publication.
				fr. c.	
Alsace-Lorraine	14.542	1/80.000	38	40 00	1879
Angleterre et pays de Galles	130.925	1/63.360	110	271 00	En cours de publication.
Autriche (Archiduché d').	34.731	1/144.000	31	90 00	1812-1823
Autriche (Archiduché d').	»	1/288.000	2	15 00	1843
Autriche-Hongrie	924.236	1/75.000	714	la f^le 1f 25	En cours de publication.
Autriche-Hongrie	»	1/300.000	72	la f^le 1f 20	1873-1876
Autriche-Hongrie	»	1/300.000	56	4 50	1877
Bade	15.259	1/50.000	55	85 00	1838-1849
Bade	»	1/200.000	6	15 00	1855-1864
Bade	»	1/400.000	1	4 50	1843
Bavière et Bavière Rhénane	76.550	1/25.000	901	la f^le 1f 75	En cours de publication.
Bavière Rhénane et Bavière	»	1/50.000	112	510 00	1812-1867
Bavière Rhénane	5.928	1/150.000	4	5 00	1843
Bavière	70.592	1/256.000	45	38 00	1852-1853
Bavière Rhénane	5.968	1/250.000	2	4 50	1862
Bavière	70.592	1/250.000	13	15 00	1849-1853
Bavière et Bavière Rhénane	76.550	1/500.000	3	4 50	1833
Belgique	29.455	1/80.000	450	1800 00	1867-18..
Belgique	»	1/40.000	72	5 00	En cours de publication.
Belgique	»	1/160.000	4	5 00	1859
Bohême	51.869	1/144.000	38	197 50	1847-1860
Bohême	»	1/288.000	4	16 00	1860
Bohême	»	1/288.000	4	8 00	1865
Croatie, Slavonie et confins militaires	1.536	1/288.000	7	7 00	1850
Dalmatie	12.738	1/144.000	21	52 00	1861-1863
Danemark	38.439	1/80.000	84	100 00	1845-18..
Ecosse	77.600	1/63.360	120	150 00	1826-18..
Espagne	500.000	1/50.000	?	?	En cours de publication.
Espagne	»	1/300.000	20	160 00	1847
Etats de l'Église (partie S.-O.)	5.260	1/80.000	4	25 00	1856
Etats de l'Église et Toscane	61.417	1/86.400	52	225 00	1834-1856
Etats Sardes	51.765	1/50.000	91	350 00	1852-1871
Etats Sardes	»	1/250.000	6	52 00	1843-18.2
Etats Sardes	»	1/500.000	1	5 00	1840
France	528.576,75	1/80.000	275	1800 00	1833-187.
France	»	1/100.000			1870-18..
France	»	1/320.000	33	140 00	1852-18..
Galicie et Boukovine	88.800	1/288.000	11	30 00	1868
Grèce et Morée	49.442	1/200.000	20	30 00	1852
Hanovre	38.359	1/400.000	67	200 00	1832-1857
Hanovre	»	1/250.000	4	28 00	1859
Hesse élect. (Hesse Cassel)	9.547	1/250.000	112	170 00	1854-1861
Hesse électorale	»	1/50.000	40	55 00	1848-1857
Hesse électorale	»	1/200.000	2	8 00	1857-1859
Hesse électorale	»	1/350.000	1	2 00	1861
Hesse Grand-Ducale (H. Darmstadt)	8.386	1/50.000	31	160 00	1854-1858
Hesse Grand-Ducale	8.386	1/250.000	9	6 00	1868
Holstein et Lauenbourg	9.452	1/121.000	8	32 00	1861-1864
Hongrie	225.444 (1)	1/144.000	198	396 00	1869-18..

(1) Y compris les anciens confins militaires.

Cartes topographiques de l'Europe.

		OBSERVATIONS.
Bureau topogr. de Berlin.	a	(a) D'après la carte de France de l'État-major.
Ordnance Survey Office.		
Instit. milit. géogr. de Vienne.		
Id.		
Instit. milit. topogr. de Vienne.		
Id.	(1)	(1) Amplification de la carte de Scheda (1/576,000). Elle a été étendue à toute l'Europe centrale (192 feuilles).
Id.	(2)	(2) Carte routière, sans montagnes. L'une des feuilles donne les environs de Vienne à 1/130,000.
Bureau topogr. de Carlsruhe.		
Id.	(3)	(3) Donne aussi la région comprise dans le rectangle circonscrit aux contours du grand-duché.
Id.		
Bureau topogr. de Münich.	(4)	(4) Hachures et courbes; équidistance de 10m.
Id.	(5)	(5) La Bavière Rhénane est sur les feuilles 101 à 112.
Id.	(6)	(6) Avec montagnes.
Id.	(7)	(7) Sans montagnes; ne donne pas la Bavière Rhénane.
Id.	(8)	(8) Avec montagnes.
Id.	(9)	(9) Avec montagnes; ne donne pas la Bavière Rhénane.
Id.	(10)	(10) Carte routière sans montagnes.
Dép. de la guerre de Bruxelles	(11)	(11) En couleurs; courbes de niveau à l'équidistance de 1m.
Id.	(12)	(12) Courbes de niveau à l'équidistance du 5m.
Id.	(13)	(13) Courbes de niveau et lignes de nivellement.
Instit. milit. géogr. de Vienne.		
Id.		
Id.	(14)	(14) Carte routière sans mouvements de terrain.
Id.	(15)	(15) Carte routière sans montagnes.
Instit. milit. géogr. de Vienne.		(16) Courbes de niveau dont l'équidistance varie de 1m,57 à 3m,14 (5 à 10 pieds danois).
Bur. top. de Copenhague.	(16)	(17) Courbes à l'équidistance du 20m.
Ordnance Survey.		
Inst. géog. et stat. de Madrid	(17)	(18) Carte routière imprimée en couleurs et accompagnée de 8 cahiers d'itinéraires.
Id.	(18)	(19) L'une des feuilles est un plan de Rome à 1/20,000.
Dépôt de guerre de Paris.	(19)	(20) Compris dans la carte intitulée : carte de l'Italie centrale.
Instit. mil. top. de Vienne.	(20)	(21) En cours de publication; tout prêt d'être achevée. Pour toutes les productions mises dans le commerce par le dépôt de la guerre, voir le catalogue de Dumaine, éditeur du *Journal des Sciences militaires*.
Instit. top. milit. de Florence.		
Id.		
Id.		
Dépôt de la guerre de Paris.	(21)	(22) N'a pas été exécutée tout à fait dans les mêmes conditions que les cartes officielles.
Minist. de l'intérieur (en cours)		(24) Courbes de niveau en rouge, à l'équidistance de 22m,596 (60 perches du Rhin).
Dépôt de la guerre de Paris.		
Instit. milit. géogr. de Vienne.		
Dépôt de la guerre de Paris.		
Papen. off. du génie Han.	(22)	
Bureau topog. du Hanovre.	(23)	
Bureau topogr. de Cassel.	(24)	
Id.		
Id.		
Id.		
Bureau topogr. de Darmstadt.		
Id.		
Bureau topogr. de Copenhague.		
Instit. milit. géogr. de Vienne.		

NOMS DES PAYS.	Superficie des pays en kilomètres carrés.	Échelle des cartes.	Nombre de feuilles.	Prix.	Époque de publication.
				fr. c.	
Hongrie	»	1/288.000	47	40 00	1835-1858
Iles Britanniques	30.629	1/144.000	36	800 00	1859-186.
Illyrie et Styrie	312.456	1/63.360	433	107 00	1835-1842
Illyrie	28.357	1/288.000	4	8 00	1843
Irlande	83.960	1/61.360	205	350 00	1855
Italie (provinces méridionales) et Sicile	442.290	1/50.000	474	174 00	1875-1877
Italie centrale	75.741	1/86.400	52	235 00	1851-1856
Lombardie et Vénétie	49.845	1/86.400	42	120 00	1833-1838
Lombardie et Vénétie	49.845	1/288.000	4	16 00	1838
Modène	5.871	1/86.400	9	16 00	1849
Moravie et Silésie	26.432	1/288.000	4	42 00	1856
Moscou (Gouvernem. de)	32.085	1/84.000	40	4 00	1858
Norwège	318.376	1/200.000	9	375 00	1826-18..
Napolitaines (Provinces)	85.796	1/250.000	25	»	1874
Oldenbourg	5.420	1/50.000	14	80 00	1856-1863
Oldenbourg	»	1/200.000	1	2 00	1856
Oldenbourg	»	1/100.000	3	6 00	1853
Parme, Plaisance et Guastalla	6.423	1/86.400	9	18 00	1821-1822
Pays-Bas	32.850	1/50.000	62	335 00	1847-1864
Pologne	127.560	1/126.000	60	50 00	1839
Portugal	83.462	1/100.000	37	296 00	1856-18..
Portugal	»	1/500.000	1	40 00	1870
Prusse	282.038	1/25.000	7	la fre 1f 20	1869-18..
Prusse Rhénane	46.890	1/80.000	71	190 00	1849-1854
Prusse	282.038	1/100.000	349	475 00	1856-18..
Russie d'Europe	5.310.895	1/126.000	792	2 et 1/4 la fre	1857-18..
Salzbourg	7.145	1/144.000	15	26 00	1814-1843
Salzbourg	»	1/288.000	1	6 00	1810
Saxe	14.923	1/57.600	22	204 00	1821-1860
Saxe	»	1/100.000	28	50 00	1864-18..
Schlesvig	9.129	1/120.000	6	20 00	1857-1858
Schlesvig	»	1/240.000	1	4 00	1860
Styrie et Illyrie	22.432	1/144.000	37	84 00	1834
Styrie	»	1/288.000	4	8 00	1842
Suède	444.619	1/100.000	233	1634 00	1857-18..
Suède	»	1/240.000	28	5 00	1842-18..
Suisse	41.422	1/25.000 et 1/50.000	552	»	En cours de publication.
Suisse	»	1/100.000	26	50 00	1843-1864
Suisse	»	1/250.000	4	20 00	1866-18..
Toscane	63.417	1/86.400	20	120 00	1851-1856
Turquie d'Europe	364.037	1/300.000	47	43 50	1873-1876
Valachie	72.020	1/57.600	112	600 00	1861-18..
Valachie	»	1/288.000	6	18 00	1866
Valachie	»	1/288.000	6	9 00	1867
Wurtemberg	49.449	1/25.000	713	2 fr. la fre	En cours de publication
Wurtemberg	»	1/50.000	55	200 00	1821-1854
Wurtemberg	»	1/200.000	4	16 00	1852-1853
Wurtemberg	»	1/400.000	1	4 00	1844

Les renseignements qui ont servi à l'établissement de ce tableau sont dus

	OBSERVATIONS.
Instit. milit. géogr. de Vienne.	(25) Voir Angleterre, Écosse, Irlande.
Ordnance Survey office. (25)	(26) Voir aussi Styrie.
Id.	(27) Cette carte a deux éditions : l'une ne donne que les courbes et coûte 0 fr. 60 la feuille ; l'autre est en hachures et coûte 1 fr. 70 la feuille.
Instit. mil. géog. de Vienne. (26)	(28) Courbes de niveau de 20m en 20m.
Ordnance Survey-office. (27)	(29) Lombardie seule, en 24 feuilles, 63 fr.
Inst. top. mil. de Florence. (28)	(30) Se publie par bailliages, dont 9 ont paru jusqu'à ce jour.
Instit. milit. géogr. de Vienne.	(31) N'a pas été exécutée tout à fait dans les conditions des autres cartes officielles.
Id. (29)	(32) En cours d'exécution.
Id.	(33) Reproduction des levés exécutés par les officiers de la section topographique.
Id.	(34) Il se publie aussi des cartes par cercles à la même échelle.
Id.	(35) En Russie.
Dépôt de la guerre de St-Péters-bourg.	(36) Chaque gouvernement est l'objet d'une carte spéciale.
Dép. de la guerre de Christiania (30)	(37) Les parties les plus peuplées sont à 1/25,000.
Schrenk. (31)	(38) Sous la direction du général Dufour.
Schrenk.	(39) En cours d'exécution.
Id.	(40) Voir États de l'Église.
Instit. milit. géogr. de Vienne.	(41) Feuilles de la carte de l'Europe : J (10 à 13) — K (10 à 13) — L (10 à 13) — M (10 à 13) — N (10 à 13) — O (10 à 13) — P (9 à 13) — Q (9 à 13).
Dépôt de la guerre de La Haye.	(42) Reproduction en couleurs, faite à Bucharest, des minutes des officiers autrichiens.
Dépôt de la guerre de St-Pé-tersbourg.	(43) Carte routière sans mouvements de terrain.
Dép. de guerre de Lisbonne (32)	(44) Courbes de niveau en rouge, équidistance de 5m.
Id.	
Bureau topogr. de Berlin. (33)	
Id.	
Id. (34)	
Dépôt de la guerre de St-Pé-tersbourg. (35)	
Instit. milit. géogr. de Vienne.	
Id.	
Bureau topogr. de Dresde.	
Id.	
Dépôt de guerre de Copenhague.	
Id.	
Instit. milit. géogr. de Vienne.	
Id.	
Dépôt de guerre de Stokholm.	
Id. (36)	
(37)	
Bureau topogr. de Berne. (38)	
Id. (39)	
Inst. mil. géog. de Vienne. (40)	
Id. (41)	
Id. (42)	
Id.	
Id. (43)	
Bureau top. de Stuttgard. (44)	
Id.	
Id.	
Id.	

au bienveillant concours de M. Maunoir.

La carte de France à l'échelle de 1/80,000ᵉ, *tirage sur
cuivre*, à 4 francs la feuille, est accordée au *prix de tirage*
(1 franc par feuille).

1° Aux maréchaux de France et amiraux.................	
2° Aux officiers généraux ayant exercé un commandement en chef ou supérieur.........	Déc. min. du 26 oct. 1852.
3° Aux officiers généraux d'état-major en activité ou en réserve...............	Déc. min. du 10 juill. 1854.
4° Aux officiers d'état-major ayant coopéré, pendant sept ans au moins, aux travaux de la carte de France (géodésie et topographie)......	Déc. min. du 15 janv. 1866. Déc. min. du 26 oct. 1852.
5° Aux généraux commandant les divisions militaires.... Aux généraux commandant les subdivisions militaires..	Les feuilles seulement représentant le terrain sur lequel s'étend leur action.
6° Aux directions du génie.....	Déc. min. du 28 juin 1854. Feuilles que comprend chaque direction.
7° Aux bibliothèques régimentaires................. 8° Aux directeurs et directeurs-adjoints du ministère de la guerre...............	Déc. min. du 26 oct. 1852.
9° Aux employés du ministère de la guerre.............	Déc. min. du 16 avril 1867. 1 feuille au 1/80,000ᵉ.
10° Aux officiers de toutes armes.	Déc. min. du 3 oct. 1871. La feuille ou les feuilles (4 au plus) comprenant le lieu de garnison.

A moitié prix (2 francs la feuille et 1 franc la demi-feuille).
(Décision ministérielle du 14 mai 1868.)

1° Aux officiers généraux en activité ou en retraite.......	
2° Aux officiers supérieurs en activité................	Déc. min. du 26 oct. 1852. Pour leur usage personnel.
3° Aux officiers d'état-major de tout grade.............	
4° Aux membres du corps de l'intendance militaire.....	Déc. min. du 28 janv. 1853.
5° Aux capitaines, lieutenants et sous-lieutenants de toutes armes...............	Déc. min. du 14 mai 1868.

Observations.

Les demandes doivent être adressées directement et
sans lettre d'envoi, *mais sous contre-seing officiel*, au
Directeur du Dépôt de la guerre, rue de l'Université, 73.

Le ministère publie également : 1° un *report sur pierre* de la carte sur cuivre au $\frac{1}{80,000}$. Les demandes de cette carte devront toujours faire l'objet d'un état spécial et distinct du premier. — Les feuilles se vendent 1 franc au public et 50 centimes aux officiers qui en font la demande ; 2° Une *édition zincographique* de la carte au $\frac{1}{80,000}$ par quarts de feuille, au prix de 25 centimes le quart de feuille pour le public et de 10 centimes pour les officiers qui en font la demande (Déc. du 26 déc. 1879).

Demande de feuilles de la carte de France

Aux échelles de $\frac{1}{80,000}$ (1) et de $\frac{1}{320,000}$ (2) _______
formée par _______, en garnison à _______

NOMS de MM. les Officiers.	GRADES.	NUMÉROS des feuilles à :		OBSERVATIONS.
		$\frac{1}{80,000}$	$\frac{1}{320,000}$	

(1) Indiquer *sur cuivre* ou *report sur pierre*.

(2) Les feuilles à $\frac{1}{320,000}$ ne sont pas reportées sur pierre. — Elles sont délivrées, après autorisation, à demi-prix, à l'exception des feuilles à 1 fr., qui ne sont pas susceptibles de réduction.

Le Chef de corps,
ou de détachement.

Mesure des surfaces.

b base, h hauteur, c circonférence, r rayon.

Triangle : $\dfrac{b}{2} . h$ ou $\dfrac{h}{2} . b$.

Parallélogramme : $b . h$.

Trapèze : $\dfrac{h}{2} (b + b')$.

Cercle : $c \times \dfrac{r}{2} = \pi r^2$.

Mesure des surfaces et des volumes.

S T surface totale, d diamètre, S L surface latérale, V volume.

Cylindre droit :

$$\mathrm{S\,L} = d \pi h = 2 r h \pi = 3,14159 \, d h = 6,283 \, r h.$$

$$\mathrm{S\,T} = d \pi \left(\frac{1}{2} d + h \right) = 2 r \pi (r + h).$$

$$\mathrm{V} = \frac{1}{2} d^2 h \pi = r^2 h \pi = 0,7854 \, d^2 h.$$

Pyramide :

S T = somme de toutes les surfaces.

$$\mathrm{V} = \frac{1}{3} b h.$$

Cône (C coté) :

$$\mathrm{S\,L} = r \pi \mathrm{C} \; ; \; \mathrm{S\,T} = r \pi (b + r) \; ; \; \mathrm{V} = \frac{1}{12} d^2 h \pi$$

$$= \frac{1}{3} r^2 h \pi = 0,2618 \, d^2 h = 1,0472 \, r^2 h.$$

Sphère :

$$\mathrm{S\,T} = 4 r^2 \pi = 12,5664 \, r^2 = d^2 \pi \text{ ou quatre fois le grand}$$
cercle.

$$\mathrm{V} = \frac{4}{3} r^3 \pi = 4,1888 \, r^3 = \frac{1}{6} d^3 \pi = 0,5236 \, d^3 = \frac{1}{4} d^2 \pi$$

$$\times \frac{2}{3} d \text{ ou le grand cercle multiplié par } \frac{2}{3} \text{ de diamètre.}$$

Sphère creuse (R r rayons, D d diamètres) :

$$\mathrm{V} = \frac{4}{3} \pi (\mathrm{R}^3 - r^3) = 4,1888 \, (\mathrm{R}^3 - r^3)$$

$$= \frac{1}{6} \pi (\mathrm{D}^3 - d^3) = 0,5236 \, (\mathrm{D}^3 - d^3).$$

DÉFENSE DE LA FRANCE.

1re PARTIE. — *Frontière belge* : Calais, Dunkerque, Bergue, Saint-Omer, Gravelines, Oise, Lille, Béthune, Douai, Arras, Valenciennes, Cambrai, Maubeuge, Landrecies, Le Quesnoy, Givet, Mézières, Sedan, Avesnes, Rocroy.

2e PARTIE. — *Frontière allemande. Places de première ligne : Toul* avec les forts de Domgermain, Villey-le-Sec, Mont-Saint-Michel, Ecrouve ; *Commercy* avec les forts de Lucey, Gironville, Liouville, Camp-des-Romains ; *Verdun* avec les forts de Belleville, Saint-Michel, Belrupt, Froideterre, Souville, Taranne, Houdainville, Duguy, Regret, Chaume, Marre, Charny ; *Epinal* avec les forts de Dogneville, Longchamps, Razimont, la Mouche ; *forts d'arrêt de la Haute-Moselle*, savoir : Arches, Remiremont, Rupt, Château-Lambert ; *Belfort* avec les forts de Barre, Bellevue, la Justice, la Miotte, Roppe, hautes et basses Perches, Bosmont, Mont-Vaudois ; jusqu'à la frontière suisse : les forts de Giromagny, Salberg, Mont-Vaudois, la Chaux, Mont-Bard, batteries des Roches, Lomont.

Places de deuxième ligne : Langres avec les forts de Cognelot, Dampierre, Plesnoy, Saint-Menge, batterie de la pointe de Diamant ; *Dijon* avec les forts d'Hauteville, Asnières et sa batterie annexe, Varois, Saint-Apolinaire, Sennecey, la Motte-Girard, fort Saint-Affrique ; *Chagny* ; *Reims* avec le fort Central, batterie de Crau et du Loivre, Vitry-lès-Reims, Nogent-l'Abbesse, batteries de Vigle de Berru, fort de Montbrie, fort de Rilly, patis d'Ecueil et Vrigny ; *Nogent-sur-Seine* qui doit être fortifié.

Places de troisième ligne : Paris avec son enceinte, ses anciens forts (10 sur la rive droite, 6 sur la rive gauche) et ses nouveaux forts, savoir : *au nord*, Cormeilles (et sept batteries), Montlignon, Domont, Montmorency, batterie de Blemur ; *au nord-est*, Stains, Ecouen, batteries des Sablons et du Moulin, Vaujours et 2 batteries annexes, Chelles ; *au sud-est*, Champigny, Villiers, batterie de Villiers-le-Grand, Villeneuve-Saint-Georges ; *au sud*, Buttes-Chaumont ; *au sud-ouest*, Châtillon et 5 batteries annexes, Palaiseau et 2 batteries annexes, Villeras, Haut-Buc, 4 batteries annexes, Saint-

Cyr, Bois-d'Arcy et 1 batterie annexe; *à l'ouest*, Saint-James, Marly et 6 batteries annexes.

3ᵉ **PARTIE**. — *Du Jura jusqu'à la Méditerranée* : Belfort, Besançon et Auxonne, forts de Joux, des Rousses, de l'Ecluse, Grenoble, forts du Bourcet, du Mûrier, de Saint-Eynard, des Quatre-Seigneurs, de Montavie, d'Albertville, de Briançon, de l'Infernet, de la Croix-de-Bretagne, de Queyras, de Mont-Dauphin, d'Embrun, de Tournoux, de Saint-Vincent, de Sisteron, de Loyne, de Colmars; en arrière Lyon avec les forts de Montverdun, Feyzin, Bron, Neyron, Vancéa.

4ᵉ **PARTIE**. — *Pyrénées* : Bayonne, Toulouse, Mont-louis, Villefranche, Pratz-de-Mollo, Bellegarde, Perpignan.

Documents consultés. — France physique et militaire, de Dulac.

RECTIFICATIONS.

Page 413. Note, ligne 2 d'en bas, *lire* : $\frac{c}{4} \times 3$, etc.

— 218. 1ᵉʳ tableau, en regard de : État-major divisionnaire, *porter*, à la dernière colonne, 0. — Même tableau, après Arrière-garde, *ajouter* : Train régimentaire — 1250. — Passage au point initial : 7ʰ 42. — La durée du mouvement se trouverait augmentée de 45 minutes.

— 258. *Cavalerie*, ligne 4, *au lieu de* : passage par régiments en bataille, *lire* : par régiments en colonne.

www.ingramcontent.com/pod-product-compliance
Lightning Source LLC
LaVergne TN
LVHW021939060726
842528LV00001B/225